O ESTADO a que CHEGAMOS

JOÃO SANTANA

O ESTADO a que CHEGAMOS

A falência de um modelo de organização
que impede o desenvolvimento nacional

ALTA CULT
EDITORA
Rio de Janeiro, 2021

O Estado a que Chegamos

Copyright © 2021 da Starlin Alta Editora e Consultoria Eireli. ISBN: 978-65-5520-342-4

Todos os direitos estão reservados e protegidos por Lei. Nenhuma parte deste livro, sem autorização prévia por escrito da editora, poderá ser reproduzida ou transmitida. A violação dos Direitos Autorais é crime estabelecido na Lei nº 9.610/98 e com punição de acordo com o artigo 184 do Código Penal.

A editora não se responsabiliza pelo conteúdo da obra, formulada exclusivamente pelo(s) autor(es).

Marcas Registradas: Todos os termos mencionados e reconhecidos como Marca Registrada e/ou Comercial são de responsabilidade de seus proprietários. A editora informa não estar associada a nenhum produto e/ou fornecedor apresentado no livro.

Impresso no Brasil — 1ª Edição, 2021 — Edição revisada conforme o Acordo Ortográfico da Língua Portuguesa de 2009.

Produção Editorial Editora Alta Books **Gerência Editorial** Anderson Vieira **Gerência Comercial** Daniele Fonseca	**Produtor Editorial** Illysabelle Trajano Thiê Alves **Assistente Editorial** Rodrigo Ramos	**Marketing Editorial** Livia Carvalho Gabriela Carvalho marketing@altabooks.com.br **Coordenação de Eventos** Viviane Paiva eventos@altabooks.com.br	**Editor de Aquisição** José Rugeri j.rugeri@altabooks.com.br
Equipe Editorial Ian Verçosa Luana Goulart Maria de Lourdes Borges Raquel Porto Thales Silva	**Equipe de Design** Larissa Lima Marcelli Ferreira Paulo Gomes	**Equipe Comercial** Daiana Costa Daniel Leal Kaique Luiz Tairone Oliveira Vanessa Leite	
Revisão Gramatical Samuri Prezzi Elaine Batista	**Diagramação** Catia Soderi	**Capa** Rita Motta	

Publique seu livro com a Alta Books. Para mais informações envie um e-mail para **autoria@altabooks.com.br**
Obra disponível para venda corporativa e/ou personalizada. Para mais informações, fale com **projetos@altabooks.com.br**

Erratas e arquivos de apoio: No site da editora relatamos, com a devida correção, qualquer erro encontrado em nossos livros, bem como disponibilizamos arquivos de apoio se aplicáveis à obra em questão.

Acesse o site **www.altabooks.com.br** e procure pelo título do livro desejado para ter acesso às erratas, aos arquivos de apoio e/ou a outros conteúdos aplicáveis à obra.

Suporte Técnico: A obra é comercializada na forma em que está, sem direito a suporte técnico ou orientação pessoal/exclusiva ao leitor.

A editora não se responsabiliza pela manutenção, atualização e idioma dos sites referidos pelos autores nesta obra.

Ouvidoria: ouvidoria@altabooks.com.br

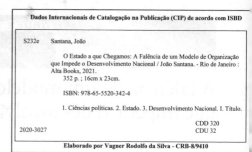

Dados Internacionais de Catalogação na Publicação (CIP) de acordo com ISBD

S232e   Santana, João
         O Estado a que Chegamos: A Falência de um Modelo de Organização que Impede o Desenvolvimento Nacional / João Santana. - Rio de Janeiro : Alta Books, 2021.
         352 p. ; 16cm x 23cm.

         ISBN: 978-65-5520-342-4

         1. Ciências políticas. 2. Estado. 3. Desenvolvimento Nacional. I. Título.

2020-3027   CDD 320
                                   CDU 32

Elaborado por Vagner Rodolfo da Silva - CRB-8/9410

Rua Viúva Cláudio, 291 – Bairro Industrial do Jacaré
CEP: 20.970-031 — Rio de Janeiro (RJ)
Tels.: (21) 3278-8069 / 3278-8419
www.altabooks.com.br — altabooks@altabooks.com.br
www.facebook.com/altabooks — www.instagram.com/altabooks

DEDICATÓRIA

A meu pai João Batista, *in memoriam*, e minha mãe Zilda, os principais responsáveis por minha formação.

A minha mulher Renata e aos meus filhos Manuela e Eduardo, meus eternos incentivadores.

Maio de 2020

João Santana

AGRADECIMENTOS

Este livro é o resultado da intensa pressão exercida por meu grande amigo, o jornalista Eduardo Oinegue, incansável na cobrança que me fez por anos para escrevê-lo, e que acabou por me presentear com a assinatura do prefácio. A ele, meus agradecimentos.

Também não poderia deixar de agradecer a outro grande amigo e também jornalista Ricardo Galuppo, que além de se juntar ao Eduardo na pressão, dedicou inúmeras horas em conversas comigo, em pesquisas e na adequação de textos. Muito obrigado.

Agradeço, o também amigo e um dos melhores fotojornalista do País, Antônio Brito, que gentilmente buscou em seu arquivo pessoal fotos de minha passagem por Brasília e que aqui estão publicadas. Em nome dele agradeço e homenageio os incontáveis e anônimos fotógrafos, responsáveis pela documentação e divulgação dos órgãos públicos do País, como a Presidência da República.

Por fim, a minha mulher Renata que pacientemente me ouviu, fez observações sempre pertinentes, além de ler e reler o texto final por várias vezes até aprová-lo.

Maio de 2020

João Santana

PEQUENA BIOGRAFIA

João Santana é advogado formado pela Faculdade de Direito da Universidade de São Paulo, no Largo de São Francisco — palco das manifestações que contra o regime militar que desaguariam, no final dos anos 1970 e início dos anos 1980, na luta pela anistia, nas grandes greves de metalúrgicos no ABC e na campanha por eleições diretas para a presidência da República. A participação nesses movimentos o colocou em contato com os políticos de oposição que chegariam ao governo de São Paulo pelo voto direto em 1982 e conquistariam a presidência da República no Colégio Eleitoral com Tancredo Neves, em 1985. A partir daí, esteve envolvido — como expectador privilegiado, coadjuvante ou protagonista — com os principais eventos da história do país.

Santana trabalhou no governo de Franco Montoro, em São Paulo, e, depois, integrou a equipe do ministro da Fazenda Dilson Funaro durante os momentos de euforia e, logo após, de decepção que marcaram o Plano Cruzado. Em 1989, apoiou o ex-governador de Alagoas Fernando Collor de Mello, nas primeiras eleições diretas para a presidência da República, desde o golpe militar de 1964. Com a vitória de Collor, foi nomeado para a Secretaria da Administração Federal e, depois, Ministro da Infraestrutura. Fora do governo, Santana trabalhou como advogado, foi presidente da empreiteira Constran e presidente do Conselho do Aeroporto de Viracopos. Filho do ex-procurador-geral de Justiça de São Paulo João Batista de Santana e de dona Zilda Cerdeira de Santana, ele é casado com a advogada Renata Duarte de Santana e pai de Manuela e Eduardo. *O Estado a Que Chegamos* é seu primeiro livro.

ABREVIATURAS E SIGLAS

A.I. – Ato Institucional
ABNT – Associação Brasileira
de Normas Técnicas
Açominas – Aços Minas Gerais S.A.
Arena – Aliança Renovadora Nacional
ATP – Adicional da Tarifa Portuária
B.C. – Banco Central do Brasil
BNDES – Banco Nacional de
Desenvolvimento Econômico e Social
BNH – Banco Nacional da Habitação,
BTN – Bônus do Tesouro Nacional
Cacex – Carteira de Comércio
Exterior do Banco do Brasil
CAESB – Companhia de Saneamento
Ambiental do Distrito Federal
CEB – Companhia Energética
de Brasília S.A.
CEF – Caixa Econômica Federal
CEPAM – Centro de Estudos da
Administração Municipal
CETERP – Centrais Telefônicas
de Ribeirão Preto
CIAC – Centro Integrado de Apoio
à Criança e ao Adolescente
CIEP – Centro Integrado de
Educação Pública
CIP – Conselho Interministerial de Preços
CLT – Consolidação das Leis do Trabalho
Cr$ – Cruzeiro (moeda brasileira que circu-
lou até 26.02.1986
e de 15.03.1990 a 31.07.1993)
Crea – Conselho Regional de
Engenharia e Arquitetura
CSN – Companhia Siderúrgica Nacional
CST – Companhia Siderúrgica Tubarão
CTBC – Companhia de Telecomunicações
do Brasil Central

CVM – Comissão de Valores Mobiliários
Cz$ – Cruzado (moeda brasileira que
circulou de 27.02.1986 a 15.01.1989)
D.I. – Direção Intermediária
DAI – Direção e Assistência Intermediária
DASP – Departamento Administrativo
do Setor Público
DEOPS – Departamento de
Ordem Política e Social
DIEESE – Departamento Intersindical
de Estatística e
Estudos Socioeconômicos
DNER – Departamento Nacional
de Estradas de Rodagem
DOI-CODI – Departamento de
Operações Internas-Centro de
Operações de Defesa Interna
DOU – Diário Oficial da União
EBTU – Empresa Brasileira de
Transportes Urbanos
Eletrobras – Centrais Elétricas Brasileiras
EMAE – Empresa Metropolitana
de Águas e Energia
Embratur – Empresa Brasileira de Turismo
EMFA – Estado Maior das Forças Armadas
FAB – Força Aérea Brasileira
FAS – Função de Assessoramento Superior
Febraban – Federação Brasileira de Bancos
FGTS – Fundo de Garantia por
Tempo de Serviço
FGV – Fundação Getúlio Vargas
Fiesp – Federação das Indústrias
do Estado de São Paulo
FMI – Fundo Monetário Internacional
Funabem – Fundação Nacional
de Bem-Estar do Menor
Funai – Fundação Nacional do Índio

Funrural – Fundo de Assistência
ao Trabalhador Rural
IAA – Instituto do Açúcar e do Álcool
IAPAS – Instituto de Administração
Financeira da Previdência Social
IBC – Instituto Brasileiro do Café
ICM – Imposto sobre Circulação
de Mercadorias
INAMPS – Instituto de Assistência
Médica da Previdência Social
INCRA – Instituto Nacional de
Colonização e Reforma Agrária
INPC – Índice Nacional de
Preços ao Consumidor
INPI – Instituto Nacional de
Propriedade Industrial
INPS – Instituto Nacional de
Previdência Social
INSS – Instituto Nacional do Seguro Social
Interbras – Petrobras Comércio
Internacional S.A.
IPC – Índice de Preços ao Consumidor
IPI – Imposto sobre Produtos
Industrializados
ISOF – Imposto Sobre Operações
Financeiras
ISS – Imposto Sobre Serviços
LBA – Legião Brasileira de Assistência
MDB – Movimento Democrático Brasileiro
MIR – *Movimiento de Izquierda
Revolucionaria*
NCR$ – Cruzeiro Real (moeda brasileira que
circulou de 01.08.1993 a 29.06.1994
NCz$ – Cruzado Novo (moeda brasileira
que circulou de 16.01.1989 a 14.03.90)
OAB – Ordem dos Advogados do Brasil
ONU – Organização das Nações Unidas
PAEG – Programa de Ação
Econômica do Governo
PC do B – Partido Comunista do Brasil
PCB – Partido Comunista Brasileiro
PDS – Partido Democrático Social
PDT – Partido Democrático Trabalhista
Petrobras – Petróleo Brasileiro S.A.
PFL – Partido da Frente Liberal

PIB – Produto Interno Bruto
PL – Partido Liberal
PMB – Partido Municipalista Brasileiro
PMDB – Partido o Movimento
Democrático Brasileiro
PND – Plano Nacional de Desenvolvimento
PND II – 2o Plano Nacional de
Desenvolvimento
POLOP – Organização Revolucionária
Marxista Política Operária
Portobras – Empresa de Portos
do Brasil S.A.
PP – Partido Popular
PRN – Partido da Reconstrução Nacional
PRONA – Partido de Reedificação
da Ordem Nacional
PSC – Partido Social Cristão
PSDB – Partido da Social
Democracia Brasileira
PSP – Partido Social Progressista
PT – Partido dos Trabalhadores
PTB – Partido Trabalhista Brasileiro
PTR – Partido Trabalhista Renovador
PUC – Pontifícia Universidade Católica
PV – Partido Verde
R$ – Real (moeda brasileira em circu-
lação a partir de 30.06.1994)
RFFSA – Rede Ferroviária Federal S.A.
SFH – Sistema Financeiro da Habitação
Siderbras – Siderurgia Brasileira S.A.
SINPAS – Sistema Nacional de
Previdência e Assistência Social
STF – Supremo Tribunal Federal
STJ – Superior Tribunal de Justiça
Sunab – Superintendência Nacional
de Abastecimento
Telesp – Telecomunicações de São Paulo
TRF – Tribunal Regional Federal
TSE – Tribunal Superior Eleitoral
UNE – União Nacional dos Estudantes
US$ – Dólar (moeda norte-americana)
UsiminasUsinas Siderúrgicas
de Minas Gerais
USP – Universidade de São Paulo

PREFÁCIO

Movimento estudantil nos anos 1970? Atuou. Luta pela redemocratização? Presente. Fundação do PT? Estava lá. Fundação do PSDB? Também. Greves do ABC? Testemunhou – e de dentro. Elite empresarial brasileira? Conviveu com os integrantes de maior destaque. Figuras de proa da história política recente? Idem, muitos dos quais batendo à sua porta em busca de favores. Primeiro plano para derrubar a hiperinflação? Integrava o time do ministro da Fazenda. Primeira campanha presidencial pós-democratização? Participou e venceu. Estrutura das estatais brasileiras? Conhecia as entranhas, até porque foi ministro da infraestrutura, período em que nomeou e comandou os presidentes de cada uma delas. Lava-Jato? Idealizou e organizou o time de advogados por trás do primeiro grande acordo de colaboração premiada celebrado no país.

Como se vê, João Santana esteve nos lugares certos em momentos decisivos, na juventude e na vida adulta. E pouca gente saberia disso se ele não escrevesse o livro que está em suas mãos. Os homens e mulheres que ocuparam cargo público neste país deveriam ter em mente que só chegaram onde chegaram graças a um investimento que a sociedade brasileira fez em suas carreiras. E em função desse investimento adquiriram um grau de conhecimento que lhe rendeu notoriedade ou fortuna, em muitos casos as duas coisas. Deixando claro que, quando me refiro à fortuna, falo do dinheiro acumulado licitamente, seja fazendo consultoria, seja atuando num conselho administrativo de empresa privada. O mínimo que poderiam fazer como contrapartida era compartilhar a experiência em livro, a exemplo do que Santana está fazendo aqui.

O projeto de maior ambição de sua trajetória foi liderar a mais importante iniciativa de desmonte do Estado grandalhão. Leiloou casas e mansões, fechou departamentos inúteis, extinguiu cargos em comissão e vendeu carros oficiais. O desperdício era tão grande que trombou com um Rolls-Royce que estava largado havia oito anos numa garagem em São Paulo. É inacreditável ver o governo federal e o Congresso Nacional discutindo a reforma administrativa sem chamar Santana para um bate-papo. Como Secretário da Administração Federal de Fernando Collor, ele já tentou colocar em prática tudo o que dizem que precisa ser feito. Adotou medidas que surtiram efeito, e também outras que acabaram naufragando. Ouvi-lo seria uma oportunidade para evitarmos a repetição de erros velhos.

Esse livro é uma reflexão sobre o monstro devorador de PIB em que se transformou a máquina governamental, aqui apresentado na forma de histórias deliciosas que Santana testemunhou ou protagonizou. Algumas delas acompanhou como um personagem secundário, uma simples mosquinha na sala. Outras vivenciou na condição de figura central. Seu primeiro contato com o Estado começou em casa, ainda garoto. É que Santana cresceu numa família mantida com o salário do pai, um servidor público que chegou a ser procurador-geral de Justiça de São Paulo. Adulto, foi contratado para encolher esse Estado que já não queria mais parar de crescer. Ou seja, Santana conheceu o Estado provedor e o Estado mordedor.

O Brasil teve sete Constituições. Cada uma delas mais complexa, mais minuciosa e mais difícil de decifrar. Nenhuma saiu do forno mais complexa, mais minuciosa e mais difícil de decifrar do que a Constituição de 1988, que João Santana viu ser escrita. Pelas características da Carta Magna, mudar o que está dando errado é um desafio quase intransponível. Só que é essa a carta que temos e é dela que nos valeremos para transformar o Brasil de um país econômica e socialmente medíocre numa nação moderna e desenvolvida. A batalha se torna mais viável se contarmos com o conhecimento acumulado por quem esteve no teatro de operações. Nesse sentido, João Santana está de parabéns.

Eduardo Oinegue
Jornalista

Sumário

PEQUENA BIOGRAFIA 7
ABREVIATURAS E SIGLAS 9
PREFÁCIO 11
NEM MÍNIMO NEM MÁXIMO. O ESTADO POSSÍVEL 15

CAPÍTULO 1	A construção do arcabouço jurídico	37
CAPÍTULO 2	Em contato com o estado gastador	53
CAPÍTULO 3	O sindicalismo e as máquinas paradas	65
CAPÍTULO 4	O primeiro contado com o estado e seus problemas	75
CAPÍTULO 5	A resistência do estado gastador	87
CAPÍTULO 6	A constituição e o loteamento do estado	103
CAPÍTULO 7	A campanha nas ruas e as feridas do estado	111
CAPÍTULO 8	A proposta que discutiu o modelo de estado	123
CAPÍTULO 9	As reformas e o novo desenho do estado	133
CAPÍTULO 10	A construção do estado possível	145
CAPÍTULO 11	A nova cara da esplanada dos ministérios	163
CAPÍTULO 12	Extimbras, a estatal que deu certo	177
CAPÍTULO 13	A resistência às mudanças no estado	187
CAPÍTULO 14	O encolhimento da esplanada dos ministérios	199
CAPÍTULO 15	A luta pela manutenção dos privilégios	217
CAPÍTULO 16	A mudança de rumo do governo	231
CAPÍTULO 17	O primeiro passo da privatização	243
CAPÍTULO 18	O ataque à reserva de mercado	263
CAPÍTULO 19	Os inimigos das mudanças ganham forças	279
CAPÍTULO 20	A resistência do estado fisiológico	295
CAPÍTULO 21	A volta dos velhos hábitos	309
CONCLUSÃO	A necessidade de olhar para a frente	333

FATOS EM FOTOS 347
ÍNDICE 350

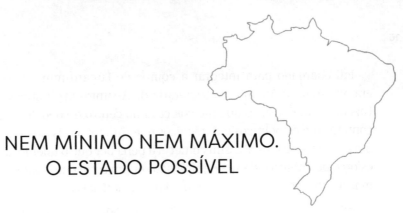

NEM MÍNIMO NEM MÁXIMO.
O ESTADO POSSÍVEL

O Estado está presente em minha vida desde que me entendo por gente. O primeiro copo de leite que tomei foi comprado com dinheiro do Estado. Com dinheiro do Estado, me alfabetizei, cursei o ensino fundamental e, depois, me formei advogado. As contas que paguei no início da carreira e os primeiros bens de meu patrimônio foram comprados com o dinheiro que ganhei trabalhando para o Estado — que assumiu diante de mim uma presença tão marcante que acabou se transformando num objeto de interesse. Posso dizer com tranquilidade que, depois do bem-estar de minha família, o Estado se tornou minha maior preocupação.

Nunca retirei dos cofres do Estado um centavo que não me fosse devido. O primeiro copo de leite a que me referi foi comprado com o salário do meu pai, João Batista de Santana, que ingressou por concurso na promotoria pública e chegou ao posto de procurador-geral de Justiça de São Paulo. Ainda estudante, trabalhei na Assembleia Legislativa de São Paulo e me aproximei dos políticos de oposição ao regime militar que, em 1982, conquistaram o governo paulista. Com a vitória de André Franco Montoro, do PMDB, fui convidado pelo Secretário do Interior Chopin Tavares de Lima para a chefia de gabinete da Fundação Prefeito Faria Lima. Tratava-se do órgão mantenedor do Centro de Pesquisa da Administração Municipal — CEPAM. Ali, travei meu primeiro contato e comecei a me interessar pelos fundamentos da gestão pública.

Na sequência desse trabalho e do conhecimento que adquiri em contato com os secretários de Montoro e com os prefeitos das cidades do estado de São Paulo, fui chamado para trabalhar em Brasília. Trabalhei no Governo Federal, na equipe de alguém que tinha por missão resolver as maiores distorções acumuladas pelo Estado até aquele momento. Nomeado ministro da Fazenda pelo presidente José Sarney, no primeiro governo civil depois do ciclo militar, o empresário Dílson Domingos Funaro assumiu a tarefa de pôr ordem nas contas públicas, administrar a dívida externa, que, na época, paralisava a economia, e eliminar a inflação. De todos os problemas, esse era o mais visível aos olhos da população e o que despertava as discussões mais acaloradas.

Fui chamado para integrar a equipe de Funaro numa posição discreta. Eu era o Secretário Adjunto da Secretaria de Assuntos Legislativos do Ministério da Fazenda, uma posição que me colocava no centro do debate e me mantinha em contato com os políticos e os técnicos que tinham a missão de resolver os problemas centrais do país. E assim comecei a perceber que o talento, a boa intenção e o esforço de Funaro e de sua equipe não seriam suficientes para resolver os problemas de um Estado que dava sinais claros de falência.

Acompanhei a implantação do Plano Cruzado, que apelou para o congelamento geral de preços na tentativa de acabar com a inflação. O plano deu certo por poucos meses, mas logo foi derrotado pela fragilidade das contas públicas brasileiras e pela impossibilidade de a infraestrutura do país dar suporte a uma situação de crescimento. O Brasil não estava preparado para dar certo.

A súbita expansão do consumo no ano de 1986 comprovou, por exemplo, o sucateamento dos portos estatais e a incapacidade estrutural do país em receber os alimentos importados necessários para evitar o desabastecimento e regular o mercado. A rede de geração e fornecimento de energia entrou em colapso com o aumento da produção das fábricas; os telefones eram insuficientes e os que existiam não funcionavam direito; as estradas estavam tão esburacadas que, para reformá-las, o governo recorreu a um novo tributo. Foi criado o Selo Pedágio, que deveria ser adquirido pelo contribuinte e afixado nos para-brisas dos carros que circulavam pelas rodovias federais – que, mesmo assim, continuaram esburacadas.

Foi ali, do lado de dentro do governo, que comecei a me dar conta de que o maior problema do Estado brasileiro era seu tamanho e sua mania de querer tomar conta de tudo. De tanto insistir nessa receita e pretender estar presente em todos os setores, acabou perdendo o fôlego e se tornando ineficiente. Assim, deixou de dar conta de necessidades que poderiam ser satisfeitas, muito bem, pela iniciativa privada. Esse tipo de constatação se tornou frequente e ficava mais clara a cada medida que não dava certo. Tão clara que, naquele momento, comecei a abandonar a mentalidade estatista que estava presente na cabeça de minha geração, a dos militantes de esquerda que ajudaram a pôr fim aos governos militares nos anos 1980. Ali, comecei a me tornar um liberal.

Essa nova visão de mundo me levou a me afastar da trajetória que havia seguido até aquele momento e me aproximar do único candidato que defendia os fundamentos de um Estado liberal nas eleições presidenciais de 1989 – as primeiras pelo voto direto desde a implantação do regime militar de 1964. Um Estado que se preocupasse mais com o bem-estar e a qualidade do serviço prestado à população do que com sua própria manutenção, como sempre aconteceu no Brasil desde que o príncipe Dom João chegou ao Rio de Janeiro com a corte portuguesa, em 1808.

NEM MÍNIMO NEM MÁXIMO. O ESTADO POSSÍVEL

A campanha foi vitoriosa e me aproximou do presidente Fernando Collor de Mello que, com sua ministra da Economia Zélia Cardoso de Mello, puxou-me para o centro da cena política. Meio por acaso, acabei me vendo no coração do primeiro governo liberal que se instalou no Brasil desde Washington Luís — se é que se pode dizer que Washington Luís tenha feito uma administração liberal.

Fui nomeado por Collor para comandar a Secretaria da Administração Federal. Ali, não apenas tive contato com as deformações da máquina pública e com a impossibilidade de consertar a situação do país com medidas cosméticas. Mais do que isso, assumi a responsabilidade de desenhar um novo modelo para o Estado brasileiro. À frente da Secretaria, ajudei a elaborar e conduzir um projeto amplo e inovador, que reformulava toda a administração pública brasileira com a intenção de torná-la mais leve e eficiente. As resistências foram enormes e vieram de todos os lados — sobretudo de dentro da máquina pública. Mesmo com todas as dificuldades, o governo Collor, se não conseguiu resolver as distorções da administração pública brasileira, teve pelo menos o mérito de criar mecanismos que tornaram mais claro o tamanho do problema.

Para se ter uma ideia do quadro de descontrole que vigorou até 1990, quando aquele governo tomou posse, basta dizer que a administração federal não tinha sequer a informação do valor que os ministérios e repartições dispendiam a cada mês com o pagamento de seus funcionários. A unificação da folha de pagamentos, por mais racional e lógica que fosse, enfrentou resistências daqueles que achavam que, custasse o que custasse, o Tesouro Nacional era um mero pagador e não precisava ter controle dos gastos com o funcionalismo.

COADJUVANTE E PROTAGONISTA

Fiquei pouco mais de um ano à frente da Secretaria da Administração Federal e, nesse período, conduzi a redução da frota de carros oficiais, comandei a venda de apartamentos funcionais e, principalmente, coordenei o reordenamento da máquina pública não só com a redução de pessoal, mas, também, com a eliminação de milhares de cargos em comissão. Foi um trabalho profundo, que enfrentou resistências e recebeu críticas injustas: as pessoas nos acusavam de ter desorganizado o serviço público, como se a administração que havia antes de nós fosse organizada e eficiente.

Depois dessa experiência, fui chamado por Collor para ocupar o Ministério da Infra-Estrutura (como se grafava à época). Tratava-se de uma pasta poderosa, que englobava as atribuições dos ministérios das Minas e Energia, dos Transportes, das Comunicações e de parte da Indústria e Comércio. Além disso, tinha sob sua responsabilidade a maioria das estatais que Collor pretendia privatizar. Mais uma vez foram grandes as resistências dos que preferiam, por ideologia ou interesse, que as estatais não fossem parar nas mãos de algum acionista privado.

Saí do governo antes que os equívocos na condução política e as acusações de corrupção causassem a derrocada final de Collor. Depois de minha passagem pelo governo, não voltei a ocupar cargos na administração federal, mas continuei a me relacionar com o Estado como representante do braço privado de alguns dos programas de concessões promovidos pelo governo, como advogado responsável por causas que envolviam órgãos públicos e, depois, assumi a presidência da Constran, uma empreiteira de obras públicas que mantém contratos com diversos órgãos do Estado.

Dali, acompanhei de perto os primeiros movimentos da Operação Lava-Jato, que atacou de frente o modelo histórico de relacionamento do Estado e seus agentes com seus fornecedores. O modelo sempre foi marcado pela relação promíscua entre fornecedores, políticos e funcionários graduados da máquina pública, num jogo de interesses que, com o tempo, se tornou cada vez mais pesado. Com todos os seus acertos e erros, a operação expôs a realidade de um sistema montado para drenar recursos públicos para bolsos privados.

O pano de fundo daquele jogo era o financiamento político — em que esse arranjo licencioso era utilizado para cobrir os custos de corridas eleitorais. A verdade, porém, é que, além disso, ele também servia para enriquecer muita gente dentro e fora da estrutura do Estado. E o pior é que, por mais grave que fosse, esse tipo de desvio não era o único e estava longe de ser o maior dos problemas que impediam que o dinheiro público beneficiasse a quem interessava: o cidadão. A ineficiência da máquina, as prioridades mal definidas e a lógica de um Estado mais preocupado com sua própria manutenção do que com as políticas públicas sob sua responsabilidade acabaram por transformar o Brasil num país parado no tempo, onde todos os problemas parecem começar e terminar na incapacidade de o poder público enxergar a sociedade como seu cliente, não como seu provedor.

De todos os momentos em que o Estado passou por minha vida e que me relacionei com ele, como servidor público ou como fornecedor, recolhi informações que ajudaram a alimentar meu sentimento e a moldar minha visão sobre esse problema. Sei que existem no Brasil pessoas que se dedicam com afinco ao estudo de cada um dos temas tratados ao longo deste livro — mas poucos tiveram, como eu, a oportunidade de estar presente em tantos momentos da história. Como espectador privilegiado, coadjuvante interessado ou protagonista, vivi a luta pela redemocratização, o ressurgimento do sindicalismo e a campanha de Franco Montoro. Participei da campanha das Diretas Já e acompanhei a disputa de Tancredo Neves no Colégio Elcitoral.

Veio, depois disso, a Nova República, a Constituinte, o Plano Cruzado, o Plano Collor, o esforço pela redução do tamanho do Estado, as privatizações, o programa de concessões e a Operação Lava-Jato — e, em todos esses momentos, eu tive a oportunidade de acompanhar de dentro e, em alguns casos, ajudar a tomar as decisões que procuravam resolver problemas agudos do país. Poucos tiveram, como eu tive, a oportunidade de testemunhar todos esses episódios com algum grau de protagonismo, seja como observador com direito a voz, seja como articulador, seja como o responsável pelo resultado final da ação.

A ÓTICA DO CIDADÃO

Quis o destino que, na minha trajetória pessoal e profissional, mantivesse-me em contato com a máquina pública e que eu tenha visto uma série de tentativas de reformular a organização estatal e testemunhado sua incrível capacidade de resistir a qualquer movimento de mudança. Dizem que o Estado é um monstro desengonçado. Discordo. Na minha opinião, ele é um corpo muito bem organizado, que faz de tudo para proteger cada centímetro do seu corpanzil. No caso específico do Brasil, o Estado se tornou onipresente a ponto de se colocar acima da própria sociedade — e o pior é que muita gente vê essa postura como algo natural e esperado.

Diante de qualquer impasse, o Estado sempre é chamado a entrar na arena, enfrentar as feras e resolver a pendenga — ainda que à custa de passar por cima de direitos líquidos e legítimos dos cidadãos. Neste livro, será feita uma tentativa de inverter a lógica desse raciocínio. Este texto contém cenas de liberalismo explícito. Isso mesmo: liberalismo. Ainda que haja o risco deste aviso atrair críticas e espantar leitores, ele é necessário. O Brasil nos últimos anos habituou-se a ver as referências positivas ao liberalismo como demonstrações de insensibilidade social — e muita gente critica essa linha de pensamento sem conhecer as propostas construídas em torno dela. Mudar essa percepção é necessário e talvez seja o único caminho para se desatar o nó que prende o Brasil ao atraso.

Pela ótica liberal que norteará as próximas páginas, o Estado só deveria entrar em cena em último caso. Seu papel mais rotineiro deveria ser o de oferecer condições adequadas para que os indivíduos e a sociedade trabalhem, lucrem, prosperem e sigam adiante. O ponto de vista liberal, nesse caso, é aquele que, diante de qualquer conflito entre o Estado e o cidadão, olha a solução pela ótica do cidadão e assume a defesa de seus interesses. O texto sempre tomará partido do cidadão.

OS MANUAIS DA BOA POLÍTICA

É evidente que a escolha desse caminho exige tato. Sobretudo num país que ignorou o cidadão e se habituou a enxergar o mundo pela ótica dos interesses que os "cultos" atribuem às classes menos favorecidas. Ou, ainda, sob a ótica dos interesses dos mais favorecidos entre os mais favorecidos dos grupos de pressão. Desde 1985, quando chegou ao fim o ciclo de governos militares iniciado em 1964, virou mania no Brasil apontar o dedo na direção dos defensores dos direitos individuais e das soluções liberais para os problemas econômicos e acusá-los de inimigos da distribuição de renda e do fim das desigualdades sociais. No Brasil, ao contrário do que recomendam os manuais da boa política, "liberal" não é aquele que se opõe ao "conservador". Liberal, por aqui, é quem se opõe ao "progressista".

Parte da culpa por essa situação, claro, é dos próprios liberais, que, ao apoiar o Regime Militar no primeiro momento, talvez por temer o "perigo comunista" que na visão de muita gente espreitava o Brasil naquela época, ofereceu aos adversários os argumentos que seriam utilizados contra sua própria seriedade de princípios. Mas a reação a esse equívoco do passado não foi apenas igual e contrária — conforme estabelece a terceira lei de Newton. Ela veio com uma força desproporcional. A "direita", que sob o ponto de vista que se tornou dominante no Brasil é a expressão política do liberalismo, teria esgotado todo o seu repertório de propostas ao longo dos 21 longos anos de duração do regime autoritário.

Depois que os generais governaram e impuseram seu modelo de "liberalismo" ao país, teria chegado a vez da "esquerda", nas diferentes feições que ela assume no Brasil, propor soluções e implantar as políticas "progressistas" que criariam uma "rede de proteção social" e acabariam de uma vez por todas com a herança "direitista" daqueles anos de truculência. Haveria, então, "o resgate da dívida social" apontado como a solução para os problemas do país desde que as vozes de contestação ao regime começaram a ser ouvidas. Por essa visão, tudo que não venha da "esquerda" é nefasto. Tudo que não expresse a visão "da esquerda" é errado. Se a proposta não vem "da esquerda", não presta.

O Brasil, no final das contas, virou um país de esquerda. Tanto é assim que na maioria das eleições presidenciais realizadas depois da redemocratização, a disputa quase sempre se deu entre um partido menos à esquerda, o PSDB, e um outro mais à esquerda, o PT. E mesmo quando o quadro se altera e novos partidos entram na disputa, como aconteceu em 2018, a situação continua mais ou menos a mesma.

O candidato que não demonstra adesão às ideias da "esquerda" é apontado como uma ameaça à própria democracia. Mesmo considerando que a disputa entre candidatos de posições diferentes só se dá porque existe a democracia e que, no final das contas, a escolha é do cidadão, o candidato que não defende bandeiras de esquerda e dos grupos associados a ela é sempre apontado como uma ameaça a esse regime. E essas bandeiras incluem a manutenção de um regime previdenciário desigual, o apoio incondicional a todo e qualquer "movimento social" — independentemente do que esse movimento faça ou proponha — e um conjunto de ideias que, vença quem vencer, acabam revelando a hegemonia da esquerda.

ARCABOUÇO JURÍDICO

No centro dessa discussão está o Estado brasileiro que, sob a ótica da eficiência, pode ser considerado vítima de seu próprio sucesso. Explico: quando chegaram ao poder, em 1964, os militares e as coalizões civis que apoiaram o golpe tinham uma preocupação e um propósito claríssimos. A preocupação era romper com o passado e perpetuar o modelo de Estado que conceberam e instituíram por meio de um arcabouço jurídico que pretendia disciplinar todos os aspectos da vida nacional. É importante dizer isso com clareza: o arcabouço jurídico desenhado naquela época, por mais truculento que tenha sido sua implementação, tinha uma lógica que abrangia todos os aspectos da vida brasileira.

Até alguns temas caros à esquerda foram tratados. A Reforma Agrária, por exemplo — apontada como uma das causas do apoio das elites agrárias ao golpe de 1964 —, estava disciplinada pelo Estatuto da Terra, aprovado pelo Congresso Nacional e assinado pelo Marechal Humberto de Alencar Castello Branco, primeiro presidente do ciclo militar, em novembro de 1964. O Estatuto passou a dividir as propriedades rurais brasileiras entre produtivas e improdutivas e a incluir, entre as obrigações do Estado, a garantia da posse da terra para os que nela vivem e trabalham. Mais tarde, ainda durante o regime militar, foi o então Ministro da Agricultura no governo Figueiredo, Delfin Neto, quem acabou por definir os critérios de produtividade regionais e por atividade que iriam definir quais as terras que seriam produtivas ou não.

Elaborado para atender os objetivos de institucionalização do regime militar, essa e uma série de leis, inclusive a própria Constituição de 1967, foram obras de juristas respeitados e muito capacitados. Entre eles estava Francisco Campos, arquiteto da Constituição de 1937, na ditadura de Getúlio Vargas, e redator dos dois primeiros Atos Institucionais. Campos também orientou e apresentou sugestões à Carta de 1967. O texto final foi elaborado por Luiz Antônio da Gama e Silva, professor da Faculdade de Direito do Largo São Francisco. Manoel Gonçalves Ferreira Filho e Alfredo Buzaid, também professores da São Francisco, e João Leitão de Abreu, da PUC de Porto Alegre, e Helly Lopes Meirelles, foram, dentre outros, juristas que ajudaram a elaborar o arcabouço que deu sustentação jurídica aos governos militares.

O propósito desses juristas não era impor as trevas, mas, à maneira deles, trazer as luzes. Está certo que muitas vezes o facho dessa luz estava concentrado apenas naquilo que interessava ao regime, mas ninguém pode negar que havia uma lógica jurídica nas medidas que eles tomavam. Queriam modernizar o país, fortalecer a economia e, assim, livrar o Brasil do "espectro do comunismo" que, na visão dos militares e de seus apoiadores, rondava toda a América Latina naquele momento.

Para alcançar seus objetivos, concentraram todo o esforço na direção do crescimento econômico ainda que à custa do endividamento externo e do déficit público. Para ter indústrias, o país precisava de eletricidade. Para escoar a produção, era necessário abrir e pavimentar estradas. Para exportar mercadorias, era preciso construir portos modernos. Para fazer tudo isso, era preciso dinheiro.

DESENVOLVIMENTO COM ENDIVIDAMENTO

Como o país não dispunha de recursos para fazer os investimentos na velocidade que os planejadores demandavam, e como os militares, nacionalistas como nunca deixaram de ser, não pretendiam entregar os setores que julgavam estratégicos aos cuidados de "interesses estrangeiros", decidiu-se que o Brasil tomaria empréstimos no exterior para bancar seu desenvolvimento. A dívida externa, que era de US$3,9 bilhões em 1964, deu seu grande salto em 1972, quando alcançou US$11,5 bilhões. Chegou a US$38 bilhões em 1977 e em US$102 bilhões em 1984[1]. Isso equivalia a um terço do PIB daquele ano, que foi de US$311 bilhões.

O dinheiro chegou e, se não todo, pelo menos a maior parte dele foi de fato empregado no que foi anunciado. "Não olhe só a dívida", pedia o ministro do Planejamento Antônio Delfin Netto. "Veja o que ela representa".[2] Ao fazer esse apelo, Delfim mencionava as hidrelétricas de Itaipu e Tucuruí, os metrôs de São Paulo e do Rio de Janeiro, o programa siderúrgico nacional e a Usina de Tubarão, o programa petroquímico e daí por diante. Tudo construído à custa do endividamento externo e dos déficits do tesouro.

Se há um aspecto que ninguém pode negar é que os governos militares cumpriram seu propósito de industrializar o país e de fazê-lo crescer. Na mão deles, a economia se expandiu, se diversificou e se modernizou. E o Brasil, de fato, ficou mais rico. O PIB per capita, que era de US$1.161 em 1964, alcançou US$2.409 em 1984. Assim, o país que os militares devolveram aos civis em 1985 era, sob o ponto de vista do desenvolvimento e da qualidade de serviços, muito mais avançado do que o Brasil que eles tomaram à força em 1964.

O problema é que o sucesso daquele projeto faria emergir demandas que simplesmente não existiam (ou eram dispersas demais para serem consideradas) quando o modelo foi pensado. E por mais previsíveis que fossem tais consequências, elas nunca foram levadas em conta no projeto original. Atraídas em grande parte pelos empregos oferecidos pela indústria, milhões de pessoas migraram do campo para as grandes cidades. Em 1960, 44,67% da população do país viviam nas

---

1 Banco Central do Brasil, em dólares de 1984.

2 Antônio Delfim Netto. Entrevista à Rádio Bandeirantes de SP em 31/12/1982. Editado pela Secretaria de Planejamento da Presidência da República.

NEM MÍNIMO NEM MÁXIMO. O ESTADO POSSÍVEL

cidades e 55,33%, no campo. Em 1970, a proporção se inverteu: 55,92% estavam nas cidades e 44,08% no campo. O censo demográfico seguinte, o de 1980, mostrava 67,59% de pessoas vivendo das cidades e 32,41% no campo.

Concentrações urbanas mais numerosas demandam investimento crescente em saúde, educação, transporte e segurança. O aumento da expectativa de vida exige mais atenção não só com a Previdência, mas com todas as ações de seguridade social. No começo, tudo se resolvia pela oferta generosa de empregos que proporcionavam aos recém-chegados à cidade uma vida melhor do que tinham antes. Mas, a partir de um determinado momento, os empregos, que eram abundantes nas horas iniciais do regime militar, tornaram-se escassos. Isso, é claro, gerou insatisfação. E a conta, também é claro, foi cobrada de quem havia atraído milhões de pessoas para a nova vida com a promessa de que tudo melhoraria. A conta foi cobrada do Estado.

PRODUTOS MADE IN BRAZIL

Postos sobre a linha do tempo, o aumento da demanda por investimentos sociais, a insatisfação com a baixa qualidade dos serviços públicos e os sinais de deficiência da infraestrutura urbana começam a se tornar perceptíveis em meados dos anos 1970. E se manifestaram com clareza nos resultados eleitorais de 1974. Se o governo tivesse entendido aquele recado e orientasse o Estado na direção de uma reforma que atendesse as novas demandas e implantasse um novo modelo de aposentadoria; se o enxugamento necessário da máquina pública, tanto na administração direta quando na indireta, tivesse se iniciado naquele instante; se a desestatização da economia tivesse começado naquele momento, talvez a tensão não tivesse crescido ao ponto de pôr em xeque a própria presença dos militares no poder.

Mas, ao invés de ouvir e interpretar os sinais de insatisfação que começavam a ser dados naquela época e de perceber que o dinheiro disponível não era suficiente para atender todas as necessidades, o Estado tomou dois caminhos distintos. No campo político, para evitar que o eleitorado lhes preparasse novas surpresas, mudou as regras do jogo e fez com que elas lhe assegurassem vitórias dali por diante. No campo da economia, insistiu no modelo que havia dado certo no início. E, ao invés de reduzir, reforçou a presença do Estado no mercado com a criação de novas empresas públicas e o avanço para áreas que não havia ocupado até aquele momento.

Por trás desses movimentos está o primeiro Choque do Petróleo, em 1973. Se por um lado ele tornou mais caro o preço que os países produtores cobravam pelo óleo que produziam, por outro gerou um excedente de dinheiro — os petrodólares — que os bancos internacionais emprestavam com a maior facilidade. É dessa época o PND II[3] – com o qual o governo de Ernesto Geisel pretendia reproduzir o efeito do PAEG, de Castello Branco, e do PND, de Emílio Garrastazu Médici.

O objetivo era estimular a economia por meio de novos e polpudos investimentos com o dinheiro tomado emprestado no exterior. Ao invés da privatização das que já existiam, o que se viu foi a criação de mais e mais estatais. Ao invés de abrir o mercado e iniciar um processo de internacionalização que tornasse a economia mais arejada e competitiva (como outros países em situação semelhante à do Brasil, como a Coréia e os "Tigres Asiáticos" fizeram na época), o que se viu foi a ampliação das reservas de mercado existentes, o aumento das restrições às importações e o estímulo para fazer em casa produtos que custariam menos se fossem trazidos do exterior.

O estrangeiro que entrasse num quarto de hotel brasileiro, naquele momento, só encontraria produtos *Made in Brazil*, numa situação de fechamento que nos dias de hoje só poderia ser comparável ao que ocorre na Coréia do Norte. A cama, o colchão, o carpete, o aparelho de ar condicionado, os armários, o aparelho de televisão, o telefone, o frigobar, os alimentos e bebidas à disposição do hóspede, o sabonete, o xampu, os lençóis, as toalhas e tudo mais que houvesse ali dentro, tudo era feito no país. Nada, absolutamente nada, era importado.

Havia uma certa lógica nesse comportamento: todo dólar gerado era reservado para comprar petróleo e pagar os juros da dívida externa. O problema é que fazer em casa para atender a um mercado que, embora expressivo, representava uma gota no oceano da economia mundial, multiplicou os custos na mesma medida em que reduziu a eficiência da indústria nacional. Por querer fazer tudo, o Brasil acabou não se tornando bom em quase nada. A insistência nessa receita, claro, continuou exigindo esforço redobrado e sugando energia do país inteiro. E, como era de se esperar, fez com que o Estado tivesse a atenção desviada daquilo que interessava.

MÁQUINA PÚBLICA INCHADA

Ao invés de se buscar um novo modelo de Previdência, que aumentasse a Seguridade de quem já havia contribuído ao longo da vida e criasse uma nova modalidade para quem estava chegando naquele momento – como era o caso dos trabalhadores rurais – o que se fez foi puxar para dentro do modelo existente todos os trabalhadores. Até houve, em 1971, a criação de um recolhimento de um percentual mínimo da produção rural (de 2% do faturamento) a título de contribuição previdenciária. Mas a verdade é que a conta desse modelo, o Funrural, jamais

---

3 O PND do governo Médici, tinha como ênfase investimentos estatais em transportes e telecomunicações. O PND II, de Geisel, procurava estimular a produção de insumos básicos, especialmente os petroquímicos, de bens de capital, energia e alimentos.

fechou e, na prática, o mesmíssimo dinheiro que deveria assegurar a aposentadoria dos trabalhadores urbanos teria que dar conta, também, dos benefícios dos trabalhadores rurais. Mais uma vez, não se preocupou, ali, com a origem dos recursos que bancariam o benefício. A única preocupação era o destino do dinheiro.

E mais: ao invés de reduzir, o que se viu foi o aumento da quantidade de servidores públicos e, mais do que isso, a expansão das regalias concedidas a eles. A situação, claro, começou a fugir do controle nas mãos dos militares. Ao invés de aliviar o peso e procurar reduzir o tamanho do Estado, os militares se viram pressionados, pela própria lógica que implantaram, a mantê-lo grande e ampliá-lo.

Em tempo: manter aquela economia estatal em expansão gerou uma série de oportunidades a um grupo privilegiado de empresas que se formaram à margem do mercado das estatais, de fornecedores, de empreiteiros e de prestadores de serviços que dele se beneficiaram. Cada uma das empresas estatais que se implantaram naquele momento alimentava uma série de interesses privados que se tornavam "parceiros" do Estado à custa de critérios nem sempre claros. O tipo de economia privada que vicejou ao redor da economia estatal naquele momento nada tem a ver com o modelo liberal — em que o acesso ao mercado se dá pela competição. Ali o acesso era mediado pela troca de favores e do pagamento de pedágios indevidos.

Para ilustrar, recordo um diálogo entre o ex-Ministro Dílson Funaro e Paul Volcker, ex-presidente do Banco Central americano, o FED. A certa altura no intervalo de uma reunião, Volcker comentou com Funaro sobre uma disputa antiga que ocorreu entre dois homens de negócio americanos, que acabaram por resolver a questão através de um duelo onde um deles morreu. Volcker concluiu dizendo que por trás de toda a grande fortuna da América havia sempre um assassinato. Então, perguntou a Funaro se era assim também no Brasil. O ministro brasileiro disse: "Não. Em meu país, por trás da maioria das grandes fortunas há sempre um decreto, uma portaria, uma lei."

A CRISE DA DÍVIDA E SEUS EFEITOS

Seja como for, o financiamento daquele modelo ficou ainda mais difícil depois do segundo choque do petróleo, em 1978. E tornou-se praticamente impossível depois de dezembro de 1982, quando o governo do México decretou a moratória de sua dívida externa e transformou todos os países da América Latina em suspeitos potenciais de aplicar calote nos bancos.

Havia a expectativa de que o governo dos Estados Unidos, para evitar que seus bancos tivessem prejuízo com a interrupção dos pagamentos, viesse em socorro dos países em dificuldade e liberasse dinheiro para ajudá-los a sair da crise. Acontece que, desde o ano anterior, o governo do país mais rico do mundo estava nas mãos de um dos presidentes de visão econômica mais liberal que o mundo já conheceu: Ronald Reagan. O que fez o governo americano? Nada.

Se a decisão do México expunha os bancos americanos a dificuldades, eles que se entendessem com os devedores. Se os países latino-americanos estavam apertados, eles que se entendessem com os credores. Mas que ninguém contasse com a ajuda do Tesouro americano. O resultado foi o pânico e o aperto sobre todo o continente. Ninguém conseguia mais dinheiro. Mesmo assim, o Estado brasileiro permaneceu inchado, os gastos públicos se mantiveram elevados e as dificuldades e a tensão aumentaram a ponto de obrigar os militares a devolver o poder que tinham tomado à força dos civis.

Veio o primeiro governo civil pós-1964, o de José Sarney, sem que houvesse qualquer alteração substancial no modelo do Estado implantado pelos militares — embora no campo da política as mudanças tenham sido profundas. E, embora se tenha conquistado o direito de respirar com mais liberdade, a sociedade não se livrou da onipresença de um Estado que queria estar em toda parte.

O novo governo trouxe a promessa de se fazer um "pacto social" que desse ao país tempo para corrigir as distorções acumuladas ao longo dos 21 anos de governos militares. Com ele, vieram novos aumentos de demanda e novas recusas em se reformar a estrutura estatal. Havia chegado a hora de resgatar a "dívida social". O Estado grandalhão, provedor e generoso com seus fornecedores, não se livrou da carga que suportava antes e ainda teve que dar conta do peso adicional atirado sobre ele. Deu-se poder constituinte ao congresso eleito em 1986 — e que teve como principal cabo eleitoral o sucesso fugaz e enganador do Plano Cruzado. E a obra construída a partir dali foi de uma esquizofrenia assustadora: a nova Carta criou garantias a todos os direitos suprimidos pela ditadura e recuperados pelos civis. Mas em nada alterou o modelo de Estado criado pelos militares de 1964.

A nova Carta — e esse ponto é essencial — recepcionou as leis criadas pelos juristas ligados ao Regime Militar. Na sequência, tentou encaixar sobre elas os direitos e garantias próprios do regime democrático. É mais ou menos o mesmo que colocar um monge budista para celebrar uma missa católica — ou vice-versa. Como se não bastasse, a nova ordem trouxe para a cena, a título de "direitos sociais", um conjunto de despesas que não vinha acompanhado da indicação da origem do dinheiro que as bancaria. Ninguém em sã consciência pode ser contra a concessão de direitos sociais — desde que eles não gerem desequilíbrio nas contas públicas e se voltem contra toda sociedade. Nenhum Estado sério admite que se conceda direitos a setores privilegiados à custa da penúria de toda sociedade. Mas, no Brasil, isso se tornou corriqueiro.

NEM MÍNIMO NEM MÁXIMO. O ESTADO POSSÍVEL

Isso, na prática, abriu espaço para uma farra em que os interesses do cidadão e da sociedade foram postos de lado em nome da proteção aos "direitos" de quem tinha mais poder de pressão. Foi uma espécie de fermento. A partir dali, o Estado e tudo o que ele engloba (Executivo, Legislativo, Judiciário, Ministério Público, estatais, autarquias, agências governamentais e todo o resto) só fez inchar. Cresceu tanto que, sem nunca perder o senso de organização que garante sua sobrevivência, desenvolveu uma espécie de elefantíase: seu corpo ficou enorme e disforme. E pior: com braços e pernas curtos, incapazes de levá-lo aos lugares onde ele precisa estar.

A TENTATIVA DE REFORMAR O ESTADO

Alguns ocupantes do poder ao longo dos anos bem que tentaram reverter a situação. Por mais poder que tivessem, sempre bateram de frente com uma força cada vez mais resistente e poderosa. A equipe econômica do governo do general João Figueiredo, comandada por Antônio Delfin Netto, bem que se esforçou, a partir de 1983, para reduzir o tamanho da máquina estatal. Mas, naquele momento, o governo militar havia perdido a capacidade de impor sua vontade ao país. Havia abdicado de todos os movimentos estratégicos e seu esforço se limitava à "manutenção da ordem". Uma série de decretos editados pelo governo para tentar disciplinar as estatais e conter os gastos públicos[4] foi barrada no Congresso. O governo se viu, então, obrigado a segurar todos os seus investimentos e a consequência foi uma queda de 2,9% no PIB daquele ano.

Depois de Figueiredo, houve tentativas tímidas e quase envergonhadas de corte de gastos públicos no governo José Sarney — que prometia fazer "tudo pelo social". Em determinado momento, ele chegou até mesmo a lançar um pacote, ainda que modesto, de desestatização. Mas, no final, o governo acabou se rendendo à sua verdadeira vocação: abriu os cofres, gastou o que não tinha e elevou a inflação às alturas. Por muito tempo, ninguém se lembrou de procurar as causas dos problemas que o país vivia na estrutura do Estado que os militares tinham erguido e que a nova Constituição cuidou de tornar ainda mais pesada. Até que veio o primeiro governo eleito pelo voto direto depois de 1964, o de Fernando Collor de Mello. E com ele veio a proposta de uma ampla e radical Reforma Administrativa e Patrimonial, no bojo da Reforma do Estado imaginada pelo presidente. Coube a mim a responsabilidade de conduzi-las.

---

4 Entre janeiro e outubro de 1983, o governo editou uma série de decretos destinados a reduzir alguns benefícios concedidos aos funcionários públicos e empregados das estatais (Decreto-Lei 2036, de 1983) a disciplinar os reajustes de salários e elevar as alíquotas do Imposto de Renda (Decretos-Lei 2045, 2064 e 2065, de 1983). Todos foram rejeitados pelo Congresso Nacional.

Os obstáculos que se ergueram contra as medidas daquela reforma foram maiores e mais poderosos do que seria possível imaginar. E antes mesmo de Collor encerrar sua breve passagem pelo poder, a reforma proposta por ele começou a recuar. Em muito pouco tempo, o Estado recompôs sua monstruosidade e voltou a assumir a forma anterior. E a velocidade desse recuou acelerou-se ainda mais durante a passagem de Itamar Franco pelo Planalto.

Houve, depois disso, a intenção de se promover reformas no primeiro governo de Fernando Henrique Cardoso. Mas a possibilidade de levá-las adiante, sempre levando em conta que o tema desta discussão é o Estado brasileiro e os alicerces sobre os quais está assentado, saiu do cenário depois que FHC trocou a chance de mudar o país por mais quatro anos de mandato — no episódio da aprovação da emenda da reeleição. Nenhuma tentativa feita de reforma dali em diante deu certo. E de perda de oportunidade em perda de oportunidade, o problema que poderia ter sido resolvido lá atrás com relativa facilidade se agigantou a ponto de se tornar ainda mais grave nos governos de Luiz Inácio Lula da Silva e de Dilma Rousseff.

Em nenhum momento passou pela cabeça dos dois presidentes petistas a ideia de reduzir e modernizar o Estado brasileiro. Ao invés disso, fizeram tudo o que estava a seu alcance para torná-lo mais lento e inchado. É, como os que assistiram aos velhos filmes de faroeste estão cansados de saber: quanto mais pesada e lenta é a diligência, quanto mais cansados estão os cavalos que a puxam e quando mais inábil é o cocheiro que os conduz, mais fácil se torna para os bandidos chegar perto para assaltá-la, levar o ouro e rapinar os passageiros. Nessa comparação, a diligência é o Brasil, os cavalos são a economia, o cocheiro é o governo e os passageiros, óbvio, são os cidadãos. Quanto aos bandidos, são os bandidos mesmo.

O DESAJUSTE DAS CONTAS

A opção dos governos brasileiros por um Estado robusto e sempre disposto a tomar conta de tudo, como não poderia deixar de ser, exerceu influência direta sobre o comportamento do cidadão diante das urnas eleitorais. Ou, se não tanto, pelo menos sobre a forma desse eleitor ser abordado pelos candidatos durante as campanhas. Como o Estado se habituou a ser responsabilizado por tudo, a sociedade logo se acostumou a considerar esse o padrão de comportamento correto. Sendo assim, pouca gente assume o propósito real de ajustar as contas públicas, pouca gente considera essencial livrar o contribuinte da carga da despesa tributária que pesa em seu bolso. E mesmo entre os que se comprometem com essas ideias, pouquíssimos são os que efetivamente tentam reduzir o tamanho do Estado.

É daí que surgem as principais distorções. Da mesma forma que não se conseguiu até hoje jogar luz sobre a relação entre o Estado e seus fornecedores nem evitar a promiscuidade em muitos contratos com o governo, ninguém defende a redução dos privilégios que esse mesmo Estado concede àqueles que pulam para o lado de dentro dele. Ninguém promete a redução dos gastos com os salários dos servidores; ninguém acha anormal as regalias concedidas ao funcionalismo; ninguém diz que os recursos destinados à Previdência dos servidores públicos seriam mais bem gastos se fossem destinados à saúde.

Ninguém acha que o dinheiro destinado a cobrir o auxílio-moradia e outros privilégios indecentes concedidos aos juízes e procuradores já empossados e já aposentados seria mais bem gasto se fosse utilizado, por exemplo, para contratar mais juízes e procuradores para agilizar a justiça. Para os grupos de pressão mais poderosos, a manutenção dos privilégios do passado é mais importante do que a construção do futuro. Um levantamento feito em 2017 pelo Banco Mundial mostrou que o Brasil, em 2015, gastou o equivalente a 13,1% do PIB para pagar o funcionalismo público — percentual bem maior do que os 4,9% destinados à educação e do que os 9,1% destinados à saúde[5].

ESTATAIS "ESTRATÉGICAS"

Esse tipo de opção, como foi dito ainda há pouco, acabou moldando o perfil político nacional. Cada eleição disputada após a saída dos militares do poder traz uma dose de "populismo" e de "esquerdismo" superior à da eleição anterior, numa atitude que transformou o Brasil no país politicamente mais manco do planeta. Muita gente no país parece ter receio de se apresentar como se não fosse de esquerda, de centro-esquerda ou, no máximo, de centro. E mesmo quando aparece alguém com disposição de se apresentar ao eleitorado como um candidato "de direita", ele não tem coragem de propor a redução do tamanho nem a redução das demandas sobre o Estado. No Brasil, direita e esquerda se igualam na defesa do estado obeso e provedor.

Ao contrário do que se imagina e se propaga, o espaço para o liberalismo econômico na direita brasileira tem sido escasso. Não há nada mais parecido com a defesa intransigente que a esquerda retrógrada faz da manutenção eterna da Petrobras como uma empresa estatal quanto a posição da direita obtusa sobre esse mesmo ponto. É só alguém falar em vender a companhia para que as duas se unam para dizer que a ideia é absurda. Sempre que alguém tem a coragem de defender a venda de alguma estatal, surgem vozes para dizer que aquela empresa é estratégica e que o Estado não é capaz de sobreviver sem ela. Ninguém se dá ao trabalho de fazer perguntas óbvias. Estratégica por quê? Estratégica para quem?

No Brasil, em resumo, direita e esquerda rejeitam admitir a necessidade de uma redução das obrigações do Estado. Na visão de muita gente, o orçamento

---

5 https://www.worldbank.org/pt/country/brazil/publication/brazil-expenditure-review-report

público é uma vaca que pasta no céu para ser ordenhada na terra. A pressão por gastos públicos cada vez mais elevados é permanente. As corporações estão sempre alertas em relação ao "risco" de perder qualquer migalha e se aproveitam de qualquer descuido da sociedade para ampliar seus privilégios e tirar um pouco mais de recursos do saco sem fundo que enxergam no lugar do Tesouro Público.

REPÚBLICA SOCIALISTA DO BRASIL

Tenho a impressão de que, se um dia a esquerda triunfasse a ponto de implantar o socialismo no Brasil, as únicas diferenças em relação ao atual modelo de organização do Estado seriam a adoção do vermelho como a cor nacional e a privação da liberdade que normalmente acompanha esse tipo de regime. Naquilo que diz respeito à exploração dos meios de produção, a maior dificuldade que os novos governantes teriam para revogar o capitalismo seria mudar as placas nas portas das empresas e das repartições públicas. O Estado é tão grande, tão centralizador e tão presente na economia que bastaria mudar o nome de República Federativa para República Socialista do Brasil para que tudo estivesse resolvido.

Acredito que a confusão que se estabeleceu no Brasil em relação ao liberalismo deriva, acima de tudo, da ignorância em torno do que vem a ser essa linha de pensamento. O cientista político italiano Nicola Matteucci, um grande especialista no tema, observa no Dicionário de Política, que ele assina juntamente com Norberto Bobbio e Gianfranco Pasquino, a impossibilidade de ignorar que a história do Liberalismo "acha-se intimamente ligada à história da democracia".[6] E que o propósito primário do liberalismo sempre foi o de lutar contra os privilégios de classes ou de grupos junto ao Estado.

A melhor forma de se assegurar o fim dos privilégios que o Estado pode proporcionar a esse ou àquele grupo seria pela redução ao mínimo indispensável (ou até mesmo, em alguns aspectos, pela eliminação completa) de qualquer tentativa de intervenção do Estado na economia, no mercado e nos direitos individuais. São aspectos que ninguém pode negar ao liberalismo. A questão é que, mesmo havendo um consenso em torno disso, sabe-se que o conceito evoluiu em diferentes direções em diferentes ambientes políticos do mundo.

O conceito de "liberal", lembra Matteucci, varia de país para país e tem interpretações distintas em lugares como Alemanha (onde estaria relacionado a posições políticas de centro), Estados Unidos (onde é sinônimo do radicalismo de esquerda) e a própria Itália (onde se refere exclusivamente à defesa da livre

---

6 Bobbio et al, pág. 687.

iniciativa e da propriedade privada)[7]. Para o Brasil, restou confundi-lo com as posições da extrema direita.

A falta de compreensão e a má vontade em relação às ideias liberais, no caso do Brasil, empobreceram o debate e varreram para debaixo do tapete a discussão de problemas que deveriam ser analisados sem paixão e resolvidos com soluções reais — e não com os placebos legislativos que nos perseguem desde a Constituição de 1824. A mesma incompreensão e a mesma má vontade fortaleceram as soluções corporativistas, impostas pela pressão de quem, já tendo o Estado de posse de seu controle, considera normal que a sociedade arque com os custos de tudo sem receber em troca a mínima contrapartida. No Brasil, a sociedade existe para servir ao Estado e seus ocupantes, não o contrário.

ESTADO SUFICIENTE

A falta de um debate sério obriga que as soluções imaginadas para os problemas do Estado brasileiro sejam sempre rasteiras. Se a sociedade se revolta, por exemplo, com o auxílio-moradia pago a juízes e procuradores de justiça, a solução imaginada pelos próprios beneficiados é a incorporação da regalia ao salário da autoridade. Assim, suas excelências não perderiam um único centavo de sua renda e ao mesmo tempo veriam desaparecer de seus holerites aquele "por fora" incômodo, sobre o qual nem Imposto de Renda é cobrado. O que não se admite em hipótese alguma é a extinção pura e simples de um privilégio tão absurdo quando o tal auxílio-moradia.

A lista de anomalias não para aí no Brasil, o Estado gastador não dá a mínima para o equilíbrio de suas contas e acha normal criar despesas sem ter de onde tirar dinheiro. Na mesma linha, acha saudável distribuir benesses a funcionários públicos, sobretudo àqueles com carreiras ligadas às corporações mais barulhentas. No Brasil, os fiscais da receita achavam normal receber um extra pelas multas que aplicavam. É o mesmo que imaginar um guarda de trânsito recebendo uma gratificação por cada vez que faz silvar o apito. Ou considerar legítimo que os carteiros ganhem um adicional a cada vez que tocam a campainha na porta de alguma casa. Favores são concedidos e salários são aumentados conforme a suposta necessidade do beneficiado, nunca de acordo com a capacidade de pagamento do Estado nem com o peso daquele benefício sobre a sociedade. Quanto mais graduado o funcionário, maiores são os artifícios que multiplicam seus rendimentos. Quanto mais "culto" o funcionário e mais alta a categoria a qual ele pertence, mais barulho ele fará e mais vantagens ele exigirá.

---

7 Bobbio, pág. 688.

O ESTADO A QUE CHEGAMOS

A consequência de tantas distorções é uma estrutura estatal pesadona e onerosa, que se esforça para estar em todos os lugares, mas que, no final das contas, acaba não se fazendo presente onde é mais necessária. Por nunca priorizar o interesse do cidadão, o Estado brasileiro destina recursos e gasta energia com atividades que o mantém distante da sociedade. O Estado se preocupa com a produção de petróleo, com a geração de energia e com a administração de aeroportos. Ao mesmo tempo, não encara a discussão sobre a seguridade social, a saúde e a segurança pública.

Empresas como Petrobras, Banco do Brasil, Caixa Econômica Federal e Eletrobras se vestem com a fantasia de patrimônio público, mas parecem existir apenas para garantir privilégios a seus fornecedores e, claro, dar vida boa a seus empregados. Essas empresas sempre funcionaram, na prática, como dutos que facilitam a transferência indevida de dinheiro público para bolsos privados. No Brasil, privatizou-se o social e estatizou-se o econômico. Enquanto o Estado torra recursos para cobrir o déficit de empresas como a Eletrobras ou abre os cofres para manter as operações anacrônicas dos Correios, o cidadão é obrigado a pagar um plano de saúde privado se quiser ter um atendimento médico decente. Ou a recorrer a uma escola particular para dar a seu filho uma educação básica com um pouco mais de qualidade.

Mesmo assim, toda vez que alguém fala em vender uma estatal, uma voz mais alta se levanta para dizer que aquela companhia é estratégica. E que transferir seu controle para um acionista privado significaria um grave risco à soberania nacional. Essa é uma das distorções que dificultam a solução dos problemas do país. Há outras, a maioria delas derivadas do gigantismo do Estado.

No Brasil há leis demais para soluções de menos. Há muito funcionário público para pouco serviço prestado — e todos os excessos dessa máquina obesa e lenta são alimentados por uma carga tributária que pesa excessivamente no bolso do contribuinte sem que o cidadão se veja atendido em suas necessidades e sem que usufrua de serviços públicos de qualidade aceitável. E a consequência disso é um Estado balofo, lerdo e sonolento.

Esse ponto de vista não significa, no entanto, a defesa do Estado Mínimo — aquele que, ao invés de intervir em tudo, lava as mãos, se omite e deixa que setores da sociedade que tenham interesses divergentes digladiem até a morte. O Brasil necessita é do Estado Suficiente.

Em um país como o Brasil, onde há tanto por fazer e tanto desarranjo para ser posto no lugar, o Estado tem o dever fundamental de se fazer presente na hora de mediar conflitos, de apontar caminhos e de propor soluções. E, também, de legitimar as políticas públicas exigidas para tirar o Brasil do atraso. Se o Estado não respeitar o capital privado, não criar condições sensatas para a concessão de serviços públicos e não reduzir seu tamanho e suas responsabilidades financeiras, estará cavando um poço cada vez mais fundo, do qual nunca conseguirá sair e para o qual arrastará a sociedade. Um Estado que se concentre em seu papel essencial e abandone a ideia de estar em toda parte e ser dono de tudo é o verdadeiro Estado forte!

Qualquer reforma tributária estará fadada ao fracasso se insistir em buscar recursos da sociedade para dar conta das mesmas obrigações que hoje o Estado possui e continuar a financiar a mesma forma utilizada em sua estrutura para atender as demandas do cidadão.

Se assim acontecer, a carga tributária continuará a aumentar independentemente de qualquer crescimento econômico que alcançarmos.

A REFORMA FRUSTRADA

Faço tais afirmações a partir de um posto de observação privilegiado. Quando, em 1990, fui chamado pelo presidente Fernando Collor de Mello para assumir a Secretaria da Administração Federal, tive a perfeita noção do tamanho do desafio a que o governo se propunha. Ainda na fase de transição, quando a equipe se instalou no anexo do Itamaraty conhecido como Bolo de Noiva, tive a noção da densidade do cipoal que precisava ser desbastado para que o Estado tivesse uma administração mais racional. Foi uma tentativa de mudança que, talvez por ter sido tão abrangente, atraiu uma série de reações contrárias e atraiu críticas injustas que serão mostradas ao longo deste livro.

Ao terminar antes da hora, abatido pelo processo de impeachment aberto pelo Senado, em 29 de setembro de 1992, e pela renúncia do presidente no dia 29 de dezembro de 1992, o governo Collor levou junto com ele a tentativa de reformar o Estado — e, em pouco tempo, muitas das anomalias que pretendemos combater morreram junto com ele. Quando Collor caiu, registre-se que a maioria dos assessores que estiveram com ele desde a campanha, inclusive eu, já estavam fora do governo. De qualquer maneira, perdeu-se com ele uma oportunidade preciosa para se reformar o Estado. A mudança proposta ali foi muito além de se fundir repartições públicas e de fazer caber em 12 ministérios as tarefas das 23 pastas que existiam antes da chegada de Collor ao poder, conforme diziam os críticos na época. O que houve, na prática, foi a revisão completa do Decreto-Lei 200, a lei que moldou o Estado brasileiro em 1967. Os ministérios que existiam até 14 de março de 1990 foram extintos e os que surgiram em seu lugar foram criados com base na recém-promulgada Constituição de 1988.

Outras providências para a redução do Estado se seguiram a essas. O plano inicial pretendia reduzir em 354 mil a quantidade de servidores, que era de 1,58 milhão em março de 1990.[8] Desses, 550 mil que tinham sido puxados para dentro da carreira e tornados estáveis pelo artigo 19 das Disposições Transitórias da Constituição de 1988 sem jamais terem prestado um concurso público. Foi o maior trem da alegria da história. A redução que se alcançou um ano depois foi mais modesta: 204 mil funcionários. Deles, cerca de 112 mil foram dispensados, 37 mil foram aposentados e 55 mil postos em disponibilidade.[9] Também foram extintos 25.453 cargos DAI — e, em consequência, o dinheiro gasto para pagar as comissões de quem eventualmente os ocupasse. Outros 19.280 desses cargos foram reclassificados para D.I., com uma comissão mais adequada à capacidade de pagamento do Tesouro.

Também foram extintas 2.479 FAS e um total de 2.428 DAS que eram pagos na administração anterior e saíram da folha de pagamentos no governo Collor. Mais de 9 mil apartamentos funcionais, dos 20 mil existentes no dia da posse de Collor, foram vendidos no primeiro ano de governo, assim como 35 das 37 mansões destinadas à moradia de ministros e presidentes de Estatais. Cerca de 4.700 carros de representação dos 4.800 que existiam no dia da posse de Collor foram leiloados. Por ato do Presidente da República, autarquias e empresas anacrônicas e deficitárias deixaram de existir — e de sugar dinheiro do contribuinte — da noite para o dia.

A REDUÇÃO DO ESTADO

Seja como for, é correto afirmar que aquela Reforma do Estado foi, seguramente, a mais consistente, senão a única, tentativa de modernização da administração pública feita no Brasil depois de 1967. Naquele momento, em pleno governo militar, os ex-ministros Octavio Gouvêa de Bulhões, Roberto Campos e Hélio Beltrão, apoiados em grandes administrativistas da época, implantaram na administração pública brasileira o modelo que, de uma forma ou de outra, continua em vigor até hoje. Mais tarde, no período em que fiquei ministro da Infraestrutura, tive responsabilidade, ao lado do presidente do BNDES Eduardo Modiano, do diretor de Planejamento e Infraestrutura, Venilton Tadini, e do diretor de Privatizações Sérgio Zendron, sobre o processo de privatização da Usiminas, concluído no dia 24 de outubro de 1991.

A privatização da Usiminas foi a queda do muro de Berlim do processo de privatização do estado brasileiro. Foi a primeira grande privatização realizada no âmbito federal num país onde o normal sempre foi criar e não vender estatais. A transferência da Usiminas, a mais bem administrada e a única siderúrgica lucrativa entre as que pertenciam ao governo, enfrentou resistências, atraiu inimigos e aumentou a dose de má vontade que havia contra o governo de Fernando Collor. A pergunta que se fazia na época é a mesma que se faz hoje quando o assunto é a privatização de

---

8 Jornal do Brasil, 10/05/1990

9 Veja 1173 – 13/05/1991

uma estatal: "por que vender uma estatal se ela dá lucro?" A resposta também era a mesma que vale para os dias de hoje: "Para reduzir o tamanho do Estado, ora..."

Aquela tarefa exigiu um grande esforço tanto no campo jurídico quanto no da articulação política. O governo queria e a sociedade apoiava a privatização, conforme as pesquisas de opinião da época cansaram de mostrar. Mas os grupos de interesse em torno da siderúrgica mineira fizeram tudo o que estava a seu alcance para mantê-la estatal. Vencidas as resistências, tornou-se inexorável nos meses seguintes e já sob a presidência de Itamar Franco (que era um crítico da privatização) passar adiante as outras siderúrgicas estatais.

Depois de minha saída, reestruturei minha vida profissional na iniciativa privada e me mantive a uma distância prudente dos assuntos mais rumorosos. Trabalhei como advogado e atuei em escritórios e em causas importantes, me voltei ao mercado de infraestrutura, bem como assessorei alguns grupos que participaram dos programas de privatização. E me mantive assim até que em 2009, 17 anos depois de minha saída do governo, participei da negociação que envolveu a venda da Constran, empreiteira fundada e dirigida até ali pelo empresário Olacyr de Moraes, para o empresário Ricardo Pessôa, dono da UTC Engenharia. Concluído o negócio, Pessôa me convidou e pediu que aceitasse a presidência da empresa.

Sob meu comando e mesmo sem se envolver com os negócios de risco, a empresa teve um crescimento importante multiplicando por dez seu faturamento em menos de cinco anos. E teria permanecido assim se, no dia 14 de novembro de 2014, Pessôa não tivesse sido alcançado pela Operação Lava-Jato. Naquele momento, me vi novamente no meio de um processo de grande repercussão nacional. Embora nunca tenha sido criminalista, podia perceber no comportamento da Justiça Federal de Curitiba, e mesmo em alguns Tribunais superiores, uma mudança importante em relação à habitual lentidão da justiça brasileira em casos como aquele. O habitual seria, depois do indiciamento em primeira instância, que os empresários conseguissem um *habeas corpus* e, de recurso em recurso, empurrassem com a barriga até o processo cair em esquecimento. Ali, não.

Os maiores empreiteiros do país estavam em prisão preventiva em Curitiba e nada indicava que sairiam tão cedo da cadeia. Juntamente com os advogados Alberto Zacharias Toron, Sebastião Tojal e Antônio Figueiredo Basto, fui o idealizador e o articulador do primeiro grande acordo de colaboração premiada celebrado no país. Pessôa foi acusado, injustamente, de ser o líder de um grupo de empreiteiras que se unia para combinar e obter vantagens indevidas do Estado. A princípio resistente à ideia de colaborar com o Ministério Público, ele acabou convencido depois de muita insistência da nossa parte, e de alguns membros de sua família, a fechar o acordo que acabou por tirá-lo da cadeia antes dos demais empreiteiros presos na mesma operação. A partir desse momento, Basto concluiu o acordo que, no momento seguinte, teve sua execução desenhada e acompanhada pelas advogadas Carla Domenico e Ana Lúcia Penón.

Posto em liberdade em abril de 2015, por decisão do STF, Pessôa concluiu as negociações com o Ministério Público fora da cadeia e, no mês de maio, assinou a colaboração na qual expôs detalhes da relação viciada entre a Petrobras e as empreiteiras prestadoras de serviços. Dali por diante, a colaboração premiada, recurso, até aquele momento, utilizado apenas por acusados de menor expressão, passou a ser admitida como um recurso de defesa pela elite empresarial atingida pela Lava-Jato. E tornou-se um instrumento recorrente entre os grandes empreiteiros acusados de corrupção.

A FACE DO PAÍS

Quando isso aconteceu, eu estava novamente envolvido no esforço de redução do tamanho do Estado. Só que, desta vez, do outro lado do balcão. Em fevereiro de 2012, assumi a presidência do Conselho de Administração da Aeroportos Brasil/ Viracopos, consórcio que concebi e que havia vencido o leilão de privatização do aeroporto de Campinas. A despeito das melhoras que houve na operação e o fato de Viracopos ter sido apontado como o 7° melhor aeroporto do mundo em função das mudanças implantadas, o consórcio, em função das dificuldades administrativas criadas pelo próprio governo e decorrentes da brutal queda do PIB, acabou por, após não conseguir uma negociação amigável com o poder concedente, entrar com um processo de Recuperação Judicial, embora mantendo o melhor padrão de atendimento entre os aeroportos do Brasil.

Também levei o grupo UTC a participar do consórcio vencedor da privatização da Linha 6 do metrô paulista, concessão paralisada em decorrência da paralisia do governo frente a ações da Lava-Jato.

Ou seja, estive diretamente envolvido em situações que ajudaram ou poderiam ter ajudado a mudar a face do país. Situações que exigiram muito esforço, que envolveram muita tensão e resultaram em medidas que só não foram implementadas em sua totalidade porque a resistência a elas era forte e mobilizava interesses muito sólidos. No Brasil, mudar o que está dando errado é praticamente impossível. De qualquer forma, minha trajetória profissional me autoriza a afirmar que estive em lugares certos em momentos decisivos numa caminhada que teve início ainda nos meus tempos de estudante. E me fez compreender, na prática, a relação entre a máquina estatal e os interesses do país.

CAPÍTULO 1

A CONSTRUÇÃO DO ARCABOUÇO JURÍDICO

Tanto já se falou sobre os governos militares, que tomaram o poder no Brasil em 1964 e o entregaram para a Nova República, em 1985, que fica a impressão de já não existir mais nada a dizer a respeito daquele regime. Mesmo porque, faz tanto tempo que ele acabou que já não há o menor sentido em trazê-lo de volta à cena e relacioná-lo com os problemas que o país precisa enfrentar no Século 21. Na visão da maioria das pessoas, a responsabilidade dos militares pela situação da economia, da administração e das contas públicas acabou junto com o mandato de João Figueiredo, no dia 15 de março de 1985. Ou, no mais tardar, no dia da promulgação da Constituição de 1988. É como se o retorno da democracia tivesse sido capaz de sepultar tudo o que a ditadura criou ao longo de seus 21 anos de vida.

Feliz ou infelizmente, não é bem assim. Muito do que os militares construíram permaneceu de pé pelos anos seguintes — e não estou me referindo apenas às grandes obras que marcaram aquele período. Ponte Rio-Niterói, hidrelétrica de Itaipu, usina nuclear de Angra dos Reis, polo petroquímico de Camaçari e dezenas de outras construções que talvez não existissem se não fossem os militares, mas que estão longe de ser os principais legados do regime. A obra a que me refiro é a institucional. Muito do que foi feito nesse campo ao longo dos 21 anos de exercício do poder pelos militares se consolidou de tal forma que a impressão que se tem é a de que aquilo sempre foi parte da vida brasileira.

Essa impressão, de certa forma, é real. Muito do que a ditadura implantou sobreviveu a ela. E isso se explica por duas razões. A primeira foi a extensão e a profundidade das medidas introduzidas pelos militares enquanto estiveram no poder. Eles se preocuparam com todos os aspectos da vida nacional — nada ficou de fora. Mais do que os governos civis que os sucederam, eles se preocuparam em dar ao Estado brasileiro uma configuração diferente da que encontraram. A outra razão, e é preciso que se dê a mão à palmatória nesse aspecto, é o do êxito político dos militares: a maioria das forças que se opuseram ao regime queriam derrubar o governo, mas não tinham a menor ideia do que fazer em relação ao Estado.

Isso mesmo: as forças que se organizaram para tirar os militares do poder jamais se mostraram preocupadas em desmontar o aparato estatal que eles construíram sobre os escombros da ordem derrubada em 1964. E, na medida em que não se preocuparam com isso, permitiram que o Estado conservasse suas imperfeições sem o menor questionamento. No calor da luta contra o regime, não se percebeu que a construção de uma nova ordem dependia não apenas da substituição de um presidente militar por outro civil. Ela dependia, também, de desmontar e reconstruir um arcabouço institucional que ia muito além das leis de exceção que moldavam a face mais autoritária do regime.

O resultado dessa desatenção foi que, mesmo depois da reconquista do poder pelos civis, boa parte do arcabouço implantado pela ditadura sobreviveu. Mais do que sobreviver, ele orientou várias das ações dos governos democráticos nos anos seguintes. Pior do que isso: muito do que os governos autoritários deixaram de fazer para resolver os problemas sociais que surgiram como resultado de sua passagem pelo poder também não foi feito pelos governos democráticos que se seguiram a eles. Isso fica claro, sobretudo, no que diz respeito à gestão do dinheiro público necessário para assegurar direitos essenciais do cidadão, como a saúde e a educação. A eficiência nos gastos poucas vezes esteve no centro das preocupações dos governos que sucederam os militares. E da mesma forma que os militares não atentaram para a fragilidade do modelo brasileiro de previdência e de seguridade social, os governos civis também nunca pretenderam implantar um modelo que se sustentasse.

Seguridade, déficit público e reforma da previdência são, na verdade, problemas raramente levados a sério pelos governantes brasileiros. E que, também, jamais estiveram entre as prioridades dos grupos contrários ao regime. Para nós, que nos opusemos aos militares e trabalhamos para derrubá-los, era como se a administração pública não fizesse parte daquilo que criticávamos quando pedíamos que deixassem o poder. Ou melhor, na nossa visão, a administração pública era tão vítima quanto a própria sociedade dos desmandos da ordem autoritária. Para nós, tudo começava e terminava com a política — nada além da política interessava.

A POLÍTICA NO MEU CAMINHO

No que diz respeito a mim, a política chegou cedo demais à minha vida. A militância contra o regime militar era o caminho quase inevitável para todo universitário brasileiro no final dos anos 1970 — e foi por ele que segui. A luta pela implantação do Estado Democrático de Direito parecia ser naquele momento a única chave para a solução dos problemas do Brasil. Desemprego, carestia, inflação, distribuição de renda, falta d'água nas torneiras, pontualidade do

A CONSTRUÇÃO DO ARCABOUÇO JURÍDICO

transporte público e tudo o que funcionava mal no Brasil entraria nos eixos no instante em que a sociedade recuperasse o direito de ir às urnas e escolher pelo voto universal e direto governantes comprometidos com as causas sociais. Bastaria eleger pessoas que demonstrassem "vontade política" para "resgatar a dívida social" que todo o resto se resolveria por si mesmo. Por mais simplista e superficial que fosse esse pensamento, era nisso que acreditávamos no momento em que entrei na universidade. Em meados dos anos 1970, a sociedade começou a dar sinais de insatisfação com os militares. Nossa missão era "expor as contradições do regime" e tornar aqueles sinais ainda mais claros.

Nossa formação, como definiria mais tarde meu colega de turma na Faculdade de Direito do Largo São Francisco, Pedro Dallari, era "renascentista". Não só havíamos lido os clássicos da literatura nacional e internacional como discutíamos os problemas brasileiros e suas eventuais soluções com base em textos de economistas, historiadores e sociólogos banidos pelo regime e inacessíveis à maioria das pessoas naquele momento. Celso Furtado, Bóris Fausto, Francisco Oliveira, Fernando Henrique Cardoso e muitos outros pensadores faziam parte desse time.

Quanto a mim, eu estava no melhor lugar possível para um jovem interessado em fazer política naquele momento. Se São Paulo foi o berço da retomada do movimento estudantil pós 1968, a Faculdade de Direito da USP, onde ingressei em 1977, era o coração que ditava o ritmo daquela insatisfação. Me deixei envolver por aquele ambiente desde o dia em que lá pisei pela primeira vez. Logo no primeiro período da faculdade, me aproximei do Centro Acadêmico XI de Agosto e de seu presidente, Caio Marcelo de Carvalho Giannini. Também me liguei a outros amigos da São Francisco e de outras escolas que, como eu, queriam a volta das liberdades democráticas e a anistia ampla, geral e irrestrita aos presos políticos.

Em torno de bandeiras como essas, que eram as bandeiras da época, se reuniam pessoas como Vera Paiva, Marcelo Garcia, Israel Waligora, Geraldo Siqueira, Ieda Areias, José Roberto Manesco e Arnaldo Jardim. Eles faziam parte de meu círculo mais próximo de amizades e de militância. Não nos chamávamos pelos nomes, mas por apelidos irreverentes, que não escondiam a essência do que unia aquele grupo: por mais comprometidos que fôssemos com a causa da democracia, éramos jovens e como jovens nos comportávamos.

Vera era Veroca; Marcelo era Marcelo Bundão; Israel era o Judeu; José Roberto, o Fartura; Arnaldo, o Chefão. Eu era João Bafo de Onça uma referência ao inimigo do Mickey Mouse nos gibis de Walt Disney. Quem me pôs o apelido foi alguém da turma do MR-8, durante a campanha para uma eleição que disputei — e perdi por meia dúzia de votos — para a presidência do XI de Agosto. O grupo do qual eu era próximo era adversário do "Oito" e, como sempre acontece nas eleições estudantis, não nos tratávamos com simpatia.

Foi o primeiro e único cargo político que disputei. Embora eu jamais tenha me filiado formalmente a qualquer uma das dezenas de organizações clandestinas que havia naquela época, as simpatias e afinidades políticas me ligavam a uma tendência estudantil chamada Refazendo. Ela agrupava, além de militantes independentes como eu, os integrantes de uma série de antigas organizações de esquerda. A APML, o MR8, o PCBR e algumas outras organizações estavam abrigadas lá dentro.

Os grupos dentro da Refazendo rejeitavam toda e qualquer referência à convocação de uma Assembleia Nacional Constituinte Livre e Soberana — que passou a fazer parte das palavras de ordem da militância de esquerda já em meados dos anos 1970, se essa convocação viesse ainda com o regime militar no poder. Para eles, novas leis só poderiam ser feitas depois que a ditadura fosse posta abaixo e não restassem vestígios da passagem dos militares pelo poder. O problema é que muitos daqueles amigos estavam matriculados em geologia, geografia, psicologia, medicina, engenharia ou qualquer outro curso oferecido pela USP. Eu, por minha vez, era estudante de Direito. Para eles, a discussão sobre a Constituinte poderia aguardar a saída dos militares. Para mim, era a ponte que levaria o Brasil de volta à democracia.

Esse é um ponto importante e que ajuda a explicar muitas das decisões que tomei ao longo de minha trajetória. Como estudante de Direito e, depois, como advogado, eu tinha que acreditar no império da lei — e estava convencido de que uma nova ordem jurídica seria o empurrão que faria o regime ruir. Quando o tema entrava em discussão no nosso grupo, eu simplesmente perguntava: "como é que vocês querem que eu milite numa faculdade de direito e me oponha à Constituinte?" E a conversa, pelo menos para mim, acabava ali. A Constituinte era um entre as dezenas de temas debatidos nas reuniões, nas assembleias e até nas conversas informais naquele tempo. A militância estudantil não se limitava à presença em assembleias e passeatas. Ela implicava a discussão de ideias, a mobilização e o convencimento de outros estudantes. Aquela foi a grande escola de formação política de minha geração e dali emergiram diversos quadros que estiveram no centro do debate e participaram da vida nacional nos anos seguintes.

A MILITÂNCIA E AS LEIS DO REGIME

Independente de nossas divergências sobre a conveniência da convocação de uma Constituinte Livre e Soberana, aquele foi um momento especial para o país e, participar dele nos transformou em testemunhas do momento em que se

A CONSTRUÇÃO DO ARCABOUÇO JURÍDICO · 41

definiu a ordem política que vigoraria no país e em que se desenhou a máquina governamental que existiria nos anos seguintes. Na verdade, enquanto pedíamos democracia, fechávamos os olhos ou, de certa forma, até aplaudíamos as providências que o governo tomava e que ajudavam a consolidar um modelo de Estado que não nos preocupava.

Aquele Estado que não incluíamos entre nossas preocupações não nasceu de um dia para o outro nem foi obra de um governo só. Cada um dos cinco generais que governaram o país a partir de 1964 contribuiu à sua maneira, ou com as ferramentas que tinha à mão em seu tempo, para moldar o Leviatã que cresceu com eles e continuou a ser alimentado nos anos seguintes. Mas se for o caso de escolher entre eles os principais artífices daquela obra, eles foram, sem dúvida, Castello Branco e Ernesto Geisel. O primeiro governo, que só conheci pelos livros, foi responsável por sepultar a ordem anterior aos governos militares e por introduzir o arcabouço jurídico e a racionalidade fiscal que orientou as ações do Estado pelos anos seguintes. O segundo, durante o qual vivi meu ingresso na política, foi responsável pelas medidas que agigantaram o Estado e chamaram para dentro dele muito mais tarefas e responsabilidades do que seria razoável admitir.

O trabalho de Castello talvez tenha sido o mais minucioso e duradouro de todos. E foi muito além das medidas discricionárias editadas nos momentos iniciais da ditadura, como o A.I.1, assinado pelos três ministros militares em 9 de abril de 1964, e o A.I n° 2, baixado pelo próprio Castello Branco em 27 de outubro de 1965. O que aconteceu no governo Castello não foi apenas a edição de medidas que deram ao presidente o poder para cassar mandatos de políticos e mandar prender os adversários do regime. O que houve ali foi a revisão de alto a baixo de toda a ordem jurídica e de todo o sistema fiscal que vigorava no país antes do 31 de março de 1964.

Uma das primeiras leis do novo regime, baixada pouco mais de dois meses depois do golpe, foi a Lei N° 4330, de 1° de junho de 1964, que regulamentava o Direito de Greve. Ao contrário do que normalmente se imagina, as greves não eram proibidas na época da ditadura. Elas até poderiam ser declaradas, desde que obedecessem a uma série de exigências que, na prática, as inviabilizava. Ou, quando não as impedia, justificava a repressão às paralisações.

A CONSTRUÇÃO DO APARATO QUE TENTARÍAMOS REFORMAR

A reestruturação da política fiscal talvez tenha sido a mais profunda de todas. No dia 20 de agosto de 1954, apenas quatro dias antes do suicídio de Getúlio Vargas, o ministro da Fazenda Oswaldo Aranha encaminhou ao Congresso

Nacional a proposta de um novo Código Tributário para o Brasil. Com a morte do presidente, a proposta, avançada demais para a época, nem chegou a ser analisada. Ela mofou nos escaninhos do Congresso até que, em 1966, o ministro da Fazenda Octávio Gouveia de Bulhões, resolveu ressuscitá-la praticamente na íntegra. O resultado foi a Emenda Constitucional n° 18, de 1° de dezembro de 1965, que alterou o sistema tributário nacional e introduziu uma lógica que, com modificações pontuais, permaneceu em vigor pelos anos seguintes, até ser acolhida pela Constituição de 1988.

Criticado por ser excessivamente centralizador, aquele sistema fiscal entrou em cena antes mesmo da Constituição de 1967 ser promulgada. Ele tirou autonomia fiscal dos estados e dos municípios e eliminou uma série de impostos que pesavam sobre vendas, exercício profissional, licenças municipais e até as diversões públicas. A lógica dos tributos deixou de obedecer a abrangência municipal, estadual ou nacional. Ela passou a se guiar pelo conceito de incidência e deu origem ao ICM, ao IPI, ao ISS e ao ISOF. Também foram criados impostos especiais sobre as operações de comércio exterior e sobre operações financeiras não tributadas pelo ISOF. Para completar, o Imposto de Renda da Pessoa Física passou a pesar mais na arrecadação – enquanto a carga que pesava sobre as empresas foi reduzida.

Além dos novos impostos, o governo passou a aplicar a correção monetária, também criada no governo Castello Branco, sobre os valores atrasados do Imposto de Renda. O objetivo era desestimular a prática do adiamento sistemático dos pagamentos dos impostos, uma prática corriqueira entre as empresas brasileiras. No Brasil, naquele momento, ninguém recolhia impostos em dia. Esperava a inflação fazer o seu trabalho para, depois, se acertar com o fisco. Com a correção monetária, o atraso deliberado deixou de ser vantajoso.

O esforço reformista não parou aí. Mesmo com toda influência política a que sempre esteve sujeito, o Banco do Brasil cumpriu até 1965 os papéis simultâneos de banco comercial, de agente financeiro do governo e de autoridade monetária. O governo decidiu, então, criar o Banco Central para assumir essa última atribuição. A medida era mais do que necessária. Antes do BACEN entrar em operação, em março de 1965, o Brasil era o único país da América Latina que não contava com uma instituição voltada exclusivamente para o controle da moeda.

Mesmo os países vizinhos de porte econômico mais modesto do que o do Brasil criaram seus bancos centrais ainda na primeira metade do século 20. O Equador criou o dele em 1925. O da Bolívia surgiu em 1929 e o do Paraguai, em 1952. O BACEN nasceu independente e seu presidente, a exemplo do que acontece no banco central dos Estados Unidos, o Federal Reserve, deveria cumprir quatro anos de mandato e não seria demissível nem pelo presidente da

A CONSTRUÇÃO DO ARCABOUÇO JURÍDICO **43**

República. A ideia, por melhor que fosse, não resistiu à primeira mudança de governo após sua criação. Logo após substituir Castello Branco, Costa e Silva pôs Ruy da Silva Leme no lugar de Dênio Chagas Nogueira — que ainda tinha dois anos de mandato pela frente — e sepultou no nascedouro o sonho de independência do Banco Central.

Nenhuma área do Estado deixou de ser alcançada pelas reformas modernizadoras tomadas nos primeiros momentos do governo militar. Outra medida importante de Castello Branco, com a qual eu teria de lidar anos mais tarde, quando fui Secretário da Administração Federal do governo de Fernando Collor de Mello, foi o Decreto-Lei n° 200, de 25 de fevereiro de 1967. O texto dispunha sobre a Administração Federal e estabelecia diretrizes para uma reforma radical na estrutura de Estado encontrada pelos militares quando chegaram ao poder. Elaborado por uma comissão de 12 especialistas presidida pelo advogado Hélio Beltrão, e sob inspiração das ideias de Octavio Gouvêa de Bulhões e do ministro do Planejamento Roberto de Oliveira Campos, a necessidade daquela reforma já fazia parte das preocupações de Castello Branco desde sua chegada ao poder. Já na mensagem encaminhada ao Congresso para o ano legislativo de 1965, ele traçou uma meta ambiciosa. E prometeu uma reforma ampla do serviço público com a finalidade de "obter que o setor governamental possa operar com a eficiência de empresa privada".[1]

Embora a eficiência pretendida poucas vezes tenha sido alcançada, seja por Castello seja por qualquer outro presidente, o fato é que o Decreto-Lei n° 200, que entrou em vigor sem passar pelo Congresso, mexeu para melhor na estrutura administrativa do país. Outras providências que ajudaram a moldar o Estado nos anos seguintes também foram tomadas naquele momento. Uma das mais rumorosas deixou para trás a visão quase xenófoba que vigorava no Brasil antes de 1964.

Baixada com a intenção deliberada de atrair investimentos internacionais, a Lei n° 4.390, de 28 de agosto de 1964, facilitou a entrada do capital estrangeiro e a remessa de lucros para as matrizes das multinacionais instaladas no Brasil. Essa lei substituiu uma outra, assinada pelo presidente João Goulart, que dizia exatamente o contrário. Baixada em 3 de dezembro de 1962, a Lei n° 4131, fechou a economia brasileira ao criar uma série de dificuldades tanto para a entrada quanto para a saída do capital internacional do Brasil.

---

1 http://www.biblioteca.presidencia.gov.br/publicacoes-oficiais/mensagem-ao-congresso-nacional/mensagem-ao-congresso-nacional-castelo-branco-1965#acontent

A DISTENSÃO DE GEISEL
E OS PRIMEIROS PASSOS NA POLÍTICA

Uma outra medida modernizadora, interpretada na época como uma demonstração do descaso do governo com o trabalhador, foi a legislação que criou o FGTS no lugar da estabilidade que a CLT previa para quem completasse 10 anos de trabalho numa mesma empresa. Aparentemente vantajoso para o empregado, o dispositivo, na prática, inibia a geração de empregos formais ou abreviava a permanência dos trabalhadores nas empresas, que os demitiam antes de alcançar a estabilidade. Pelo novo sistema, o empregado poderia ser demitido a qualquer instante, mas receberia uma indenização correspondente ao período que passou com a carteira assinada.

O ímpeto legislador de Castello Branco foi concluído com a promulgação da Constituição de 1967, seu último ato à frente do governo. Uma das principais características daquela carta, além do foco excessivo nos princípios da Segurança Nacional, foi trazer para a União uma série de responsabilidades que poderiam muito bem ser confiadas aos estados e aos municípios. Aquela centralização excessiva contribuiu, depois que o país se adaptou a ela, para que o Estado se tornasse inchado e ineficiente. Mas seu objetivo era justamente o oposto: modernizar a administração pública em todas as esferas de governo. Seja como for, o fato é que todo o arcabouço jurídico sobre o qual os governos militares se apoiaram até o fim, e com o qual eu teria que lidar em minhas passagens pelos governos de Franco Montoro, em São Paulo, e de Fernando Collor, teve no governo de Castello seu alicerce mais sólido.

O papel do governo seguinte, o de Arthur da Costa e Silva, foi o de testar o limite e a força do arcabouço jurídico e verificar até que ponto aquele conjunto de leis resistiria às pressões sociais que começaram a surgir pouco tempo depois da posse do novo presidente. Além das grandes manifestações de rua, como a passeata dos 100 mil, realizada no dia 25 de junho de 1968 no Rio de Janeiro, houve também as grandes greves de metalúrgicos em Contagem e Osasco. A resposta do governo àquela ebulição foram as principais contribuições de Costa e Silva para a "ordem jurídica do período militar".

A primeira foi o A.I. n° 5, de 13 de dezembro de 1968. A outra foi o Decreto-Lei n° 477, de 26 de fevereiro de 1969, que proibiu a participação dos estudantes em manifestações políticas. No mais, aquele governo e o seguinte, do general Médici, mantiveram o escopo jurídico implantado por Castello Branco e se beneficiaram das medidas baixadas pelo governo. Ao contrário da recessão que se seguiu às medidas econômicas tomadas por Campos e Bulhões, o que houve nos momentos seguintes foi o oposto. Sob Costa e Silva e Médici, o país deu

A CONSTRUÇÃO DO ARCABOUÇO JURÍDICO 45

início à fase das grandes obras e viu consolidar um modelo de Estado que alcançaria seu ponto mais elevado com Ernesto Geisel.

O lado mais conhecido de Geisel, que assumiu a presidência da República em março de 1974, foi a promessa de promover uma "distensão lenta, gradual e segura" que abrandasse o controle que o regime exercia sobre a sociedade. Aquilo não significava, no entanto, a disposição de transigir ou de abrir mão da ordem autoritária. Pelo contrário. O regime estava forte e seu braço repressor ainda se mostrava especialmente musculoso. Ainda assim, a oposição encontrou uma maneira eficaz de desafiá-lo.

Abandonada a ilusão da luta armada vivida pelos grupos mais radicais da esquerda na década anterior, muita gente percebeu a conveniência de aumentar o tom da oposição à ditadura ocupando os canais limitados que a própria ditadura admitia abrir para a participação política. Naquelas circunstâncias, o MDB, partido criado em 1965 para se opor ao regime sem ultrapassar os limites aceitos pelos militares, deixou de ser tratado com desprezo por aqueles que queriam o fim da ditadura. Começou a ser considerado um instrumento legítimo de participação e passou a atrair o interesse dos jovens da minha geração. Foi atraído pelo MDB que eu e a maioria de meus colegas começamos a nos interessar pela política.

O INTERESSE PELA POLÍTICA

Fui calouro na política antes de ingressar na universidade. Em 1976, ano anterior à minha entrada na São Francisco, me envolvi pela primeira vez numa campanha eleitoral — numa corrida animada pela avalanche de votos que o MDB recebera nas eleições de 1974. Levado por um primo um pouco mais velho do que eu, apoiei o candidato Marco Aurélio Ribeiro, que disputava uma vaga na Câmara dos Vereadores de São Paulo. Formado pela mesma escola que eu passaria a frequentar no ano seguinte, Marco Aurélio tinha presidido o Centro Acadêmico XI de Agosto e era um nome respeitado entre os advogados ligados à Arquidiocese de São Paulo que ganhavam espaço na luta contra o regime. Ele não foi eleito, mas minha participação naquela campanha, de tão discreta, nem chegou a ser notada.

Ao grupo integrado por Marco Aurélio também pertencia o advogado Airton Soares, outro nome respeitado pelas posições que assumia contra o regime. Eleito deputado federal em 1974, era uma referência dos "autênticos" do MDB — um grupo simpático às ideias de esquerda que defendia uma postura oposicionista mais aguerrida do que a dos "moderados" que comandavam a máquina do partido. Para mim, participar da campanha de 1976, por mais discreta que tenha sido minha contribuição, fez toda a diferença. Naquele momento, escolhi de que lado queria estar.

A convivência com advogados e a minha própria escolha pela carreira do direito me ajudaram a abrir os olhos para uma singularidade do regime autoritário brasileiro: por mais discricionários que fossem, os governos militares eram obcecados por códigos, leis e regulamentos. Sim. Por mais contraditório que isso possa parecer, a ditadura brasileira era legalista e construiu em torno de si um aparato jurídico que, sob vários aspectos, sobreviveu ao regime que o implantou. Embora tivesse força para impor sua vontade da forma que bem entendessem, os militares sempre fizeram questão de se apoiar em leis que validassem seus atos. E caso a sociedade, mesmo agindo dentro dos limites estabelecidos por eles, insistisse em expressar opiniões que desafiassem a dos militares, os "legisladores" da ditadura não tinham dúvida em alterar as regras e adaptar a realidade à sua conveniência. Podia até haver jogo. Mas apenas um dos lados estava autorizado a ganhar.

Em nome da mania de seguir as leis que eles mesmos criavam, os militares protagonizaram episódios que chegam a ser risíveis e que eram comentados por nós em tom de galhofa — mas que ilustram com precisão a mania de dar aparência legal mesmo às medidas mais autoritárias. Foi o que aconteceu, por exemplo, no momento do afastamento do governador de São Paulo, Adhemar de Barros. Apoiador dos militares, na primeira hora Barros passou a ser visto, já no ano seguinte, como um político inconveniente, que precisava ser afastado. Ocorre que o A.I. nº 2, que reabriu a temporada de cassações de mandatos em outubro de 1965, tinha uma peculiaridade. Seu artigo 15 só previa a cassação de mandatos legislativos. E se calava em relação aos cargos executivos. Procurou-se, então, uma maneira de afastar Adhemar sem contrariar a ordem que os próprios militares haviam criado.

O problema foi levado ao advogado João Leitão de Abreu, Chefe de Gabinete de Mem de Azambuja Sá, Ministro da Justiça do governo Castello Branco. E a solução foi logo encontrada: ao redigir o decreto que tirou o mandato de Adhemar, em 6 de maio de 1966, Leitão de Abreu simplesmente omitiu a palavra "cassação". Mencionou apenas a "suspensão dos direitos políticos". Sem direitos políticos, Adhemar não poderia exercer o cargo de governador. A vontade de quem o elegeu foi desrespeitada. Mas a lei foi seguida à risca.

Outra saída jurídica criativa encontrada por Leitão de Abreu para revestir de legalidade uma medida arbitrária do regime se deu no dia 31 de agosto de 1969. Vítima de uma trombose, o marechal Arthur da Costa e Silva foi considerado incapaz de governar. Em seu lugar deveria assumir o vice-presidente Pedro Aleixo. Havia, porém, alguns problemas. Além de ser um civil, ele foi o único

A CONSTRUÇÃO DO ARCABOUÇO JURÍDICO

integrante do governo a se opor à decretação do A.I. n° 5, oito meses antes. Ou seja, Aleixo não contava com a confiança dos militares. Leitão de Abreu, que estava fora do governo, foi chamado por seu cunhado, o ministro do Exército Aurélio de Lira Tavares, para encontrar a solução jurídica que impedisse a posse do vice.

O advogado, então, redigiu o A.I. n° 12, que entregou o poder a uma junta militar formada pelo próprio Lira Tavares, pelo ministro da Marinha Augusto Rademaker e pelo ministro da Aeronáutica Márcio Sousa e Melo. Em outubro de 1969, o triunvirato ouviu os generais da ativa e escolheu Emilio Garrastazu Médici para ocupar a presidência da República. Aquela foi uma escolha da caserna e de mais ninguém. Na hora de dar posse a Médici, no entanto, a ditadura fez questão de manter a aparência de legalidade. Mandou reabrir o Congresso, fechado desde a decretação do A.I. n° 5 dez meses antes, e promoveu, à sua maneira, a eleição que conferiu legalidade ao mandato.

A CARA DO ESTADO

Assim era a ditadura brasileira. Em 1977, embora o ambiente político do Brasil já não fosse o mesmo de 1969, os militares permaneciam fiéis ao hábito de criar leis que adequassem a realidade a seus propósitos. Diante do risco de derrota da Arena nas eleições de 1978, o que custaria ao governo a perda da maioria no Congresso para o MDB, Ernesto Geisel e seu estrategista, Golbery do Couto e Silva, decidiram alterar as regras do jogo. Em abril daquele ano, e tendo como pretexto a derrota em plenário de uma emenda Constitucional destinada a reformar o poder Judiciário, Geisel se valeu do A.I. n° 5[2] (que havia ficado na gaveta desde 1969) e mandou mais uma vez fechar o Congresso. E baixou as medidas draconianas que se tornaram conhecidas como Pacote de Abril de 1977.

A primeira providência do Pacote foi reduzir de dois terços para maioria absoluta a diferença necessária para a aprovação de emendas à Constituição. Houve outras na mesma direção. As eleições para governador marcadas para o ano seguinte seriam indiretas e não mais diretas, conforme previsto. Metade

---

2 Assinado pelo Marechal Arthur da Costa e Silva, o A.I. n° 5, de 13 de dezembro de 1968, deu ao Presidente da República o poder de fechar o Congresso, de elaborar leis, de intervir no Judiciário e de decretar intervenção nos estados e municípios. Além disso, suprimiu a concessão de Habeas Corpus nos casos de crimes políticos, contra a segurança nacional, a ordem econômica e social e a economia popular. Também deu ao Presidente, em seu Artigo 4°, o poder de "suspender os direitos políticos de quaisquer cidadãos pelo prazo de 10 anos e cassar mandatos eletivos federais, estaduais e municipais. Fechado em dezembro de 1968, o Congresso Nacional, desfigurado pela cassação de 163 deputados, entre efetivos e suplentes, e seis senadores, só voltou a funcionar em outubro de 1969.

48 O ESTADO A QUE CHEGAMOS

das vagas no Senado em disputa naquele ano, quando dois terços da casa seriam renovados, seriam preenchidas por candidatos escolhidos pelo voto indireto – os chamados senadores biônicos. Os critérios de proporcionalidade para formação das bancadas dos estados na Câmara seriam alterados, com o aumento da representação dos estados de menor população, sobretudo os do Norte e do Nordeste, e a consequente redução da participação dos estados maiores, do Sul e do Sudeste, na composição da casa.

A SOBREVIVÊNCIA DO ARCABOUÇO JURÍDICO

Mencionar tais fatos, já suficientemente analisados por quem tratou da história política do país, num texto que se propõe a discutir características do Estado brasileiro, só faz sentido se for para destacar um dos aspectos mais interessantes do Leviatã verde e amarelo criado ao sul da linha do Equador. No Brasil, o Estado se habituou a enquadrar a atuação política dos cidadãos dentro de regras que beneficiam mais a ele próprio do que à sociedade. Em outros países do mundo, ao contrário, o Estado foi moldado conforme os interesses da sociedade e de seus cidadãos. Em consequência dessa inversão de valores, ou seja, em nome de colocar os interesses do Estado à frente dos interesses dos cidadãos, tomaram-se algumas das medidas que sobreviveram ao fim da ditadura e geraram distorções que afetaram a estrutura política do Brasil pelos anos seguintes.

Ao alterar os critérios de proporcionalidade para a formação da Câmara dos Deputados, como foi feito no Pacote de Abril, os militares tinham um objetivo certeiro: conter o crescimento eleitoral do MDB nos estados mais desenvolvidos e populosos do país. O principal artifício utilizado para isso tinha a intenção óbvia: conter a força do eleitor de São Paulo, que vinha se mostrando particularmente contrário ao regime. A representação do maior estado, São Paulo, foi fixada em 55 deputados e a representação das unidades menores, seis.

Abriu-se naquele momento um precedente que nunca mais seria corrigido: o de se considerar normal que os cidadãos dos diferentes estados tivessem pesos diferentes na hora do voto. Essa aberração sobreviveu à queda do regime, em 1985. Sobreviveu, também, à Constituição de 1988 e, ao ser regulamentada pela Lei Complementar 78, de 1993, fixou em 70 deputados a representação do estado mais populoso. E fixou em 8 deputados a representação mínima dos Estados na Câmara[3]. Com isso, houve o deslocamento dos centros de decisões partidárias dos estados do Sudeste – mais desenvolvidos – para as regiões menos desenvolvidas e mais sensíveis às iniciativas assistencialistas do governo.

---

3 http://www2.camara.leg.br/legin/fed/leicom/1993/leicomplementar-78-30-dezembro-1993-364976-normaatualizada-pl.html

Traduzido em números, isso quer dizer o seguinte: levando em conta os 29,9 milhões de eleitores do estado que votaram para deputado federal em 2018, foram necessários 427.447 eleitores para eleger um integrante da bancada de São Paulo.[4] Enquanto isso, uma quantidade bem menor, de 286.754 cidadãos, elegeu oito deputados no estado de Roraima — o que dá 35.844 votos por vaga. Em Alagoas, o número de votos necessários para preencher uma vaga na Câmara dos Deputados foi de 188.097. Ou seja: o voto de um brasileiro que vota em São Paulo valeria quase duas vezes mais do que vale em seu próprio estado caso esse cidadão transferisse seu Título de Eleitor para Alagoas. E teria um peso 13 vezes maior caso ele passasse a votar em Roraima. A adoção de um critério de proporção que dá aos eleitores pesos diferentes — em lugar de seguir o critério de "um homem um voto" — tornou ainda mais difícil qualquer reforma que se pretenda fazer na estrutura do Estado.

Seja como for, o fato é que, mesmo acontecendo sob uma legislação desfavorável para a oposição, a eleição de 1978 mobilizou aqueles que buscavam a ampliação do espaço de atuação política. Airton Soares foi reeleito deputado federal pelo MDB. E Marco Aurélio Ribeiro, de quem me aproximei mais depois de entrar na universidade, buscou e conseguiu uma vaga de deputado estadual pelo partido da oposição. Ao contrário da participação discreta de 1976, eu já estava bem mais próximo de Marco Aurélio e tive uma atuação bem mais destacada na campanha de 1978.

MEU PRIMEIRO EMPREGO PÚBLICO

Poucos meses depois de chegar à São Francisco e de me tornar amigo de Caio Marcelo Giannini, ainda em 1977, me aproximei da estudante Solange Rogelia Luchini. Ela havia entrado na escola pouco antes de mim e, àquela altura, era uma militante respeitada no movimento estudantil. Ligada aos líderes de algumas das tendências que se multiplicavam na universidade, conhecia advogados já formados e convivia com militantes da geração de 1968 — endeusados pela estudantada no final dos anos 1970.

Foi por intermédio de Solange, com quem namorei, que conheci e me tornei amigo de Percival Maricato, um dos sócios de Airton Soares e de Luiz Eduardo Greenhalgh em um escritório de advocacia que defendia presos políticos e, àquela altura, ganhava prestígio como uma referência na oposição aos militares. Foi por intermédio de Percival que me tornei ainda mais próximo de Marco Aurélio Ribeiro, que me indicou caminhos e abriu portas que tiveram uma importância fundamental no início de minha carreira.

---

4 Sobre os resultados eleitorais de 2018, ver: http://divulga.tse.jus.br/oficial/index.html

O ESTADO A QUE CHEGAMOS

Antes de se lançar como um dos "candidatos populares" do MDB às eleições de 1978, quando conquistou a vaga na Assembleia Legislativa, Marco Aurélio tinha me convidado para trabalhar num movimento que buscava a regularização de loteamentos clandestinos em São Paulo. A ação era coordenada pelas Comunidades Eclesiais de Base, da Igreja Católica. Aquele trabalho, bem como minha atuação na campanha de 1978, me aproximou ainda mais de Marco Aurélio. Depois do pleito, ele me convidou para ocupar sua secretaria parlamentar. Aquele foi, aos 21 anos, meu primeiro emprego público.

Trabalhar na Assembleia, lugar de grande efervescência naquele momento, me abriu a oportunidade de, pela primeira vez na vida, observar de perto o funcionamento da máquina governamental. Nossa posição política naquele momento era a mais óbvia possível: se a ditadura que suprimia as liberdades individuais era de direita, se lutávamos contra o regime e almejávamos a democracia, era natural que estivéssemos na extremidade oposta. Ou seja, na esquerda. Minha visão naquele momento ainda era limitada pela pouca experiência e pelo fato de, mesmo já sendo um "quadro" político da oposição e estando dentro do legislativo, eu ainda olhava para o governo do lado de fora. Mas o fato de estar num ambiente em que se fazia política 24 horas por dia já me oferecia a oportunidade de perceber como as decisões eram tomadas e como os interesses se articulavam em torno do Estado. E me permitiu entender que, se quiséssemos mesmo mudar alguma coisa no país, tínhamos que pular para o lado de dentro.

O governo Paulo Maluf, que administrava o estado de São Paulo naquele momento, era um terreno fértil para quem desejava cultivar a semente oposicionista. Com ações atabalhoadas e obras megalomaníacas, que deixavam atrás de si um cheiro desagradável de corrupção, Maluf era uma fonte inesgotável de oportunidades para a equipe de um deputado da oposição disposto a trabalhar para marcar sua posição. Esse era o caso de Marco Aurélio. Estar do lado dele naquele momento me permitiu ampliar meu trânsito junto aos políticos e estender minha militância para além dos limites do Largo São Francisco.

Ainda antes da eleição, dia 12 de maio de 1978 foi criada a seção paulista do Comitê Brasileiro pela Anistia. Eu estava presente à reunião de fundação. A pedido de Caio Marcelo Giannini, representei o Centro Acadêmico XI de Agosto na reunião de instalação e fui um dos signatários, em nome do XI, da Carta de Princípios – Programa Mínimo de Ação[5] da entidade. Entre as reivindicações havia temas considerados tabus pelos militares, mas que já eram debatidos livremente nos ambientes que eu frequentava. Queríamos o fim das torturas;

---

5 https://fpabramo.org.br/2006/04/23/carta-de-principios-e-programa-minimo-de-acao -cbasp/

libertação dos presos políticos e volta dos cassados, aposentados, banidos e exilados pelo golpe; reconquista do direito ao *habeas corpus*; apoio à luta pelas liberdades democráticas.

ASSINATURA NA ATA DO COMITÊ PELA ANISTIA

A reunião foi presidida por Luiz Eduardo Greenhalgh e dela participou a advogada Eny Moreira, presidente da seção do Rio de Janeiro do Comitê Brasileiro pela Anistia. Era uma das mais respeitadas defensoras de presos políticos do país. Estavam lá a urbanista Ermínia Maricatto, junto com Luiz Meneses, representando a ADUSP. Estava o médico Aytan Miranda Sipahi, a presidente do Comitê Feminino pela Anistia, Therezinha Zerbini e outras vinte pessoas, não mais que isso. Minha assinatura está ao lado das deles na ata de fundação.

Nos meses seguintes, o CBA de São Paulo ganhou visibilidade e assumiu a liderança da campanha pela devolução dos direitos políticos aos perseguidos pela ditadura. E, ao lado da Comissão de Justiça e Paz da Diocese de São Paulo, tornou-se a principal referência na luta pela anistia do Brasil. Na Comissão de Justiça e Paz atuavam sob a liderança do cardeal dom Paulo Evaristo Arns alguns dos advogados mais respeitados do país. José Gregori, José Carlos Dias, Dalmo de Abreu Dallari e Hélio Bicudo estavam entre eles.

A reunião de fundação do CBA aconteceu num endereço discreto, porém importante na luta pela democracia. Trata-se de uma casa na Travessa Brigadeiro, 21, no bairro paulistano da Bela Vista. A rua, mais tarde, foi batizada com o nome do sambista Adoniran Barbosa. Ali funcionava o escritório que Airton Soares dividia com os advogados Luiz Eduardo Greenhalgh e Luís Alberto Marcondes Piccina. No mesmo endereço estava instalado, numa sala no andar superior, o diretório do MDB da Bela Vista, em São Paulo. Participei de várias reuniões importantes e muito concorridas que aconteceram naquele endereço. Delas participavam gente como Fernando Henrique Cardoso (eleito suplente de senador em 1978, na chapa de André Franco Montoro) e o ex-presidente da UNE José Serra, que retornara do exílio mesmo antes da decretação da lei da Anistia.

A ação do CBA, com certeza, foi fundamental para a ampliação dos limites da anistia que certamente não seria tão ampla como acabou saindo. Mas o general Figueiredo, em 28 de agosto de 1979, assinou a lei que abriu as celas onde se encontravam os presos políticos e trouxe de volta os exilados que tinham deixado o país nos anos mais brutais do regime militar. Dezenas de manifestações aconteceram nos aeroportos para festejar a chegada ao Brasil de gente como o ex-governador de Pernambuco, Miguel Arraes, o ex-guerrilheiro Fernando Gabeira e o sociólogo Herbert de Souza, o Betinho. Já o ex-líder estudantil José Dirceu, como dizia a piada da época, tomou um ônibus em Cruzeiro do Oeste, no interior do Paraná, e se despediu da clandestinidade ao desembarcar na rodoviária velha, no centro de São Paulo.

Uns menos conhecidos, outros mais famosos, os exilados foram voltando um a um. O ex-governador do Rio Grande do Sul, Leonel Brizola, cruzou a fronteira da Argentina com o Brasil pela cidade de Foz do Iguaçu, embarcou num bimotor e foi direto para São Borja, no Rio Grande do Sul, visitar os túmulos dos ex-presidentes Getúlio Vargas e João Goulart. O recado era claro: Brizola queria de volta a ordem interrompida pelos militares em 1964.

A questão é que o Brasil, em diversos aspectos, era um país diferente, que necessitava não da volta da velha ordem deposta em 1964. O país carecia de novos fundamentos que, muitas vezes, não eram percebidos pelos que desejavam o fim do regime. Tentar voltar ao passado sem reconhecer as mudanças positivas implantadas pela ação do regime era um erro que não apenas o ex-governador do Rio Grande do Sul, mas muitos políticos respeitados naquela época insistiam em cometer.

CAPÍTULO 2

EM CONTATO COM O ESTADO GASTADOR

Embora em nossos debates jamais déssemos aos militares qualquer crédito pelos avanços verificados durante sua passagem pelo poder, é certo que o crescimento e a modernização do Brasil foram evidentes durante os anos duros do regime. Concordassem ou não com o arbítrio dos militares, o certo, porém, é que houve melhoras evidentes. O contraste com o país que os exilados haviam deixado nos anos de chumbo saltava aos olhos. Os que retornaram se depararam com um novo cenário social bem mais complexo do que aquele que havia antes do golpe. Era um outro Brasil, muito mais moderno, urbano e industrializado do que o anterior a 1964. As transformações eram evidentes.

Na minha infância, menos de 10 anos antes de meu ingresso na universidade, nas férias que eu passava na região de Guaíra, no interior de São Paulo, me cansei de ver mercadorias transportadas por carros de boi que percorriam estradas de terra esburacadas. Era difícil cruzar com um automóvel ou um caminhão. Não se trata de folclore nem de cenas vistas nos pontos mais remotos da fronteira agrícola do país ou em lugares inacessíveis do sertão. Imagens como essa eram comuns numa região especialmente rica do estado mais rico do Brasil. Ali já se fazia, naquela época, a agricultura mais avançada do país.

Mesmo assim, os carros de boi e os arados puxados por mulas eram o que estava disponível para o transporte e para o trabalho na lavoura. Imagens como aquela não tardariam a ficar no passado – em muito pouco tempo, os caminhões e os tratores ocuparam o lugar da tração animal. Assim que assumiram o poder, os militares deram início a um programa acelerado de asfaltamento e abertura de estradas. Implantaram pelo país afora uma infraestrutura mais moderna do que aquela que encontraram ao dar o golpe e criaram as bases para um projeto de desenvolvimento que buscava a industrialização acelerada. Era isso que estava na mira dos militares naquele momento.

O PAEG, destinado a acelerar o ritmo de desenvolvimento, continha uma série de medidas destinadas a atrair capitais e estimular a economia. A ideia geral era tirar o Brasil da condição de um mero exportador de café e transformá-lo num grande exportador de produtos acabados. Essa era a ideia. Mais tarde veio o PND, que estimulou investimentos em transportes e em telecomunicações. Ele vigorou entre 1972 e 1974, no governo de Emílio Garrastazu Médici. O esforço inicial deu certo. De cada dólar exportado pelo Brasil até 1964, pelo menos 57 cents provinham da venda do café. Em 1975, com o aumento da venda de produtos industrializados e com o estímulo à venda de minério de ferro ao exterior, que deixou para trás as restrições impostas pelo governo nacionalista de João Goulart, a participação do café foi reduzida a cerca de 15% do total de exportações.

CRESCIMENTO ALUCINANTE

No governo seguinte, o de Ernesto Geisel, o mais estadista de todos os presidentes militares, foi baixado o PND II. Os objetivos, desta vez, eram o estímulo e a produção de insumos, especialmente de combustíveis, inclusive o álcool. A indústria de bens de capital, a geração de energia (inclusive nuclear) e a produção de alimentos também estavam na mira. Todas essas decisões e medidas eram sustentadas pelo arcabouço jurídico implantado desde o governo de Castello.

Os efeitos das providências tomadas nos primeiros anos dos governos militares logo começaram a gerar crescimento. O FGTS e a Caderneta de Poupança turbinada pela correção monetária tiveram um impacto imediato sobre a construção de casas populares pelo Brasil afora. O estímulo sobre a geração de empregos foi instantâneo. Foi um sucesso. A questão é que, entre todas as ações que estimularam a economia naquela hora, a construção de moradias populares talvez tenha sido o único programa que se financiou com a poupança interna de origem privada. Nos demais casos, prevaleceu a visão segundo a qual, sem a intervenção direta do Estado, o Brasil jamais teria as condições de infraestrutura mínimas para dar suporte ao desenvolvimento. Os programas de concessões, embora fizessem parte das alternativas de financiamento de equipamentos e serviços públicos no Brasil desde o Império, sequer foram mencionados naquele momento.

A descrição desse cenário não entra neste texto apenas como registro histórico. O que se pretende mostrar com isso é a construção de um modelo de Estado que, pouco tempo depois, passaria a necessitar de reformas. Quando isso acontecesse, porém, ele já teria se consolidado e estaria forte o suficiente para resistir a qualquer tentativa de mudança. Eu mesmo pude constatar isso quando coube a mim a incumbência de reformá-lo. Seja como for, ele só se tornou resistente porque deu certo por um tempo.

Crescimento acelerado não surge por geração espontânea. Ele depende de grandes investimentos que, no caso do milagre brasileiro, veio de empréstimos obtidos no exterior e, claro, de um déficit público elevado. Aquele ambiente em que havia dinheiro para tudo que o governo pensasse em construir criou

EM CONTATO COM O ESTADO GASTADOR

as condições ideais para o descontrole dos gastos, para o aumento do déficit público e da corrupção. Mas, com ou sem desvios dos recursos do Erário, ajudou a moldar a face que o Estado assumiria nos anos seguintes.

Centralizador na essência, conforme demonstrava o arcabouço jurídico que vinha sendo construído desde o governo Castello Branco, aquele Estado era também um provedor que conseguia recursos para tudo. Mas era também o Estado que escolhia quais projetos seriam implantados, onde seria localizado e quando os recursos que bancariam a conta seriam liberados. Seja como for, o fato é que muitas obras foram feitas e o país alcançou as taxas de crescimento mais expressivas de sua história. O Brasil cresceu em ritmo alucinante. A expansão do PIB foi de 9,8% em 1968, de 10,4% em 1970 e de 14% em 1973. Era o milagre brasileiro. E os militares eram os santos milagreiros.

A MODERNIZAÇÃO ACELERADA

Se o objetivo era industrializar o país e substituir produtos importados por artigos nacionais, o primeiro passo deveria alcançar a garantia de oferta dos insumos básicos — e a eletricidade era o principal deles. No momento em que os militares chegaram ao poder, a energia elétrica disponível não era suficiente nem mesmo para garantir o abastecimento regular às grandes cidades. Apagões faziam parte do cotidiano até mesmo das capitais mais importantes, como São Paulo e o Rio de Janeiro. Era preciso, então, construir hidrelétricas e expandir a rede de distribuição para iluminar as cidades e alimentar a indústria crescente.

No caso das empresas elétricas, a intervenção acabou por gerar no sistema uma distorção que sobreviveu ao longo de décadas e que só começou a ser desfeito mais tarde, com a privatização e com a criação do Operador Nacional do Sistema no governo Fernando Henrique Cardoso. É que os militares dividiram o setor basicamente pela natureza dos proprietários de cada empresa e não pelo papel que cada uma delas desempenhava no sistema. As companhias energéticas, independentemente de atuar na geração, na transmissão ou na distribuição de eletricidade, eram divididas entre empresas da União, empresas dos estados ou até mesmo empresas privadas.

Teve início naquele momento a construção de uma série de barragens e usinas nas principais bacias hidrográficas do país. Ilha Solteira, no Rio Paraná, em 1965; Sobradinho, no Rio São Francisco, em 1971; Jupiá, em 1974, e a gigantesca Itaipu, em 1975, ambas no rio Paraná; Tucuruí, no rio Tocantins, em 1974; Emborcação, no rio Paranaíba, em 1977, e várias outras pelo Brasil afora surgiram naquele momento. Muitas delas eram construídas ao mesmo tempo num momento em que os cronogramas não sofriam atrasos por falta de dinheiro.

56 O ESTADO A QUE CHEGAMOS

Cada uma daquelas obras tinha um modelo de contrato diferente das demais. Não havia, como tornou-se comum com o passar do tempo, o contrato em formato de EPC (*Engineering, Procurement and Construction*), que concentra em um único contrato as funções de engenharia, das compras e suprimentos e da construção propriamente dita. Os contratos eram separados e, na maior parte das vezes, a contratação da construção era feita por administração e não por um preço global.

Se o que definia o ritmo das obras era o planejamento feito pelo governo, logo ficou claro que as telecomunicações estavam entre as prioridades. Quando os militares irromperam no cenário, e mesmo considerando a tecnologia limitada da época, a precariedade do sistema de telefonia existente no país era evidente. O país se utilizava de um sistema baseado em companhias de abrangência municipal, ou regional, sendo, a maioria delas, privadas. Os padrões tecnológicos eram diferentes entre si e não inspiravam a menor confiança. A maioria do país sequer dispunha do serviço e um interurbano entre São Paulo e, por exemplo, São José do Rio Preto, levava horas para ser completado.

Em poucos anos, os governos militares implantaram um sistema de telefonia que estava no estado da arte para os padrões tecnológicos da época. Menos de uma década depois da chegada dos militares ao poder, o país já estava coberto pela rede de telefônica. Os telefones públicos alimentados por fichas e instalados em orelhões podiam ser encontrados em qualquer esquina e as ligações à distância tornaram-se imediatas com o sistema DDD. Tudo aquilo foi financiado pelo próprio Estado e pela sociedade brasileira, à custa de um intenso endividamento internacional.

A dívida externa bruta, que era de US$3,3 bilhões em 1967, ano em que o Brasil começou a atrair o capital estrangeiro, mais do que triplicou em cinco anos e bateu em US$11,5 bilhões em 1972. Continuou em expansão e chegou a US$38 bilhões em 1977. Durante a maior parte do regime militar, o Estado brasileiro habituou-se ao dinheiro fácil do financiamento internacional. Era só alguém do governo levantar a mão que o recurso aparecia.

A DESCOBERTA DO OVO DA SERPENTE

É aí que está o xis da questão. Os governos militares realmente modernizaram o país ao implantar uma malha rodoviária em ritmo acelerado. A oferta de eletricidade foi ampliada em pouco tempo com a construção das grandes hidrelétricas. A rede de distribuição de energia tornou-se mais estável e segura. O programa de habitação popular, tocado pelo BNH, seguiu a todo vapor. O país inteiro foi interligado por uma rede de telecomunicações que melhorou a telefonia e, como bônus estratégico, passou a distribuir sinal de televisão para o país inteiro. Os Correios foram modernizados. Tornaram-se eficientes e seguros a ponto de serem considerados a empresa mais confiável e segura do país.

Tudo isso, que foi implantado de forma rápida e simultânea, legitimou aquele projeto de Estado que, sob esse ponto de vista específico, foi bem-sucedido. Existe, porém, o lado menos virtuoso dessa moeda. Nem o Estado concebido pelos militares nem qualquer outro que tivesse a pretensão de dar certo conseguiria executar a quantidade de tarefas que foram empurradas para dentro dele. Mas aquele Estado se julgava capaz não só de implantar, mas também de administrar e controlar qualquer tipo de serviço público e torná-lo mais eficiente. Esse, sem dúvida alguma, foi o ovo dentro do qual germinou a serpente que não tardaria a se voltar contra seu criador.

Foi nesse momento que o Estado se agigantou e se tornou disforme a ponto de, como se tornaria claro com o passar do tempo, se perder nos excessos que ele mesmo criou. Por um lado, aquela mentalidade do Estado investidor deu vida à Ferrovia do Aço, aos Metrôs de São Paulo e do Rio de Janeiro, ao Programa Nuclear, às grandes hidrelétricas, ao programa Siderúrgico, ao porto de Tubarão, aos polos petroquímicos de Camaçari e de Triunfo e mais um monte de coisas. Por outro lado, aquela farra impulsionou a centralização excessiva das decisões e a ineficiência da gestão. Disseminou-se carreiras de Estado, mas também a contratação de servidores por regimes diferenciados, fora das carreiras previstas em lei. O pessoal contratado para serviços temporários acabava ficando por tempo indeterminado, exercendo cargos de confiança em órgãos, departamentos e autarquias que se proliferam sem o menor controle. Daí para o desajuste dos gastos e para a corrupção foi um passo curtíssimo. A soma de tudo isso, no final das contas, foi uma máquina pública inchada e ineficaz. E também o déficit público sempre crescente – que está na origem do processo inflacionário que desorganizou a economia brasileira nas décadas seguintes.

MANIA ESTATISTA

Antes que as consequências do modelo baseado no endividamento externo e no gasto público se tornassem evidentes, o apetite desmedido daquele Estado o estimulava a abocanhar tudo o que encontrava pela frente. A criação e o fortalecimento das estatais eram a base de tudo – e cada empresa que surgia tomava decisões como se não tivessem um dono, como se não tivessem a quem prestar contas. Havia um órgão do Ministério do Planejamento chamado SEST que tinha por função controlar as estatais, mas que jamais teve autoridade para definir políticas ou orientar as ações das empresas públicas. Mas que tinha um ótimo arquivo de referência e dispunham de números que davam uma radiografia fiel do desarranjo e do peso daquelas companhias para as contas públicas.

58 O ESTADO A QUE CHEGAMOS

Um levantamento feito pela SEST no final do mandato de José Sarney mostrava que, das 213 companhias que o governo tinha em 1989, nada menos do que 165 foram criadas entre 1964 e 1985. O número é impressionante: quase oito em cada dez estatais que havia no país no final do governo Sarney era obra do regime militar.[1] Empresas que tinham nascido como organizações privadas nas décadas anteriores, como a Light de São Paulo e do Rio de Janeiro, eram encampadas e se tornavam estatais na medida em que venciam os períodos de concessão previstos em contrato. Neste ponto, é preciso esclarecer um detalhe: a maioria das instalações construídas e exploradas no passado pelo capital privado não foi simplesmente desapropriada e tomada de seus donos durante a ditadura. Naquele momento, mais uma vez, o espírito legalista do regime se manifestou. Na maioria dos casos, eles esperaram pelo fim do período de concessão contratado para só então se apossar das usinas, linhas de transmissão e outros equipamentos do sistema elétrico e de telecomunicações. Tudo dentro da lei.

Com as empresas telefônicas privadas e de âmbito municipal que haviam se espalhado pelo interior do país nos anos 1940 e 1950 aconteceu mais ou menos a mesma coisa. Elas também foram encampadas pelas "teles" dos diferentes estados na medida em que os prazos de exploração dos serviços previstos nos contratos de concessão se expiraram. No final, a maior empresa que sobreviveu fora do guarda-chuvas da Telebras − a holding que centralizava as estatais de telefonia − foi a CTBC, uma companhia privada com sede na cidade de Uberlândia, que atendia a região do Triângulo Mineiro, uma parte do norte de São Paulo e alguns municípios de Goiás e do Mato Grosso do Sul. Outras empresas menores, como a municipal CETERP, na cidade paulista de Ribeirão Preto, também sobreviveram. Mas eram exceções das exceções. A regra passou a ser a estatização de todas as áreas em que houvesse a concessão de algum serviço público. E o Estado tornou-se um grande comprador.

Isso aconteceu também com os portos marítimos. Com o fim das concessões das Companhias Docas do Rio de Janeiro e de Santos, que pertenciam à família Guinle desde os tempos de Dom Pedro II, os dois principais portos do país foram entregues a uma nova estatal, a Portobras. Criada pelo Decreto-Lei 76.925, de 29 de dezembro de 1975, a Portobras passou a comandar de Brasília (a mais de 1.200 quilômetros do cais mais próximo) todos os portos marítimos do Brasil, além dos terminais fluviais pelo interior do país. Em nenhum momento passou pela cabeça de alguém do governo relicitar aquelas concessões e mantê-las como um serviço privado. O mesmo aconteceu com os silos e armazéns de alimentos. A norma que vigorou nos governos militares era a de criar e incorporar, jamais

---

1 O Globo. 22.05.1990. Joelmir Betting.

EM CONTATO COM O ESTADO GASTADOR

a de privatizar empresas. Mais tarde, no governo Collor, coube a mim conduzir o processo que resultou na extinção da Portobras.

Os governos militares não mediam esforços nem faziam distinção entre as empresas. Tudo era necessário. Tudo tinha valor estratégico. De um lado, eles investiram pesado na criação de uma indústria petroquímica nacional com base num modelo tripartite. Nele, a União e a Petrobras tornavam-se sócias-investidoras de empresas privadas que atuavam em diferentes etapas da produção do plástico.

Como a empresa encarregada de exercer, em nome da União, o monopólio estatal do petróleo, a Petrobras era a única empresa autorizada a furar poço e encontrar óleo no Brasil. Era também a única que podia importar o óleo cru para o país inteiro. A produção brasileira era limitada na época e o Brasil, um grande consumidor. Isso fazia da estatal um dos principais negociantes de petróleo do mundo. Todas as grandes tradings de óleo do mundo mantinham escritórios no Rio de Janeiro. Não existe motivo para qualquer uma dessas tarefas serem consideradas estratégicas a ponto de serem consideradas atribuições exclusivas do Estado. Mas bastava alguém apontar essa distorção para uma voz se erguer e lembrar o papel estratégico e imprescindível da Petrobras para a segurança energética do país. Outras estrelas da vasta constelação de estatais que havia no país também tinham seus defensores. Mas eles nunca foram tão zelosos e barulhentos quanto os da estatal do petróleo.

O Estado era dono de empresas de transporte fluvial, como a Companhia de Navegação do São Francisco, e de transporte marítimo, como o Lloyd Brasileiro. Era dono da Companhia Nacional de Álcalis, que produzia barrilha no litoral fluminense, e de uma empresa de comércio exterior, a Interbras, que comprava e vendia mercadorias como qualquer trading privada. E estava envolvido até o pescoço na indústria nacional de aço. Antes da chegada dos militares ao poder, o Estado já era dono da CSN, inaugurada em 1946, da Usiminas, inaugurada em 1962, e da Cosipa, inaugurada em 1963. Construiu, então, a CST e a Açominas. E abrigou todas elas sob o guarda-chuvas da Siderbras. Além delas, também era dono da Acesita, produtora de aço inoxidável, controlada pelo Banco do Brasil.

Além da siderurgia, o Estado se fazia presente em negócios que não eram de sua atribuição. Estava na mineração de ferro e de cobre, na geração de energia, na administração de aeroportos e na produção de computadores. Retificava turbinas e também produzia aviões. A propósito, a presença do Estado brasileiro na produção de aviões não se deu apenas pela criação da Embraer, em 1969. Ela se fez presente, também nas Indústrias Neiva, uma fabricante de aviões que nasceu privada na cidade de Botucatu, no interior de São Paulo. Quando a empresa

O ESTADO A QUE CHEGAMOS

se viu em dificuldades, em 1975, tornou-se parceira da Embraer. Cinco anos mais tarde, em 1980, foi encampada pela estatal.

DE COSTAS PARA O MUNDO

Naquele momento, o Estado ampliou e consolidou sua posição de proprietário em diversos segmentos da economia e sua presença em qualquer atividade. Ao invés de receber críticas pelo tamanho do monstro que estava sendo criado, era vista como um atestado de seriedade e de eficiência. O problema, como não poderia deixar de ser, é que aquele projeto de modernização, robusto e abrangente, tinha outros defeitos além do gigantismo que estimulava. Quando não interferia diretamente no mercado, como produtor de gasolina, aço e plástico, se fazia de guardião de uma indústria que, por excesso de proteção e com raríssimas exceções, cresceu como uma criança mimada. Deixando de se modernizar e tornar-se competitiva.

Em nome da necessidade de fortalecimento da indústria nacional, o Brasil tornou-se uma das economias mais fechadas do mundo. Quase impenetrável. Artigos importados, dos mais necessários aos mais supérfluos, tornaram-se raros nas prateleiras das lojas – e não havia quem não conhecesse um contrabandista de confiança para garantir o fornecimento do *scotch*. Em casos bem mais sérios e sensíveis para a economia nacional do que a importação de bebidas de boa procedência, a decisão de manter o mercado fechado para o mundo produziu efeitos daninhos que comprometeram a eficiência de toda a economia. O exemplo extremo disso é o da indústria de computadores.

A partir da criação da Secretaria Especial de Informática em 2 de outubro de 1979, já no governo Figueiredo, a importação de computadores, que já tinha uma série de restrições até aquele momento, tornou-se impossível. Só podiam ser vendidos no Brasil computadores produzidos no país. O próprio governo tinha sua indústria de informática, a Cobra, controlada pelo Banco do Brasil. Aquela reserva de mercado, aplaudida por empresários que lucravam à custa do atraso, além de manter o Brasil preso à era do mainframe num momento em que o mundo evoluía na direção da computação pessoal e de massa, causou danos e gerou atrasos em todos os setores da economia. Inclusive na indústria e no comércio.

Enquanto as fábricas dos países que competiam com o Brasil no mercado mundial reduziam seus custos e melhoravam a qualidade dos artigos que fabricavam com a introdução de robôs em suas linhas de produção, a indústria brasileira tinha duas opções. Ou se mantinha presa a padrões manuais e arcaicos ou utilizava os robôs de tecnologia nacional que não inspiravam a menor segurança. Ou seja, ao reservar seu mercado de computadores e proteger os

EM CONTATO COM O ESTADO GASTADOR

fabricantes nacionais de *hardware* justamente no momento em que a computação pessoal se expandia no mundo, o Brasil fez uma opção deliberada pelo atraso. E, assim, ficou fora da corrida. Se tivesse optado, como fizeram países como França e Inglaterra, por abrir o mercado e estimular a produção de software, teria avançado e lucrado muito mais.

CONTROLE REMOTO

Decisões como essas vão muito além de uma mera opção por um determinado modelo de organização para um setor importante para a vida do país. Elas revelam a lógica de um Estado que se achava capaz de manter tudo sob seu controle. Uma lógica que fez com que aquele modelo logo começasse a apresentar fraturas e exibir seus defeitos. A indústria nacional cresceu, a ponto de se tornar a sétima maior do mundo. Mas o mercado fechado, além de gerar um capitalismo sem competição e sem risco, criou ineficiências que elevavam o custo de vida e restringiram o acesso dos brasileiros a artigos de consumo que eram comuns em outros países. Produtos acessíveis por toda parte eram considerados itens de luxo no Brasil. No final de 1990, um levantamento publicado pela revista *Veja* comparou os preços de uma série de bens de consumo em diversos países. De um modo geral, eles custavam mais caro no Brasil do que nos outros lugares.

Uma televisão de 20 polegadas com controle remoto – o que havia de mais avançado no mercado brasileiro da época –, por exemplo, tinha um preço médio equivalente a US$640 no mercado brasileiro. O preço era de US$390 no México, US$430 nos Estados Unidos e US$468 na Coréia. Com o forno de micro-ondas acontecia o mesmo. O eletrodoméstico que havia acabado de ser lançado no Brasil custava US$610 dólares no comércio local. O preço médio nos outros países era de US$302 no México, US$167 nos Estados Unidos e US$319 na Coréia[2].

Era um exemplo suficiente da falência de um modelo que reservava o mercado local para indústrias que eram vítimas e beneficiárias daquela situação. Eram vítimas por serem submetidas a uma carga tributária superior à dos concorrentes de outros países. E beneficiárias porque, por não terem competidores, não precisavam se preocupar muito com a eficiência e com a atualização tecnológica de suas plantas. Quem olhasse o mercado nacional naquele momento veria que o modelo brasileiro estava fazendo água por toda parte.

Uma das áreas em que o sucesso inicial se transformou em fracasso de forma mais visível foi o sistema de telecomunicações. O mesmo modelo que interligou as cidades e levou a telefonia aos pontos mais remotos do interior mostrou-se incapaz de atender a demanda que ele mesmo criou. De nada adiantava existir

---

2 Veja. 1155. 07.10.1990. Um soco na letargia.

O ESTADO A QUE CHEGAMOS

a possibilidade de fazer ligações de todos os lugares do país quando as pessoas sequer tinham acesso a uma linha telefônica. Esse era o cenário predominante. Quando a Telesp, que explorava a telefonia no estado de São Paulo, ou qualquer outra "tele" brasileira lançava um plano de expansão, as filas de interessados dobravam quarteirões e as linhas oferecidas eram insuficientes para atender a demanda. Telefone virou artigo de luxo, vendido a preços altíssimos. Em determinadas regiões da cidade de São Paulo, uma linha chegou a custar a exorbitância de US$10.000 no mercado paralelo. E nem mesmo quando as evidências do fracasso daquele modelo de Estado investidor tornaram-se evidentes, não passou pela cabeça de ninguém a ideia de abrir o mercado e de permitir que competidores, brasileiros ou estrangeiros, disputassem com as empresas do governo o mercado de telecomunicações.

O FIM DA FESTA

Os problemas não paravam aí. Além de gerar um Estado obeso, o modelo de desenvolvimento brasileiro era concentrador de renda e provocava tensões sociais que só podiam ser contidas à custa de muita vigilância e repressão. O próprio ministro Delfim Netto, um dos principais arquitetos daquele modelo, entendia que primeiro era preciso esperar o bolo crescer e só depois dividi-lo. O modelo de financiamento do programa, totalmente dependente dos empréstimos dos bancos estrangeiros, parecia seguro e capaz de bancar aquela farra pela vida afora. O problema é que, além de não receber garantias mínimas de que o bolo seria dividido um dia, a sociedade sequer teve a chance de esperar que ele crescesse.

Ainda passaria algum tempo antes que a gravidade dos problemas gerados por aquele modelo de Estado fosse admitida pelo governo e percebida pela própria sociedade. No momento em que as velas da economia estavam enfunadas e o país batia um recorde de crescimento atrás do outro, nada sugeria que aquela estratégia fosse posta em xeque por falta de dinheiro para sustentá-la. Mas foi isso que aconteceu. O segundo choque do petróleo, em 1979, puxou o preço do barril para o alto e imprensou contra o muro os países dependentes das importações do óleo cru, como era o caso do Brasil.

Esboçou-se naquele momento uma crise que gerou fissuras visíveis no modelo. Para forçar o consumo de petróleo, o governo tomou medidas extremas. A mais rigorosa e visível foi a determinação de que os postos de combustíveis lacrassem as bombas nas noites de sexta-feira e só voltassem a abri-las na segunda pela manhã. A repercussão, é claro, foi a pior possível. E o ambiente, que já estava ruim, tornou-se ainda mais pesado depois que a moratória decretada pelo México, em 1982, levou os bancos internacionais a negar crédito a todos os

EM CONTATO COM O ESTADO GASTADOR **63**

países latino-americanos. O Brasil, maior de todos, foi atingido em cheio pela decisão. A oferta de dinheiro, que já não era tão abundante quanto no início da década anterior, foi estancada. E se antes ainda havia alguma dúvida quanto a crise que se desenhava no horizonte, ela agora era visível a olho nu.

O VELHO CARBURADOR

A verdade é que as ferramentas que sustentavam aquele modelo de crescimento tinham se tornado inadequadas, mas o Brasil havia se tornado, para me valer da definição feliz que o economista Paulo Guedes faria anos depois, uma "vítima de seu próprio espaço mental". Como havia chegado até ali agindo daquela maneira, seria daquela maneira que ele continuaria agindo. Era mais ou menos como os mecânicos de antigamente, que sabiam ajustar o carburador do automóvel com precisão apenas por ouvir o barulho do motor do carro. Seu trabalho era reconhecido e seu sustento dependia do talento de ouvir o som produzido por aquela peça. O problema foi que a evolução da tecnologia dos motores tornou o carburador anacrônico e os carros passaram a vir equipados com a injeção eletrônica. E aquele mecânico, que se recusou a acompanhar a evolução e continuou especialista na regulagem de carburadores, perdeu a importância e deixou de ser procurado pelos fregueses.

Com o Brasil, aconteceu mais ou menos o mesmo. A economia fechada perpetuava um modelo que não oferecia as respostas de que a sociedade necessitava. As demandas mudaram com o tempo e as ferramentas de que o país dispunha deixaram de atendê-las. Enquanto o modelo econômico implantado pelos governos militares dava sinais de fragilidade, o Estado, em lugar de se tornar mais leve e aberto, caminhava na direção oposta. Ao invés de reduzir o tamanho e voltar suas atenções para os investimentos em educação e para a criação de uma base industrial mais aberta à competição internacional, o governo insistia em manter a onipresença do Estado na economia. Em lugar de reduzir a dependência dos recursos externos, procurava manter o processo com mais dívidas. Ao invés de se tornar mais liberal, o Estado se tornou mais concentrado e controlador.

E mais, toda sua estrutura administrativa, normas de funcionamento bem como os regulamentos construídos para um determinado projeto não atendiam qualquer demanda contemporânea. O governo entendia que atender a demanda apresentada significava dar respostas segundo o sistema existente, incapaz de contemplar o que era novo. Algo como insistir que o velho mecânico de carburadores, por mais habilidoso que fosse, quisesse utilizar as mesmas ferramentas antigas para cuidar de motores eletrônicos ajudados por computador.

PANELA DE PRESSÃO

O que me leva a acreditar que mais liberalismo, *stricto sensu*, teria sido mais eficaz do que a insistência no modelo estatal implantado no Brasil? Bem... No início dos anos 1960, a Coréia do Sul era um país mais pobre e menos industrializado que o Brasil quando sofreu um golpe militar. Também se valendo da truculência, os militares do país oriental, liderados pelo general Park Chung-hee, promoveram uma reforma agrária radical e um programa de investimento em educação em dimensões poucas vezes vista em outros lugares do mundo. E implantaram um modelo competitivo que, depois de alguns anos, fez da Coréia uma potência industrial. Será que o mesmo modelo teria dado certo no Brasil? Como esse caminho nunca foi tentado por aqui ninguém pode dizer se ele teria dado tão certo quanto a solução coreana. Mas, com certeza, teria poupado a sociedade de muitos dos dissabores que ela experimentou.

O que ficou claro é que, na medida em que a sociedade brasileira passou a manifestar sua insatisfação com o modelo, subia a temperatura do debate político que tomava conta do ambiente. Todos os grupos que faziam oposição ao governo se posicionavam contra os efeitos daquela situação. Além da falta de liberdade, os protestos eram dirigidos contra a carestia, a defasagem salarial e as deficiências do serviço público. Mas ninguém se preocupava com a causa daquilo tudo nem incluía a estatização excessiva e o inchaço da máquina estatal entre as palavras de ordem gritadas nas passeatas.

Seja como for, o clima de insatisfação com o regime crescia, vencia o medo da repressão e começava a transbordar. O que se ouvia ali, conforme dizia o título de um curta-metragem sobre o movimento estudantil feito naquela época, era "O Apito da Panela de Pressão." Se a situação continuasse como estava, ela logo explodiria. E, do nosso posto de observação no movimento estudantil, torcíamos para que isso acontecesse.

CAPÍTULO 3

O SINDICALISMO
E AS MÁQUINAS PARADAS

Um dos primeiros trabalhos que realizei como advogado, ou melhor, que assumi ainda como estagiário de direito, tinha relação direta com a incapacidade do Estado brasileiro em atender uma das demandas criadas quando ele decidiu crescer a toque de caixa. Na época eu não tinha clareza disso e encarei o desafio como uma missão política que me obrigou a fazer uma escolha que acabou tendo influência decisiva sobre minha carreira.

Eu fazia estágio no Stroeter, Trench & Veirano, um dos escritórios de advocacia mais prestigiados de São Paulo — que representava no Brasil a banca americana Backer & Mackenzie, uma das maiores do mundo. Estar ali significava a garantia de um bom início de carreira. Mas acabei seduzido por uma possibilidade que surgiu devido a meu contato com Percival Maricato e, principalmente, com Marco Aurélio Ribeiro.

Formado no emblemático ano de 1968, Marco Aurélio ainda mantinha ligações estreitas com o Centro Acadêmico XI de Agosto, do qual fora presidente. Orientador jurídico do Departamento Jurídico do XI, ele tinha sob sua responsabilidade causas e processos que me atraíam muito mais do que aquelas com as quais lidava em meu estágio. Ligado à ala progressista da Igreja Católica, mais especificamente às Comunidades Eclesiais de Base, Marco Aurélio estava na linha de frente da luta pela redemocratização. Como advogado, participava de um movimento que lidava com a regularização das dezenas de loteamentos clandestinos que havia em São Paulo — e é aí que está a ligação daquele trabalho com as demandas sociais não atendidas pelos governos militares.

Ainda que o FGTS e a Caderneta de Poupança tivessem acumulado muito mais recursos do que acumularam, o BNH jamais teria dado conta de construir casas em quantidade suficiente para abrigar as multidões que migraram para São Paulo em busca de emprego. A demanda por moradia, sobretudo nas regiões mais pobres da cidade, foi às alturas, e isso resultou, é claro, numa especulação imobiliária brutal. Os loteamentos, que surgiram em grandes quantidades ao longo dos anos 1970, abrigavam famílias que adquiriam terrenos muitas vezes irregulares e sem a devida documentação.

A regularização das moradias que foram construídas naqueles lotes exigiu um trabalho minucioso, que não teria dado certo sem a pressão da Igreja e sem o acompanhamento jurídico feito por nós. Para transformar os loteamentos em bairros regulares, Marco Aurélio reuniu em torno dele um grupo de estudantes de direito, do qual Solange Luchini e eu fazíamos parte. Visitávamos os loteamentos nos finais de semana ou à noite, percorríamos as casas e, depois, nos reuníamos com as lideranças comunitárias nas sedes das paróquias da periferia de São Paulo. Negociávamos com os antigos proprietários dos terrenos, íamos à prefeitura, aos cartórios e às empresas de água e luz − enfim, desenvolvemos uma rotina que, no meu caso específico, seria útil anos mais tarde, quando me debruçasse sobre a questão da regularização e da venda dos imóveis funcionais em Brasília.

CONVIVÊNCIA COM OS VELHOS SINDICALISTAS

O trabalho foi bem feito, rendeu resultados práticos e abriu as portas para novas missões junto a outros movimentos populares que ganhavam fôlego naquele momento. Foi também por intermédio das Comunidades Eclesiais que surgiu, em 1978, o pedido para que Marco Aurélio prestasse assistência jurídica à Oposição Sindical na eleição para o Sindicato dos Metalúrgicos de São Paulo. Era o mais robusto dos sindicatos de trabalhadores do Brasil. Muito maior, na época, do que o de São Bernardo e Diadema, o maior dos três sindicatos de metalúrgicos que havia na região do ABC Paulista naquela época. A entidade era presidida pelo mais lendário dos pelegos que o Brasil já conheceu: Joaquim dos Santos Andrade, o Joaquinzão.

O sindicalista, que morreu em 1997, passaria os últimos meses de sua vida num asilo modesto na periferia de São Paulo. Em 1978, no entanto, estava no auge do poder. Tendo assumido pela primeira vez como interventor, em 1965, ele permaneceria à frente do sindicato pelos anos seguintes à custa de eleições vencidas no voto ou na fraude. E assim Joaquinzão mandou na entidade praticamente sem oposição até que, no final dos anos 1970, metalúrgicos ligados a organizações de esquerda, com apoio da Pastoral Operária da Igreja, começaram a pôr a cabeça para fora. Em torno da Oposição Sindical Metalúrgica, montaram a Chapa 3 para enfrentar a Chapa 1, de Joaquinzão, e a Chapa 2, apoiada pelo PCB e encabeçada por Cândido Hilário de Araújo, o Bigode.

Com Anísio Batista como candidato a presidente, a Chapa 3 tinha entre seus integrantes Hélio Bombardi e Santo Dias da Silva − que no ano seguinte seria assassinado por um policial militar ao liderar um piquete em frente à fábrica de lâmpadas Sylvania, no bairro paulistano de Santo Amaro. Tive uma convivência bem próxima com os integrantes da chapa e com outros nomes históricos do sindicalismo de São Paulo – e pude ver de perto como eles definiam suas prioridades e as negociavam. Conheci Afonso Delellis, o presidente do Sindicato preso ainda no final de 1963, antes do golpe militar, portanto, por atividades consideradas "subversivas" pelas forças que, dali a alguns meses, tomariam o poder. Também conheci e convivi com Antônio Flores de Oliveira, outro sindicalista lendário, e com Gilda Graciano, uma advogada aguerrida que se dedicava apenas a causas populares. No ano seguinte, Gilda seria designada pela OAB para acompanhar o processo contra o assassino de Santo Dias.

NOSSOS OPERÁRIOS DE CARNE E OSSO

Aquele meu primeiro contato com sindicalistas me puxou para dentro de um ambiente de disputas mais polarizadas do que as que eu conhecia até aquele momento. E aumentou meu prestígio junto ao movimento estudantil. Prestígio que, aliás, foi às alturas no dia em que apareci no campus da USP acompanhado pelo metalúrgico Cloves de Castro. A meu pedido, Cloves Preto, como era conhecido, discursou em assembleia e levou apoio dos metalúrgicos a uma greve de estudantes.

A campanha da Chapa 3, que antecedeu às eleições parlamentares de 1978, foi intensa. Mais do que indícios, houve ali evidências de fraude. De acordo com a lei, o próprio sindicato organizava e fiscalizava a eleição para sua diretoria. Naquele ambiente viciado, a turma ligada a Joaquinzão deitou e rolou. Havia vários postos de votação em empresas espalhadas pelos bairros de Santo Amaro, Ipiranga, Brás e onde mais houvesse concentração de metalúrgicas. Na maioria das empresas de maior porte havia uma atividade intensa das comissões de fábrica apoiadas pela Pastoral Operária. Muitas das urnas de empresas em que a vitória da Chapa 3 era dada como certa foram substituídas enquanto eram levadas do local de votação para a sede do sindicato, no bairro da Liberdade, onde seria feita a apuração.

Na maioria delas, a quantidade de cédulas contadas não batia com o número de assinaturas nas listas de votantes. Foi uma farra. O resultado a favor da Chapa 1 foi contestado na Justiça. Antes da conclusão do processo, Arnaldo Prietto, ministro do Trabalho de Geisel, desembarcou em São Paulo e deu posse a Joaquinzão.

Pelas circunstâncias da época, não havia o que fazer. A Chapa 3 perdeu. Mas o reconhecimento ao trabalho que fizemos abriu as portas para voos mais ousados no meio sindical. O que não faltava naquele momento eram greves para apoiar e atuar. De acordo com um levantamento do DIEESE, em 1979 aconteceram nada menos do que 430 greves no país inteiro. Eu continuei ligado ao trabalho de Marco Aurélio Ribeiro, só que com os olhos cada vez mais voltados para o ABC paulista.

NO COLÉGIO SION

Ter testemunhado e, de certa forma, participado do ressurgimento do movimento sindical, reforçou minha convicção de que só por intermédio da política o Brasil resolveria seus problemas. E a discussão política ganhou corpo e tornou-se ainda mais acalorada depois que a Anistia libertou os presos políticos, devolveu direitos a quem os tinha perdido e trouxe de volta ao país aqueles que tinham sido exilados nos anos mais duros do regime militar. Aquilo aqueceu as discussões e ampliou o leque de opções daqueles que se opunham ao regime. Até aquele momento, quisessem ou não os que desejavam seguir outros caminhos, quem pretendesse ter um canal legal para divergir do governo era obrigado a se abrigar no MDB.

A reforma partidária de 1979 alterou o cenário. E foi nesse ambiente que começou a ser discutida, tão logo ganhou corpo o debate em torno da criação de novas agremiações, a ideia de se organizar um partido que, ao invés de falar em nome dos operários, como os da esquerda tradicional, desse voz aos próprios trabalhadores. Eu, é claro, acompanhei e participei daquele debate. No dia 10 de fevereiro de 1980, o grupo que eu integrava e que havia se formado em torno do diretório do MDB da Bela Vista estava no auditório do Colégio Sion, no bairro paulistano de Higienópolis, na assembleia de fundação do PT.

Dez anos depois da fundação do partido, quando eu já estava à frente da Reforma do Estado promovida pelo governo de Fernando Collor, meu passado entre os petistas, partido ao qual nunca me filiei, volta e meia seria lembrado pela imprensa — como se houvesse alguma contradição indesculpável entre as ideias que eu defendia no tempo em que andei próximo da esquerda e a tentativa de reduzir o peso excessivo da máquina pública que liderei em 1990.

Uma nota publicada pela *Folha de S. Paulo* em abril de 1990 foi ilustrada por uma foto feita em 1979, em que eu aparecia ao lado do ex-guerrilheiro José Genoino (que na época ainda não havia sido eleito deputado pelo PT). A nota dizia que eu tinha pertencido à APML, organização clandestina que atuava no movimento estudantil e no movimento sindical[1]. Outra reportagem, esta do *Jornal do Brasil*, dizia que meus adversários me atribuíam ligações com a Convergência Socialista, corrente radical de orientação trotskista, que na época estava abrigada no PT.[2]

Nem APML nem Convergência. Na verdade, eu era um quadro político da oposição e compareci à assembleia de fundação do PT como integrante de um grupo liderado pelo economista José Aníbal Peres de Pontes, cujos militantes,

---

1 Folha de S. Paulo, 16.04.1990. João Santana apoiava Genoíno.

2 Jornal do Brasil, 1º.07.1990. Biografia inclui até militância na esquerda.

na época, ainda estavam à procura de um caminho para manifestar suas ideias. Parte do nosso grupo, José Aníbal chegou, inclusive, a assinar a ata de fundação do partido liderado por Lula. Mas as circunstâncias acabaram conduzindo todo nosso grupo para os lados do PMDB.

EBULIÇÃO

A reforma partidária de 1979 foi mais um daqueles casos em que o regime militar tentou enquadrar a realidade numa lei que atendesse a seus interesses. Em 20 de dezembro daquele ano foi baixada a lei n° 6767, a Lei Orgânica dos Partidos Políticos. Ela estabelecia critérios para a criação das legendas que substituiriam a Arena e o MDB, criados pelo A.I. n° 2, de outubro de 1965. Além do PT, foram criados o PDS, o PMDB, o PTB, o PDT e o PP.

Pelo plano original, o PDS seria o sucessor da Arena e apoiaria o regime. O PP, formado por políticos que haviam integrado tanto a Arena quando o MDB, funcionaria como uma espécie de amortecedor das relações entre governo e oposição. O PMDB abrigaria aqueles que, durante o período mais duro, fizeram oposição se valendo das regras que o próprio regime estabelecia. O partido abrigava, inclusive, os velhos comunistas do PCB e os militantes do MR-8. A sigla PTB e o espólio do velho trabalhismo anterior a 1964 foram disputados por Ivete Vargas, sobrinha-neta de Getúlio Vargas, e pelo ex-governador do Rio Grande do Sul Leonel Brizola. Derrotado, Brizola criaria o PDT. Já o PT, que pelo menos oficialmente não constava do projeto original de reforma política, seria o canal de expressão de intelectuais, militantes ligados à igreja e dos sindicalistas que rejeitavam a liderança dos grupos tradicionais da esquerda.

Vista a partir do que aconteceu nos anos seguintes, quando um dos principais problemas políticos do Brasil passou a ser o número exagerado de partidos, essa discussão parece sem sentido. Mas, naquele momento, a ampliação da atividade partidária era uma questão central na luta contra a ditadura. Mas, claro, não era a única. Havia no ar um clima de ebulição social que, em determinados momentos, chegava a abafar as discussões em torno da reorganização partidária. Depois das greves de 1978 e de 1979, as montadoras de veículos e outras fábricas importantes do ABC tiveram a produção quase totalmente paralisada durante a grande greve dos metalúrgicos de 1980.

MEDIDAS DE EMERGÊNCIA

Considerada um marco na luta contra a ditadura, a greve durou 41 dias, mexeu com os nervos do país inteiro e foi tratada pelo governo como uma questão de Estado. Tanto assim que a estratégia que forçou o endurecimento das negociações foi traçada em Brasília, pelo próprio ministro Chefe da Casa Civil Golbery do Couto e Silva. A greve começou numa terça-feira, 1º de abril. Nas primeiras semanas, eu ia para São Bernardo do Campo todo final de tarde e ficava na sede do sindicato até altas horas da noite, numa espécie de plantão jurídico idealizado por Airton Soares, Marco Aurélio Ribeiro e pelo pessoal da Igreja. Stella Bruna Santo (que mais tarde se tornaria uma destacada advogada eleitoral), Solange, eu e outros advogados, ou quase advogados, ficávamos ali, a postos, para o caso de haver a necessidade de alguma intervenção de emergência.

Se a polícia invadisse o sindicato, estaríamos lá para garantir, ou pelo menos para tentar garantir, os direitos dos trabalhadores. Na maior parte das noites eu ficava por lá, conversando ou jogando truco com os metalúrgicos. Nessas noites, Lula, Djalma Bom, Devanir Ribeiro, Osmar Mendonça e os outros líderes do movimento também ficavam na sede até altas horas da noite — discutindo a situação e traçando planos para o dia seguinte. Mas essas conversas se davam longe de nossos ouvidos.

Os dois lados endureceram o jogo. Por orientação do governo, a Fiesp não cedeu um milímetro e os metalúrgicos, por sua vez, não aceitavam alterar uma vírgula na pauta de reivindicações. A Justiça considerou a greve ilegal e o Ministro do Trabalho Murilo Macedo, no dia 17 de abril, interveio nos três sindicatos de metalúrgicos do ABC. As diretorias eleitas foram afastadas e substituídas por funcionários do Ministério. Foi uma medida dura, mas não pôs fim à greve.

No dia 19, Lula e outros metalúrgicos foram presos e levados para a carceragem do DEOPS, no Largo General Osório, no centro de São Paulo[3]. Também foram detidos no mesmo dia, mas soltos pouco tempo depois, os advogados Dalmo Dalari e José Carlos Dias. Outros metalúrgicos foram presos nos dias seguintes, mas a greve prosseguiu. Até que, no dia 11 de maio, no dia da assembleia que decidiu pelo fim da greve, Osmar Mendonça, o Osmarzinho, foi preso na sacristia da Matriz de São Bernardo do Campo.

CHÃO DO CARRO

Embora não pertencesse à diretoria do sindicato, Osmarzinho era da Comissão de Mobilização e uma das referências da greve. Ele foi um dos organizadores da grande passeata de 1º de maio, quando mais de 100 mil pessoas desafiaram

---

3 Além de Lula, foram presos no dia 19 de abril: Djalma de Souza Bom, Devanir Ribeiro, Gilson Menezes, José Maria de Almeida, Severino Alves da Silva, Rubens Teodoro de Arruda, Expedito Soares Batista, José Venâncio de Souza e João Batista dos Santos – dirigentes sindicais presos em 19 de abril. Enílson Simões de Moura, o Alemão, Osmar Santos de Mendonça, o Osmarzinho, e Juraci Batista Magalhães foram presos num segundo momento. Também foram presos em 19 de abril o militante Ricardo Zaratini e os advogados Dalmo Dallari e José Carlos Dias.

a proibição de manifestações públicas e, vigiadas pela tropa de Choque da PM e por dezenas de agentes da polícia, marcharam do Paço Municipal até o estádio de Vila Euclides. De todos os líderes do movimento, foi com ele que tive a ligação mais estreita. Mesmo antes da prisão de Lula e dos outros diretores dos sindicatos, fui encarregado de dar apoio logístico a Osmarzinho.

Quem me delegou a tarefa foi José Aníbal, que me apresentou ao sindicalista e pediu que eu cuidasse dele. Nos tornamos amigos. Durante a greve e principalmente depois da prisão de Lula — quando o cerco apertou e ele já estava na mira da polícia — eu o levava às assembleias, espremido no chão do Fiat-147 amarelo que eu tinha na época. Depois, o tirava de lá e o levava para lugares que considerávamos seguros. Durante a greve, até na casa de meus pais Osmarzinho se hospedou por duas ou três noites.

Depois da intervenção, e com a proibição da realização de assembleias em Vila Euclides, houve uma ou duas reuniões no Paço Municipal, em frente à sede do Sindicato. A partir daí as assembleias passaram a acontecer na Matriz de São Bernardo — que, por decisão do bispo de Santo André, dom Cláudio Hummes, abriu as portas para os metalúrgicos. Simpático à causa dos operários desde o início, dom Cláudio declarou apoio público à greve de 1980 e por diversas vezes recebeu os sindicalistas na Mitra Diocesana de Santo André, onde várias reuniões do movimento foram realizadas.

ALGEMAS APERTADAS

As negociações continuavam tensas e nenhum dos lados recuou um milímetro. A greve prosseguiu, mas com os principais líderes presos e a ameaça de demissões em massa, os metalúrgicos começaram a dar sinais de cansaço. Esse era o clima no dia 11 de maio, quando cheguei com Osmarzinho para a Assembleia que aconteceria na matriz. Entramos pela porta lateral e fomos direto para a sacristia, onde aguardaríamos o início da reunião. Orador bem articulado, Osmarzinho discursaria pelo fim da greve. Marco Aurélio Ribeiro, Airton Soares e vários parlamentares que apoiavam o movimento já estavam na sacristia quando entramos.

A matriz estava lotada quando, de repente, um delegado do DEOPS, acompanhado por uma equipe de investigadores, surgiu dentro da igreja. Diante de todo mundo, o grupo se dirigiu a Osmarzinho, deu voz de prisão e o algemou. Nesse momento, alguns policiais foram empurrados para fora da sacristia e um metalúrgico forte fechou a porta de ferro, que se abria para a rua, e a trancou. O delegado e a maior parte da equipe foram postos para fora. Do lado de dentro ficaram Osmarzinho, algemado, e dois investigadores. Ao redor deles, uma multidão enfurecida e disposta a evitar a prisão do sindicalista. O ambiente ficou tenso.

As algemas estavam muito apertadas e machucavam os punhos de Osmarzinho a cada movimento que ele fazia. E a chave que poderia abri-las tinha ficado do lado de fora, com o delegado que dera a voz de prisão. A dor era evidente e as mãos de Osmarzinho começaram a ficar arroxeadas. Enquanto eu e Marco Aurélio ficamos ao lado do sindicalista, Airton Soares saiu da igreja para negociar com o delegado. Ficou acertado que o sindicalista discursaria na assembleia em defesa do fim da greve e, depois, seria levado sem algemas para o DEOPS. Enquanto Marco Aurélio e eu escoltávamos nosso amigo até a saída da igreja, ensaiei uma brincadeira para tentar melhorar o clima. "O cara é ateu a vida inteira para acabar preso sob a imagem do Cristo crucificado", brinquei. Ele sorriu.

De minha convivência com os sindicalistas da época, inclusive com Lula, posso afirmar que a maioria deles não tinha ideias ou posições que pudessem ser consideradas "de esquerda". Com exceção de Osmarzinho e de Enílson Simões de Moura, o Alemão, que tinham ligações com grupos organizados da esquerda, e que logo tiveram sua atuação tolhida pela própria direção do sindicato, o restante não apenas não tinha ligações dessas como estigmatizava quem pertencesse a algum grupo de esquerda. O máximo que aceitavam era a influência de pessoas ligadas à Igreja Católica.

A visão política daquelas lideranças, inclusive Lula, posso dizer sem medo de errar, começava e terminava na atuação sindical. Essa visão, muitas vezes ingênua, era até resistente a temas que contestavam o *status quo*. Sem dúvida, a opção de Lula e de outros sindicalistas pelas posições e pelas teses "de esquerda" só se deram posteriormente, durante as greves pela influência de Frei Beto, e depois, já na vida partidária, dentro do PT. Já, então, sob a influência de militantes tradicionais, como José Dirceu, José Genoino, Marco Aurélio Garcia e, mais tarde, Franklin Martins, junto a outros que ajudaram a transformar o sindicalista num político de esquerda.

DE ALTO A BAIXO

A questão é que, mesmo questionado, o regime ainda tinha força para reger a orquestra. Preocupado com o resultado que poderia sair das urnas de 1982, mas considerando aquele pleito uma etapa fundamental do processo de abertura idealizado por Golbery do Couto e Silva, o governo resolveu mais uma vez mudar as regras e dificultar a vida da oposição. O que estava sendo decidido naquele momento era a formação do Colégio Eleitoral que escolheria o sucessor de Figueiredo em 1985 — e era essencial que o controle do processo não caísse em mãos que o regime considerasse erradas.

E foi assim que, no dia 25 de novembro de 1981, o general João Figueiredo assinou a lei que manteve o calendário eleitoral inalterado, mas impôs a chamada "vinculação de votos". Pelas novas regras, quem escolhesse o candidato a governador de um determinado partido teria que indicar, sob pena de anulação do voto, candidatos do mesmo partido para os demais cargos: senador, deputado federal, deputado estadual, vereador e prefeito nas cidades que escolhiam o chefe do executivo municipal pelo voto direto.[4]

A medida levou à reorganização do quadro partidário, com a fusão do PP ao PMDB. Naquele ambiente, o grupo do qual eu participava considerou mais importante concentrar forças na conquista do governo de São Paulo, depois de anos em que essa possibilidade foi negada à sociedade[5]. Nosso grupo se transferiu, então, para o PMDB — onde chegou quando se iniciava a movimentação em torno da campanha de Franco Montoro ao governo de São Paulo, em 1982.

A maioria de nós, quadros formados na militância contra o regime, foi bem recebida pela campanha que já se iniciara e nossa porta de entrada foi a comissão de mobilização, liderada pelo ex-deputado Chopin Tavares de Lima. Com 56 anos na época, Chopin era, acima de tudo, um grande estrategista político. Ele reuniu uma equipe de jovens dispostos a trabalhar pela candidatura de Montoro. Era promotor público de carreira e pai de Pedro Tavares de Lima, meu contemporâneo na São Francisco. Na faculdade e depois na promotoria, foi colega de meu pai, João Batista de Santana — que foi procurador-geral de Justiça em São Paulo em 1978 e 1979. Chopin tinha um olhar mais crítico do que a média dos analistas sobre as consequências da passagem dos militares pelo poder. Foi com ele que, pela primeira vez, percebi que não seria suficiente derrubar a ditadura sem discutir a extensão e a profundidade das mudanças que deveriam ser feitas na estrutura do Estado e nas instituições públicas.

Aliado e amigo de André Franco Montoro desde os tempos em que militavam na Democracia Cristã, Chopin cumpria o segundo mandato como deputado estadual quando foi cassado e perdeu os direitos políticos. Além de ser

---

4 Pelas normas do período militar, os prefeitos das capitais, das cidades consideradas áreas de segurança nacional e das estâncias hidrominerais eram nomeados pelo governador do estado.

5 Em 1965, houve eleições para governador em dez estados brasileiros, entre eles a antiga Guanabara, que elegeu Francisco Negrão de Lima, e Minas Gerais, que elegeu Israel Pinheiro, ambos do PSD. A escolha desses políticos motivou a extinção dos partidos políticos então existentes e a implantação do bipartidarismo, com a Arena, de apoio aos militares, e o MDB, de oposição. Motivou, também, o fim da eleição direta para governos estaduais, processo que só seria retomado em 1982.

afastado da Assembleia, ele foi compulsoriamente aposentado da promotoria com base no A.I. nº 5. Mesmo tendo recuperado os direitos com a lei da Anistia, não disputou novos cargos eletivos. A ligação histórica, a confiança que um depositava no outro e a autoridade para falar de igual para igual com o governador fariam dele uma das pessoas mais influentes da administração Montoro.

Com o passar do tempo, ficou claro que a avaliação de Chopin estava correta. O trabalho feito no momento da redemocratização, por mais bem-sucedido que tenha parecido à primeira vista, ficou incompleto. Faltou discutir ali um modelo de Estado para ocupar o lugar da estrutura bem montada pelos militares, que nunca deixaram de zelar por ela. Os economistas do PMDB não se preocupavam com isso. Para eles, bastava discutir distribuição de renda, sem avaliar o impacto daquela estrutura pesadona sobre a economia do país. Queriam distribuir renda mantendo o controle da economia nas mãos do Estado. Os juristas do PMDB falavam das garantias individuais, mas jamais pararam para pensar se aquele modelo de Estado, pesadão e centralizado, feito para funcionar com a precisão de uma parada militar, se daria bem na democracia.

Não houve uma discussão profunda, por exemplo, a respeito do modelo de incentivos fiscais imaginado pelo Estado, que ganhou vigor com a criação da Zona Franca de Manaus em 1965. Será que ele funcionaria num ambiente econômico mais aberto e competitivo ou se tornaria um fardo que pesaria sobre o país inteiro? Não se preocupou em avaliar os efeitos de uma eventual abertura das fronteiras para produtos estrangeiros e da redução da presença do Estado na economia. Tudo foi mantido como estava. O Estado permaneceu com as mesmas dimensões de antes. Só ganhou uma placa na porta, indicando que o estabelecimento se encontrava sob nova direção. Para os grupos que estavam na oposição, a mudança moral era suficiente para resolver os problemas do país.

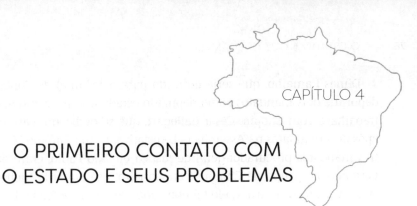

CAPÍTULO 4

O PRIMEIRO CONTATO COM O ESTADO E SEUS PROBLEMAS

A campanha eleitoral de 1982 foi o grande divisor de águas entre a ditadura e a conquista da democracia. Anunciados os resultados e empossados os eleitos, ninguém mais tinha dúvidas de que os civis logo teriam de volta o poder tomado pelos militares em 1964. A discussão, agora, girava em torno dos limites do rompimento com a ditadura. Alguns entendiam que o fim do regime deveria se dar pela conciliação com o passado militar. Era a posição da ala moderada da oposição, liderada por Tancredo Neves, candidato ao governo de Minas Gerais. Para outros, a redemocratização deveria significar o rompimento total com a ditadura. Era assim que pensava a ala liderada pelo presidente do PMDB, Ulysses Guimarães, e os grupos "autênticos" da oposição — inclusive daquele ao qual eu estava ligado. Havia ainda as alas mais à esquerda que, além do rompimento, queriam um acerto de contas com a ditadura.

Nós queríamos, sim, conquistar o poder e nos considerávamos capazes de consertar tudo o que havia de errado no Brasil, embora não aprofundássemos as discussões em torno das diferenças que nosso Estado teria em relação àquele que os militares tinham edificado. De qualquer forma, o primeiro passo da mudança seria dado quando Montoro chegasse ao Palácio dos Bandeirantes. E isso foi feito. Para se ter uma ideia de quanto a vitória do PMDB foi expressiva, basta lembrar que o número de votos dados a Montoro, 5,2 milhões, era muito próximo dos 5,6 milhões de votos obtidos por Jânio Quadros nas últimas eleições presidenciais realizadas no Brasil, em 1960. Montoro conquistou 49% do total dos votos válidos em São Paulo, um percentual que praticamente evitaria a realização do segundo turno, se esse dispositivo já existisse naquele momento.

Nosso grupo tentou eleger José Aníbal a deputado federal, mas conseguiu apenas colocá-lo entre os primeiros suplentes. Depois da eleição, nos dividimos. Eu e alguns companheiros deixamos a liderança de José Aníbal e procuramos outros caminhos. Com a vitória de Montoro, Chopin Tavares de Lima, assumiu a Secretaria do Interior. E nomeou para cargos estratégicos de sua equipe os jovens que havia reunido em torno dele. O futuro deputado Arnaldo Jardim, tornou-se assessor de Chopin. Mais tarde seria o Chefe de Gabinete da secretaria. Outros nomes daquele time também fariam carreira no Estado.

76   O ESTADO A QUE CHEGAMOS

Dimas Ramalho, que seria indicado para o Tribunal de Contas de São Paulo depois de dois mandatos como deputado estadual e três como deputado federal, trabalhava com Chopin. César Callegari, que se dedicou à carreira de educador após dois mandatos na Assembleia Legislativa, e Luiz Antônio Marrey, que foi por três mandatos procurador-geral de Justiça em São Paulo, eram outros. Também pertencia ao grupo de Chopin o engenheiro José Eduardo Vieira Raduan. Mais tarde, no governo Sarney, ele foi nomeado para a presidência do INCRA. Morreu, aos 34 anos, no mesmo acidente com o jato HS da FAB que matou o então ministro da Reforma Agrária Marcos Freire, em 1987.

No que diz respeito a mim, fui convidado para ocupar a chefia de gabinete na Fundação Prefeito Faria Lima, mantenedora do Centro de Pesquisa e Administração Municipal-CEPAM. O primeiro presidente da Fundação no governo Montoro foi o procurador de Justiça Cláudio Alvarenga, logo substituído pelo arquiteto Marcos Duque Gadelho. Tive aí meu primeiro contato com o Estado real e comecei a perceber que aquilo que considerávamos suficiente para mudar o Brasil — ou seja, chegar ao poder — talvez fosse a parte mais fácil da missão. Visto pelo lado de dentro, o Estado tinha tantas deficiências que chegava a ser difícil escolher por onde começar a mudá-lo.

A Fundação Prefeito Faria Lima era, por assim dizer, uma filha legítima da Constituição de 1967. Explico: o espírito centralizador daquela carta tornou os municípios, sobretudo os menores, dependentes do Estado. A maioria deles não tinha arrecadação suficiente para caminhar com as próprias pernas e dependia dos repasses feitos pelo governo federal e em alguns casos pelos Estados para pagar os funcionários, reformar as escolas ou quitar a conta de luz. A Fundação atendia às exigências da Carta de 1967 e de suas leis complementares. Elas tornavam cada um dos estados da Federação responsável pelo acompanhamento de tudo o que acontecesse nos seus municípios. Deveria, inclusive, oferecer suporte técnico aos projetos e assessoria jurídica para elaboração da Lei Orgânica, da Lei de Uso e Ocupação do Solo e do Código de Posturas, entre outras leis municipais. Além de propor medidas e assessorar a reorganização administrativa de prefeituras e de câmaras municipais.

Durante o período militar, se um prefeito pedisse ajuda para elaborar suas leis, um técnico da Fundação, muitas vezes sem se dar ao trabalho de viajar até o município, redigia a minuta e a mandava pelo correio. O prefeito, depois, que se entendesse com os vereadores para aprovar a medida.

Montoro era, antes de tudo, um municipalista. No seu governo, o caminho teria que ser outro. A minuta da lei só seria redigida depois que a população fosse ouvida, expusesse os problemas locais, definisse as necessidades e estabelecesse as prioridades. Montoro costumava dizer que as "pessoas não vivem na União nem nos estados, mas nos municípios". Para ele, organizar a vida em cada uma das cidades do

O PRIMEIRO CONTATO COM O ESTADO E SEUS PROBLEMAS

estado era fundamental e foi por isso que escalou um de seus secretários de maior confiança, Chopin, que comungava das mesmas ideias, para a Secretaria do Interior.

BOAS INTENÇÕES

Minha passagem pela Fundação Prefeito Faria Lima foi, na prática, uma imersão em Administração Pública. Ali conversei e convivi com especialistas da melhor qualidade — e me dei conta, pela primeira vez, que a orientação política não é condição suficiente para um administrador público ser melhor ou pior do que o outro. Um determinado político pode, claro, concentrar seu orçamento em programas sociais. Outro pode priorizar o asfaltamento das ruas. O que não é possível é querer gastar com programas sociais, com asfaltamento das ruas e imaginar que haverá recursos para, ao mesmo tempo, aumentar os salários dos servidores, manter os pagamentos em dia, limpar as ruas e reformar escolas.

É preciso escolher com cuidado e critério as prioridades de cada governo, sempre levando em conta que os cofres públicos não suportam que tudo seja feito ao mesmo tempo. Infelizmente, no Brasil, o planejamento nunca foi uma preocupação dos políticos. A norma é querer compensar o descontrole dos gastos e o desperdício de recursos com a cobrança de tributos cada vez mais elevados.

A causa do fracasso de muitas carreiras políticas promissoras está, é óbvio, na incapacidade de lidar com o dinheiro público. A maioria dos políticos ignora que o limite superior dos gastos públicos tem que ser a receita, não as suas boas (ou más) intenções. Era parte do meu trabalho demonstrar para os prefeitos e vereadores dos mais de 570 municípios existentes à época no estado de São Paulo que o dinheiro disponível não era suficiente para fazer tudo e que eles deveriam definir suas prioridades.

Foi um momento de aprendizado intenso. No caso específico do estado de São Paulo, o modelo centralizado adotado no tempo da ditadura talvez fosse até mais confortável para os prefeitos e vereadores do que o padrão participativo proposto por Montoro. Antes, eles pediam dinheiro ao governo estadual e sempre recebiam um não como resposta. Ou seja, se não faziam o que prometiam era porque o governo não liberava os recursos. Com Montoro eles perceberam que governar é fazer escolhas.

De minha parte comecei a entender que a administração pública representada pela máquina estatal não era uma vítima das políticas implantadas pela ditadura. Ela era, em maior ou menor grau, beneficiária daquele sistema. Tinha vícios corporativistas arraigados e não se mostrava disposta, em muitos casos, a renunciar a suas práticas e visões viciadas.

Na época da Fundação, por decisão de Montoro, foram recriados os Escritórios Regionais de Governo. Para implantá-los, viajei por todo o estado e conheci a maioria dos municípios paulistas. As viagens mais importantes aconteciam nos finais de semana e delas faziam parte o secretário Chopin e, às vezes, o próprio governador. Depois dessas visitas políticas aconteciam as reuniões técnicas com os engenheiros, economistas e advogados da Fundação, que discutiam as necessidades específicas de cada município, propunham mudanças modernizadoras nas administrações e as ajudava a elaborar as leis necessárias aos novos tempos.

MUNICÍPIO DE SANTO AMARO

Eu não podia imaginar, naquele momento, o quanto aquela experiência que eu estava adquirindo me ajudaria nos anos seguintes, quando eu assumisse cargos mais destacados em Brasília. A Chefia de Gabinete funcionava, na prática, como a diretoria executiva da Fundação. O nome anterior do cargo era Gerência Executiva. Mas, durante o governo de Paulo Maluf, o posto foi ocupado por um coronel reformado do Exército. Ele considerava que o título de "gerente" diminuiria sua importância e mudou o nome para "Chefe de Gabinete", que julgava mais adequado.

Por ali passavam todas as demandas dos prefeitos e eram definidas as prioridades de cada área. Com o passar do tempo, a confiança no meu trabalho e a quantidade de informações sob minha responsabilidade foi aumentando e passei a ser chamado com frequência para reuniões com Chopin e, às vezes, com o próprio governador no Palácio dos Bandeirantes. Me recordo especialmente de um desses encontros, na Sala dos Pratos da sede do governo. Dela participaram, além de Montoro, o prefeito da capital Mário Covas e o secretário de Negócios Metropolitanos Almino Afonso.

Minha tarefa na reunião foi apresentar a posição da Secretaria do Interior sobre a emancipação do Distrito de Santo Amaro. Município autônomo até 1935, quando foi incorporado à capital devido a sua situação financeira precária, Santo Amaro tinha porte suficiente para recuperar sua autonomia. Montoro encomendou à Fundação um estudo sobre essa possibilidade. Levantamos uma série de dados sobre a arrecadação do distrito e avaliamos os custos que teria a implantação de uma nova prefeitura e uma nova câmara municipal.

Apesar da tensão e da forte oposição de Covas à ideia de Montoro, a Fundação não se posicionou nem contra nem a favor. Apenas mostrou quanto a medida custaria e qual seria o impacto que a perda de Santo Amaro teria sobre a arrecadação da capital. O projeto acabou não indo adiante, mas minha presença naquele e em outros encontros no Palácio — bem como o contato constante com os líderes políticos do interior — acabou por despertar ciúmes no interior do próprio grupo ao qual eu estava ligado. Em determinado momento, fui removido da chefia de gabinete da Fundação para a Assessoria de Comunicação da própria Secretaria do Interior, no lugar do jornalista Antônio Gouveia.

O PRIMEIRO CONTATO COM O ESTADO E SEUS PROBLEMAS

Na minha visão, aquilo representava um passo atrás. Mas foi, também, um aprendizado de como as coisas acontecem na vida pública – onde, muitas vezes, a eficiência pode se voltar contra o ocupante de um determinado cargo. A visibilidade e a mobilidade na nova função eram menores. Mas, mesmo assim, havia muito trabalho a ser feito – e esse trabalho muitas vezes ultrapassava os limites da própria secretaria. A primeira função foi reestruturar toda a política de comunicação da casa para dar mais projeção ao trabalho da secretaria. Aquilo incluiu a reformulação da *Revista São Paulo Interior*, um trabalho conduzido de forma brilhante pelo jornalista Luciano Delion.

A meu convite, o cineasta Reinaldo Volpato produziu um vídeo sobre projetos de alimentação no interior de São Paulo e um outro, sobre a importância que uma Assembleia Constituinte, outra tese de Montoro, teria para os municípios. Seja como for, pus para funcionar um departamento importante, que estava meio acanhado antes de minha chegada. A tarefa sob minha responsabilidade ganhou destaque e importância porque, naquele momento, o clima político do país começou a mudar sobretudo depois que Montoro se envolveu de corpo e alma num movimento que, dali a poucos meses, se alastraria por todo o país. Coube a mim, por delegação de Chopin, convocar e garantir a presença de grupos do interior para um evento grandioso, que seria realizado em São Paulo no dia do aniversário da cidade. No dia 25 de janeiro de 1994 aconteceu o primeiro grande comício pelas eleições diretas, que reuniu mais de 500 mil pessoas na Praça da Sé.

QUEREMOS ELEGER O PRESIDENTE!

Montoro utilizou a autoridade de governador para garantir a realização do comício e escalou um time de auxiliares jovens para trabalhar na organização. Um dos principais coordenadores foi o presidente da Paulistur, João Doria, que também havia trabalhado, pouco mais de um ano antes, na campanha de Montoro ao governo, quando nos tornamos amigos. Minha função específica foi mobilizar junto com um grupo de colegas da Secretaria, os prefeitos do interior e convidá-los para o comício. Por ideia de Chopin, marcamos um ponto de encontro no Largo de São Bento, de onde as delegações do interior seguiriam juntas em passeata pela Rua Boa Vista até a Praça da Sé, com faixas de apoio do interior às eleições diretas para presidente.

A partir dali outros comícios foram realizados em diversas capitais do país até culminar, novamente em São Paulo, na grande passeata que mobilizou mais de 1 milhão de pessoas no Vale do Anhangabaú no dia 16 de abril. À frente da multidão, Montoro, Ulysses Guimarães, o governador do Rio de Janeiro, Leonel Brizola, o governador de Minas Gerais, Tancredo Neves, o presidente do PT, Luiz Inácio Lula da Silva, o deputado Dante de Oliveira, do PMDB de Mato Grosso, autor da emenda que seria votada pouco mais de uma semana depois, no dia 25 de abril. Também

80   O ESTADO A QUE CHEGAMOS

estavam ali, na comissão de frente, uma série de políticos, artistas e atletas que apoiavam a eleição direta para a presidência da República.

A história é conhecida. Levada ao plenário da Câmara dos Deputados no dia 25 de abril de 1984, a Dante de Oliveira foi rejeitada. E, assim, Tancredo Neves deixou o governo de Minas Gerais para disputar a presidência pelo PMDB no Colégio Eleitoral. O deputado Paulo Maluf, de São Paulo, seria o candidato do PDS. A campanha de Tancredo cresceu e começou a receber apoio de muita gente. Inclusive de figuras que fizeram suas carreiras políticas abrigadas nos partidos de apoio à ditadura. O próprio nome escolhido para vice na chapa de Tancredo, José Sarney, presidiu o PDS até o dia 11 de julho de 1984.

Contar essa história aqui só faz sentido como pano de fundo, para descrever o ambiente que serviria de cenário para a tentativa que eu lideraria, dali a apenas seis anos, de reformar o Estado brasileiro. A motivação daquela mudança era clara, tudo levava a crer, no primeiro momento, o desejo de pôr fim à ditadura. Com o passar do tempo, ficou evidente que não era bem assim: ao acreditar que bastava derrubar o regime e que qualquer ajuda nesse sentido era bem-vinda, o grupo contrário aos militares aceitou a adesão de políticos que tinham ajudado a construir aquele modelo de Estado.

Existe um tipo de político que não consegue sobreviver longe do Estado. Ele só consegue respirar se estiver do lado de dentro da máquina pública – e quanto mais poderosa for a caneta que segurar na mão, mais oxigênio ele é capaz de aspirar. O fato é que, atraídos pelo favoritismo de Tancredo, vários políticos do PDS começaram a se desgarrar do governo e se juntar em torno da Frente Liberal. Eles começaram a agir como se fossem o ponto de equilíbrio: as mudanças só aconteceriam se eles embarcassem na canoa da Aliança Democrática ao lado do PMDB.

A vitória de Tancredo se deu pela margem mais do que confortável de 200 votos. Na reunião do Colégio Eleitoral, que aconteceu no dia 15 de janeiro de 1985, o mineiro teve 380 votos enquanto Maluf ficou com 180 votos. Para se ter uma ideia do significado daquele resultado, basta lembrar que pouco mais de seis anos antes, em outubro de 1978, quando a ditadura estava sólida o bastante para impor seu candidato, o general Euler Bentes Monteiro, pelo MDB, disputou com João Figueiredo, pela Arena, a presidência da República. Em um colégio eleitoral que tinha 21 integrantes a mais que o de 1985, Figueiredo ficou com 355 votos e Bentes, com 226. Uma diferença de 129 votos.

O GOVERNO QUE NÃO HOUVE

Naquele momento, já contava com a experiência política que acumulei desde que participei da primeira campanha eleitoral, pouco mais de oito anos antes. A vitória de Tancredo foi precedida por um trabalho de articulação que envolveu a sociedade como se a eleição fosse direta. O ex-governador de Minas Gerais fez comícios, participou de atos e, mais do que isso, mobilizou as pessoas em torno da ideia da Nova República, o nome que ele deu à fase da vida do país que ele inauguraria.

Fui convidado para participar de quatro ou cinco reuniões com ele. Eram encontros fechados, mas para públicos de 30, 50 ou, no máximo, 100 pessoas. O objetivo era discutir o programa de governo que Tancredo apresentaria à sociedade. O coordenador do trabalho era José Serra, que havia sido eleito deputado federal pelo PMDB em 1982 e ocupava a Secretaria de Planejamento de Franco Montoro.

Devido à minha experiência na Secretaria do Interior e a pedido de Chopin Tavares de Lima, fui encarregado, junto com Luiz Patrício Cintra do Prado, Leonel Itaussu de Almeida Mello e outros técnicos, de escrever e apresentar o texto original do capítulo sobre municipalismo do programa do doutor Tancredo Neves.

Uma diferença marcante entre uma ditadura e uma democracia é o critério de escolha dos integrantes das equipes de governo. Numa ditadura como foi a brasileira, a articulação política até existiu e um deputado influente ou um senador amigo até conseguiam indicar um correligionário para um cargo importante. A regra, no entanto, não era essa: quanto mais autoritário é o governo, menos os políticos conseguiam interferir na montagem da equipe. O ex-ministro da Fazenda Antônio Delfim Netto, que por muitos anos foi o homem mais poderoso da economia brasileira, conta que, um dia, no início de 1967, despachava em seu escritório na Secretaria da Fazenda de São Paulo e foi informado que um coronel do Exército estava na antessala com uma mensagem que deveria ser entregue em mãos.

Delfim pediu que o militar entrasse e, tão logo se cumprimentaram, recebeu a correspondência, que abriu imediatamente. Era um ofício da Presidência da República o convocando (não convidando, mas convocando) para ser Ministro da Fazenda de Costa e Silva. Até aquele momento, Delfim só estivera uma ou duas vezes com o marechal e jamais tivera com ele uma conversa reservada. Uma nomeação como essa dificilmente aconteceria numa democracia — muito menos num governo como o da Nova República. Dali em diante, o apoio e as articulações políticas tornaram-se essenciais para que alguém fosse indicado e, depois, se mantivesse no cargo.

A última palavra, claro, é sempre do presidente. Mas a nomeação para os cargos, principalmente para os mais elevados, é precedida por negociações em que o currículo e a competência do indicado às vezes é menos importante do que o poder de quem quer vê-lo na vaga. Na fase de montagem do que teria sido o governo de Tancredo Neves, a movimentação foi intensa. Muita gente que estava há muito tempo afastada do governo e até mesmo lideranças que jamais tiveram acesso ao poder queriam, agora, colocar seus aliados em postos estratégicos da administração.

Chopin Tavares de Lima havia indicado o nome de César Amad Costa para a Secretaria de Articulação Municipal da Secretaria do Planejamento da Presidência da República. O problema é que o grupo de João Sayad, escolhido para ser ministro-chefe da Secretaria do Planejamento, preferia ver no posto o sociólogo Carlos Alberto Doria. Chopin, então, me mandou para Brasília com a missão de articular, com parlamentares da bancada paulista, apoio para Amad.

Numa época em que o transporte aéreo no Brasil era mais limitado do que seria nas décadas seguintes, foi uma dificuldade conseguir uma passagem para a capital — onde o país inteiro queria estar naquele momento. O único voo disponível passava por Goiânia, de onde seguiria para Brasília. O avião apresentou problemas na escala e os passageiros tiveram que desembarcar e esperar que os reparos fossem feitos. Me lembro que, junto comigo, viajavam o então Secretário de Obras e Meio Ambiente de Montoro, João Leiva Filho, e o presidente da Sabesp, Gastão César Bierrenbach. Alguns anos depois, Leiva seria derrotado por Luíza Erundina, do PT, na disputa pela Prefeitura de São Paulo.

Enquanto aguardávamos, ficamos ali, no bar do aeroporto, conversando e imaginando o que estaria acontecendo em Brasília naquele momento. E ficamos ali até receber autorização para o embarque. Pois bem, desembarquei na capital tarde da noite e fui direto para o Setor Hoteleiro Sul. Me hospedei num hotel pequeno, instalado num prédio antigo, de três andares, construído nos primeiros anos de Brasília — única acomodação que consegui. Tão logo liguei a TV, entrou no ar uma edição extraordinária do noticiário. Dizia que Tancredo, depois de passar mal durante uma missa em sua homenagem na Catedral de Brasília, tinha sido levado para o Hospital de Base.

Ainda sob choque, saí do hotel e fui para o Beirute, um dos poucos bares que deveriam estar abertos àquela hora. Ali, encontrei o deputado Airton Soares (que, expulso do PT depois de votar na chapa da Aliança Democrática no Colégio Eleitoral, havia se filiado ao PDT) e outros amigos. Ficamos conversando até a madrugada, conjecturando sobre a doença do presidente. Até que, dali a pouco, alguém chegou ao bar com a informação de que Tancredo estava sendo operado e não tomaria posse.

BASTIDOR, PALCO E PLATEIA

O dia amanheceu tenso em Brasília no dia 15 de março, uma sexta-feira — e muita gente temeu pelo desfecho daquele drama. Fui o mais cedo que pude para o Congresso, mas, com a consternação e a preocupação que cobriam a capital, ninguém, muito menos eu, queria ouvir falar de qualquer assunto que não fosse a crise aberta pela doença de Tancredo. A articulação em torno do nome de César Amad foi posta de lado. Algumas pessoas defendiam que, por ter sido eleito vice numa chapa que ainda não tomara posse, José Sarney não poderia tomar posse. Juristas

O PRIMEIRO CONTATO COM O ESTADO E SEUS PROBLEMAS 83

que sempre estiveram à disposição do Estado logo apareceram para buscar uma saída. Afonso Arinos de Mello Franco (que no ano seguinte seria eleito senador pelo Rio de Janeiro) e Saulo Ramos (que mais tarde ocuparia o Ministério da Justiça de Sarney) estavam entre os que entraram em cena para tentar apaziguar a situação.

Dali a pouco veio a notícia de que José Sarney, com aval do novo Ministro do Exército, general Leônidas Pires Gonçalves, tomaria posse e exerceria a presidência interinamente até a alta de Tancredo. Fiquei no Congresso e assisti à cerimônia de posse de Sarney. Sayad também tomou posse na Secretaria do Planejamento e logo nomeou Carlos Alberto Dória para a Secretaria de Articulação Municipal. No dia seguinte, embarquei de volta para São Paulo. Minha primeira missão oficial em Brasília foi um fracasso.

O resto é história conhecida. Com a posse de Sarney no lugar de Tancredo, a Nova República teve início com uma ressaca fenomenal sem que ninguém tivesse se embriagado de champanhe. Todas as atenções do país se voltaram primeiro para o Hospital de Base. Depois para o Incor, em São Paulo, para onde o presidente foi transferido. Para resumir, Tancredo não se recuperou e nunca tomou posse. Morreu no dia 21 de abril e Sarney, que parecia destinado a ser coadjuvante num roteiro que não era seu, tornou-se o protagonista da Nova República e o condutor da rede-mocratização. Não era a mesma coisa, mas era o que tínhamos para a ocasião.

A PROIBIÇÃO DE GASTAR E O RIGOR QUE NÃO HOUVE

Posso afirmar que a doença de Tancredo e a posse de Sarney acabaram tendo impacto direto sobre a minha trajetória. A história é longa: o ex-governador de Minas Gerais havia entregado o Ministério da Fazenda a seu sobrinho, o econo-mista Francisco Dornelles. Ex-secretário da Receita Federal no governo Figueiredo, Dornelles era conhecido pelas ideias ortodoxas e pela defesa do controle rigoroso das contas públicas. O plano elaborado por ele foi resumido por Tancredo com uma frase no discurso que preparou para sua posse: "É proibido gastar."

Era isso que desejava o presidente eleito — e talvez, com ele no comando, tivesse sido possível rearranjar a casa, acertar as contas e renegociar com os credores internacionais. O custo de tudo isso seria uma recessão brutal — mas os passos seguintes seriam a volta ao mercado internacional e a retomada do crescimento. Exatamente como tinha acontecido nos meses iniciais do regime militar: Castello Branco tomou dos civis um Estado desorganizado e incapaz de orientar qualquer tipo de crescimento econômico consistente. Só depois da arrumação feita por ele o Brasil pôde voltar a crescer. Agora, seria a vez de Tancredo organizar a bagunça herdada dos militares e preparar o país para um novo ciclo de crescimento.

Mesmo em relação à tão sonhada constituinte, havia reservas por parte de Tancredo. Ele defendia a manutenção do texto de 1967 depois de se retirar dele aquilo que ele chamava de "entulho autoritário". Talvez fosse o receituário mais sensato para aquele momento de transição, mas mantinha a equipe de Sarney sob tensão permanente. Sobretudo porque, no interior do mesmo governo que prometia não gastar um tostão, havia gente que olhava exatamente para o outro lado. João Sayad, que havia chegado à pasta do Planejamento apoiado por Montoro, propunha uma solução que contrariava ponto por ponto o caminho defendido por Dornelles.

Enquanto o Ministro da Fazenda defendia o controle rigoroso dos gastos, o Secretário do Planejamento acreditava que o equilíbrio das contas viria pela expansão das receitas — o que só aconteceria à custa de estímulos à economia. Essa última solução, claro, soava como uma valsa aos ouvidos de Sarney, que sonhava em deixar para trás a lembrança de Tancredo e fazer seu próprio governo. No final das contas, a ideia de controlar os gastos foi derrotada. Dornelles não resistiu às pressões e foi para casa. O "é proibido gastar" de Tancredo saiu de cena e em seu lugar surgiu o slogan que daria o tom ao governo de Sarney: "tudo pelo social".

RUMO A BRASÍLIA

Onde eu me encaixo nessa história? Bem... No dia 26 de agosto de 1985 foi anunciada a queda de Dornelles e sua substituição pelo empresário Dílson Funaro. Nesse momento eu já olhava para fora de São Paulo: estava atraído pelo governo que se implantava em Brasília. Depois de organizar o Departamento de Comunicação da Secretaria do Interior, procurei Chopin Tavares de Lima e expus com detalhes a disputa política que vinha acontecendo do lado de fora de sua sala. Eu estava incomodado com a situação e me sentia cada vez mais sem clima para trabalhar ali.

Deixei claro que eu não tinha interesse nem ambição de me candidatar a qualquer cargo — mas era tratado pelos colegas que tinham essa pretensão como alguém que pretendesse se tornar deputado ou coisa assim. E, mesmo sem querer entrar na briga eleitoral, estava sendo puxado para dentro da disputa por Arnaldo Jardim e por outras pessoas estratégicas na equipe da secretaria. E disse: "Estou indo embora. Existe uma luta política aqui dentro e eu não quero fazer parte disso. O senhor é o Secretário, foi o senhor que montou tudo isso aqui. Está tudo funcionando e eu posso ir embora." Para resumir, eu estava fora.

Combinei com Chopin que ficaria no posto até ele encontrar alguém de sua confiança para meu lugar. Na sequência, cedido pela Secretaria, passei algum tempo no INCRA, a convite do professor e economista José Eli da Veiga, que havia assumido a Secretaria Regional em São Paulo. Embora minha presença ali tenha sido breve, a passagem pelo INCRA me colocou dentro da administração federal e me mostrou a quantidade enorme de problemas que estavam à espera de uma solução. Me espantei com os obstáculos diante da execução da política de reforma agrária e com as falcatruas que envolviam o cálculo e o pagamento de indenizações pelas terras desapropriadas. Em especial naquilo que se referia a emissão de Títulos da Dívida Agrária, os TDA.

Esse é um bom exemplo do descontrole que permitia o mau uso dos poucos recursos disponíveis. Para pagar os proprietários das terras destinadas à reforma, o governo lançava os TDA, Eram documentos oficiais, emitidos pelo próprio INCRA e impressos pela Casa da Moeda. Funcionavam assim: uma vez assinado o decreto de desapropriação, os títulos eram emitidos e, caso não houvesse nenhuma discussão judicial em torno do valor da propriedade, eram entregues aos antigos proprietários. O problema é que o controle feito sobre esses documentos era precário. Com o tempo, muitos daqueles títulos passaram a ser clonados. E, assim, duas ou até três pessoas passavam a reivindicar do Tesouro o pagamento de títulos que diziam respeito a uma mesma desapropriação.

Aquilo resultou na desmoralização completa dos TDA. E os títulos, que eram garantidos pelo governo com base na Constituição, tinham correção monetária integral e juros equivalentes aos da Caderneta de Poupança, passaram a ser desprezados pelo mercado. Quem os negociava não tinha certeza de sua autenticidade. Esse problema só viria a ser corrigido mais tarde, no governo de Fernando Collor. A sistemática de emissão dos TDA foi alterada. Os títulos passaram a ser emitidos por meio eletrônico e registrados junto à CETIP.

NOVOS CAMINHOS

De longe, acompanhei a chegada de Funaro ao ministério e a montagem da equipe. Eu já conhecia e admirava o novo ministro. Voz respeitada no grupo de empresários mais próximos da Fiesp, ele começou, ainda nos anos pesados do governo Geisel, a cobrar mudanças na política econômica do governo. Dono da fabricante de artigos de plástico e de brinquedos Trol, Funaro tinha sido secretário do Planejamento e, depois, da Fazenda no governo Abreu Sodré, em São Paulo. Em algum momento de sua carreira, ele conheceu meu pai, que também trabalhou na administração de Sodré.

Ideias comuns em relação à economia aproximavam Funaro do deputado Ulysses Guimarães, então presidente do velho MDB. Curado de um câncer linfático que o manteve afastado da vida pública por algum tempo, Funaro voltou à cena com a chegada da Nova República. Indicado pelo presidente do PMDB, foi escolhido por Tancredo para assumir a presidência do Banco Nacional de Desenvolvimento Econômico e Social, o BNDES. Havia outra razão para a escolha. Conforme o próprio presidente eleito disse no dia em que os dois conversaram sobre a ida para o BNDES, Funaro seria o interlocutor do governo com o empresariado paulista. O presidente sabia que sua política de austeridade geraria atritos e precisava de alguém com credibilidade para falar em seu nome com os capitães da indústria.

A chegada de Funaro ao Ministério significou, para mim, a oportunidade de buscar os novos ares que eu estava procurando. Ainda na Secretaria, já tinha minha atenção atraída para Brasília e para as mudanças que o governo começava a implementar. Os nomes mais destacados do time de assessores do novo ministro eram aqueles que, nas reuniões políticas das quais eu participava, apontavam para a economia caminhos diferentes dos que vinham sendo trilhados pelos governos militares.

Luiz Gonzaga Belluzzo, que assumiu o cargo de Secretário de Política Econômica, e João Manoel Cardoso de Mello, chamado para ser Assessor Especial do ministro, tinham simpatia pelas ideias heterodoxas que começavam a entrar em moda naquele momento. Conhecidos por suas ideias desenvolvimentistas e nacionalistas, a simples presença de Belluzzo e de João Manoel, professores da Unicamp, no time, já indicava que Funaro pretendia seguir um caminho diferente daquele apontado por Dornelles.

Também integrava a equipe de Funaro, na Chefia de Gabinete, o jornalista Roberto Müller Filho. Eu já conhecia Müller de meus encontros políticos em São Paulo. Foi ele que entregou a Antônio Gouveia, a quem eu havia substituído na Assessoria de Comunicação da Secretaria do Interior, o comando da Secretaria de Assuntos Legislativos — um órgão encarregado não só de articular com o Congresso os temas de interesse do Ministério, como, também, de assegurar que as decisões tomadas pela equipe econômica estivessem em conformidade com as exigências do processo legislativo. Seria aquele o meu destino dali a alguns meses.

Advogado formado pela mesma faculdade que eu, a do Largo São Francisco, tendo sido inclusive presidente do Centro Acadêmico XI de Agosto, Gouveia tinha uma personalidade interessante. Cinéfilo inveterado, ele trocou a advocacia pelo jornalismo logo no início da carreira. Destacou-se na profissão e ocupou, sob o comando de Müller, a editoria de política do jornal *Gazeta Mercantil*. Embora também o conhecesse das minhas andanças políticas desde a época de estudante, fiquei mais próximo dele no período em que trabalhei com Chopin Tavares de Lima.

CAPÍTULO 5

A RESISTÊNCIA DO ESTADO GASTADOR

Quando cheguei a Brasília, no segundo semestre de 1986, o governo Sarney vivia o momento efêmero de popularidade que daria ao PMDB uma vitória retumbante nas urnas daquele ano. Baixado no dia 28 de fevereiro, o Plano Cruzado tinha sacudido de alto a baixo a sociedade brasileira que, cansada de inflação, o recebeu de braços abertos. "Tem que dar certo", dizia a propaganda oficial a respeito do pacote que chegou com a missão de segurar a variação de preços, que havia encostado nos 225% em 1985. Esse número, que pareceria modesto dali a alguns meses, era indecente para os padrões da época.

De certa forma, um plano como aquele já era esperado. Embora ninguém fora do círculo mais próximo de assessores de Funaro e Sayad soubesse o que o governo estava tramando, havia por toda parte um zum-zum-zum sobre a adoção pelo Brasil de um pacote que seguisse os passos das medidas adotadas por economias igualmente corroídas pela inflação. Nos meses anteriores, Israel e Argentina tinham adotado a solução do choque heterodoxo. A presença na equipe de Sarney de nomes como os de Chico Lopes, André Lara Rezende e Pérsio Arida, economistas identificados com o pensamento heterodoxo, reforçava que o Brasil poderia seguir pelo mesmo caminho. Com a saída de Dornelles e a chegada de Funaro, Sayad e sua equipe finalmente tiveram a oportunidade de levar adiante a ideia do choque.

DE OLHO NOS MOVIMENTOS DE BRASÍLIA

Mesmo sem conhecer os detalhes do pacote que estava sendo elaborado em Brasília, eu me mantinha atento às notícias que chegavam da capital. E, depois da edição do Cruzado, me entusiasmei ainda mais com a ideia de trabalhar no governo federal. O pacote congelou os preços, aplicou um reajuste nos salários, mexeu com os ânimos do país e fez de Sarney, ainda que por menos de um ano, um dos presidentes mais populares da história. E junto com o prestígio do chefe, subiu também o de seu ministro da Fazenda — que, acredite se quiser, tinha no primeiro momento dúvidas em relação à eficácia do congelamento.

Empresário, Funaro temia que o congelamento desorganizasse ainda mais os preços relativos da economia. Mas se rendeu aos fatos depois que o presidente bateu

O ESTADO A QUE CHEGAMOS

o pé e fechou questão em torno da medida. Passou a ser, então, o principal fiador da medida. A ponto de sua imagem ter se confundido com a do próprio plano.

Com o tempo, e depois que tudo passou, tive a noção do tamanho da oportunidade que se perdeu naquele momento. Com apoio popular e força política, era o momento ideal para se discutir o modelo do Estado e de se eliminar as distorções que geraram os desarranjos que o Cruzado pretendia corrigir — e que logo se voltariam contra o próprio plano que pretendia pôr a situação em ordem. Não se propôs que, na sequência do plano, fosse elaborado um programa de abertura econômica e de redução de alíquotas de importação que permitisse, mais tarde, enfrentar eventuais problemas de abastecimento.

Não foi feito nenhum estudo mais aprofundado sobre o tamanho do Estado, sobre a eficiência das empresas públicas nem sobre o impacto que um eventual programa de privatização poderia ter sobre a economia. Também não se aproveitou a oportunidade gerada pela expansão do nível de emprego e pelo consequente aumento de arrecadação da previdência para propor um novo modelo de seguridade social. O Estado continuou como estava. Com a popularidade em alta, Sarney não pretendia mexer num time que, de uma forma ou de outra, parecia ganhar o jogo com folga no placar.

A CHEGADA À CAPITAL E O ESTADO VERDADEIRO

Foi com esse clima que cheguei a Brasília. Autorizado por Roberto Müller Filho, Antônio Gouveia me convidou para ocupar uma das duas secretarias adjuntas de sua equipe. Aceitei. Além do salário, faziam parte do pacote o direito a um apartamento funcional e a um carro com motorista — regalias com as quais eu ajudaria a acabar dali a quatro anos, quando assumisse a Secretaria da Administração Federal. Mas isso já é outra história.

O certo é que, naquele momento, aceitei o convite de Gouveia e me mudei para Brasília. Minha vontade de participar do processo era tanta que cheguei à capital e comecei a trabalhar meses antes de minha nomeação ser assinada por Dílson Funaro — o que só aconteceria no dia 15 de outubro. Nos primeiros meses, trabalhei em Brasília como funcionário do governo de São Paulo, cedido ao governo Federal.

Foi uma mudança e tanto. Como sempre trabalhei muito, tinha uma vida social discreta em Brasília e sempre prolongava até tarde meu expediente no ministério. Era preferível estar ali do que no apartamento onde eu morava. Na ausência de Gouveia, era sempre chamado para subir ao gabinete e acompanhar o ministro nas audiências que ele concedia aos deputados e senadores mais influentes.

Estava entre minhas atribuições, desde a minha chegada, visitar o Congresso Nacional para discutir com os parlamentares os projetos de interesse do ministério. Me lembro de uma missão que recebi logo que pus os pés em Brasília: convencer a bancada do Rio Grande do Sul a aceitar o nome de Cláudio Mauch, funcionário de carreira do Banco Central, para presidir o recém-criado Banco Meridional. E, mais do que isso, fazer com que os parlamentares acreditassem que a indicação daquele nome não tivesse partido do governo, mas que fosse uma sugestão deles. Comecei a entender, na prática, como o Estado se articulava em defesa de sua própria manutenção.

ASSALTO ORGANIZADO AO TESOURO

A criação do Meridional foi, senão o primeiro, com certeza o mais eloquente sinal de que a Nova República inaugurou um padrão de acesso aos recursos do Estado diferente do que existia até ali. Sob os militares, o governo decidia onde e como queria gastar e o Congresso não tinha, a não ser nos momentos finais do regime, condição de resistir à ordem que recebia. Agora, o Congresso pressionava e decidia, restando ao Executivo, ainda que não concordasse com a despesa, liberar os recursos. Foi o prenúncio da enxurrada de aumento da demanda sobre o dinheiro público que se tornaria ainda mais evidente dali a três anos, com a promulgação da nova Constituição.

O caso do banco Meridional, no entanto, merece ser contado. No final de maio de 1985, poucos meses depois da posse de Sarney, quando o ministro da Fazenda ainda era Francisco Dornelles, a bancada gaúcha conseguiu no grito a aprovação de uma medida polêmica. Tratava-se da criação de um novo banco federal a partir da fusão dos bancos Sulbrasileiro e do Habitasul, ambos sob intervenção do Banco Central desde fevereiro de 1985. Ou seja, desde os estertores do governo Figueiredo. A decisão era absurda, sobretudo para um governo que assumira com a promessa de equilibrar as contas. E mais, criado a partir da fusão de bancos privados, o Sulbrasileiro havia ficado insolvente depois de uma sucessão de erros cometidos por seus administradores.

O Banco Central, assim como o Ministério da Fazenda e todas as pessoas de juízo, se opunha àquela medida. Mas não houve jeito, a péssima administração dos bancos gaúchos teria uma solução política e ponto! Dali a três meses, quando Funaro mal havia chegado ao ministério, a criação do Meridional foi aprovada pelo Senado. Dias depois, Sarney sancionou a lei e não havia mais o que fazer. Começou, então, uma disputa para escolher o nome do presidente da Instituição. E Cláudio Mauch, que era funcionário de carreira do Banco Central, assumiu o cargo interinamente. Os políticos pressionavam o tempo todo para indicar o presidente. O receio da equipe de Funaro era que o Congresso impusesse no posto, num momento em que os mecanismos de controle fiscal eram precários, alguém que tivesse uma caneta ágil a ponto de produzir um estrago monumental nas contas.

Mauch era delegado do BACEN em Porto Alegre, contava com o apoio do presidente do Banco Central Fernão Bracher, que queria mantê-lo no cargo. Contava, por extensão, com o apoio de Funaro e de toda a equipe da Fazenda. Tínhamos que eliminar as resistências que havia em torno do nome dele – considerado um técnico rígido demais pela turma que pretendia utilizar os cofres do Meridional para ter acesso fácil ao dinheiro público.

A pedido de Roberto Müller e de Gouveia, fui ao Congresso defender o nome de Mauch. Procurei por Pedro Simon, que havia retornado ao Senado depois de passar o primeiro ano do governo Sarney no Ministério da Agricultura. Simon, a quem eu conhecia da militância do PMDB, sairia candidato a governador do Rio Grande do Sul no final daquele ano e era a principal liderança da "Bancada do Piratini" – o apelido que os parlamentares governistas gaúchos tinham no Congresso. Nas questões paroquiais, eles até podiam se dividir entre chimangos e maragatos. Mas quando os interesses do estado estavam em jogo, a bancada inteira ameaçava partir sobre o governo como numa carga da cavalaria farroupilha.

Bati na porta do gabinete e fui atendido por Simon. Disse que a equipe econômica vinha recebendo muitos elogios a Mauch e que o governo estava muito satisfeito com a competência do gaúcho. E que o nome dele seria muito bem aceito, tanto por Funaro quando por Bracher, caso recebesse o apoio da bancada. Também disse que a confirmação de um técnico poderia reduzir o receio e o desagrado da equipe econômica em relação ao Meridional. Simon podia ser bairrista até os fios dos bigodes, mas nunca foi ingênuo. Sabia que de nada adiantaria ter conseguido a vitória de criar o Meridional se tivesse contra o banco o Ministro da Fazenda, o presidente do BACEN e toda a equipe econômica.

E imediatamente apoiou a indicação, tendo, inclusive, telefonado na mesma hora para alguns deputados e lideranças gaúchas para dar a notícia. Mais do que isso, telefonou para o próprio Mauch e deu a notícia da confirmação no cargo. O certo é que Mauch – que anos mais tarde assumiria a poderosa Diretoria de Fiscalização do BACEN – foi mantido e, na medida do possível, evitou que o Meridional se tornasse uma preocupação para o governo[1].

DANDO E RECEBENDO

O trabalho se tornaria mais intenso com o passar do tempo, sobretudo no calor da campanha eleitoral de 1986, da qual emergiriam os parlamentares encarregados de elaborar uma nova Constituição para o Brasil. Minha presença no Congresso era constante. Sempre estava lá para tratar com os deputados e com senadores os

---

1 Anos mais tarde, em 1997, o Meridional foi privatizado, com a venda para o Banco Bozano, Simonsen. Em seguida, foi adquirido e incorporado ao Santander.

pontos que, no entender da equipe econômica, dificultavam a administração do dinheiro público. E, também, para aliviar as tensões que surgiam cada vez que o governo propunha avançar sobre os privilégios de alguma corporação.

Certa vez, caiu na minha mesa um telefonema do deputado Roberto Cardoso Alves, da bancada paulista do PMDB. Ele havia retornado ao Congresso na eleição de 1982, depois de reaver os direitos políticos que perdera com o A.I. nº 5 em 1968. Mesmo filiado ao partido do governo, a Arena, Robertão, como era conhecido, votou contra o pedido de licença para que os militares processassem o deputado Márcio Moreira Alves, no episódio que serviu de pretexto para a decretação do ato. Na Constituinte, Cardoso Alves assumiria destaque como líder do chamado Centrão (um grupo de parlamentares conservadores que, fiéis à tradição iniciada naquela época, recusava-se a ser chamado "de direita"). O deputado ficaria famoso ao citar a Oração de São Francisco de Assis para deixar claro que seu grupo só votaria a favor de um mandato de cinco anos para José Sarney se recebesse favores do governo.

Foi o momento de barganha mais escandalosa na Nova República. Tancredo havia se comprometido, em sua campanha, a ficar quatro anos no cargo e, depois, convocar eleições diretas. A pressão era para que Sarney cumprisse aquele acordo. Mas o presidente insistiu em ficar cinco anos argumentando que, na verdade, estava abrindo mão de um ano no poder, já que a Constituição previa, desde o Pacote de Abril de 1977, seis anos para o mandato do Presidente. "É dando que se recebe", resumiu Roberto Cardoso Alves diante das câmeras de TV, deixando claro que Sarney, se quisesse o quinto ano, teria que recompensar os aliados que aceitassem prolongar o mandato de um presidente que, àquela altura, havia perdido toda sua popularidade. Logo depois, seria nomeado por Sarney ministro da Indústria e Comércio. Mas, quando o telefonema chegou à minha mesa, a única fama de Robertão era a de um homem truculento, habituado a resolver na base do grito os assuntos de seu interesse.

CONHECENDO A CAPITAL POR DENTRO

Nem Funaro nem seus assessores mais próximos gostavam de ouvir as demandas dos parlamentares. Esse papel sempre cabia a mim. Atendi o telefonema e ouvi a voz furiosa de Robertão. Integrante da bancada ruralista, ele se dizia indignado com o anúncio de que o governo, por pressão da Fazenda, pretendia acabar com a Cédula de Crédito Rural — instrumento que facilitava os negócios dos fazendeiros com o Banco do Brasil e outras instituições.

Eu me identifiquei. Ao ouvir meu nome, me perguntou se minha família era de São Paulo. Respondi que sim e ele perguntou se eu era parente do procurador João Batista de Santana. Respondi que sim — João Batista era meu pai. O deputado se lembrou que ele e meu pai eram amigos. Embora tivessem frequentado universidades diferentes, eles foram contemporâneos quando estudantes e tinham raízes na mesma região do interior de São Paulo. Na época em que meu pai era procurador de Justiça, Robertão voltou a exercer a advocacia depois que seu mandato de deputado foi cassado em 1969. O fato de saber que eu era filho de um amigo talvez tenha contribuído para acalmá-lo. Ouvi o que ele tinha a dizer, pedi tempo para me inteirar dos detalhes e prometi retornar a ligação.

Dali a pouco, telefonei a Robertão e disse que a notícia não procedia. Não havia qualquer mudança prevista na cédula rural. O deputado perguntou se poderia levar a informação à bancada. Respondi que sim. Naquele mesmo dia, ele subiu à tribuna e citou meu nome como o fiador da notícia de que tudo permaneceria como estava com a Cédula de Crédito Rural. E até me deu uma importância superior à que eu tinha ao passar a informação a seus pares: "conversei com um alto funcionário do Ministério da Fazenda, o doutor João Santana, e ele me assegurou que não haverá mudanças na Cédula Rural".

Por uma série de episódios como esse, minha passagem pela Fazenda foi um período de trabalho intenso e de muito aprendizado. E de contatos que se revelariam importantes para mim no futuro. Em Brasília, reencontrei uma velha conhecida, a economista Zélia Cardoso de Mello. Em São Paulo, frequentávamos a mesma turma, nos interessávamos pelos mesmos assuntos. Zélia havia chegado a Brasília mais ou menos na mesma época que eu. Fora convidada pelo economista Andrea Calabi para assumir a Secretaria de Controle Financeiro do Setor Público, na Secretaria do Tesouro Nacional.

Criada 10 dias depois da decretação do Cruzado — ou seja, num momento em que ninguém diria não a uma ideia de Funaro — a Secretaria já nasceu como uma repartição poderosa, encarregada de pôr as contas públicas em ordem. Com uma trajetória acadêmica e profissional independente de seu primo mais famoso, o economista João Manoel, Zélia passou a responder pelas finanças dos estados da federação. Isso significava, na prática, que ela era a funcionária incumbida de dizer não aos governadores que visitavam Brasília em busca de dinheiro.

Por se tratar de uma conterrânea tão perdida quanto eu em Brasília, nos aproximamos muito naquela época. E iniciamos uma amizade que sobreviveu à nossa passagem pelo governo Collor. Ambos expatriados, nos encontrávamos com frequência junto com outros amigos, vindos do Rio e de São Paulo, para jantar, trocar ideias e, de vez enquanto, jogar vôlei na casa de Pedro Paulo Leoni Ramos. Cunhado de Roberto Guimarães, funcionário do Ministério da Fazenda e futuro Secretário do Tesouro Nacional, Pepê, como era conhecido, abria sua casa para receber amigos que não tinham raízes em Brasília.

Numa dessas reuniões, Zélia mencionou vagamente que ficara bem impressionada com um político que a procurou logo depois das eleições de 1986. Tratava-se do jovem Fernando Collor de Mello, que tinha acabado de ser eleito para o governo de Alagoas e era amigo do dono da casa. Os dois desenvolveram a partir dali uma relação profissional que evoluiria para a confiança e resultaria, poucos anos depois, na nomeação de Zélia para o posto mais alto ocupado por uma mulher na República até aquele momento: o Ministério da Economia do governo Collor. Pedro Paulo, Roberto, eu e outros que frequentavam aquele grupo também faríamos parte do novo governo.

O FIM DA CONTA MOVIMENTO

O cenário das contas públicas era complicado não só pela escassez de dinheiro, mas também pela ausência de mecanismos eficazes de controle. Para se ter uma ideia da confusão em que vivia o erário naquele momento, basta dizer que até 1985, ano da chegada de Funaro, o governo federal não elaborava um, mas quatro orçamentos. Isso mesmo: quatro orçamentos, independentes e paralelos! Havia o Orçamento da União, o Orçamento Monetário, o Orçamento da Previdência e o Orçamento das Estatais. O descontrole das contas era o retrato da confusão que reinava no Estado brasileiro.

O governo também não tinha um acompanhamento centralizado da execução das despesas. Cada ministério, cada autarquia, cada empresa pública cuidava das próprias contas — da folha de pagamentos à verba para o cafezinho. A confusão entre números que não falavam o mesmo idioma criava um ambiente confuso que, na prática, impossibilitava qualquer controle do dinheiro público. A desorganização era um dos ralos que sorviam os recursos. Havia outros igualmente vorazes.

Um dos ralos mais famintos era a Conta Movimento do Banco do Brasil. Por meio dela, o banco oficial fazia saques contra o Tesouro Nacional — sem pedir autorização de ninguém. Aquela era a cara de um Estado que, nos anos anteriores, havia se habituado a pagar despesas reais com dinheiro que não tinha. O problema é que, mesmo sendo um buraco largo, por onde os recursos do Tesouro jorravam sem controle, a Conta Movimento era tratada como a princesa da torre pelo Banco do Brasil e pelos interesses que gravitavam em torno dele. Além disso, os funcionários da casa acreditavam que, ao defender a manutenção da Conta Movimento a qualquer preço, estavam resguardando a instituição na qual trabalhavam.

O secretário-geral de Funaro, João Batista de Abreu, conhecia o problema. Funcionário federal de carreira, ele havia integrado, ainda no governo

Figueiredo, uma comissão responsável por propor soluções para o desajuste das contas públicas. Entre as ideias apresentadas estava o fim da Conta Movimento. A proposta foi feita, mas não conseguiu sair do chão. Frágil como estavam, nem Figueiredo nem Delfim conseguiram levá-la adiante. E a ideia foi abatida antes mesmo de ser levada ao Congresso. E a conta continuou sendo utilizada até o dia em que Funaro perdeu a paciência e resolveu pôr fim à farra.

Um fato específico o ajudou a tomar a decisão. O governo contava com uma determinada quantia que entraria no caixa com o pagamento do Imposto de Renda do Banco do Brasil. Seria um valor considerável, suficiente para resolver algum dos problemas urgentes que preocupavam os economistas. Veio o dia seguinte e o dinheiro não apareceu. Ao invés de utilizar os próprios recursos, o que fez o banco oficial? Pagou o que devia ao governo com dinheiro que sacou da Conta Movimento, que era do próprio governo. E o rombo permaneceu do mesmo tamanho que estava. Funaro ordenou que se encontrasse uma solução para o problema e João Batista se lembrou que todos os estudos naquele sentido já estavam prontos. Daí para a aprovação foi um passo.

AS LIÇÕES DO PLANO CRUZADO

Casos como esse chegavam ao meu conhecimento por uma razão: eu estava lá dentro e, na medida em que conquistava a confiança de Funaro e de seus assessores mais graduados, passava a entender melhor o funcionamento da máquina pública. Foi um período rico, que, no que me diz respeito, se revelaria muito importante poucos anos depois, quando eu retornasse a Brasília como ministro de Collor. A criação da Secretaria do Tesouro, o fim da Conta Movimento e a unificação dos orçamentos foram, certamente, a contribuição mais efetiva dada por Funaro para controlar a inflação — algo que só aconteceria oito anos depois. Sem as mudanças introduzidas por ele e sem outras providências que seriam adotadas mais tarde, já no governo Collor, o Plano Real certamente não teria o êxito instantâneo que teve.

Essa talvez tenha sido uma das maiores contradições daquele momento. De um lado, havia a preocupação e o cuidado com a organização das finanças públicas a partir da adoção de medidas que corrigiam anomalias históricas, estancavam vazamentos, tapavam ralos e jogavam um facho de luz sobre números que nunca tinham sido claros. Do outro, o mesmo governo e a mesma equipe econômica concordavam em gastar dinheiro a rodo para sustentar estatais ineficientes e deficitárias. Permitia que os bancos estatais continuassem operando sem um controle mais rigoroso e se omitia diante dos gastos inaceitáveis dos demais entes da federação. Essa contradição não demorou a cobrar seu preço.

A RESISTÊNCIA DO ESTADO GASTADOR **95**

Por mais entusiasmo que o Cruzado tenha gerado, a realidade se impôs: assim que baixou a euforia inicial em torno do plano, começaram a surgir sinais de uma crise de abastecimento que se agigantava dia após dia. As prateleiras dos supermercados ficaram vazias, os carros zero quilômetro sumiram das concessionárias, os remédios desapareceram das farmácias. A crise de abastecimento foi geral – provocada pela aceleração do consumo e pela falta de matéria-prima.

Ali pelo meio do ano de 1986, mais ou menos na época que cheguei a Brasília, a carne de boi começou a faltar nos açougues. Por dois motivos. O primeiro foi que o Congelamento, somado aos efeitos do abono salarial sobre os salários, impulsionou a demanda. Quem antes comia frango, passou a comprar carne bovina. Quem antes comprava acém, passou a querer filé mignon.

Para agravar o desabastecimento, o boi em pé tornou-se aos olhos dos fazendeiros uma reserva de valor. Os pecuaristas, acusados de boicotar a luta contra a inflação, argumentavam que não tinham meios de cumprir o preço da tabela: não suportariam o prejuízo. Para não quebrar, preferiam devolver ao pasto o boi que estava pronto para o abate. A carne desapareceu e só era encontrada a preços muito superiores aos fixados pelo governo. A arroba do boi gordo, tabelada em Cz$215 (o equivalente a US$16,52), era vendida a Cz$350 (ou US$26,89) no mercado paralelo.

A falta de carne passou a ameaçar o prestígio do Cruzado e o governo resolveu agir. Lá pelo mês de outubro, a Polícia Federal visitou algumas fazendas de engorda para confiscar boi no pasto. Foi um fiasco. A boiada apreendida diante das câmeras de TV, um total de 2000 cabeças, não dava para um dia de abastecimento. Foi então que o governo tomou a decisão de punir os pecuaristas com uma dose de concorrência internacional. E mandou importar carne, manteiga e um monte de produtos que andavam em falta no comércio.

Para facilitar a distribuição, o governo decidiu que a carne entraria no Brasil por diferentes portos. De Rio Grande, no Rio Grande do Sul, a Belém, no Pará, cada terminal importante receberia navios frigoríficos com a mercadoria importada. As peças congeladas entrariam no Brasil por Paranaguá, Santos, Rio de Janeiro, Vitória, Salvador... enfim, pelos principais portos brasileiros. O plano parecia perfeito, mas houve um problema. As fronteiras do Brasil naquele momento só se abriam de dentro para fora, ou seja, no sentido das exportações. A estrutura física para receber uma importação de carne naquele volume era inexistente.

O problema mais evidente se deu no Recife. O calado do navio que chegou ao Recife com carne superava a profundidade do porto. Sem condições de atracar, o barco fundeou longe do cais e a carga foi transferida para embarcações menores, que a levaria para a terra firme. Aconteceu ali aquilo que se espera em qualquer operação marcada pelo improviso. Houve de tudo, até a queda de peças de carne na água do mar. Foi uma trapalhada que expôs com clareza a inadequação dos portos brasileiros para algo simples como deveria ser o desembarque de mercadorias vindas do exterior. Por que os portos do país só funcionavam bem para exportar e não tinham condições de importar? Por que eram tão inadequados?

Minha visão liberal do Estado começou a nascer ali, no rescaldo daquele episódio bizarro. Assim como acontecia com a carne, o mercado fechado expunha todas as cadeias produtivas de artigos de consumo a situações como aquela. O que mais chamou atenção, a meu ver, nem foi o estrago na imagem do governo. Foi a confirmação de que a opção do Estado por manter o país fechado, ao invés de proteger, havia corroído a eficiência do mercado.

Os sinais de que o Estado criado pelos militares havia se exaurido se revelavam com toda clareza naquele momento. O que se via no papel não correspondia à realidade e os portos eram apenas um exemplo da desordem geral. Cada vez ficaria mais evidente que as demandas da sociedade não recebiam as respostas adequadas por parte do Estado e de seus diversos braços. Por mais abrangentes que eles fossem.

CAMINHO ERRADO

A carne não era a única fraqueza do Plano Cruzado. A bem da verdade, todos os calcanhares daquela centopeia desengonçada eram vulneráveis e estavam expostos ao risco de receber flechadas disparadas pela realidade do mercado. A cobrança do ágio tornou-se prática comum no comércio. Além da carne de boi, ninguém conseguia comprar uma garrafa de cerveja, um tubo de detergente, um par de sandálias de borracha ou um carro zero quilômetro pagando o preço que, de acordo com o governo, aquele produto deveria custar. Num ano de Copa do Mundo, como foi 1986, quando os comerciantes normalmente lucram alto vendendo aparelhos de TV, o eletrodoméstico desapareceu das lojas.

O governo, claro, conhecia o problema. A questão foi que, ao se ver na encruzilhada, tomou a direção errada. Em junho de 1986 — ainda antes do desembarque atabalhoado da carne no porto do Recife —, Sarney havia convocado seus principais assessores econômicos para uma reunião nas instalações da Vale do Rio Doce, na Serra de Carajás, no Pará. Naquele momento, já estava evidente que a pressão sobre os preços era forte e as dificuldades de abastecimento exigiam a flexibilização urgente das regras do congelamento.

Mas de olho nas eleições daquele ano, que escolheriam os novos governadores e os parlamentares que escreveriam a nova Constituição, Sarney e o PMDB

A RESISTÊNCIA DO ESTADO GASTADOR

decidiram deixar o plano como estava. O congelamento dos preços, além de mantido, foi defendido pelo deputado Ulysses Guimarães com uma frase categórica: "quem fala em descongelamento é traidor da pátria".

O erro custou caro ao país e à equipe econômica. Mas garantiu um dos resultados mais folgados da história de todas as eleições disputadas no Brasil em condições democráticas. Dos 23 governadores eleitos, 22 eram do PMDB. Na Câmara, 260 dos 487 deputados eleitos, ou 53% do total, eram filiados ao partido. Dos 81 senadores que também fariam parte da Constituinte (entre os dois terços eleitos naquele ano e o terço que vinha do mandato anterior) nada menos que 50 eram peemedebistas. A vitória acachapante foi atribuída ao Cruzado e às medidas adotadas para manter o plano respirando com a ajuda de aparelhos. Um plano que, era mais do que evidente, já não conseguia se manter de pé e que recebeu a extrema-unção tão logo os votos de 1986 foram apurados.

As fraturas, de qualquer forma, ficaram. O episódio do desembarque da carne no porto do Recife foi apenas uma amostra dos problemas que cercavam a economia. Com o país fechado aos artigos estrangeiros, como era o Brasil do Cruzado, os consumidores eram reféns dos produtores nacionais – que deitavam e rolavam num ambiente viciado pela falta de concorrência e pelo hábito histórico do governo de desprezar as leis do mercado e controlar todos os preços.

HIPOCRISIA

Outras decisões tomadas naquele momento expuseram não só o tamanho dos problemas que cercavam o Estado brasileiro como também revelaram a habilidade daquele Leviatã para cooptar as pessoas que dele se aproximavam. Um dos exemplos mais evidentes desse poder de atração pode ser encontrado no Programa de Saneamento do Sistema Siderbras – uma anomalia que custou bilhões de dólares a um governo que não tinha de onde tirar dinheiro para arcar com as responsabilidades mais banais.

Quando Sarney assumiu, as siderúrgicas estatais viviam uma situação de penúria. Havia um rombo enorme, aberto ao longo de anos de controle do preço do produto. Para o Estado brasileiro continuar se dando ao luxo de produzir aço plano, o Tesouro precisava injetar quantias cada vez mais vultosas nas siderúrgicas. Com o aval do Tesouro Nacional, a Siderbras acumularia, até o final do governo Sarney, uma dívida considerável. Eram US$7,7 bilhões, distribuídos por 950 contratos com 90 bancos diferentes[2].

---

2 Este e os demais números da Siderbras foram extraídos do relatório elaborado pelo Grupo de Trabalho de Siderurgia da equipe de transição de Fernando Collor, apresentado em 31.01.1990 (arquivo do autor).

Essa dívida vultosa exigia uma solução, e a equipe econômica, claro, teve que buscá-la. Os economistas que se sentaram ao redor da mesa para tratar do assunto, no final das contas, não propuseram vender as empresas para livrar o Estado da carga. Também não houve nenhuma proposta de tornar as empresas mais eficientes. Àquela altura já se sabia que as siderúrgicas estatais mantinham sedes luxuosas distantes dos centros de produção, tinham muito mais empregados do que precisavam e davam a eles vantagens gordas e desproporcionais aos resultados pífios que geravam.

Além dessas distorções típicas da economia estatal em qualquer país do mundo, a siderurgia nacional ainda sofria com distorções 100% brasileiras. O tabelamento fazia com que a tonelada de aço fosse vendida pelo mesmo preço de Porto Alegre a Manaus. Como as distâncias e as condições de transporte para cada lugar são diferentes, havia um fundo para equalização do frete. Parte do valor que um cliente de São Paulo pagava pelo aço produzido a 300 quilômetros dali pela CSN em Volta Redonda era utilizado para subsidiar o transporte do aço que seria entregue em Fortaleza, a cerca de 2.600 km da usina.

Pior: as empresas responsáveis pelo transporte do aço não podiam ser simplesmente escolhidas no mercado entre as mais eficientes e que oferecessem os melhores preços. Apenas um pequeno grupo de transportadoras credenciadas podia prestar o serviço. Elas ganhavam um dinheirão apenas com o modelo utilizado pelo governo para equalizar o preço do frete. A maior dessas empresas era o Grupo Intra, que tinha sede em Curitiba, no Paraná.[3]

ATRAVESSADORES

As distorções não paravam aí. O modelo que vigorava no Brasil mantinha uma estrutura intermediária entre as usinas e o consumidor final. Em qualquer país do mundo seria normal que uma siderúrgica do porte da Usiminas vendesse aço diretamente a um grande cliente, como a Fiat. Ou que um executivo da Cosipa se sentasse para negociar seu produto diretamente com um comprador da Volkswagen. No tempo da siderurgia estatal não era assim que funcionava. As siderúrgicas eram obrigadas a entregar seu aço à Rio Negro, à Brasif, à Macife, à Fasal ou a alguma outra das grandes distribuidoras que havia no país. A empresa, que detinha uma quantidade de cotas do produto, o repassava para as montadoras, para os produtores de eletrodomésticos, para as empresas de construção civil ou qualquer outro cliente que precisasse do aço para trabalhar. Quanto mais poderosa (ou próxima do governo) era a distribuidora, mais cotas ela detinha e mais dinheiro ganhava sem precisar fazer nada.

---

3 Jornal de Brasília, 21.08.1990. Pacote inclui transporte do aço.

Ninguém sabia explicar como as distribuidoras se credenciaram para negociar o aço das siderúrgicas estatais. Ninguém era capaz de apontar quem abriu para elas a porta da mamata, nem de dizer se pagaram algum tipo de pedágio em troca do acesso a um mercado milionário e praticamente livre de riscos. E mais, num país em que as estatais tinham subsidiárias para tudo, as Siderúrgicas eram simplesmente proibidas de ter suas próprias distribuidoras. Toda a comercialização estava nas mãos desse grupo de amigos do rei que, no final das contas, tinham muito mais poder sobre o mercado do que as próprias empresas produtoras.

As deficiências desse modelo, que ganhou seu desenho final a partir da criação da Siderbras, em 17 de setembro de 1973, no apagar das luzes do governo Médici, eram evidentes. Os problemas da Açominas, da Cosipa, CSN, da CST e da Usiminas, as cinco empresas que estavam penduradas no sistema Siderbras em 1986, jamais se resolveriam sem a quebra daquele esquema. Mas o que fez a equipe do Ministério da Fazenda diante deles?

O MESMO DESENHO E OS MESMOS MÉTODOS

É melhor começar dizendo o que não foi feito. Ninguém teve a ideia de chamar os japoneses da Nippon Steel, que eram sócios da Usiminas, e perguntar se eles não se interessavam em assumir o controle da empresa em troca do valor que alegavam ter para receber da companhia. Ninguém falou em vender a CSN ou fechar a Cosipa — uma das responsáveis pela poluição no litoral paulista. Em lugar de privatizar ou até mesmo de propor medidas que as tornassem mais leves, o que se fez foi injetar nas empresas os recursos que, naquele momento, faltavam para todo o resto. E mais: ao invés de cada empresa se responsabilizar pelo valor que o Tesouro injetaria em sua recuperação, a conta caiu no colo da Siderbras. O governo foi ao mercado e lançou títulos garantidos pelo tesouro. Com o que apurou, zerou as dívidas das empresas. Simples assim.

O mesmo aconteceu com a Eletrobras, outra estatal beneficiada com o lançamento de títulos públicos para cobrir sua ineficiência. O Programa de Saneamento tinha como objetivo livrar as empresas das dívidas vencidas e capitalizá-las para permitir a execução das obras que faltavam para atualizar sua linha de produção. Mesmo tendo consumido ao longo do governo Sarney um total de US$11,2 bilhões, apenas três das cinco siderúrgicas do governo foram socorridas pelos investimentos. Nenhuma dessas três, que são a Cosipa, a CSN e a Usiminas, completou os planos de expansão previstos no Programa.

Por maior que fosse, a dinheirama não foi suficiente para atender a Açominas e a CST. As empresas continuaram como produtoras de tarugos e de placas de aço, ou seja, de produtos semiacabados e menos nobres na cadeia siderúrgica.

No caso específico da Açominas, o laminador que daria à empresa condição de produzir produtos mais sofisticados, pelos quais poderia obter um preço melhor no mercado, ficou anos encaixotado e encostado num canto do terreno. Mas o dinheiro que bancaria a montagem do equipamento nunca apareceu. Ou, pelo menos, não apareceu enquanto durou aquele modelo.

Essa era a cabeça do Leviatã. O monstro engordou na época dos militares e não fez qualquer dieta com a chegada dos civis ao poder. A bem da verdade, o fim da ditadura em nada alterou a visão geral sobre a presença do Estado na economia. Um texto elaborado pela bancada de deputados do PMDB como subsídio ao que teria sido o governo Tancredo Neves trazia a visão do partido que assumiria o governo com a eleição de Tancredo Neves sobre as empresas públicas brasileiras. Logo no início, havia um esclarecimento estatístico que não deixava dúvidas em relação às posições do grupo. O estudo foi coordenado pelo deputado baiano Genebaldo Corrêa e foi produzido pelos economistas Rômulo Almeida, Edson Pitta Lima, Henri Philippe Reichstul e Sílvio Farias.

Segundo os autores, o número de 422 empresas classificadas como estatais no Brasil era propositadamente inflado com "propósito deliberado de denunciar um elevado grau de estatização da economia brasileira". Segundo a SEST, o Brasil tinha, no final de 1984, um total de 422. Dessas, "apenas" 234 eram empresas do setor produtivo. As outras eram fundações, autarquias, concessionárias e sociedades civis limitadas. Ou seja, "entidades típicas de governo", bancos oficiais e organizações do sistema de Previdência Social.

Na opinião dos parlamentares e dos economistas que elaboraram o estudo e estavam a um passo de passar para o lado de dentro da máquina pública, o principal problema das empresas oficiais era a falta de controle "do Congresso Nacional, do TCU e da própria sociedade" sobre elas. O texto também fazia ao futuro presidente uma série de sugestões sobre a melhor maneira de lidar com as estatais. A primeira seria democratizar a gestão com a participação de "representantes dos trabalhadores e até dos consumidores" na direção da companhia. O documento falava, em seguida, em tornar mais rigorosos os mecanismos de controle sobre elas. Falava também em dar plena divulgação aos números das companhias e em elaborar um estatuto destinado a definir o campo de atuação das estatais.

Só então, e num modestíssimo quinto lugar na lista de providências sugeridas, surgia a recomendação de prosseguir com o "esforço de desestatização" iniciado no governo Figueiredo — de modo que a União se desfizesse da participação em "empresas cuja atividade é própria da empresa privada[4]. O substantivo privatização não aparece uma única vez ao longo das oito páginas do texto.

---

4 PMDB — Assessoria Parlamentar. Contribuição ao governo do presidente Tancredo Neves. Pág. 285 a 292.

A RESISTÊNCIA DO ESTADO GASTADOR **101**

Isso não chega a surpreender. Nada tinha sido pensado para ocupar o lugar do Estado moldado pela ditadura. Tudo se limitava a instalar no Planalto um presidente de terno e gravata no lugar do outro, habituado a usar quepe e farda. O máximo que se sugeriu foi a recauchutagem daquilo que já existia. Ou seja, um modelo que se limitava a ocupar a máquina e que, na hora de ser posto para funcionar, continuaria de costas para os interesses do cidadão.

Isso fica claríssimo no caso das siderúrgicas. Pela ótica das empresas, de seus empregados e de seus fornecedores, fazia todo sentido o governo abrir o cofre para tentar salvá-las e manter tudo exatamente como estava. Pela ótica do cidadão, no entanto, não fazia o menor sentido ver seu imposto ser usado para enriquecer os distribuidores ou para cobrir prejuízos de empresas que não mediam esforços para beneficiar seus funcionários e os fornecedores amigos. Esse era o xis da questão. O Estado sob o governo civil manteve não apenas o desenho, mas também os métodos da época da ditadura. Tornou-se menos truculento, é fato, mas continuou cometendo a violência de gastar o que não tinha e empurrar a conta para o cidadão.

A CRISE DA DÍVIDA E A FALÊNCIA DO MODELO

Os problemas não estavam apenas na banda estatal da economia. A verdade é que, naquela época, o controle dos custos de produção não era um hábito consagrado entre as companhias brasileiras. Bastava deixar o barco correr solto e, na sequência, pressionar o CIP, que era a repartição encarregada de controlar os preços, por um reajuste na tabela. Bastava conseguir a autorização para um aumento de preços para que os custos fossem cobertos. Não foi o congelamento do Cruzado que inventou a tabela da SUNAB. Ele apenas jogou luz sobre a ineficiência daquele modelo e expôs a incapacidade federal de fazer cumprir o controle que ele mesmo impunha.

Havia, além dos problemas internos diretamente relacionados com a administração do Plano, um ambiente internacional hostil ao Brasil. E, nesse caso, não se pode dizer que os problemas tenham nascido com a Nova República — mas apenas que se tornaram mais graves com ela. Desde 1982, quando o México decretou sua moratória e os bancos internacionais endureceram o jogo com os países devedores da América Latina, a dívida externa brasileira fugiu de qualquer controle. Ficaram famosas, durante boa parte do governo Figueiredo, as missões do Fundo Monetário Internacional comandadas pela economista chilena Ana Maria Jul. O governo chegou a assinar 11 Cartas de Intenção com metas de gastos públicos e promessas de rigor orçamentário. Nada foi cumprido.

A equipe chefiada pelo ministro Antônio Delfim Netto bem que tentou, ainda no ciclo militar, promover ajustes para tentar conter a inflação. Houve um esforço para segurar a instabilidade pela contenção dos salários, pela manipulação dos índices oficiais de preços e por uma série de medidas na mesma linha. Mas quando o ministro falou em apertar as estatais e reduzir o acesso que essas empresas tinham aos recursos do Tesouro, a reação foi violenta. E quem respondeu com mais vigor às propostas de ajuste foram justamente os políticos que, dali a pouco, chegariam ao poder com a Nova República. Que contou, é claro, com o apoio de uma onda de protestos: "O povo está a fim da cabeça do Delfim", era o grito que se ouvia nas manifestações que ganharam as ruas naquele momento.

Além do FMI, o país ainda precisava se entender com os bancos privados internacionais e com o Clube de Paris, que defendia o interesse dos governos estrangeiros que haviam concedido empréstimos diretos ao governo brasileiro. O problema é que o Brasil daquela época não tinha dinheiro suficiente para pagar aquela conta e a responsabilidade pela negociação acabaria caindo nas mãos de Dílson Funaro.

CAPÍTULO 6

A CONSTITUIÇÃO
E O LOTEAMENTO DO ESTADO

Com o tempo, me tornei bem mais próximo de Dílson Funaro do que era quando cheguei ao ministério. E pude acompanhar o surgimento dos primeiros sinais de desânimo que logo tomaram conta do rosto do ministro e de seus auxiliares mais próximos. Eles tentavam de todas as maneiras encontrar saídas para o problema das contas internacionais até que, no dia 20 de fevereiro de 1987, uma semana antes do primeiro aniversário do Cruzado (que àquela altura já fazia água por todos os lados) o governo anunciou outra medida barulhenta e arriscada. Decretou a moratória unilateral da dívida externa.

Funaro, inicialmente, era contrário à medida. Mas alguns auxiliares de Sarney, sobretudo Paulo Nogueira Batista Jr., Secretário Especial de Assuntos Econômicos da Secretaria de Planejamento, fizeram pressão e convenceram o presidente de que essa era a melhor escolha. Quando a medida foi finalmente tomada, coube mais uma vez a Funaro pôr a cabeça para fora e defender a posição do governo.

A verdade é que, naquele momento e com apoio da equipe econômica, o governo vinha renunciando aos fundamentos técnicos e gerenciais em nome da conveniência política. A razão real para o rompimento com os credores internacionais, uma decisão extrema, não foi política: foi motivada pela penúria das reservas cambiais. O governo devia, não negava — mas não tinha de onde tirar o dinheiro para pagar os juros. Os recursos eram insuficientes para cobrir um mês de importações. Em busca da popularidade perdida, Sarney recorreu à moratória, palavra de ordem frequente na boca da esquerda, e procurou dourá-la como um ato de afirmação da soberania nacional. "Não podemos pagar a dívida com a fome do povo", disse Sarney diante do Conselho de Segurança Nacional, num discurso transmitido em cadeia nacional de rádio e televisão.

Ficava cada vez mais evidente que Funaro não suportaria à pressão que se agigantava diante dele. Principalmente depois que os principais governadores eleitos em 1986 — eleições vencidas de cabo a rabo pelo PMDB graças ao prestígio do Plano Cruzado — abriram carga contra o ministro. Foi um ataque em massa, repleto de golpes baixos. Orestes Quércia, de São Paulo, Wellington

Moreira Franco, do Rio de Janeiro, e Newton Cardoso, de Minas Gerais não faziam a menor questão de esconder o desejo de ver Funaro pelas costas. E jogavam sobre o ministro a culpa pela escassez de recursos para seus estados.

Na visão da *troika*, o importante não era organizar as contas do Estado. O importante era afastar Funaro, cuja sovinice, segundo eles, impedia que o dinheiro chegasse a seus estados. E começaram a exigir do governo a cabeça do ministro da Fazenda. Nem precisaram exigir muito para que Sarney a entregasse.

O POLÍTICO DILSON FUNARO

No dia 29 de abril de 1987 Dílson Funaro se deu conta de que sua situação se tornara insustentável. Ele foi informado de que, depois de expô-lo ao desgaste de chamar os bancos internacionais para a briga, no calor da decretação da moratória, José Sarney havia confiado ao embaixador do Brasil em Washington, Marcilio Marques Moreira, a missão de conversar com os credores sobre a dívida externa.

Funaro não foi consultado sobre o nome do negociador e, se tivesse sido, não teria concordado. Na visão dele e de sua equipe, Moreira era extremamente ligado aos bancos para fazer uma defesa eficiente dos interesses do Brasil. Como Sarney conhecia a opinião do ministro sobre o embaixador, Funaro tomou a atitude como uma ofensa pessoal. E pediu demissão. O presidente aceitou prontamente.

Terminou ali a passagem de Funaro pelo governo. Terminou, também, minha primeira experiência na capital federal. Embora tenha sido convidado pelo novo ministro da Fazenda, Luís Carlos Bresser Pereira, para permanecer em Brasília fazendo o que fazia, preferi voltar para São Paulo. Não foi uma decisão política. Para mim, não haveria problema algum seguir no meu trabalho, agora sob o comando de Bresser — outro nome que foi imposto a Sarney pelo deputado Ulysses Guimarães.

Eu apenas queria voltar para minha cidade e me dedicar à carreira de advogado. O militante com simpatias pela esquerda que eu havia sido até minha ida para Brasília ficou para trás. Quando eu voltei para São Paulo, já estava convicto de que a solução para o Brasil era o fortalecimento do mercado e o afastamento do governo da economia. Menos de um ano de convivência com a máquina do Estado e sua lógica de funcionamento foram suficientes para me transformar num liberal.

Comecei a trilhar ali um caminho profissional que, mesmo distante do governo, me manteria em contato estreito com os temas importantes do país. De todos os nomes que passaram pelo governo Sarney e saíram por discordar das decisões tomadas pelo Planalto, Funaro talvez tenha sido o único que nunca abriu a boca em público para criticar o governo. Mas ficou realmente magoado com o que considerou uma traição do presidente. Creio que, na verdade, ele

A CONSTITUIÇÃO E O LOTEAMENTO DO ESTADO   **105**

nem sabia exatamente o rumo que daria à sua vida dali por diante. Funaro não tinha, ou pelo menos não dava a impressão de ter, noção do próprio prestígio.

Poucos meses depois de minha volta para São Paulo, fui convidado pelo ex-ministro para assessorá-lo no escritório que instalou numa sala do Edifício Dacon, na esquina da Avenida Cidade Jardim com a Brigadeiro Faria Lima, em São Paulo. A estrutura de trabalho era mínima — ele, eu e uma secretária encarregada de organizar a agenda e de atender o telefone. A ideia inicial do ex-ministro era fazer dali um escritório de negócios. Mas as circunstâncias falaram mais alto e o lugar foi se transformando cada vez mais num *bureau* político.

Não demorou para que o endereço e o número de telefone do lugar se tornassem conhecidos pelo país afora. Os convites para palestras, para congressos, para encontros com empresários e para eventos políticos chegavam a todo instante. Eles vinham de todos os lados e, na maioria das vezes, partiam de pessoas e de entidades interessadas em ouvir a opinião de Dílson Funaro sobre a Constituinte que entrava em sua fase decisiva naquele momento.

VOLTA REDONDA

A Carta de 1988, batizada pelo deputado Ulysses Guimarães de "Constituição Cidadã", contém todos defeitos típicos do período em que foi escrita — e se não fossem os sinais de alerta que partiram de observadores externos, entre os quais estava Funaro, poderia ter ficado ainda pior. O texto não foi feito para orientar as ações do Brasil no futuro, mas para acertar as contas com o passado.

O Brasil estava saindo de uma ditadura e a principal preocupação dos constituintes foi garantir os direitos usurpados durante o regime militar. A preocupação com as liberdades individuais e com os direitos fundamentais dos cidadãos percorre o texto de cima a baixo. Também estão presentes no texto interesses corporativistas que, seguramente, não deveriam estar ali. No mais, perdeu-se naquele momento uma oportunidade e tanto de se corrigir distorções que o Estado brasileiro desenvolveu por ação dos mesmíssimos militares que perseguiam seus adversários depois de 1964. A Constituinte simplesmente se esquivou de fazer uma Reforma do Estado.

O arcabouço jurídico criado durante o período militar foi mantido praticamente intacto. O Decreto-Lei 200, que dava corpo à estrutura do Estado, e outras leis importantes relacionadas às empresas do governo, foram recepcionadas pela nova Carta. Não se preocupou em construir um Estado capaz de responder as demandas que brotavam de uma sociedade cada vez mais complexa, organizada e atenta ao que se passava no mundo.

Aquele foi um ano especialmente rico em acontecimentos que entraram para a história. Antes e depois da promulgação da Constituinte, no Brasil e no exterior, havia sinais de que o mundo estava mudando. Um plebiscito realizado no Chile negou ao general Augusto Pinochet a possibilidade de mais um mandato no comando do país. O candidato republicano George Bush derrotou o democrata Michael Dukakis na disputa pela presidência dos Estados Unidos, com a promessa de dar sequência à política liberalizante de Ronald Reagan. No Brasil, o ano também foi marcante, para o bem e para o mal.

Foi também em 1988, cerca de um mês depois da promulgação da "Constituição Cidadã", que aconteceu o episódio que se tornou conhecido como o Massacre de Volta Redonda. No dia 9 de novembro, tropas do Exército, apoiadas por carros de combate e outros aparatos, foram utilizadas para reprimir uma greve de metalúrgicos na CSN. No final, três operários morreram e a repercussão daquele acontecimento foi apontada como uma das responsáveis pela vitória da candidata do PT à prefeitura de São Paulo, Luiza Erundina. Ao elevar o tom contra a ação do governo na reta final da campanha, Erundina se apoiou na revolta contra as mortes dos operários para conseguir a simpatia dos eleitores.

A FALTA DE CRITÉRIO NA DEFINIÇÃO DA SEGURIDADE

A partir da promulgação da Constituição de 1988, o país começou a testar os limites de um texto mais preocupado em assegurar direitos e privilégios do que disciplinar o ambiente social e econômico. Os parlamentares escreveram o texto constitucional sitiados por grupos de pressão que elevavam o tom para exigir a ampliação dos direitos dos funcionários públicos e, ao mesmo tempo, reivindicar a manutenção de privilégios anacrônicos dos ruralistas. Setores industriais protegidos por reservas de mercado e por uma série de dispositivos nacionalistas continuaram resguardados pela lei. Em resumo, os constituintes produziram um texto corporativista, estatizante e nacionalista – naquilo que o nacionalismo pode ter de mais protecionista e atrasado.

Os artigos 194 e 195, que tratam da Seguridade Social e garantem "os direitos relativos à saúde, à previdência e à assistência social" são um exemplo dos defeitos da Carta. A impressão que se tem é a de que os constituintes sonharam em transformar a fantasia em realidade ao distribuir direitos sem definir de onde sairiam os recursos que os garantiriam. O artigo 194, por exemplo, determina o cumprimento pelo poder público de vários objetivos de seguridade social, entre os quais se inclui a "uniformidade e equivalência dos benefícios e serviços às populações urbanas e rurais"[1].

---

[1] Constituição da República Federativa do Brasil, art. 194, Parágrafo único, item II.

A CONSTITUIÇÃO E O LOTEAMENTO DO ESTADO

Ou seja: ao invés de criar um regime específico para os trabalhadores rurais, com uma fonte identificável de recursos, o constituinte, num estalar de dedos, puxou para dentro de um sistema dimensionado para abrigar os trabalhadores urbanos, milhões de pessoas que não contribuíram com um tostão furado para cobrir as despesas. Ninguém está dizendo que eles deveriam ficar de fora. Apenas que a inclusão teria que ser feita com critérios mais bem explicados. A única preocupação foi a de empurrar a conta para o contribuinte. O artigo 195 diz que "a seguridade social será financiada por toda a sociedade, de forma direta e indireta, nos termos da lei, mediante recursos provenientes dos orçamentos da União, dos Estados e dos Municípios"[2].

Criou-se ali uma situação que até hoje permite que alguns interessados argumentem que no Brasil não existe deficit previdenciário. Qualquer diferença entre aquilo que se arrecada em contribuições e aquilo que gasta com as aposentadorias e pensões é obrigatoriamente coberto pelo Tesouro. Não existindo falta de dinheiro para cobrir o rombo não se pode falar em deficit, correto? Parece elementar, mas não é. O problema é que esse é apenas um dos dispositivos constitucionais que se preocupam em assegurar o benefício sem levar em conta a capacidade de pagamento do Estado.

A farra foi geral. A Constituição, além de garantir a estabilidade do Funcionário Público a partir de dois anos de serviço (estendidos para três anos pela Emenda Constitucional 19, de 1998), pôs para dentro, sem necessidade de concurso, uma multidão de funcionários que ingressaram na carreira pública por favorecimento político em todos os trens da alegria que houve desde o tempo da ditadura até o governo Sarney. Foi o que determinou o artigo 19 das Disposições Transitórias do texto.

Os absurdos foram ainda além desse ponto. Alguns deles, felizmente, acabaram extirpados por emendas aprovadas nos anos seguintes. O texto original fazia, por exemplo, uma distinção xenófoba entre as empresas de capital nacional e as de capital estrangeiro. A diferença de tratamento era tão acintosa que, na prática, inibia a atração de investimentos do exterior. É impossível estimar os estragos que o artigo 171 da Constituição causou à economia enquanto manteve a redação original, o que perdurou até 1995. O texto também fixava um teto de 12% ao ano para a taxa real de juros cobrada no Brasil[3]. Foi eliminado por absoluta ineficácia. Nos 15 anos que permaneceu em vigor, nunca foi respeitado pelos bancos públicos ou privados – que, da mesma forma, jamais sofreram qualquer sanção por descumprir esse preceito constitucional.

---

2 Constituição da República Federativa do Brasil, art. 195.

3 Constituição da República Federativa do Brasil, art. 192, item VIII, parágrafo 3º.

Outros pontos que também não deveriam ter entrado no texto resistem. A carta determinou que a União, os Estados e os Municípios promovessem e incentivassem o turismo (artigo 180) – algo que todos eles sempre fizeram sem que ninguém precisasse mandar. É mais ou menos o mesmo que obrigar os donos de barracas nas feiras livres a gritar para apregoar suas mercadorias. Também merece ser mencionado o artigo 177, que manteve o monopólio estatal para a exploração, o refino e o transporte marítimo do petróleo. Mesmo atenuado em alguns pontos, continuou causando prejuízos para o país pelos anos seguintes.

O MODELO NACIONAL-ESTATIZANTE

O texto constitucional, no que diz respeito à lógica econômica, era e continua sendo um fomentador do atraso. "Elencam-se 34 direitos para o trabalhador e nenhum dever. Nem sequer o dever de trabalhar, pois é praticamente irrestrito o direito de greve, mesmo nos serviços públicos. Obviamente, ninguém teve a coragem de incluir entre os 'direitos fundamentais' o direito do empresário de administrar livremente sua empresa"[4], observou o embaixador Roberto de Oliveira Campos, que participou da Constituinte como senador pelo Mato Grosso. "A cultura antiempresarial de que se impregnou na nossa Constituição em breve fará do Brasil o país ideal onde não se investir"[5].

Campos fazia aquelas afirmações sem demonstrar espanto, com o ar de quem conhecia os hábitos de um Estado que considerava legítimo prometer favores sem saber de onde sairia o dinheiro que os bancaria. O pior de tudo é que, na visão de muita gente, aquilo que Campos e meia dúzia de liberais enxergavam atraso era aplaudido pela maioria que não parava para fazer contas como um grande avanço. O velho senador se irritava com o fato de que, no Brasil, os defensores do modelo "nacional-estatizante" mais retrógrado eram justamente os que "se autointitulavam progressistas".

Mas essa era e continuaria sendo a visão dominante. Tanto assim que o mais conhecido modelo de avaliação de desempenho na Constituinte, conduzido pelo DIAP, dava nota aos parlamentares de acordo com seus votos em temas classificados como "de interesse dos trabalhadores". Ele consta de um livro chamado Quem Foi Quem na Constituinte. Teve grande repercussão na época do lançamento e era uma espécie de bíblia consultada por todos que pretendiam checar se o parlamentar estava do lado dos trabalhadores ou dos patrões.

---

4 CAMPOS, Roberto. Lanterna de Popa, pág. 1205.

5 CAMPOS, Roberto. Lanterna de Popa, pág. 1206.

FUNARO PARA PRESIDENTE

Com todos defeitos, aquela era a nova Constituição do Brasil e era com ela que o futuro presidente, que seria eleito no ano seguinte, teria que governar. E, sendo assim, logo que a "Constituição Cidadã" foi promulgada, começou a ganhar espaço na imprensa o debate em torno da eleição presidencial prevista para 1989. Nunca é demais lembrar que aquela seria a primeira escolha direta de um Presidente da República que se faria desde 1960, quando Jânio Quadros chegou ao Planalto pelo voto popular.

Funaro, no início, era chamado para opinar sobre o assunto. Mas, a partir de algum momento no final de 1987, o ex-ministro deixou de ser cortejado apenas pelos que desejavam sua opinião. Mais do que isso, o nome dele passou a ser citado com certa insistência como um candidato viável à Presidência. E um dos nomes cogitados para figurar na chapa como seu vice era o do governador de Alagoas, Fernando Collor de Mello.

A equipe de Funaro era e continuou reduzidíssima até o final. Assim, tomei para mim, auxiliado pela secretária Vera, a tarefa de ler e triar a correspondência que chegava em quantidade cada vez maior ao escritório do Edifício Dacon. A maioria eram cartas de felicitações e de agradecimento ao Ministro que, a despeito do fracasso do plano que conduziu, nunca teve sua sinceridade nem sua seriedade postas em dúvida. Com o tempo, e eu tive participação nisso, Dílson se convenceu a aceitar alguns convites para palestras e eventos fora de São Paulo.

Fomos ao Rio de Janeiro, a Curitiba, a Porto Alegre, a uma série de cidades. Me lembro especialmente de um encontro em Belo Horizonte em que, logo na chegada, Funaro reconheceu, entre as pessoas que foram recebê-lo no aeroporto da Pampulha, seu ex-secretário-geral João Batista de Abreu. Ele havia se transferido para Belo Horizonte e assumido a presidência do Banco de Desenvolvimento do Estado. O saguão acanhado do aeroporto estava repleto e na medida em que as pessoas reconheciam Funaro se aproximavam para aplaudi-lo e desejar boa sorte. Assim, foi sendo costurado em torno do ex-ministro o figurino de candidato — e o modelo, com o tempo, foi ficando cada vez mais bem ajustado. Mas no instante em que Funaro, a princípio resistente, passou a admitir a ideia de disputar a cadeira no Planalto, o pior aconteceu. O câncer que ele havia curado seis anos antes ressurgiu com força no final de 1988.

Otimista como era, Funaro consultou médicos nos Estados Unidos e voltou ao Brasil com os remédios de um tratamento experimental. A terapia foi bem-sucedida na luta contra o câncer. A doença regrediu, mas os efeitos colaterais foram terríveis. Com a imunidade reduzida, Funaro contraiu uma infecção pulmonar e precisou se internar no Hospital Oswaldo Cruz, em São Paulo. Não se recuperou.

Estive ao lado dele até o fim. Quando Funaro morreu, no dia 12 de abril de 1989, eu estava no hospital ao lado da família. Belluzzo, João Manoel, Müller e outros amigos logo chegaram para velar o amigo. Fui eu quem levei aos jornalistas que, naqueles dias, davam plantão em frente ao hospital, a notícia de que o ex-ministro havia morrido. Quando isso aconteceu, o debate em torno das eleições presidenciais já estava nas ruas. E o nome de Fernando Collor de Mello, antes mencionado apenas como o vice que uma série de candidatos queria, começou a despontar como favorito.

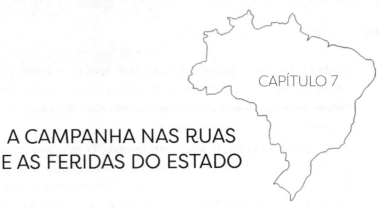

CAPÍTULO 7

A CAMPANHA NAS RUAS E AS FERIDAS DO ESTADO

O estado de saúde de Dílson Funaro ainda não tinha chegado ao ponto de maior gravidade quando, a convite de Roberto Müller Filho, deixei o escritório e fui trabalhar na *Gazeta Mercantil*. Depois da experiência como Chefe de Gabinete do Ministério da Fazenda, Müller assumira a vice-presidência de um dos grupos de comunicação mais influentes da época. No novo posto, ele procurou se cercar de pessoas de sua confiança para tocar o seu projeto. E me chamou para trabalhar com ele. Levei o assunto a Funaro, que me estimulou a aceitar. Mais do que um emprego, o que Müller me ofereceu foi uma oportunidade de manter contato com as pessoas mais influentes do país.

Certa noite, durante um jantar no restaurante Padock, no centro de São Paulo, comentei com Müller que os artigos publicados na seção de Opinião da *Gazeta* não refletiam a notoriedade dos leitores do jornal. Era a mais pura verdade. O diário tinha um Conselho Editorial formado pelos maiores empresários do Brasil e trazia em seu noticiário reportagens com os principais economistas e com os executivos mais destacados das empresas. Os artigos publicados, no entanto, não refletiam essa importância. Eram textos técnicos assinados por contadores, auditores e advogados de menor expressão, que raramente se dedicavam ao debate das grandes questões nacionais.

Do jantar também participavam os jornalistas Sidnei Basile e Matias Molina, responsáveis pela redação do jornal. O comentário foi despretensioso, sem qualquer intenção de disputar espaço com os responsáveis pela página. Minha intenção foi apenas sugerir que o jornal tivesse um olhar mais ambicioso sobre uma seção que era relevante e bem tratada em outras publicações. Pela reação de Müller, percebi que o comentário não foi tomado como crítica, mas como a solução para um problema que já vinha sido identificado pela casa.

"Então, a partir de agora, você será o editor de Opinião", disse ele. Basile e Molina aprovaram a indicação. O resultado foi que saí daquela mesa com a missão de dar relevância à seção de opinião do jornal. Caberia a mim encomendar e receber as sugestões dos empresários e economistas do primeiro time que quisessem se manifestar. Também teria que escolher, entre as dezenas de colaborações que o jornal recebia todos os dias, aquelas que mereciam espaço em suas páginas. Também estava sob minha responsabilidade e do jornalista Alexandre Gambirasio redigir, sob orientação dos acionistas, os editoriais que expressavam a opinião da *Gazeta*.

O trabalho exigia, fundamentalmente, bom senso para escolher os textos mais adequados ao momento que o país vivia. Exigia também uma agenda telefônica atualizada, trânsito entre empresários e políticos e muita paciência para ouvir opiniões nem sempre coincidentes com as minhas. Mesmo com o ritmo intenso do trabalho na Gazeta, não deixei de atuar como advogado nem deixei de prestar consultoria à Fundap, um órgão do governo de São Paulo especializado em administração pública.

O trabalho que desenvolvi ali se mostraria muito útil pouco mais de um ano depois, quando eu assumisse a Secretaria da Administração Federal. Eu estava envolvido pelo ritmo do trabalho num jornal diário, como era o caso da *Gazeta*, e com a oportunidade de estar diante de pessoas com quem eu tinha muito a aprender. E não pretendia mudar a direção da minha vida no dia em que Zélia Cardoso de Mello me fez o convite para participar de uma reunião com o governador de Alagoas, Fernando Collor de Mello, no sábado seguinte.

A VEZ DO "CAÇADOR DE MARAJÁS"

Collor era apenas um entre os 22 governadores peemedebistas que tomaram posse no dia 15 de março de 1987 — na leva do batalhão eleito às custas do Plano Cruzado. Governava um dos menores e mais pobres estados da federação e dificilmente conquistaria alguma projeção nacional se não tivesse dado início logo nos primeiros dias de governo a uma campanha contra os funcionários públicos que recebiam salários exorbitantes, a quem chamava de "Marajás". De fato, era um escândalo nacional, mas Collor foi o único que tentou acabar com aquela farra.

Mesmo com todas as dificuldades financeiras e com a precariedade dos serviços públicos, que havia em Alagoas um grupo de funcionários que acumulavam vantagens que, apesar de apoiadas em leis, eram indecentes. À custa de artifícios legais criados pelos próprios interessados, os salários dessa turma alcançavam valores distantes da realidade. Collor comprou a briga. Baixou uma lei que estabelecia para os contracheques do funcionalismo estadual um limite que, em alguns casos, podava mais de dois terços dos vencimentos dos "marajás". Do anonimato para a fama foi um pulo. Já no dia 2 de abril de 1987, menos de três semanas depois de sua posse, a maior emissora de TV do país pôs no ar uma edição do programa *Globo Repórter* em que eram expostas as distorções salariais em Alagoas. Nas semanas seguintes, Collor estava nas manchetes dos principais jornais e nas capas das principais revistas do país.

A CAMPANHA NAS RUAS E AS FERIDAS DO ESTADO

Collor sempre foi um político do contra. Deputado pelo PDS, foi um dos governistas que votaram a favor da Emenda Dante de Oliveira e das eleições diretas para Presidente da República. Meses depois, quando grande parte de seus correligionários contribuíram para a vitória confortável de Tancredo Neves no Colégio Eleitoral, ele se manteve fiel a Paulo Maluf. Dos 17 votos da bancada alagoana, apenas três não foram para o ex-governador de Minas Gerais. Em 1986, trocou o PDS pelo PMDB, venceu as resistências internas que seu nome despertava e ganhou a vaga de candidato do partido ao governo do estado. Venceu contra todos os prognósticos.

Quando todos esperavam que ele se aproximasse de Sarney para obter favores do governo, como os outros governadores faziam, partiu para o confronto e se pôs a questionar todas as medidas do Planalto. Quando o Congresso passou a discutir se o mandato do presidente deveria ser de quatro ou de cinco anos, Sarney abriu os cofres federais para os aliados que o ajudaram a ficar pelo prazo maior no Planalto. Único governador a se posicionar pelos quatro anos, Collor foi mantido a pão e água.

Ao desafiar abertamente um governo impopular, Collor acabou aumentando a própria popularidade. Em março de 1988, a revista *Veja* estampou a foto do governador de Alagoas na Capa de uma edição que falava de sua briga contra os supersalários da elite do funcionalismo estadual. Sob o título *O Caçador de Marajás*, a revista relatava um diálogo de Collor com o ex-ministro da Previdência Raphael de Almeida Magalhães. De acordo com a reportagem, Magalhães sondara Collor sobre uma eventual candidatura a vice-presidente numa chapa encabeçada pelo deputado Ulysses Guimarães. A resposta do governador soou pretensiosa naquele momento, mas exatamente aquilo que o governador de Alagoas pensava naquele momento: "Ministro, o senhor deve estar enganado. Sou candidato a presidente, não a vice."[1]

A maioria das pessoas via a candidatura ao Planalto como um blefe e continuavam considerando a Presidência um objetivo fora do alcance do governador de Alagoas. Mas Collor traçou seu plano e foi em frente.

APOIO NA PRIMEIRA HORA

Depois que Funaro deixou o Ministério da Fazenda, Zélia pediu demissão e retornou a São Paulo. Reassumiu a cadeira na Faculdade de Economia da USP e fundou, em sociedade com os amigos Lélio Ravagnani Filho e Carlos Henrique de Moraes, a firma de consultoria ZLC. Em busca de clientes, telefonou para o governador de Alagoas e ofereceu seus serviços como consultora em contas

---

1 Veja. 1020, 23 de março de 1988.

públicas. Collor a chamou para uma reunião em Maceió. O contrato foi fechado e Zélia se lançou ao trabalho. Com o tempo, a consultoria prestada por Zélia acabou tomando uma outra direção. E a ZLC tornou-se o núcleo inicial da campanha de Fernando Collor para a Presidência da República.

Quando Collor revelou à Zélia a intenção de se candidatar à presidência, ela mesma não tinha muita fé nas chances eleitorais do cliente. E ficou em dúvida se deveria ou não assumir a responsabilidade. Um dia, ela me chamou para conversar e revelou que Collor havia pedido que montasse um grupo de trabalho para trabalhar na elaboração de um plano de governo. Pediu minha opinião e minha resposta foi absolutamente desinteressada.

Com os olhos mais voltados para a visibilidade que o trabalho poderia conferir à Zélia e à sua empresa, disse que ela deveria aceitar. Como a grande maioria das pessoas naquele momento, eu considerava nulas as chances de Collor chegar à presidência. Mas o convite não deveria ser desprezado. Nenhuma outra candidatura ofereceria a uma economista jovem e praticamente desconhecida fora dos meios acadêmicos uma oportunidade igual àquela.

O espaço que ela poderia ter junto ao deputado Ulysses Guimarães, por quem ela tinha simpatia, seria mínimo. No PMDB, ela continuaria sendo eternamente a prima de João Manoel. Seria ele que brilharia no time de Ulysses, ao lado de uma constelação de estrelas da economia que incluía Luiz Gonzaga Belluzzo, Luciano Coutinho, Maria da Conceição Tavares, Carlos Lessa e outros economistas mais conhecidos do que ela.

No PSDB, outro partido que poderia atraí-la, o cenário seria mais ou menos o mesmo. Ela jamais conseguiria entre os tucanos destaque superior ao de José Serra, de Paulo Renato de Souza e de outros economistas do ninho. Lula e Brizola tinham seus próprios economistas e Zélia não tinha afinidades intelectuais com nenhum deles. Com Fernando Collor, ela sairia da coxia diretamente para o estrelato. "Você vai dar entrevistas, participar de programas na televisão... Vai falar em nome do candidato, vai ter voz e isso será bom para sua carreira", aconselhei.

O PRIMEIRO CONTATO COM COLLOR

Não sei se minha opinião teve alguma influência sobre a decisão de Zélia. Acho até que, ao me consultar, ela estava apenas comunicando uma decisão que já estava tomada. A economista se entendeu com o governador e logo começou a trabalhar num plano de governo que colocasse o Brasil em sintonia com as ideias modernizadoras que ganhavam força no mundo. Além de seus sócios, Zélia convidou para trabalhar no projeto um grupo de economistas

A CAMPANHA NAS RUAS E AS FERIDAS DO ESTADO

jovens e talentosos. Os principais nomes da equipe eram José Francisco de Lima Gonçalves, Luiz Eduardo Assis e Venilton Tadini. Mais tarde, todos estariam com ela no governo.

Várias das questões com as quais Zélia e sua equipe de economistas propunham esbarravam na ambição de Collor. O governador queria mais do que um programa econômico para um governo no qual, de início, apenas ele acreditava. Mas que, logo, passou a ser visto como uma possibilidade concreta por sua assessora de primeira hora. Collor queria um novo Estado — e isso significava recuperar o que fosse possível na estrutura existente e substituir o que já tivesse se esgotado por estruturas mais enxutas e modernas. Zélia percebeu, então, a necessidade de atrair para a equipe pessoas que analisassem a questão sob um ângulo que ela, como economista, não enxergava.

Numa determinada quinta-feira, ela me telefonou e perguntou se eu tinha algum compromisso agendado para o sábado. Imaginei que ouviria o convite para alguma festa, como era comum entre nós. Mas ela logo explicou que não. Collor estaria logo pela manhã na sede da ZLC, em São Paulo, para uma conversa sobre o programa de governo. Ela me convidou para estar presente e eu aceitei.

No sábado, acordei com uma vontade enorme de não ir à reunião. Eu era solteiro e, na véspera, havia saído para me divertir com alguns amigos. Bebi uma ou duas doses de uísque a mais do meu limite e acordei indisposto, ao som do despertador. A contragosto, me levantei. Como tinha me comprometido com Zélia, me arrumei, peguei meus óculos escuros e tomei o rumo da Rua Hungria, onde ficava a sede da ZLC. Cheguei um pouco antes de Collor. Fomos apresentados, mas não trocamos mais do que algumas palavras formais. Havia mais ou menos doze pessoas na sala e a reunião logo começou.

Um pouco indisposto, imaginei que teria pouco a contribuir. Zélia começou a falar das propostas que, mesmo antes de a campanha ir para as ruas, já compunham as linhas mestras do programa de Collor. Falou das privatizações, da abertura de mercado, da liberdade de preços e da necessidade de controle do deficit público como ferramenta de combate à inflação. Na cabeceira da mesa, o governador ouvia tudo e a interrompia de vez em quando para esclarecer alguma dúvida ou fazer alguma observação. Novo naquele grupo, eu ouvia a exposição de Zélia sem dizer uma palavra. Até que, em determinado momento, o tema do funcionalismo público entrou na pauta e Collor perguntou: "O que vocês pensaram para os reajustes dos salários do funcionalismo público?"

Zélia correu os olhos por suas anotações, citou alguns números e se pôs a responder. Todos os servidores da União, disse ela, teriam as mesmas condições dos trabalhadores da iniciativa privada. E os reajustes de seus salários seriam concedidos na data-base de cada categoria profissional. Nessa hora, cruzei os braços, olhei para baixo e balancei a cabeça em sinal de desaprovação. Nada disse, apenas balancei a cabeça. Do outro lado da mesa, Collor percebeu meu gesto. Dirigiu-se a mim e perguntou: "Santana, você discorda? Por quê?"

O que eu respondi foi mais ou menos o seguinte: "Governador, a ideia é inovadora, mas não se aplica ao funcionalismo público." Ele quis saber o motivo. Respondi que nada tinha contra a adoção da CLT como o Regime Único de contratação de funcionários previsto pela Constituição. Se o Congresso aprovasse a ideia, aquilo significaria um avanço e contribuía para eliminar uma série de distorções que havia no serviço público. Todos os brasileiros, não importa quem os contratasse, teriam direitos e deveres regidos pela mesma lei trabalhista – e isso seria uma ótima providência. O problema era o critério de reajuste obedecendo a data-base de cada categoria.

Imagine-se, por exemplo, que num ano de aquecimento da Construção Civil, o sindicato dos engenheiros consiga negociar um aumento espetacular. O que aconteceria, então, com os salários dos engenheiros do setor público? Teriam aumentos superiores aos dos médicos? Teriam aumentos superiores aos dos economistas que trabalhassem na mesa ao lado, na mesma repartição? Isso geraria problemas sérios no funcionalismo: todas as outras categorias passariam a exigir aumentos iguais àqueles concedidos aos engenheiros.

O reajuste do funcionalismo pela data-base da categoria profissional geraria, ainda, distorções regionais. Os sindicatos do Rio Grande do Sul poderiam, por hipótese, conseguir aumentos superiores aos obtidos pelos engenheiros de Pernambuco. Qual dos índices serviria de base para os engenheiros de todo país?

Quando um profissional ingressa nos quadros do Estado, a carreira de Funcionário Público se sobrepõe à da categoria profissional. O médico continua médico, o engenheiro continua engenheiro, o advogado continua advogado. Mas a lógica do exercício profissional passa a ser outra e isso precisava ser considerado na organização do governo. Os reajustes de salários precisam ser regidos não pelos critérios de mercado, mas pela capacidade de pagamento do Estado. Pelo menos, é assim que deveria ser.

DISCUSSÕES SOBRE AS CAUSAS DA INEFICIÊNCIA

Collor ouviu, fez algumas anotações, e balançou a cabeça em sinal de assentimento. Dirigiu-se a Zélia e sugeriu que ela considerasse meu ponto de vista. A reunião prosseguiu. Mas depois daquela intervenção, mais de uma vez Collor pediu minha opinião sobre algum dos temas em debate. Lembro-me, por exemplo, que em determinado momento a conversa se voltou para o tamanho da

A CAMPANHA NAS RUAS E AS FERIDAS DO ESTADO

máquina pública e a necessidade de uma reforma administrativa. Quando ele pediu minha opinião, lembrei que a nova Constituição tinha transferido a responsabilidade sobre algumas áreas para os estados e os municípios – mas a União federal continuava mantendo estruturas e tendo despesas sobre serviços que não estavam mais sob sua alçada.

Esse era um assunto que eu dominava. Desde minha passagem pelo governo Franco Montoro, na equipe de Chopin Tavares de Lima, me interessei pelo tema da organização do Estado. E o trabalho que desenvolvi na FUNDAP me obrigava a me manter atualizado sobre as questões da área. Disse a Collor que considerava a estrutura do Estado pesada demais. Entendia que algumas das empresas e autarquias existentes poderiam ser extintas sem o menor problema. Collor pediu um exemplo.

Lembrei que a nova Constituição havia transferido para os municípios a responsabilidade pelo transporte público de passageiros. Mesmo assim, continuava funcionando em Brasília uma empresa chamada EBTU, que precisava ser extinta até para deixar de se intrometer num assunto que, por lei, não estava mais sob seu controle. E de consumir recursos do orçamento que estavam faltando em outras áreas.

Criada em 1975, no governo de Ernesto Geisel, a empresa definia as dimensões e os modelos dos ônibus que fariam o transporte coletivo em Vitória, Florianópolis, Teresina ou qualquer outra cidade brasileira. Cuidava de todos os detalhes. Estabelecia normas até para a potência dos motores, para as dimensões da catraca e para as cores e os materiais de que eram feitos os assentos dos coletivos. "Não faz o menor sentido manter uma empresa como essa", defendi.

O destino da empresa, acredito, foi selado naquele encontro. Se Collor vencesse as eleições, como acabou vencendo, a EBTU deixaria de existir. A empresa havia se tornado inútil, sua existência era ilegal e, desde a carta de 1988, significava apenas um fardo a mais nas costas do contribuinte. Com a assinatura da lei nº 8029, aprovada no dia 12 de abril 1990[2], a EBTU entrou em processo de extinção. No dia 15 de outubro de 1991, assinei junto com o presidente Collor o Decreto nº 230, que a extinguiu definitivamente[3].

Aliás, esse é um dos vícios do processo legislativo brasileiro, particularmente em relação à administração pública. O Congresso aprova leis sem se atentar para suas consequências. O caso da EBTU é um ótimo exemplo. A responsabilidade pelo

---

[2] http://www2.camara.leg.br/legin/fed/lei/1990/lei-8029-12-abril-1990-363688-publi cacaooriginal-1-pl.html

[3] http://www2.camara.leg.br/legin/fed/decret/1991/decreto-230-15-outubro-1991-342 883-publicacaooriginal-1-pe.html

transporte coletivo urbano foi retirada da União e entregue aos municípios. O Tesouro Nacional, porém, continuou alocando verbas em seu orçamento para a manutenção da empresa, o que configurava claramente um crime de responsabilidade.

A ELEIÇÃO SOLTEIRA DE 1989

Sai daquela reunião sem assumir qualquer compromisso com a campanha. Mas, a partir daquele dia, fui convidado para outras discussões com o candidato. Nunca me neguei a dar minha opinião. Mas só percebi que meu compromisso com a campanha havia deixado de ser uma formalidade e que Collor tinha passado a ser minha escolha para a presidência da República nas primeiras semanas de 1989. Foi quando se elevou a temperatura dos debates em torno da disputa e as candidaturas começaram a se definir.

Pouco depois do carnaval, que em 1989 caiu no dia 7 de fevereiro, Luiz Fernando Levy, presidente da *Gazeta Mercantil*, convocou uma reunião para tratar da cobertura que o jornal daria às eleições presidenciais. A intenção era avaliar o cenário e começar a definir a posição que o maior e mais influente jornal de economia e negócios do país assumiria na disputa. Participaram do encontro, na sala de reuniões da diretoria do grupo, que ficava na Rua da Consolação, no centro de São Paulo, os principais jornalistas da *Gazeta*. Em torno da mesa estavam Roberto Müller, Sidnei Basile, Matias Molina, Getúlio Bittencourt, Dirceu Brisola, José Antônio Severo, Tom Camargo e outros nomes destacados do jornal. A convite de Müller, eu também estava presente.

Um a um, os nomes dos candidatos eram mencionados por alguém e logo eram bombardeados pelos outros participantes. Alguns acreditavam que o deputado Ulysses Guimarães (PMDB) se mantinha forte na disputa e que ainda tinha forças para conquistar uma cadeira que, se a emenda Dante de Oliveira tivesse sido aprovada em 1984, muito provavelmente seria dele naquele momento. O senador Mário Covas (PSDB), o ex-governador do Rio de Janeiro Leonel Brizola (PDT) e o deputado e líder sindical Luiz Inácio Lula da Silva (PT) foram citados e tiveram suas chances avaliadas pelo grupo. A lista era enorme.

Os nomes do deputado Paulo Maluf (PDS), do ex-vice-presidente Aureliano Chaves (PFL), do deputado Guilherme Afif Domingos (PL) e do médico e ruralista Ronaldo Caiado (PSD), líder da barulhenta União Democrática Ruralista, foram incluídos no debate. Eu acompanhava tudo com atenção e, quando Müller pediu minha opinião disse que o grupo não estava avaliando a força de um candidato que vinha se preparando desde o ano anterior para a disputa.

Àquela altura, Fernando Collor de Mello já tinha assumido publicamente a intenção de se candidatar. Mas, como ainda não tinha deixado o governo de

A CAMPANHA NAS RUAS E AS FERIDAS DO ESTADO

Alagoas, muita gente imaginava que tudo não passava de um jogo de cena — e que a verdadeira intenção de Collor, ao chamar a atenção com uma candidatura natimorta, era, mais tarde, valorizar seu apoio a alguém com chances reais. Eu sabia que a candidatura era para valer e expus meus argumentos.

A eleição se daria num ambiente político em mutação e apenas o cargo de Presidente da República estava em disputa. Seria, como se dizia à época, uma eleição solteira. A sociedade se mostrava desgastada por uma sucessão de crises econômicas e políticas. Os partidos tradicionais estavam voltados para seus próprios problemas e, de costas para a sociedade, perderam o controle do processo eleitoral — fenômeno que nunca pode ser considerado normal numa democracia. Num quadro como aquele, um candidato que corresse por fora tinha grandes chances de ser eleito.

Eu não havia, é claro, chegado àquela conclusão sozinho. Depois de ter participado de uma dezena de reuniões, sabia que Collor estava falando sério. Mas, naquela reunião na *Gazeta*, quase fui massacrado. Aquele time de jornalistas, gente que circulava entre os maiores empresários do país e a quem os políticos mais poderosos nunca negavam espaço em suas agendas, não apostavam um tostão nas chances do Caçador de Marajás. Para eles, assim como para a maioria dos eleitores letrados, Collor nada mais era do que um filhinho de papai. Herdeiro de um oligarca nordestino, o ex-senador Arnon de Mello, ele era visto, mesmo em seu estado natal, como alguém que levantava muita espuma para a pouca substância que entregava.

Não rebati os argumentos dos jornalistas com a revelação dos detalhes que conhecia das reuniões da ZLC. Não podia, por uma questão de ética, expor as informações estratégicas e sigilosas que eu obtinha dentro da campanha. Eu sabia, por exemplo, que desde o início, todos os movimentos de Collor e todas as opiniões que ele emitia em público tinham o potencial eleitoral testado pelo cientista político Marcos Antônio Coimbra, sócio do instituto de Pesquisas Vox Populi, de Belo Horizonte. Era filho do embaixador Marcos Coimbra, casado com Ledinha, irmã mais velha do candidato. Mais ou menos da mesma idade, Marcos Antônio e Fernando — como se tratavam — tinham uma camaradagem que vinha de Brasília, onde o filho do diplomata e o filho do senador conviveram na adolescência.

A INFLUÊNCIA DO CENÁRIO INTERNACIONAL

A opinião dos analistas e dos adversários a respeito de Collor começou a mudar quando, no final de fevereiro, uma pesquisa do Ibope o colocou na liderança da corrida presidencial daquele ano. Àquela altura, a curiosidade no Brasil inteiro já era grande a respeito daquele governador de Alagoas que trazia um discurso

O ESTADO A QUE CHEGAMOS

perfeitamente sintonizado com os humores da sociedade. E esses humores repercutiam o eco do que acontecia no exterior num momento em que as ideias liberais se disseminavam pelo mundo.

Nos Estados Unidos, George Bush, o pai, acabara de assumir a presidência após oito anos de mandato de Ronald Reagan. Republicano como seu sucessor, Reagan havia tomado medidas de desregulamentação que fizeram a economia americana recuperar o fôlego depois de um período prolongado de decadência. Os controles estatais sobre o mercado, que sempre foram mais brandos nos Estados Unidos do que no Brasil, foram afrouxados mais ainda – numa avalanche que exigiu uma mudança de postura dos bancos, da indústria automobilística (exposta a uma concorrência ampla com as montadoras japonesas), das empresas de aviação e da maioria dos setores relevantes da economia. Só sobreviveria quem fosse eficiente, competitivo e se mostrasse capaz de andar com as próprias pernas, sem a muleta protetora do governo. Era essa a mensagem de Reagan.

O recado que vinha da Londres era muito parecido. Desde a posse da Primeira Ministra Margaret Thatcher, do Partido Conservador, em 1979, o país vinha promovendo um programa de privatizações que prometia jogar por terra a tradição estatizante e protecionista que a Grã Bretanha havia posto de pé desde o final da 2ª Guerra Mundial. Thatcher vendeu aos moradores as casas que pertenciam ao Estado. Vendeu empresas públicas, eliminou privilégios, extinguiu repartições centenárias e deixou de proteger setores que só sobreviviam com a proteção e o subsídio do Estado.

Das minas de carvão até as organizações consideradas símbolos do país (como os fabricantes de automóveis Jaguar e Austin, por exemplo), todos tiveram que se adaptar aos novos tempos. Empresas foram fechadas, outras mudaram de donos e algumas simplesmente desapareceram. O detalhe é que, mesmo diante das reações negativas que suas medidas tiveram que enfrentar, tanto Reagan como Thatcher insistiram nos pontos de vista liberais e, com eles, revitalizaram suas economias.

O mundo inteiro caminhava em direção a um projeto menos estatizante e, portanto, mais liberal do que o Brasil. E, se o mundo falava em mais liberdade, em mais competição e em menor interferência estatal, por que remar contra a maré? De todos os candidatos que se lançaram ao pleito naquele ano, Collor era o único que, ao recitar aquele discurso, parecia determinado a pô-lo em prática. Outros nomes, como Guilherme Afif Domingos e, num determinado momento, Mário Covas, também tentaram seguir por esse caminho. Mas era na boca de Collor que a promessa liberalizante parecia mais sincera. Na medida que seu discurso começava a ser comprado pelos eleitores, mais gente queria se aproximar dele.

Uma demonstração do prestígio que ainda não havia sido captado pelos analistas políticos foi dada no final de março, quando Carlos Henrique de Moraes, sócio de Zélia na ZLC, e Sérgio Nascimento, mais tarde nomeado para a Chefia do Gabinete do Ministério da Economia, promoveram o encontro de Collor com empresários de São Paulo. A reunião foi marcada para a casa dos pais de Moraes, na Rua Desembargador Mamede, no Jardim Paulistano. Por coincidência, ao lado dali morava o empresário Guilherme Afif Domingos, também candidato. O endereço foi escolhido, entre outros motivos, por ser discreto e apropriado a um encontro que, conforme tinha sido imaginado, se resumiria a uma conversa de Collor com 20 ou, no máximo, 30 empresários que desejavam conhecê-lo.

A reunião estava marcada para as 20h e eu quis chegar mais cedo para ajudar Moraes, a quem eu conhecia desde minha passagem pelo Ministério da Fazenda, a receber os convidados. O trânsito nas redondezas estava infernal. Ao entrar na rua, me dei conta de que o motivo do engarrafamento era justamente Fernando Collor. Já não havia mais lugar para estacionar nas imediações. Eu só consegui uma vaga a mais de um quilômetro da casa.

Quando cheguei, os 30 convidados tinham se multiplicado e, àquela altura, já havia mais de 100 pessoas na casa. Ninguém entendia de onde havia surgido tanta gente. Um convidado avisou a um amigo, que chamou outro amigo, que levou mais alguém... E, assim, não parava de chegar gente. A reunião, que deveria acontecer na sala de visitas, teve que ser transferida para a pracinha em frente. Havia ali umas 500 ou 600 pessoas interessadas em ouvir o que Collor tinha a dizer. Para quem esperava 30, era uma multidão.

Uma semana depois daquele encontro saiu a pesquisa que já trazia Collor na liderança, com mais de 12% da preferência do eleitorado. Ainda assim, muita gente insistia que a candidatura era um fenômeno passageiro e logo surgiria alguém para destronar o novato que ousava furar a fila dos candidatos à presidência.

CAPÍTULO 8

A PROPOSTA QUE DISCUTIU O MODELO DE ESTADO

As propostas de Fernando Collor avançavam além de uma lista de compromissos de campanha — mas as evidências que apontavam nessa direção continuavam ignoradas por quem acompanhava o processo. Ao falar em vender empresas públicas, em diminuir o peso da máquina do estado e em reduzir o quadro de funcionários a um número suficiente para prestar os serviços de qualidade à população, o candidato ultrapassava o limite das promessas de governo e propunha um novo modelo de Estado. Collor não dava opiniões gratuitas nem improvisadas. Tudo o que dizia era resultado de estudos e de discussões prévias, travadas a princípio na sede da ZLC. Depois, as conversas foram transferidas para um escritório improvisado numa casa que Zélia havia comprado na Praça Morungaba, no Jardim Europa, em São Paulo, e que pôs à disposição da campanha.

Todas as propostas que seriam postas em prática quando Collor chegasse ao governo foram discutidas nos meses que antecederam a eleição — num trabalho que não parou nem mesmo depois que a agenda da campanha passou a exigir a presença do candidato em duas ou três cidades diferentes no mesmo dia. Pode-se dizer que os estudos que resultariam, dali a alguns meses, na reforma administrativa, na reforma patrimonial e na reforma econômica (o tripé da Reforma do Estado conduzida por Collor) começaram a ser desenhados ainda na fase da campanha eleitoral.

A maioria das medidas consta de um documento intitulado Diretrizes de Ação do Governo Fernando Collor de Mello. Ao longo de 130 páginas, reproduzidas nas impressoras matriciais de antigamente, o documento foi registrado no TSE e trata das reformas estruturais, das Diretrizes Econômicas e das Diretrizes Sociais do governo. No que diz respeito à reforma administrativa e à reforma patrimonial, tudo o que foi posto em prática depois da eleição estava previsto muito tempo antes. Mesmo assim, muita gente manifestou surpresa quando elas foram tomadas[1].

A temperatura em torno da disputa pela presidência da República começou a esquentar e, no meio do ano, a candidatura de Fernando Collor era tema obrigatório em qualquer roda de discussão. Uma pesquisa divulgada pelo Ibope no

---

[1] Diretrizes de Ação do Governo Fernando Collor de Mello. Brasília, 1989. Arquivo do autor.

124 O ESTADO A QUE CHEGAMOS

dia 28 de junho mostrou o ex-governador disparado na dianteira, com inacreditáveis 43% das intenções de voto. Estava muito adiante de Leonel Brizola, que tinha 11%. Luiz Inácio Lula da Silva, com 8%, vinha em terceiro. Ainda assim, havia gente que ainda esperava, ou melhor, que torcia por uma queda.

Alguns afirmavam que, mesmo com toda aquela dianteira em relação aos demais candidatos, a presença do ex-governador de Alagoas no segundo turno não podia ser dada como certa. Afinal, em todas as discussões políticas, o passado de Collor na Arena e no PDS, partidos que apoiaram a ditadura, era sempre lembrado. Sua filiação ao PMDB, de carona no falso brilhante que foi o Plano Cruzado, faziam dele um político fisiológico, oportunista e pouco confiável. O povo, no final das contas, não era bobo e logo se daria conta da farsa.

Na hora da verdade, diziam os analistas, Collor estaria frente a frente com candidatos bem mais experientes e com biografias muito mais consistentes do que a dele. Depois do dia 15 de setembro, quando finalmente começasse a propaganda eleitoral gratuita no rádio e na televisão, o eleitor poderia finalmente comparar as trajetórias, avaliar as diferenças e optar por nomes mais sólidos e menos identificados com o passado autoritário. Na pior das hipóteses, diziam, se Collor conseguisse atravessar a primeira parte da campanha sem ser abatido e conseguisse chegar ao segundo turno, seria atropelado pelo outro nome, qualquer um, que estivesse na disputa. Era só esperar que o tempo se impusesse e ajudasse a desmontar aquela criatura artificial.

A JUVENTUDE DO CANDIDATO E A EXPERIÊNCIA DO VICE

Não adiantava que nós, envolvidos na campanha, mostrássemos o outro lado da moeda. Conhecíamos a seriedade dos debates em torno das propostas de Collor e sabíamos como elas eram elaboradas. As ideias liberais que ele defendia não eram fruto de nenhuma ideologia exótica e alheia aos interesses do povo brasileiro, como diziam os adversários. Elas saíam da cabeça do próprio candidato e de um grupo de auxiliares que reunia dados e argumentos em defesa de cada ponto do programa. Eu integrava esse grupo.

Mais do que isso, aquela mensagem refletia o próprio sentimento do eleitor. Sentindo-se traído pela Nova República, o eleitor não suportava conviver com uma inflação que alcançara 1049% em 1988[2] e continuava em elevação em 1989.

Collor pôs o pé na estrada muito antes dos demais e tornou-se o porta-voz desse descontentamento. Municiado pelas informações levantadas pela Vox

---

2 Variação de preços entre dezembro de 1987 e dezembro de 1988 medida pelo Índice de Preços ao Consumidor da FIPE.

Populi e pelas análises de seu amigo Marcos Antônio Coimbra, o ex-governador começou antes dos demais a levar as mensagens de uma campanha que oficialmente só teria início em setembro.

Collor não perdia uma oportunidade de se mostrar ao eleitor. No dia 30 de março, ainda na condição de governador de Alagoas, ele apareceu no programa de lançamento da agremiação pela qual disputaria a presidência da República, o Partido da Reconstrução Nacional (PRN). O novo partido nada mais era do que o antigo Partido da Juventude (PJ) rebatizado com um nome escolhido a dedo para refletir o projeto do candidato. Nas semanas seguintes, ele apareceria também nos programas de outros dois partidos, o PTR e do PSC.

A essa altura, o cenário eleitoral já havia sofrido uma mudança completa e, antes que os adversários se dessem conta, Collor saltara dos bastidores para o foco dos holofotes. Ao deixar o governo de Alagoas e entrar oficialmente na disputa pela presidência, Collor já não era mais visto como um jovem inexperiente, cortejado para ser, no máximo, um bom vice na chapa de algum medalhão da política. As posições haviam se alterado e agora eram os medalhões que desejavam estar na companhia dele. A convenção do PRN, realizada em Brasília no dia 12 de junho de 1989, oficializou Collor como candidato a presidente. E trouxe o senador mineiro Itamar Franco como vice.

Era, à primeira vista, o nome ideal, que complementava com sua maturidade a figura impetuosa do jovem cabeça de chapa. Com 59 anos, completados em junho daquele ano, o vice era quase duas décadas mais velho do que o cabeça da chapa, que comemorou 40 anos em agosto de 1989. Itamar era o político experiente que não sujara as mãos na Nova República, enquanto Collor, o político inovador, que criticava o governo Sarney e tinha a sensibilidade de produzir imagens que conquistavam a simpatia do eleitor. "Sarney bateu a carteira da história", havia dito Collor ainda no governo de Alagoas, quando se recusou a apoiar a campanha pelos cinco anos de mandato. Era justamente o que o eleitor pensava.

"NÃO SE GANHA ELEIÇÃO SEM SÃO PAULO"

Cada vez mais envolvido pelo projeto do candidato, passei a acompanhar mais de perto as movimentações da campanha. Todos os dias, antes ou depois de ir para a *Gazeta Mercantil*, me encontrava com Zélia ou com alguma outra pessoa da equipe para tratar de algum tema da campanha. Com o tempo, assumi novas responsabilidades além da discussão do programa de governo. E passei a acompanhar o candidato em algumas reuniões estratégicas, que ajudaram a aumentar a confiança de Collor em minhas opiniões.

Me lembro que, pouco antes da campanha esquentar para valer, houve um encontro no bairro do Morumbi, na casa de um empresário paulistano, amigo do irmão mais velho do candidato, Leopoldo Collor. Ex-diretor comercial da *Rede Globo* e da *TV Manchete* em São Paulo, com trânsito na elite paulista, Leopoldo não levou a sério e até fez piada quando soube que o irmão pretendia se candidatar à presidência da República. Descrente das possibilidades de vitória, via a pretensão como um gesto megalomaníaco que poderia, inclusive, prejudicar a imagem e comprometer os negócios da família.

A opinião do primogênito se transformou na medida em que Fernando começou a subir nas pesquisas. Agindo como se fosse um dos idealizadores da candidatura, Leopoldo passou a levar o irmão a reuniões com empresários de suas relações. Alguns deles agiam como se tivessem mais a oferecer ao candidato do que a receber do futuro presidente.

A reunião no Morumbi aconteceu no início de junho, quando Collor já liderava as pesquisas com os 43% da preferência dos eleitores que seria pública no final daquele mês. Estavam presentes os empresários Carlos Salém e Marco Filepo, o Bibique, amigos de Leopoldo e também conhecidos e amigos meus. Egberto Batista, um dos coordenadores da equipe de Collor, também estava lá. Em determinado momento, a discussão se voltou para a estratégia da campanha presidencial.

Todos se puseram a emitir opiniões, e um dos participantes, provavelmente já animado por uma dose de uísque a mais, passou a defender com veemência a hostilidade de São Paulo em relação ao candidato. E que, portanto, seria uma perda de tempo semear em terra estéril: dali não brotariam votos. Collor lucraria mais caso mantivesse a campanha concentrada em estados mais sensíveis a seu discurso, sobretudo os do Nordeste.

O argumento até poderia fazer algum sentido numa eleição comandada pelos partidos e pelos líderes políticos convencionais. O problema maior não era a rejeição a Collor, mas a presença na disputa de políticos muito mais próximos do eleitor de São Paulo. Pelo menos cinco dos principais postulantes à presidência naquele pleito tinham construído suas carreiras no estado. As chances de Ulysses Guimarães, Mário Covas, Luiz Inácio Lula da Silva, Paulo Maluf e Guilherme Afif Domingos atraírem simpatias em seu próprio território eram, ou pelo menos pareciam ser, maiores do que as de um político de carreira nordestina, que crescera em Brasília e vivera boa parte da vida no Rio de Janeiro. Ou seja, sempre de costas para São Paulo.

O eleitor paulista, prosseguiu o convidado, tinha critérios conhecidos para escolher seus candidatos e rejeitava qualquer ligação com o regime militar. São Paulo dificilmente adotaria como candidato um forasteiro com o passado arenista de Collor. Sentado numa poltrona à frente de Collor, mais uma vez eu balancei a cabeça em sinal de desaprovação. Mais uma vez, o candidato dirigiu-se a mim e pediu minha opinião.

"Não existe a menor hipótese de alguém vencer uma eleição presidencial ignorando o maior eleitorado do país", argumentei. Defendi que o eleitor paulista não podia ser confundido com uma parte do eleitor paulistano. Ao contrário do que defendia aquele convidado, seria fundamental que Collor realizasse ações de campanha que gerassem fatos no estado e, assim, atraíssem atenção e o tornassem mais simpático junto ao maior eleitorado do país.

As cidades de maior densidade eleitoral do interior, somadas, reuniam mais eleitores do que a região metropolitana. O perfil do eleitorado do interior era muito diferente de quem vota na capital. Ele se define mais cedo, é mais monolítico e menos sensível às ideias de esquerda. Também argumentei que não via como problema a antiga ligação de Collor com os governos de apoio ao regime militar. Havia na disputa nomes muito mais identificados com a ditadura do que ele. O rótulo de candidato da ditadura ficava mais bem assentado em Paulo Maluf, do PDS, Aureliano Chaves, do PFL, e Afonso Camargo, do PTB, ex-senador biônico pelo Paraná, do que nele.

Egberto Batista concordou comigo. Lembrou que, naqueles dias, tinha sido divulgada na TV uma denúncia sobre um grupo de alagoanos contratados para trabalhar na colheita de cana-de-açúcar na região de Ribeirão Preto. Eles viviam em acampamentos sem conforto, sem higiene e eram submetidos a condições desumanas. Um regime de quase escravidão, lembrou. No dia 24 de junho de 1989, Collor foi a Ribeirão Preto. Se embrenhou pelos canaviais, visitou os acampamentos dos trabalhadores, gravou cenas para o programa eleitoral que ainda nem tinha estreado e, à noite, fez um comício na Praça XV de Novembro, o coração da cidade. Foi o primeiro grande evento de campanha no Estado.

A CAMPANHA ACELERA E COLLOR CONTINUA SENDO O ALVO

A criatividade e o senso de organização de Egberto Batista foram fundamentais naquela jornada. Era ele o responsável pelo planejamento das viagens de Collor pelo país. A visita a uma determinada cidade era precedida por uma força precursora, que analisava o ambiente, distribuía material de propaganda e convocava o eleitor para o evento da campanha. Poderia ser uma carreata, uma caminhada ou um *showmício* — isso dependia do porte da cidade ou do horário da visita. O importante era se mostrar presente e ser visto pelo maior número de pessoas possível em cada lugar. Foi de Egberto a ideia de instalar um púlpito que se projetava à frente dos palanques montados para os comícios. Naquele espaço reduzido, que se projetava dois metros adiante do palanque, havia lugar para apenas duas pessoas: Collor e sua mulher, Rosane.

Com esse tipo de recurso o candidato não apenas tinha sua imagem destacada das pessoas que se aglomeram sobre qualquer palanque eleitoral. Ele ficava mais próximo das plateias cada vez maiores de seus comícios e ao mesmo tempo evitava que algum "papagaio de pirata" pousasse sobre seu ombro e fosse parar nas capas dos jornais do dia seguinte. Ser visto ao lado de algum político até poderia garantir alguns votos – mas também poderia ligar sua imagem a alguém com quem não era conveniente ser visto.

O tempo provaria que a decisão de não abandonar São Paulo foi a melhor possível. Collor obteve no estado uma quantidade de votos fundamentais para a vitória expressiva no primeiro e no segundo turno. Se o ex-governador Leonel Brizola não tivesse desprezado São Paulo, se ele tivesse promovido algumas ações de campanha voltadas para o maior eleitorado do país, certamente aumentaria suas chances de ir com Collor para o segundo turno das eleições. Nesse caso, e com um índice de rejeição inferior ao de Lula, como mostravam as pesquisas da época, o resultado poderia ter sido diferente. Mas como Brizola preferiu concentrar suas ações no Rio Grande do Sul e no Rio de Janeiro, acabou terminando o primeiro turno em terceiro lugar, atrás de Collor e de Lula.

Certo dia, Roberto Müller me chamou para uma reunião e fez uma proposta, para mim, mais do que irrecusável. "Você não pode brincar com a República", disse ele. "Você está muito próximo de um candidato que pode se tornar o próximo presidente." Müller me liberou de minhas funções para que eu me dedicasse integralmente à campanha. Se Collor vencesse ou perdesse, disse ele, meu posto estaria à minha espera.

Àquela altura, claro, o ex-governador de Alagoas tinha deixado de ser um azarão. Eu poderia me tornar um interlocutor privilegiado do jornal e de seu conselho de empresários junto ao novo presidente – o que, convenhamos, não era pouca coisa. Na hipótese de derrota, disse Müller, eu seria pelo menos uma fonte de confiança numa campanha que, no mínimo, renderia boas notícias para o jornal. Assim foi feito.

O que mais me impressionou, depois que passei a me dedicar à campanha em tempo integral, além do pique de trabalho e da disciplina do candidato, foi a súbita notoriedade que ganhei por integrar o time de Collor. Nos restaurantes onde ia almoçar, quase sempre para tratar de algum assunto relacionado com a campanha, passei a ser reconhecido por empresários que manifestavam apoio e até mesmo ofereciam ajuda financeira. O que não faltava naquele momento era gente disposta a *collorir* – apelido jocoso que se dava ao ato de manifestar apoio ao candidato do PRN, e que, depois, foi assumido pela campanha e incorporado à propaganda do candidato.

Lá pelo mês de setembro, quando a eleição parecia ser o único assunto que havia para se discutir no Brasil, fui almoçar com Roberto Müller no The Place, um restaurante badalado na rua Haddock Lobo, nos Jardins. O lugar era famoso pela boa feijoada que servia aos sábados. Sentado de frente para o salão, vi alguém a duas ou três mesas de distância acenar para nós. Olhei e reconheci o empresário José Ermírio de Moraes.

Ele e o irmão Antônio eram os donos e comandantes do Votorantim, maior grupo empresarial do Brasil, e tinham o respeito do país inteiro. Já o conhecia de algumas reuniões das quais havia participado no período em que trabalhei com Dílson Funaro e, depois, em nome da *Gazeta Mercantil*. Mas nunca mantivemos uma relação mais próxima, que justificasse mais do que uma saudação formal. O certo seria eu ir até ele. Nunca o contrário, como acabou acontecendo quando ele se levantou e veio a nós.

Diferente do irmão Antônio, mais reservado, José Ermírio era sorridente e despachado. Nos levantamos para recebê-lo. Ele nos cumprimentou, me felicitou pela campanha e demonstrou curiosidade sobre o andamento do trabalho no comitê. Fez meia dúzia de perguntas e manifestou simpatia pela candidatura de Collor. E emendou: "Se estiverem precisando de alguma coisa, podem me procurar." A "coisa" da qual a campanha poderia estar precisando, é evidente, era dinheiro. Agradeci, disse a José Ermírio que minha responsabilidade na campanha era outra. Mas eu, certamente, levaria, como levei, a oferta às pessoas encarregadas da coordenação financeira.

CHOQUE DE CAPITALISMO

Não foi a primeira nem a última oferta daquele tipo que a campanha recebeu. A partir do momento em que o favoritismo se desenhou com clareza e que as chances de vitória de Collor passaram a ser admitidas até por aqueles que, meses antes, torciam o nariz ao ouvir o nome do ex-governador de Alagoas, um número crescente de empresários passou a oferecer recursos. Não se tratava de mera simpatia ao candidato. Ao mesmo tempo em que se via uma adesão maciça do eleitor comum a Fernando Collor, percebia-se que a elite se aproximava dele por exclusão.

A melhor explicação dessa relação talvez tenham vindo do empresário Paulo Marte, dono de um império imobiliário em São Paulo. Convidados por ele, por intermédio do empresário João Carlos Camargo (que seria nomeado Secretário Particular da ministra da Economia), Zélia e eu fomos a uma reunião na casa dele. Fizemos uma exposição sobre a campanha e sobre o programa que o candidato pretendia implementar caso vencesse a eleição. E o empresário se manifestou: "Collor é o meu campeão, é ele quem lutará por mim nessa batalha", disse. "Eu não tenho saída. Tudo o que eu tenho está investido em imóveis. Eu não posso pegar meu patrimônio, pôr numa mala e levá-lo para Portugal. Estou ligado ao Brasil pelo resto de meus dias." Marte se colocou à disposição e, a partir daquela conversa, tornou-se um colaborador frequente da campanha.

Mesmo com o apoio crescente a Collor, muitos empresários e alguns dos grupos mais conservadores da sociedade tentaram mais de uma vez encontrar outro nome para representá-los na disputa. Queriam derrotar a esquerda de Leonel Brizola e de Luiz Inácio Lula da Silva nas eleições, mas achavam que o ex-governador de Alagoas talvez não fosse o melhor nome para desempenhar esse papel. Houve, a princípio, a tentativa de viabilizar Guilherme Afif Domingos, do PL. Depois de escalar algumas posições nas pesquisas eleitorais, Afif, que se apresentava como o candidato da classe média, perdeu o fôlego e empacou.

As atenções se voltaram, então, para o senador Mário Covas, do PSDB. Mesmo visto com bons olhos pela elite, Covas não conseguiu levar sua candidatura ao povo. Chegou até mesmo a ler da tribuna do Senado, no dia 28 de junho, um discurso de grande repercussão e que mereceu, nos jornais do dia seguinte, mais espaço do que uma nova pesquisa, divulgada no mesmo dia, que confirmava Collor na liderança da disputa. "O Brasil não precisa apenas de um choque fiscal. Precisa, também, de um choque de capitalismo, um choque de livre iniciativa, sujeita a riscos e não a prêmios", disse Covas.

O discurso teria sido escrito pelo advogado Jorge Serpa, amigo e assessor destacado do dono das Organizações Globo, Roberto Marinho. Era uma tentativa de aplicar uma demão de verniz liberal e aplainar as resistências que havia em torno do senador do PSDB, que não escondia sua inclinação para a esquerda. O discurso, porém, não foi suficiente para puxar Covas para a cabeceira das pesquisas. E assim, gente que no princípio desdenhava das chances eleitorais do candidato passou a enxergá-lo como a boia capaz de salvar o país do naufrágio.

Alguns punham seus jatos e helicópteros à disposição. Outros se prontificavam a assumir as despesas que cresciam numa campanha em que o candidato visitava seis ou sete cidades por dia, saltando de um lugar para outro num ritmo que deixava alucinados os assessores e a equipe de segurança. Àquela altura, quando o favoritismo de Collor começou a ser admitido até pelos críticos mais viperinos, houve quem se deixasse levar pela euforia do "já ganhou". Mas ainda havia muito a ser feito. E se Collor quisesse mesmo ser eleito, como de fato queria, não podia baixar a guarda.

A PROPOSTA QUE DISCUTIU O MODELO DE ESTADO

Os primeiros programas eleitorais, gravados e editados nos estúdios do Sistema Salesiano de Rádio e Televisão, em Belo Horizonte, não foram bons e a campanha dos outros candidatos realmente fez Collor perder pontos nas pesquisas. Numa eleição disputada e solteira como a de 1989, e que contava com um total de 22 concorrentes e apenas o cargo de presidente em disputa, era natural que o apoio se diluísse. Naquele ambiente, era praticamente impossível que o ex-governador se mantivesse até o final da corrida com os mesmos 43% de preferência registrados pelo Ibope no mês de junho.

Collor caiu. Mas não despencou a ponto de ver a liderança ameaçada. Parte da queda pode ser atribuída à fragilidade do programa eleitoral que, nas primeiras semanas, não refletia o candidato real, que falava a língua do povo e fazia o eleitor se sentir responsável pelo que pudesse acontecer com o país. O candidato sempre iniciava seus discursos com a mesma saudação: "Minha gente." E encerrava com um apelo: "Não me deixem só!" O problema era que isso não estava presente no horário gratuito da TV. O Collor mostrado nos primeiros programas era um candidato quase pasteurizado, sem o mesmo vigor que esbanjava nas aparições públicas. Em todo lugar que ele chegava, havia milhares de pessoas esperando no aeroporto. As carreatas eram vibrantes e seus comícios vistos por multidões. Mas aquela euforia estava ausente dos primeiros programas do horário eleitoral.

As avaliações iniciais do programa eleitoral, feitas pelo grupo paulista da campanha, não foram positivas. Numa reunião com Zélia, Carlos Henrique Moraes e parte da equipe que tinha trabalhado na elaboração do plano de governo, expus meu ponto de vista e defendi a necessidade de trazer para o programa o clima da campanha de rua. Para tratar dessa questão, Zélia pediu que eu a acompanhasse a Belo Horizonte, para uma reunião com a equipe de Collor no Sistema Salesiano, que ficava numa avenida que tinha o nome sugestivo de 31 de Março — data do golpe militar de 1964.

Queríamos alterar o tom dos programas eleitorais, mas também queríamos impedir que o publicitário Juca Colagrossi e o economista Eduardo Cunha (o mesmo Cunha que se tornaria um dos políticos mais poderosos do país até ser preso pela Lava-Jato, em outubro de 2016) levassem a estrutura de produção dos programas para o Rio de Janeiro e aumentassem sua influência sobre a campanha. Foi nesse momento que Leopoldo Collor, que teve um papel importante nesse processo, trouxe para a campanha a jornalista Belisa Ribeiro — que assumiu a responsabilidade pela edição dos programas do horário eleitoral. Como Collor tinha o hábito de voltar para casa todas as noites, independentemente de onde tivesse cumprido compromissos de campanha, a produção dos programas foi transferida para Brasília. De domingo a domingo, em algum momento do dia, o candidato estaria na capital – o que facilitaria e agilizaria as gravações em estúdio.

A campanha prosseguiu, e o único evento que abalou o favoritismo de Collor foi a tentativa de entrada na disputa do empresário e apresentador de TV Sílvio Santos. Popular, com fama de bom administrador e dono de uma carreira profissional bem-sucedida, a presença de Sílvio alteraria completamente o ambiente eleitoral. A candidatura de Santos, que teve o então senador Jorge Bornhausen como um de seus articuladores, era, sim, uma ameaça a Collor. Houve na campanha o temor de que o Tribunal Superior Eleitoral viesse a aceitar o registro – que deveria substituir o nanico Armando Corrêa como candidato do PMB. No dia 8 de novembro, faltando apenas uma semana para o primeiro turno das eleições, o TSE bateu o martelo e vetou a candidatura e o apresentador não pôde ser candidato.

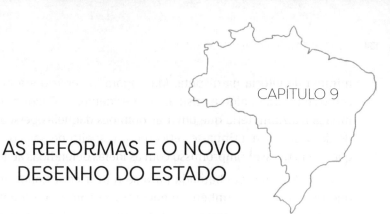

CAPÍTULO 9

AS REFORMAS E O NOVO DESENHO DO ESTADO

Collor obteve 26,6 milhões de votos no primeiro turno, o que representava 30,47% do total de eleitores. Em segundo ficou Luiz Inácio Lula da Silva, do PT, com 11,7 milhões de votos (17,18%), pouco mais de 500 mil votos à frente de Leonel Brizola. Para nós, que estávamos dentro da campanha, aquilo significava mais um mês de trabalho árduo. A maioria dos partidos que disputaram o primeiro turno declarou apoio a Lula — formando uma frente que ampliava a chance de vitória do candidato do PT. Se Collor não abrisse os olhos, corria o risco de ser ultrapassado pelo ex-líder sindical de São Bernardo do Campo na reta final da campanha. Mas não foi.

Collor teve 35 milhões de votos (53% do total), 4 milhões à frente de Lula. Venceu na grande maioria das unidades da federação. Só perdeu em Pernambuco, no Rio de Janeiro, no Rio Grande do Sul e no Distrito Federal. Em São Paulo, Collor teve 57,9% dos votos, o que significou, no estado, uma frente de 2,5 milhões de votos sobre Lula. O resultado comprovou o acerto da decisão tomada ainda em junho, de não virar as costas para o eleitorado mais denso do país. Proclamado o resultado, o presidente eleito e sua mulher, Rosane, embarcaram num jato Falcon-900 e partiram para alguns dias de descanso nas ilhas Seychelles, no Oceano Índico.

Passaram o *réveillon* por lá e anteciparam a ida para Roma, onde Collor recebeu para conversar os dois nomes mais cotados para assumir o comando da economia em seu governo. O primeiro era o baiano Daniel Dantas, sempre elogiado pelo ex-ministro Mário Henrique Simonsen, e que contava com a simpatia declarada da elite empresarial do Rio de Janeiro. O outro nome era o de Zélia Cardoso de Mello, que o acompanhava desde o momento em que resolveu assumir a candidatura presidencial.

O que não faltavam, naquele momento, eram opiniões sobre o que fazer para eliminar os problemas do país. Desde a vitória, começaram a chover na imprensa opiniões de economistas que se apresentavam como os guardiães da fórmula que derrotaria a inflação. Entre eles estavam algumas daquelas figuras que, meses antes, não continham o riso quando alguém atribuía a Collor uma chance mínima de vitória na disputa. Mas, agora, o cenário era outro. E todos agiam como se tivessem algo a ensinar ao presidente. Se Collor quisesse acabar com a inflação, diziam, teria que ouvir as opiniões daquelas pessoas. Mas o presidente desde o início mantinha-se reticente a respeito de soluções que partissem de quem não tivesse compromisso com as ideias defendidas ao longo da campanha.

Quando Zélia foi chamada para se reunir com Collor em Roma, não sabia que Daniel Dantas também se encontraria com o presidente eleito. No dia da viagem, a levei até o aeroporto de Cumbica, em Guarulhos. Ela tomaria um voo doméstico até o aeroporto do Galeão, no Rio de Janeiro, de onde embarcaria para a Itália. Deixei-a no aeroporto e, na volta para casa, enfrentei o trânsito pesado da Marginal do Tietê. Demorei para chegar ao meu apartamento mais ou menos o mesmo tempo que Zélia levou para chegar ao Rio. Cheguei e, poucos minutos depois, meu telefone tocou.

Era Zélia. Ela havia acabado de entrar na Sala VIP da Varig e se encontrado com Daniel Dantas, que embarcaria no mesmo voo. O economista estava acompanhado pelo empresário Olavo Monteiro de Carvalho, irmão da ex-mulher de Collor, Lilibeth Monteiro de Carvalho, e amigo do presidente eleito. A presença de Monteiro de Carvalho no mesmo voo tinha um único significado. Ele era o padrinho da indicação de Dantas ao posto de Ministro da Economia, boato que havia começado a circular naqueles dias, estimulado por notas publicadas na imprensa carioca. Só que, até aquele momento, ninguém tinha notado a presença do ex-cunhado do presidente por trás da indicação de seu nome.

Eu tinha que espalhar a história — até para expor uma ligação que, no limite, poderia enfraquecer a candidatura de Dantas ao posto que acreditávamos pertencer a Zélia por direito. Se passasse a informação para a *Gazeta,* onde eu ainda trabalhava, todo mundo identificaria a origem da notícia. A informação produziria mais estardalhaço se fosse divulgada por um jornal de maior circulação, de preferência do Rio de Janeiro.

Assim que Zélia desligou, telefonei para o jornalista Mário Rosa, que tinha amigos bem colocados na imprensa, principalmente na revista *Veja* e no *Jornal do Brasil*. Rosa tinha trabalhado na Assessoria de Comunicação do Ministério da Fazenda no tempo de Dílson Funaro e conhecia Zélia desde aquela época. A informação foi passada adiante e, antes que o avião que os levava pousasse em Roma, a ligação de Dantas com Monteiro de Carvalho estava na primeira página do *Jornal do Brasil*. Quem conhecia Collor sabia que a exposição da ligação com seu ex-cunhado equivaleria à sentença de morte às pretensões de Dantas ou de qualquer outro.

Uma semana depois, a revista *Veja* incluiu a informação numa reportagem de capa sobre Zélia, publicada depois que ela e Dantas retornaram ao Brasil.

AS REFORMAS E O NOVO DESENHO DO ESTADO

Não sei se a notícia de que Monteiro de Carvalho era o padrinho de Dantas com o ex-cunhado teve alguma influência sobre a decisão final de Collor. O certo é que, depois daquela viagem, o nome do economista definhou no noticiário e o prestígio de Zélia se consolidou cada vez mais. No fundo, Collor nunca teve dúvidas sobre a escolha. A afinidade entre ele e Zélia era evidente e o novo presidente, antes da posse e nos primeiros meses de seu governo, deixava evidente sua aposta na equipe que esteve ao lado dele desde o começo.

A PROPOSTA DE ENXUGAMENTO

No início de janeiro de 1990, Zélia se pôs a convidar economistas de sua confiança para ajudá-la a elaborar o plano econômico do novo governo. A primeira reunião do grupo aconteceu em Caucaia do Alto, no município de Cotia, numa fazenda da família de João Carlos Camargo. Os encontros seguintes aconteceram em São Paulo, no Hotel Transamérica, na marginal do Rio Pinheiros, ou na casa da Rua Morungaba, que Zélia vinha utilizando desde a campanha. Logo em seguida ela passou a trabalhar em Brasília. Como uma das cinco pessoas nomeadas pelo governo para responder oficialmente pela transição, instalou-se num dos prédios mais feios de Brasília: o Anexo II do Ministério das Relações Exteriores. Muito antes de receber os técnicos responsáveis pelo planejamento das ações do novo governo, o edifício era conhecido pelo apelido de Bolo de Noiva. Zélia passou a ocupar uma sala ao lado do gabinete reservado para o presidente eleito.

Quanto a mim, não fui imediatamente para Brasília. Nem tinha intenção de ir. Com o fim da campanha, dei por concluída minha missão junto a Collor. Pedi a Roberto Müller alguns dias para descansar e, logo depois do *réveillon,* já estava de volta à *Gazeta Mercantil.* E imaginei que aquele seria meu endereço dali por diante até a manhã em que recebi um telefonema de Zélia Cardoso de Mello me convidando para uma conversa em São Paulo.

Embora ainda não tivesse sido oficialmente anunciada como a nova Ministra da Economia, Zélia se mostrava muito à vontade naquele papel e agia como se o posto já fosse dela. De seu time faziam parte técnicos que, como ela, tinham integrado a equipe de Dílson Funaro e se frustrado com o fracasso do Plano Cruzado. Alguns de seus auxiliares já tinham sido testados na administração pública. Eles teriam a oportunidade de pôr em prática as ideias que começaram a ser discutidas mais de um ano antes, na sede da ZLC, e que muitos enxergavam como uma segunda chance de colocar a economia em ordem. O trabalho era monumental e Zélia era a primeira a se dar conta de que a carga e a responsabilidade eram excessivas para uma única pessoa.

O próprio presidente vinha se referindo ao programa que pretendia implantar como uma reforma em duas frentes principais. Uma delas seria de impacto imediato: um plano que se propunha a abater a inflação com um único tiro. A outra parte era um conjunto de mudanças estruturais, que incluíam uma ampla reforma administrativa e patrimonial. O programa de governo de Collor propunha uma drástica queda da quantidade de ministérios. O objetivo era "a busca da concentração da estrutura, da melhor coordenação, da maior eficácia e do menor custo operacional"[1]. Ou, em outras palavras, conferir leveza e agilidade à administração.

O plano previa também a implantação de mecanismos de controle mais ágeis e eficazes sobre o dinheiro público e o patrimônio da união. Tinha, ainda, o objetivo declarado de reduzir o número de funcionários federais. O novo governo não escondia a intenção de promover um amplo programa de venda de ativos federais. Ela deveria compreender "o patrimônio rural e urbano dos ministérios, autarquias, secretarias, fundações e empresas"[2] do governo. Era um patrimônio considerável. A união tinha, na época, cerca de 20 mil casas e apartamentos construídos para abrigar funcionários em Brasília e em outras cidades. A frota de carros também era gigantesca. Havia mais de 4,5 mil carros chapa-branca para o transporte de autoridades (sem contar a frota de serviços), mas ninguém no governo era capaz de dizer quantos eram e exatamente onde estavam. Um caso curioso foi o de um Rolls-Royce que ficou oito anos guardado numa casinhola de madeira, na garagem de um edifício federal na Avenida Pacaembu, em São Paulo.

O carro tinha sido mandado para São Paulo 22 anos antes. Ele transportaria a Rainha Elizabeth, da Inglaterra, que visitou o Brasil em 1968. Como apresentou um defeito, não foi posto a serviço de Sua Majestade. Foi encostado por falta de peças, nunca mais voltou a Brasília e ninguém deu pela falta dele. Depois de descoberto, em 1990, foi leiloado. O caso ilustra a confusão e a falta de controle que era a norma da administração federal àquela altura. Pela reforma proposta pelo governo, apenas o presidente e os ministros teriam carros – os demais funcionários, mesmo os mais graduados, iriam para o trabalho por meios próprios. Se alguém precisasse de transporte para alguma missão de trabalho, utilizaria um carro de serviço devidamente identificado por uma tarja amarela na porta.

---

1 Diretrizes de Ação do Governo Fernando Collor de Mello. Brasília, 1989. (Arquivo do autor) pág. 11.

2 Diretrizes de Ação do Governo Fernando Collor de Mello. Brasília, 1989. (Arquivo do autor) pág. 15.

O AMBIENTE NO 'BOLO DE NOIVA'

As linhas gerais do que Collor pretendia implementar já estavam traçadas e os 23 ministérios que existiam no tempo de José Sarney seriam substituídos por 12 novas pastas, já anunciadas no programa de governo apresentado ao TSE. O presidente sabia o que pretendia fazer, mas não sabia como. Era preciso, antes de mais nada, levar em conta os pontos que a nova Constituição tinha definido como obrigação do governo federal. A estrutura ministerial deveria estar em perfeita sintonia com a Carta de 1988. Com um plano econômico para elaborar, uma equipe de economistas para coordenar e uma série de missões oficiais para cumprir em nome de Collor, Zélia não tinha como dar conta de tudo o que estava sob sua responsabilidade.

A intenção dela era coordenar os trabalhos relacionados com o pacote econômico e com o programa de privatizações, uma das prioridades anunciadas por Collor. E queria que eu cuidasse de todo o resto. Ou seja, que coordenasse os grupos encarregados de elaborar os programas setoriais, propor um novo desenho para o Estado brasileiro e definir as atribuições de cada um dos 12 ministérios. Queria, também, que eu cuidasse da reforma patrimonial naquilo que se referia à venda dos imóveis e de veículos.

A ideia, a princípio, não me entusiasmou — eu não tinha a menor vontade de voltar a viver em Brasília. Mas Zélia insistiu e pediu que fosse na segunda-feira seguinte a Brasília para ajudá-la a colocar ordem no Bolo de Noiva. Queixou-se de que o ambiente no grupo de transição estava muito desorganizado. As equipes de trabalho setoriais vinham funcionando sem uma coordenação que as unisse e todos estavam vulneráveis às pressões dos "novos velhos amigos" que, a todo custo, tentavam se aproximar para interferir e defender interesses que não eram propriamente os do governo. Concordei em ir à capital para avaliar a situação. Estudaria o cenário e ajudaria a definir as atribuições de cada equipe. Mas não pretendia me mudar de São Paulo naquele momento.

Conversei com Müller, que concordou com a viagem. Providenciei uma passagem e, na segunda-feira seguinte, viajei para Brasília. Assim que desembarquei, tomei um táxi e, antes das nove da manhã, pisei pela primeira vez no Bolo de Noiva. A ideia era chegar, me inteirar da situação, acompanhar a instalação dos grupos de trabalho, sugerir as providências que julgasse necessárias e voltar para casa o mais depressa possível. Levei na bagagem de mão, além de objetos pessoais, roupas suficientes para dois ou três dias. Zélia, que além do próprio Collor era a única que tinha uma sala exclusiva no Bolo de Noiva, tinha dito quando me pediu para ajudá-la que o lugar estava uma bagunça. E estava mesmo.

O lugar não oferecia a menor privacidade, nem mesmo para os técnicos que lidavam com informações sigilosas. O entra e sai era intenso e, naquele ambiente, não existia a mínima possibilidade de levar adiante um trabalho sério e delicado como aquele. No caso específico da Reforma Administrativa, além da redução do número de ministérios anunciada desde a campanha, haveria também a extinção de empresas cuja existência não se justificasse aos olhos da Constituição e da racionalidade da gestão pública. Muitas das propostas discutidas no Bolo de Noiva afetariam a vida de milhares de servidores públicos que viviam na capital federal e em outras partes do país. Era preciso tato e discrição. Qualquer medida mais rumorosa que fosse divulgada antes da hora poderia gerar uma reação contrária ao novo governo mesmo antes da posse.

O DESENHO DA ESPLANADA

Com os estudos desenvolvidos por Pedro Bara Neto ainda durante a campanha eleitoral em mãos, começamos a trabalhar. Eu o conheci em Brasília, em 1986, quando trabalhei na equipe de Dílson Funaro, e o encontrei em algumas das reuniões que deram origem ao programa de Collor. Engenheiro de formação, com mestrado em Stanford, nos Estados Unidos, ele fez um trabalho consistente no que diz respeito ao organograma do novo governo. O problema é que, por melhor que fossem, as reformas imaginadas não estavam consolidadas num documento que tivesse começo, meio e fim. Havia gráficos, esquemas e um conjunto de conceitos extremamente lógicos. Faltava traduzir aquilo tudo para a letra da lei.

A pedido de Zélia, me reuni com Bara e com o procurador da Fazenda Nacional Carlos Marcial, outro velho conhecido, que teria papel estratégico nas reformas propostas pelo governo. Se Bara foi o arquiteto da reforma administrativa, Marcial chamou para si a responsabilidade de dar forma jurídica às ideias que saíam das cabeças dos técnicos encarregados de propor um novo desenho para o Estado brasileiro.

O trabalho era complexo e os dois tinham a exata noção das dificuldades que cercavam aquela tarefa. Bara e Marcial tinham estudado com atenção o Decreto-Lei 200 e todas as alterações que o texto original sofreu ao longo dos 23 anos que estava em vigor. Ambicioso para a época de sua criação, o decreto tinha modernizado a administração pública brasileira que, em 1967, ainda seguia o modelo desenhado por Luiz Simões Lopes em 1938, sob a ditadura do Estado Novo, de Getúlio Vargas.

Esse, aliás, é um detalhe importante e mostra como é difícil modernizar a estrutura administrativa num país como o Brasil. Ao criar o DASP, em 30 de julho de 1938, Vargas promoveu um avanço considerável em relação à estrutura

AS REFORMAS E O NOVO DESENHO DO ESTADO

do serviço público brasileiro, que funcionava sem maiores alterações desde os tempos do império. As mudanças implantadas pelo Estado Novo na máquina estatal só foram alteradas para valer quase 30 anos depois, pelo Decreto-Lei 200, em outra ditadura, a militar. Em momentos de normalidade democrática, embora diversas tentativas de reformar o Estado brasileiro tenham sido feitas, ninguém conseguiu dotá-lo de um desenho mais leve e mais moderno.

O próprio Vargas, quando voltou ao poder pelo voto, em 1950, tentou mexer na estrutura que ele mesmo havia criado. Em 1953, seu governo apresentou um projeto de modernização do Serviço Público – mas a resistência corporativa foi tamanha que a proposta sequer chegou a ser discutida pelo Congresso. A modernização foi tentada novamente, no governo Juscelino Kubitschek. Também não deu certo. Uma outra, conduzida pelo deputado Ernani do Amaral Peixoto, no governo de João Goulart, também morreu sem sair do papel. Ninguém parecia capaz de desatar aquele nó.

A FORÇA DO DECRETO LEI 200

A resistência do serviço público a qualquer proposta de mudança sempre existiu e continuaria existindo sempre. E tendia a ser tão intensa que o próprio marechal Humberto de Alencar Castello Branco achou melhor não jogar gasolina numa fogueira que parecia apagada. Por mais ditador que fosse, Castello nunca dispensou a fantasia de democrata. Ainda que sua caneta tivesse o poder de cassar mandatos parlamentares e tirar o emprego de quem se opusesse às ideias dos militares, ele na maioria das vezes se preocupou a submeter suas decisões ao Congresso. No caso da reforma administrativa, no entanto, Castello Branco preferiu não correr riscos. E decidiu baixar um Decreto-Lei que entrou em vigor sem ser submetido a qualquer tipo de apreciação parlamentar.

Elaborada por uma comissão de 12 especialistas, presidida pelo advogado Hélio Beltrão e sob inspiração das ideias liberais dos ministros Octavio Gouveia de Bulhões e Roberto de Oliveira Campos, a necessidade da reforma tinha sido anunciada pelo próprio Castello Branco na mensagem encaminhada ao Congresso Nacional em 1965. Ali, ele prometia modernizar a "emperrada máquina administrativa, extraordinariamente centralizada e inteiramente incapaz de atender as mais elementares necessidades do serviço público". Mas já avisava que não a submeteria ao legislativo.

Castello prometeu uma reforma ampla, cujo objetivo seria "obter que o setor governamental possa operar com a eficiência de empresa privada"[3]. A verdade é

---

3 http://www.biblioteca.presidencia.gov.br/publicacoes-oficiais/mensagem-ao-congresso-nacional/mensagem-ao-congresso-nacional-castelo-branco-1965#acontent

que, mesmo sem ter sido submetido ao Congresso, o Decreto-Lei nº 200 alterou e deu mais racionalidade à estrutura administrativa. Mas assim como aconteceu com a reforma feita por Vargas, o efeito modernizador da reforma de Castello não resistiu às exigências impostas pela própria evolução do país. Em outras palavras, aquela estrutura não se mostrava capaz de atender às exigências de um Estado moderno.

A ESTRUTURA ADMINISTRATIVA PARALELA

Uma das características identificadas pela equipe logo no início dos trabalhos foi o deslocamento do poder da administração direta para a administração indireta promovido pelos militares. Embora os ministérios tivessem repartições responsáveis pela administração dos portos, das siderúrgicas, do sistema elétrico e da telefonia, os próprios militares entenderam que a estrutura implantada por Castello criava amarras que, a seu ver, tirava a eficiência da administração pública. A pretexto de dar agilidade e descentralizar a administração, criou-se uma estrutura paralela de administração pública.

A Portobras, a Siderbras, a Eletrobras, a Telebras e uma série de outras organizações destinadas a conferir agilidade à administração assumiram responsabilidades que deveriam ser atribuídas à administração direta. A questão é que os mesmos mecanismos imaginados para lhes dar agilidade dificultaram o controle sobre elas. As estatais acabaram estabelecendo suas próprias políticas de cargos, salários e benefícios e pareciam competir entre elas para ver qual era a mais generosa com seus empresários.

As *holdings* destinadas a resolver o problema da administração pública acabaram, em pouco tempo, se transformando em um dos maiores problemas dessa mesma administração pública. As distorções salariais eram justificadas por uma visão propositalmente distorcida sobre o mercado de trabalho. Dizia-se que as empresas privadas pagavam salários elevados e distribuíam benefícios. Se as estatais não seguissem o mesmo caminho, não conseguiriam atrair e reter os melhores talentos.

Um dos objetivos da reforma administrativa de Collor era justamente corrigir essa distorção. Definiu-se, logo na largada, que a estrutura paralela seria desmontada e que a administração direta seria fortalecida por medidas que a tornariam mais poderosa e, ao mesmo tempo, mais enxuta e mais ágil. Aquilo, é claro, significava um golpe violento contra um conjunto de interesses poderosos que se acumularam em torno daquelas *holdings*. Cada uma delas reunia, além de seus próprios empregados, um grupo de fornecedores e prestadores de serviço que não chegaram ali por acaso. Mexer com aquela estrutura significava

A CONFUSÃO DA ADMINISTRAÇÃO PÚBLICA

Foram três dias de trabalho intenso. Eu tinha prometido à Zélia que só voltaria para casa depois de apresentar um diagnóstico da situação. E foi o que fiz. Quando o trabalho ficou pronto, me despedi de Marcial e de Bara e me coloquei à disposição deles, caso precisassem de ajuda. Já no final da tarde, passei pela sala de Zélia para entregar o documento com minhas sugestões e me despedir. Disse que tinha compromissos à minha espera e precisava voltar para São Paulo. Desejei boa sorte à Zélia e avisei que estava indo embora.

Zélia recebeu o material que produzi e, antes de fazer qualquer comentário, pediu licença para se ausentar por alguns minutos. "É rápido", disse. Minutos depois, ela voltou. Mas não veio sozinha: Collor entrou na sala junto com ela. Me levantei para cumprimentá-lo. Não tinha estado com ele desde o segundo turno da eleição. "Presidente, ainda não tive o prazer de dar os parabéns pela vitória", falei. Ele agradeceu rapidamente e logo disse: "Quero te agradecer muito. Zélia me disse que você aceitou cuidar da Reforma do Estado." Levei um susto e lancei um olhar de desaprovação na direção de Zélia. Collor prosseguiu: "Vou viajar e, quando voltar, gostaria de ver tudo pronto."

Uma coisa era recusar o convite de Zélia. Outra, muito diferente, era fazer o mesmo com Collor. "Não se diz não ao presidente", diz um velho princípio repetido por todo mundo que já trabalhou em Brasília. A partir daquele momento e pelo menos até a conclusão do trabalho, eu integraria a equipe de transição. Saí do Bolo de Noiva, fui a um shopping center, comprei algumas camisas e outras peças de roupa e me conformei.

A partir daquele instante, passei não só a coordenar o grupo responsável pela Reforma do Estado, como, também, a organizar as equipes setoriais que cuidariam da Saúde, da Previdência, da Infraestrutura, dos programas sociais e de tudo que não dissesse respeito à economia. Essa parte ficaria sob responsabilidade direta de Zélia. Só então me dei conta de que o tempo para que tudo ficasse pronto, que eu tinha considerado escasso na minha primeira conversa com Carlos Marcial e Pedro Bara, era muito mais exíguo do que me parecera no início.

Depois que a Reforma Administrativa e a Reforma Patrimonial estivessem prontas, pouco mais de dois meses do início dos trabalhos no Bolo de Noiva, muita gente as questionaria por um suposto excesso de improvisação e de voluntarismo. Os críticos apontariam a falta de critérios para a extinção dos antigos e para a criação dos novos órgãos da administração pública — assim como se queixariam da falta de clareza para o corte de pessoal na administração direta, nas autarquias, nas fundações e nas empresas estatais. Mais do que injusta, essa crítica revela a ignorância total sobre o trabalho da equipe de transição.

A reforma não se resumiu, como costumam dizer os menos informados, à redução da quantidade de ministérios e à fusão improvisada das pastas existentes. Da mesma forma, nada houve de aleatório na meta de redução de pessoal. Críticas como essas só se explicam pela falta de apreço pela verdade e pela má fé. Quem as ouve fica com a impressão de que o Estado brasileiro, antes da posse de Collor, funcionava com precisão de relógio suíço.

Pelo tom das críticas, o Estado tinha tudo sob controle até aquele momento: sabia exatamente o número de funcionários públicos, sabia onde estavam lotados e quanto custavam ao Tesouro em salários e benefícios. O acesso ao serviço público, por essa visão, só era definido por concurso. Não faltavam medicamentos nem vagas nos hospitais públicos. As estradas eram seguras e bem pavimentadas... Enfim, o país era um exemplo de organização até que Collor surgisse para tirar tudo do lugar.

As vozes contrárias — muitas das quais pertenciam a quem teve interesses atingidos pela reforma — insistem que aquele trabalho foi marcado pelo improviso e pelo açodamento. A verdade, porém, é que o funcionamento do Estado brasileiro herdado por Collor estava distante da perfeição. As carreiras públicas eram confusas e havia absurdos assustadores. Nunca consegui saber, por exemplo, quais eram as atribuições exatas do "Substituto do Chefe da Divisão de Acompanhamento e Controle da Coordenadoria Técnica da Comissão Para a Concessão de Benefícios Fiscais e Programas Especiais de Exportação da Secretaria Especial de Desenvolvimento Industrial." Esse foi um dos cargos extintos na reforma.

Também é fato que nada do que saiu do bolo de noiva foi resultado de decisão repentina. Houve, para começar, um levantamento de dados tão preciso e criterioso quanto permitiam os controles frouxos gerados pelos governos que nos antecederam. Cada setor do governo foi estudado por especialistas na área. No auge dos trabalhos, mais de 400 técnicos, a maioria deles funcionários públicos de carreira, com experiência em suas áreas de atuação, deram expediente no Bolo de Noiva.

O trabalho mereceu críticas de quem não se preocupou em conhecer os detalhes ou — ainda mais comum — de quem teve os interesses contrariados pela reforma. Da minha parte, prefiro ficar com os elogios que recebi por telefone do professor Hely Lopes Meirelles. Que, mais tarde, os confirmou por escrito em uma das atualizações de seu clássico Direito Administrativo Brasileiro.

Considerada a maior referência da Administração Pública do Brasil, o livro do professor registra que "A Reforma Administrativa de 1990 manteve, ainda que não expressamente, os princípios fundamentais da de 1967 (Dec.-lei 200/67, art. 6º), com a preocupação maior de diminuir o tamanho da máquina pública, simplificar os procedimentos administrativos e, consequentemente, reduzir as despesas causadoras do deficit público. Para a obtenção desse fim, foram editados decretos e medidas provisórias, visando à extinção e privatização de órgãos e de entidades da Administração federal, instituindo nova sistemática monetária e reorganizando a Presidência da república e os Ministérios[4].

OS PRIMEIROS NOMES DO MINISTÉRIO

A agenda internacional de Collor foi intensa. No mesmo sábado, dia 27 de janeiro de 1990, ele esteve com os presidentes dos três países que negociavam com o Brasil a criação do Mercosul. Esteve com Carlos Menem, na Argentina, Luís Gonzáles Macchi, no Paraguai, e com Luís Alberto Lacalle, presidente eleito, no Uruguai. Na volta, anunciou os quatro primeiros nomes de sua equipe. Foram apresentados ministros militares: Carlos Tinoco, do Exército, Sócrates Monteiro, da Aeronáutica, e Mário César Flores, da Marinha. Collor, em seguida, revelou o nome do outro auxiliar que, além de Zélia, teria direito a uma sala exclusiva no Bolo de Noiva: o deputado amazonense Bernardo Cabral, futuro ministro da Justiça.

Cabral integrava a equipe de transição desde o primeiro momento. Ele trazia para o novo governo a notoriedade de ter sido o relator da Constituinte. Deputado cassado pelo AI-5 logo na primeira leva, em 1968, era o presidente nacional da OAB, em 1981, no momento do atentado no Riocentro. Com fama e postura de grande conhecedor do Direito, Cabral revelou desde o início ter mais pompa do que circunstância. E demonstrou mais capacidade para criar do que para resolver problemas. No primeiro momento, a pompa falou mais alto e a presença de Cabral na equipe foi saudada como um lance genial de Collor.

Com uma pequena comitiva, o presidente tomou em São Paulo um voo de carreira para Nova York e se pôs a cumprir a agenda apertada elaborada por seu cunhado e futuro Secretário, o embaixador Marcos Coimbra. Por onde passou, atraiu gente graúda e interessada em conhecer o primeiro presidente eleito pelo voto direto no Brasil desde 1961. Nos Estados Unidos, antes de encontrar com o presidente George Bush, em Washington, e diante de uma plateia de banqueiros em Nova York, pediu 100 dias para organizar o país e criar condições favoráveis para os investimentos estrangeiros no Brasil.

---

4 Meirelles, Hely Lopes. Direito Administrativo Brasileiro, 17ª Edição. Malheiros Editores, São Paulo, 1991.

144   O ESTADO A QUE CHEGAMOS

O pedido foi feito durante um evento promovido pela *Americas Society*, uma entidade que atuava no mundo da política e dos negócios nos Estados Unidos, e realizado no hotel *Waldorf-Astoria*. O encontro estava previsto, inicialmente, para acontecer no *Starlight Room*, um salão para 500 pessoas no 18º andar do hotel. Teve que ser transferido para o *Great Ball Room*, para 650 convidados. E dezenas de pessoas ainda ficaram de fora[5].

Depois dos Estados Unidos, Collor foi direto para Tóquio, onde foi recebido pelo primeiro-ministro Toshiki Kaifu. Em Moscou, encontrou-se com o líder Mikhail Gorbachev, pai da *Perestroika*, o processo de transição do comunismo para o capitalismo, que acabaria levando ao fim da União Soviética. Na Alemanha, que vivia a euforia pela queda do muro de Berlim apenas dois meses antes, reuniu-se com o primeiro-ministro Helmuth Kohl, de quem ouviu uma frase que traduzia a expectativa que o mundo depositava nele. "Fico feliz em saber que seu programa de governo favorece a economia de mercado", disse Kohl.

O que se percebia na viagem era que o Collor presidente eleito continuava sendo o mesmo Collor da campanha. Diante de um grupo de empresários alemães, fez uma crítica direta às montadoras instaladas no país. "Comparados com os estrangeiros, os automóveis brasileiros parecem carroças"[6], disse o presidente-eleito, no país que era o berço da Volkswagen. A montadora alemã era, até ali, a líder entre os fabricantes de automóveis do Brasil. O presidente esteve ainda em Roma, Paris, Londres, Madrid e Lisboa. Ao todo, foram nove países em menos de duas semanas de viagem. Era o tempo que tínhamos para concluir as propostas da Reforma Administrativa.

---

5 Collor é bem recebido por banqueiros em Nova York. *Folha de S. Paulo*, 26 de janeiro de 1990.

6 Veja, 1116, 7 de fevereiro de 1990, pág. 30

CAPÍTULO 10

A CONSTRUÇÃO DO ESTADO POSSÍVEL

Enquanto Collor, acompanhado por Zélia, Coimbra e mais um grupo reduzido de assessores, cumpria uma agenda internacional intensa, o trabalho no Bolo de Noiva prosseguia em ritmo acelerado. O esboço da Reforma Administrativa estava pronto quando o presidente retornou ao Brasil. Faltava, agora, o detalhamento das medidas e a finalização das leis que sustentariam as mudanças prometidas. Enquanto eu coordenava as equipes responsáveis pelas Reformas Administrativa e Patrimonial, Zélia comandava os economistas responsáveis pela elaboração do novo Plano Econômico.

O roteiro estava traçado e não tínhamos dúvidas em relação ao melhor caminho a seguir. Mas sempre havia o receio de que algo saísse errado. O emaranhado jurídico com o qual tínhamos que lidar era complexo e o tempo parecia insuficiente para dar conta de tudo. Mas o que tinha que ser feito, tinha que ser feito.

O maior desafio foi acomodar toda a estrutura de governo, que na administração de Sarney se espalhava por 23 ministérios, nas 12 pastas prometidas por Collor. O presidente não aceitava uma pasta a mais do que estava escrito em seu programa de governo e não era imaginável que uma administração de um país complexo como o Brasil tivesse um número de ministérios inferior a este. A estrutura se completaria com seis Secretarias ligadas diretamente à presidência.

Mais uma vez, as vozes contrárias se levantaram para dizer que as novas secretarias nada mais eram do que os velhos ministérios sob uma nova roupagem. Para os críticos de plantão, a despeito de Collor ter prometido um governo mais compacto e ágil, a administração continuaria inchada por um número elevado de repartições. Ou seja, a promessa de modernização não passava de espuma jogada ao vento.

Não era bem assim. Aliás, exatamente como se viu nas outras críticas, essa também só podia ser fruto de desinformação ou de má-fé. Sem querer fazer piada, convém esclarecer que ministro é ministro e secretário é secretário. Numa definição ligeira, quanto menos ministérios houver na estrutura administrativa e quanto mais bem definidas forem as atribuições de cada uma das pastas, mais ágil e eficiente o governo tende a ser. Ministros têm responsabilidade e autonomia sobre sua área de atuação. Todo decreto assinado pelo presidente da República traz, junto, a assinatura do Ministro responsável pela área afetada pela medida.

As secretarias, por sua vez, são órgãos da presidência da República e ainda que seu titular tenha *status* de ministro, sua assinatura não tem valor legal nos decretos presidenciais. Na estrutura da Presidência da República há dois tipos de Secretários. De um lado, aqueles que integram o gabinete pessoal do chefe de governo e executam tarefas de secretaria particular e de ajudância de ordens. Na outra ponta estão os órgãos de assessoramento estratégico. No caso do governo Collor, haveria sete desses órgãos: Cultura, de Ciência e Tecnologia, Meio Ambiente, Desenvolvimento Regional, Desportos, Administração Federal e Assuntos Estratégicos.

E aqui há outra diferença importante entre um ministério e uma secretaria. As secretarias não têm orçamento próprio. Suas atividades são financiadas por recursos destinados à Presidência da República. Cada ministério, além do orçamento, tem sua própria Secretaria de Controle Interno, CISET. Trata-se de um órgão encarregado de zelar para que todas as medidas tomadas pelo titular da pasta e por seus assessores estejam de acordo com as normas e com a lei. Enquanto isso, todos os órgãos da Presidência da República são controlados por uma única CISET.

A ideia é entender a Presidência da República como um órgão administrativo, aliás trouxemos da reforma de Castello. Uma das primeiras providências administrativas do governo Castello Branco, no início do regime militar, foi extinguir o Ministério do Planejamento, criado por João Goulart e ocupado pelo economista Celso Furtado. As atribuições da pasta foram, no governo militar, transferidas para uma Secretaria diretamente ligada à presidência da República. Seu primeiro ocupante foi o embaixador Roberto de Oliveira Campos, um dos formuladores das reformas de Castello. Outro titular poderoso do Planejamento foi Antônio Delfim Netto, no governo João Figueiredo.

Campos e Delfim tinham status de ministro e como ministros eram tratados. Mas o órgão que chefiaram permanecia sendo uma secretaria. Outro órgão importante foi a poderosa Secretaria de Orçamento e Finanças, a SOF, que existiu até o governo Sarney. As secretarias têm estruturas reduzidas em relação às dos ministérios e contam com apenas uma CISET para todas elas. Isso valia durante o regime militar e valeu, também, para as secretarias que a Reforma Administrativa de Collor criou com a missão de conferir agilidade ao governo e oferecer suporte ao presidente.

A PROPOSTA DE UM ESTADO MENOR

Repartições com o nome de Ministério seriam doze. Ponto final. E com um agravante que já era conhecido desde o primeiro dia em que se discutiu esse tema no Bolo de Noiva: não havia clima para unificar, como seria mais racional, as pastas

A CONSTRUÇÃO DO ESTADO POSSÍVEL   **147**

militares sob um único Ministério da Defesa, o que só seria feito alguns anos mais tarde, já no segundo governo de Fernando Henrique Cardoso. Cada arma — Exército, Marinha e Aeronáutica — teria um ministério para chamar de seu. E para que não houvesse dúvidas em relação a isso, os ocupantes das pastas foram os primeiros a serem anunciados por Collor.

Restavam, portanto, nove ministérios para acomodar as funções de governo até então espalhadas por 20 pastas na Esplanada. A da Justiça, que seria ocupada por Bernardo Cabral, também não sofreria mudanças. Restavam, então, oito caixas para acomodar os 19 ministérios restantes. Além da Justiça, o Itamaraty tinha atribuições específicas demais e deveria permanecer sozinho. Com a pasta da Saúde também não havia muito o que fazer. Agora, 15 ministérios deveriam caber em seis caixinhas.

Com base nos levantamentos feitos por Bara, começamos a mexer as peças e a visualizar a nova estrutura administrativa do país. E a distribuir as funções pelas novas pastas que seriam criadas. Logo na largada, ficou decidido que as atribuições do Ministério da Fazenda e da Secretaria do Planejamento seriam reunidas numa mesma pasta, a da Economia. Ela assumiria, também, as responsabilidades de parte do antigo Ministério da Indústria e Comércio. A Agricultura, responsável pela produção, passaria a cuidar também das questões fundiárias. No governo Sarney, os problemas relacionados com a posse da terra eram administrados por uma pasta autônoma, a da Reforma Agrária.

Um ministério poderoso englobaria tudo o que dissesse respeito à infraestrutura nacional. O nome seria justamente esse: Ministério da Infraestrutura, com hífen, de acordo com a grafia da época. Ele teria sob seu comando quatro Secretarias Nacionais cujas atribuições, até aquele momento, estavam sob a responsabilidade de ministérios poderosos e muito cobiçados nos governos anteriores: os transportes, as telecomunicações, a siderurgia e a metalurgia e, finalmente, as minas e a energia. Seria um ministério parrudo o suficiente para colocar na mão de seu titular uma das canetas mais poderosas de toda a Esplanada.

Das 215 estatais que existiam no início do governo Collor, as maiores e mais poderosas estavam entre as 125 empresas abrigadas sob o guarda-chuvas da nova pasta. Caberia a esse ministério modernizar as empresas públicas e torná-las mais eficientes para que alcançassem preços melhores quando fossem postas à venda. Se a pasta não fizesse o que dela se esperava — ou seja, viabilizar a venda das empresas —, o governo certamente empacaria e não avançaria com a promessa de tornar-se mais enxuto.

O programa de desestatização foi transformado em política de Estado e posta sob o comando do Presidente da República — e sua implementação foi confiada à Comissão Nacional de Desestatização, que seria comandada por Eduardo

148   O ESTADO A QUE CHEGAMOS

Modiano, presidente do BNDES. O plano era vender, até o fim do mandato de Collor, a Usiminas, CSN, Cosipa, CST e Açominas, além de uma sexta, a Acesita, que não pertencia ao sistema Siderbras. Outras empresas, como a mineradora Vale do Rio Doce, a Caraíba Metais, além da Embraer, fabricante de aviões, das concessionárias de eletricidade e de telecomunicações também foram incluídas na lista. A rigor, toda empresa pública, a menos que sua atividade estivesse incluída na Constituição como um monopólio da União era, em tese, privatizável.

O PRINCIPAL E O ACESSÓRIO

Durante a transição, a privatização foi vista e estudada por uma equipe específica, liderada por Venilton Tadini, sob o comando direto de Zélia. No que diz respeito a mim e à minha equipe, a missão era cuidar dos detalhes que sustentariam a nova estrutura do Estado que substituiria aquela criada pelo Decreto-Lei 200. O desafio não era apenas juntar os noves ministérios restantes nas quatro pastas que completariam as 12 prometidas por Collor. A nova estrutura deveria dar conta de todas as atribuições de governo previstas na Constituição e ter uma lógica jurídica que a mantivesse de pé. "O ideal", defendi certa vez numa conversa com Pedro Bara, altas horas da noite, numa sala de reuniões no Bolo de Noiva, "seria extinguir o governo passado e criar um novo".

Aquilo foi dito em tom de desabafo, num momento em que procurávamos uma solução para um dos problemas mais delicados da reforma: o governo viveria um conflito interno permanente se colocássemos o mundo antigo para conviver com o novo. A nova estrutura deveria incorporar as funções e as responsabilidades previstas na Carta, mas não precisava trazer para dentro da administração as repartições que existiam no passado para dar conta do trabalho. Se nos preocupássemos em acomodar cada repartição no novo organograma ministerial, corríamos o risco de deixar de fora alguma estrutura importante. Se nos preocupássemos em distribuir as responsabilidades por novas repartições, o risco seria bem menor.

Daquele desabafo surgiu a solução para o problema: não se pode cortar o caule de uma árvore e deixar o galho vivo. Sempre que se extingue o principal, o acessório morre junto. Se extinguíssemos um ministério, todos os órgãos ligados a ele seriam automaticamente extintos. Assim, não teríamos que nos preocupar com a estrutura que estava ficando para trás e sim com o Estado que pretendíamos montar.

O assunto foi debatido no dia seguinte com Carlos Marcial, que não apenas concordou com a lógica da proposta como percebeu o sentido jurídico existente tão logo comecei a relatá-la. Bastou que eu dissesse a "sempre que se extingue o principal..." para que ele complementasse: "...o acessório é extinto junto". Se extinguíssemos os velhos ministérios e déssemos vida a outros, com suas atribuições

A CONSTRUÇÃO DO ESTADO POSSÍVEL   149

totalmente subordinadas à nova Constituição, conseguiríamos evitar uma série de contestações e de aborrecimentos. Aquilo representou uma mudança na forma de alterar a estrutura ministerial no Brasil. Em outros momentos da história, governos promoveram a fusão pura e simples de Ministérios. Aquilo gerava uma confusão enorme, com superposição de cargos, duplicidade de funções e encavalamento de rubricas orçamentárias. Agora, não. Dentro de estruturas completamente novas, esse risco não existiria. A reforma administrativa envolveu muito mais trabalho do que a extinção de antigos e a criação de novos ministérios.

Na nossa proposta, a administração pública direta deveria recuperar o protagonismo que se perdeu com o surgimento da estrutura paralela criada no passado para resolver problemas pontuais. Era necessário, portanto, definir um organograma de funcionamento que seria replicado em todas as repartições da administração. Criticado por muitos, fizemos um movimento de concentração que, na nossa forma de ver, era necessário para que o governo passasse a ter comando administrativo sobre a máquina pública. Fizemos, também, uma ampla reclassificação de cargos, cujos nomes dariam a ideia imediata das atribuições de seus ocupantes.

A intenção inicial era passar a chamar de vice-ministro o segundo na hierarquia de cada pasta, que até ali era chamado de Secretário-Geral. Isso já acontece em outros países. Na nossa visão, enquanto o titular seria responsável pela implementação das políticas de governo do ministério para fora, o vice-ministro cuidaria de tudo o que acontecesse dentro de casa. Ele seria responsável pelo bom funcionamento da máquina. Mantivemos essa ideia, mas ao invés de chamar o ocupante de vice-ministro, o chamaríamos de Secretário Executivo. Se tivéssemos mudado a denominação, correríamos o risco de ver aumentar as pressões por indicações políticas para o posto. Chamando-o de Secretário Executivo, deixávamos claro que se tratava de um cargo técnico e subordinado ao titular da pasta.

Abaixo da Secretaria Executiva, viriam as Secretarias Nacionais. Sob elas, haveria os Departamentos e, sob esses, os Serviços. Todos os ministérios teriam exatamente o mesmo modelo, o que facilitaria o acompanhamento e o controle de suas atividades. Queríamos deixar tudo pronto para que cada funcionário soubesse exatamente para onde se dirigir e o que deveria fazer no dia 15 de março, quando Collor tomaria posse.

Novos organogramas foram desenhados e as caixinhas correspondentes a cada cargo foram deixadas vagas para que o presidente, depois de ouvir seus assessores, as preenchesse com nomes de sua confiança. O ideal, para nós, era de que apenas o Secretário Executivo e os Secretários Nacionais fossem cargos de confiança, com livre provimento pelo titular da pasta. Todos os demais deveriam ser, idealmente, funcionários públicos de carreira. Foi exatamente isso que aconteceu.

SEGURIDADE

Um fantasma que nos perseguia era o risco de chegar ao dia 15 de março de 1990 e darmos conta, na hora da posse, de que algo tinha ficado de fora. Resisti o quanto pude à fusão das funções abrigadas no Trabalho e na Previdência Social num mesmo ministério. Mas essa ideia acabou prevalecendo. Na época, defendi que o mais sensato seria criar o Ministério da Seguridade Social para assumir a maior parte das responsabilidades previstas nos artigos 194 e 195 da Constituição — a Previdência e a Assistência Social.

Seria um superministério e teria o mérito de manter sob a mesma estrutura a administração de áreas complementares, que, historicamente, eram e continuariam sendo tocadas de forma descoordenada e ineficiente. A ideia não prosperou. Algumas pastas ou atividades do governo, como Habitação, Saneamento, Promoção Social e Defesa Civil, seriam colocadas sob o guarda-chuvas de outro ministério poderoso, o da Ação Social. Abaixo dele ficaria um conjunto respeitável de autarquias e fundações, como a LBA, a Funabem, a Secretaria de Ação Comunitária e diversos outros organismos.

Também insisti até o último momento na necessidade de não tirar da Casa Civil a condição de Ministério. Ele seria encarregado de ordenar despesas, de coordenar os órgãos de assessoramento e as atividades da Presidência da República. Eu considerava a necessidade de tirar do gabinete pessoal do presidente a responsabilidade pelo ordenamento das despesas mais rotineiras do Palácio. Se essas despesas fossem ordenadas por uma Secretaria, a responsabilidade sobre elas seria do Presidente da República. Se continuassem como estavam até aquele momento, sob a responsabilidade de um Ministério com autonomia, atribuições específicas e responsabilidades bem definidas, a responsabilidade sobre elas seria do ministro. A presidência precisa de um Ministério "da casa", eu dizia. Mas não teve jeito: Collor insistiu na ideia de não ter mais do que 12 ministérios — e isso, ao contrário do que se insinuou na época, não teve nada a ver com a superstição em relação ao número 13.

PREOCUPAÇÃO COM A CONSTITUIÇÃO

Manter a Casa Civil como ministério, nos termos entendidos pelo embaixador Marcos Coimbra, provocaria ciúmes nas Forças Armadas e nos obrigaria a conservar uma Casa Militar com o mesmo status. Bobagem. Posteriormente conversei sobre isso com os militares e todos negaram essa possibilidade. A insistência de Coimbra nesse ponto nos levou a concluir que, entre ficar com as 12 pastas do projeto original ou as 14 que surgiriam com a criação de uma Casa Civil e uma Casa Militar, a primeira hipótese era melhor. Collor considerava essencial promover uma redução substancial em relação à estrutura administrativa que seria herdada

A CONSTRUÇÃO DO ESTADO POSSÍVEL 151

do governo Sarney. Não bastava promover o enxugamento da máquina pública, era preciso mostrar que a lógica do governo havia mudado.

A pasta da Educação foi mantida como era, embora tenhamos pensado em criar um ministério para abrigar Ciência, Tecnologia e Universidades. Nessa proposta, o Ministério da Educação manteria as responsabilidades sobre o ensino fundamental e o ensino médio — ou, como se dizia na época, o ensino básico e o secundário. A pasta seria a responsável pela articulação de uma política nacional de educação que eliminaria distorções regionais. O subproduto dessa divisão jogaria luz sobre uma distorção que se mantinha oculta no orçamento do ministério da Educação. A pasta destinava 82% de seus recursos para as universidades públicas e míseros 18% para os ciclos iniciais do aprendizado[1].

Todos esses temas foram estudados, inicialmente por mim e por Pedro Bara. Discutíamos cada problema nos mínimos detalhes — ele sempre enfocando a lógica da proposta, e eu chamando atenção para os aspectos jurídicos. Depois, o assunto era debatido com Carlos Marcial — que o analisava com a experiência de quem tinha trabalhado em todos os pacotes econômicos baixados em Brasília desde o Cruzado. Marcial esteve nos dois Cruzados com Funaro. Esteve na equipe do Plano Bresser e no Plano Verão, do ministro Maílson da Nóbrega. Sabia o que podia dar certo e o que podia dar errado.

A experiência de Carlos Marcial e dos técnicos da Procuradoria da Fazenda Nacional, que ajudaram a dar forma final às medidas, foi fundamental para evitar erros e desvios de rota — mas era praticamente impossível eliminá-los por completo de um documento que revolveria toda a estrutura de um Estado que havia crescido sem ordem e se expandido em todas as direções. Mas a intenção era evitá-los a qualquer preço e, nesse esforço, foi fundamental a postura do procurador-geral da Fazenda Nacional, Cid Heráclito de Queiróz, que liberou sua equipe para nos orientar e, mais do que isso, se envolveu pessoalmente na revisão final do plano.

Depois de muita discussão entre nós, Marcial, um advogado brilhante, validava os textos que produzíamos e os discutia com Cid Heráclito. Outro veterano dos pacotes econômicos embrulhados em Brasília, o procurador-geral analisava o material sob a ótica do que poderia ser questionado e do que certamente precisava ser corrigido. Detalhista e profundo conhecedor do Direito Público, ele foi responsável por substituir palavras e mudar o lugar de vírgulas que, se ficassem onde tinham sido postas numa noite de cansaço, poderiam alterar o sentido das leis que estavam sendo propostas. E também por estabelecer a coerência entre as diversas medidas e se certificar de que tudo estava de acordo com o texto da Constituição. Essa, por sinal, era a principal preocupação de nossa equipe. Não queríamos, em

---

1 Jornal de Brasília, 17.05.1990. Universidades exorbitam.

SISTEMA ÚNICO

Com tudo repassado e com todas as correções sugeridas incorporadas ao texto, o material era levado, então, ao professor Tércio Sampaio Ferraz para uma última revisão. Titular da Faculdade de Direito do Largo São Francisco e dono de um conhecimento jurídico extenso e sólido, Ferraz também analisava as leis e as Medidas Provisórias pela ótica da Constituição e da Teoria Geral do Direito. E fazia o ajuste fino antes que o material fosse finalmente levado para a avaliação final de Coimbra, Zélia e Collor.

Além de acompanhar e interferir em todas as etapas do processo, eu era quem entregava o trabalho ao presidente, em mãos. Depois, ouvia as cobranças e esclarecia as dúvidas. Descrito dessa maneira, o trabalho pode parecer lento e burocrático. Não podíamos nos dar a esse luxo. Tudo estava sob a supervisão de alguns dos maiores especialistas em administração pública do país e funcionava como uma linha de produção capaz de gerar e revisar páginas e páginas de documentos a cada dia.

Um trabalho especialmente delicado, que exigiu atenção em excesso, foi feito pelo grupo responsável pela Previdência Social. Ali estava um dos calcanhares mais vulneráveis daquele ou de qualquer outro governo – que mereceu atenção especial desde as discussões mantidas ainda durante a campanha eleitoral. Em 1977, preocupado em atender as demandas criadas pelo crescimento e pela urbanização do país, o general Ernesto Geisel colocou todas as atividades relacionadas com a previdência social sob um órgão chamado SINPAS. Subordinado ao ministério da Previdência, a repartição seria responsável por três Institutos, antes agrupados no INPS.

As aposentadorias, pensões e concessão de benefícios ficariam a cargo de um novo INPS, diminuído em relação ao que era no passado. Um novo órgão, o INAMPS, passou a cuidar do atendimento médico. O IAPAS, finalmente, seria responsável pela administração dos recursos humanos e financeiros da instituição. Em seus 13 anos de existência, o modelo se mostrou inadequado, ineficiente, sujeito a fraudes e, depois de 1988, incapaz de atender as exigências que a Constituição impôs ao sistema previdenciário.

Da equipe que tratou do assunto no Bolo de Noiva, fazia parte o paranaense Reinhold Stephanes, presidente do INPS no governo Geisel. Ou seja, estava na linha de frente quando o SINPAS foi criado e conhecia de dentro os problemas da Previdência Social. Também fazia parte do grupo o engenheiro Carlos Monte, um carioca bem-humorado e apaixonado pela escola de samba Portela.

A CONSTRUÇÃO DO ESTADO POSSÍVEL **153**

Especialista em previdência, Monte havia integrado a equipe do ex-ministro Raphael de Almeida Magalhães. Nas diversas discussões que tivemos, ficou claro que o atendimento médico à população não poderia ficar subordinado à mesma estrutura que cuidava do pagamento de aposentadorias e pensões. E que fazia menos sentido ainda ter uma repartição para administrar o dinheiro que entrava, o IAPAS, e outra para administrar o dinheiro que saía, o INPS. Receita e despesa deveriam fazer parte de um mesmo controle, como é óbvio para qualquer um.

A primeira decisão foi tirar o INAMPS da esfera da Previdência Social e transferir a responsabilidade pelo atendimento médico à população para o Ministério da Saúde. Seria o primeiro passo para a implantação do "sistema único de saúde", previsto pelo artigo 200 da Carta de 1988. Depois, era preciso fundir as responsabilidades do IAPAS e do INPS num único órgão, que ficaria responsável por implementar a política de Seguridade Social determinada pelo artigo 194 da Constituição.

O DESMONTE DO SERVIÇO NACIONAL DE INFORMAÇÕES

Outra decisão que tomou tempo e exigiu tato foi o que fazer com o Serviço Nacional de Informações. O "monstro" criado pelo general Golbery do Couto e Silva poucos meses depois do golpe de 1964 se consolidou como uma central de arapongagem, bisbilhotagem e intromissão na vida do cidadão, e sobreviveu até o dia da posse de Collor. Embora tentasse manter o país inteiro sob vigilância, dedicava atenção especial à administração federal. O SNI era a cabeça de um sistema que se espalhava por toda a estrutura do Estado.

Cada ministério tinha um Departamento de Segurança Interna, conhecido pela sigla DSI. E cada companhia estatal ou universidade pública tinha uma Assessoria de Segurança Interna, ASI, encarregada de acompanhar o que acontecia na instituição, de coibir a corrupção e de identificar e perseguir os adversários do regime abrigados na máquina pública. Todos esses órgãos, assim como a Polícia Federal e as delegacias especializadas das polícias estaduais, eram subordinados ao SNI.

Pelo tipo de trabalho que realizava e pela capacidade de ameaçar e controlar as pessoas, o "Serviço" tornou-se temido e, acima de tudo, poderoso. Emílio Garrastazu Médici e João Figueiredo, dois dos cinco generais que governaram o Brasil no período, passaram pela direção do SNI antes de chegar à presidência. E avalizaram o poder de uma comunidade de informações que passou a agir como se não devesse satisfação a ninguém.

Os agentes podiam fazer o que bem entendiam para obter os dados que procuravam. E chegaram até a ganhar um salvo-conduto presidencial. Assinado por Ernesto Geisel, o Decreto nº 79.099, do dia 6 de janeiro de 1977, aprovou o

Regulamento para Assuntos Sigilosos do governo. Pelo documento, os agentes de informações não podiam ser processados por suas ações, pois isso poderia comprometer informações importantes para a Segurança Nacional.

Quem conheceu os bastidores do Estado naquele momento garante que o temor inspirado pela comunidade de informações se justificava mais pela truculência do que pela eficiência dos arapongas. Uma piada que corria em São Paulo atribuída ao ex-governador da Guanabara, Carlos Lacerda, dizia que a agência local do SNI não funcionava às segundas-feiras pois, naquele tempo, o principal jornal da cidade, o *Estado de S. Paulo*, não circulava no primeiro dia útil da semana. Mesmo com todo aparato de que dispunham, era pelas páginas do *Estadão* e de outros jornais sujeitos à censura que a comunidade de informações seguia os passos dos adversários do regime.

A chegada dos primeiros ventos da redemocratização acendeu o sinal de alerta que deu início ao desmonte da estrutura. Muitos dos agentes que tinham patente militar, principalmente aqueles que contavam com a simpatia e a proteção dos superiores, foram reincorporados às Forças Armadas antes que o governo Figueiredo terminasse. Diversos "arapongas" foram aposentados ou devolvidos aos órgãos de origem sem deixar registro de sua passagem pela "comunidade de informações".

Com a Nova República, o SNI deixou de inspirar o mesmo temor de antes. Mesmo assim, manteve os sinais vitais e prosseguiu operando com alguma desenvoltura de antes, mesmo depois que a Constituição o considerou fora da lei. O inciso X do artigo 5º da Constituição classificou como "invioláveis a intimidade, a vida privada, a honra e a imagem das pessoas". Outro inciso, o de nº XII, protegia o sigilo das correspondências e das telecomunicações, ressalvando o poder da justiça de autorizar a eventual violação em caso da necessidade de uma investigação criminal. Ou seja, os métodos utilizados pelo SNI para realizar seu trabalho tornaram-se ilegais. Mesmo assim, o governo Sarney não moveu uma palha para desmontar o aparato e o general Ivan de Souza Mendes foi mantido na direção do "serviço" até o dia da posse de Collor. O problema, como era de se esperar, sobrou para nós.

A alteração mais significativa sofrida pelo projeto original de Reforma Administrativa foi justamente a criação da Secretaria de Assuntos Estratégicos, a SAE — que não estava prevista no projeto inicial. Era a mais enxuta entre todas as secretarias criadas naquele momento. Com apenas 11 cargos de confiança em sua estrutura, ela substituiria uma das organizações mais onipresentes do serviço público federal. Todas as DSI e ASI desapareceram com a reforma administrativa. Ainda antes da posse, ficou decidido que tudo que houvesse no SNI e ultrapassasse os limites da lei seria desmantelado. E isso não se referia apenas às atribuições, mas também à estrutura física do "serviço".

A CONSTRUÇÃO DO ESTADO POSSÍVEL **155**

Estrutura que, por sinal, nada tinha de modesta. Até 1990, funcionou em Brasília uma espécie de central telefônica às avessas. Ao invés de conectar, ela interceptava telefonemas e tinha capacidade de grampear até duas mil linhas analógicas, tudo, claro, sem o escrutínio do judiciário. Para um sistema de telefonia anacrônico como era o do Brasil naquele tempo, essa quantidade era absurda: o país podia não ter um sistema de telecomunicações eficiente. Mas o sistema de grampos era de última geração. Ainda durante a transição, decidimos que aquela parafernália seria desmontada e os equipamentos postos à venda como parte do programa de reforma patrimonial.

Collor entregou o comando da SAE a um de seus colaboradores mais próximos, Pedro Paulo Leoni Ramos. Os dois se conheceram no início dos anos 1980, quando Collor era prefeito de Maceió. A amizade foi consolidada quando o jovem político foi eleito deputado e se mudou para Brasília, onde o carioca Pepê, como era conhecido, estava radicado havia mais de 10 anos. Pepê apoiou o amigo na campanha para o governo de Alagoas, em 1986, e foi um dos responsáveis pela aproximação do governador eleito com Zélia Cardoso de Mello. No final de 1987, fez parte do grupo que viajou com Collor para a China e estava no restaurante Pato Laqueado, no jantar em que o amigo se declarou candidato à presidência da República.

Na SAE, e tendo Pedro Bara como um de seus principais assessores, Leoni Ramos imprimiria um novo rumo ao serviço de informações do governo. A Escola Nacional de Informações, ESNI, que o novo governo herdou junto com a estrutura que estava sendo desmontada, foi transformada num centro de palestras sobre problemas brasileiros. Ao invés de abelhudos que vigiavam as ideias das pessoas, a nova estrutura de informações passou a mapear os grupos de interesses que se moviam em torno do governo e obteve dados cuja análise teria importância quando as privatizações estivessem na pauta.

Mesmo com tudo isso, muita gente criticou o desmanche do SNI. E continuou indagando, mais de três décadas depois, por que o órgão foi desmontado de forma tão definitiva. São dúvidas que, no mínimo, demonstram uma ignorância profunda sobre o que foi determinado pela Constituição de 1988. A reforma administrativa propôs e implementou uma nova estrutura que deixava de lado o vício da bisbilhotice — agora ilegal aos olhos da lei — e se concentrava na busca de informações estratégicas destinadas a orientar as ações do governo.

PESSOAS PARA OCUPAR OS CARGOS

Todos esses temas, depois de passar pelas etapas da rotina de trabalho que estabelecemos, eram mais uma vez levados a Collor para a última palavra. Desde o primeiro momento, quando eu ainda estava em Brasília, mas pretendia voltar para São Paulo tão logo terminasse o trabalho na transição, desenvolvi dois hábitos que me acompanharam enquanto permaneci no governo. Como a maioria das repartições da capital naquela época, o Bolo de Noiva também ficava vazio a partir da tarde de quinta-feira. As pessoas trabalhavam (e, no caso da nossa equipe, trabalhavam duro) no meio da semana. Na sexta-feira, os que moravam em outros estados davam um jeito de retornar para suas casas e o Anexo do Itamaraty ficava praticamente vazio.

Eu era solteiro na época e não tinha motivos para ir a São Paulo toda semana. E eu, para ser sincero, não estava disposto a ir para São Paulo, onde certamente encontraria amigos que fariam perguntas sobre temas que deveriam ser mantidos em segredo. Müller havia estendido minha licença na *Gazeta* pelo tempo que minha presença no Bolo de Noiva exigisse. Assim, eu passava quase todos os finais de semana em Brasília, estudando os relatórios produzidos pelos grupos de trabalho sob minha coordenação e analisando os detalhes da reforma que estávamos produzindo.

Collor também não deixava Brasília nos finais de semana. Um dos poucos auxiliares presentes no Bolo de Noiva nas tardes de sexta-feira, eu ia até o gabinete e me anunciava à secretária particular, Ana Acioli. Abarrotada no meio da semana, a antessala ficava praticamente vazia depois do almoço e eu era logo recebido. Em muitos momentos, era o presidente que desejava se inteirar do andamento dos trabalhos e, sabendo que eu estava no escritório, me convocava para reuniões que se estendiam além do horário.

Nesses encontros, analisávamos o plano minuciosamente, prevíamos as possíveis consequências das medidas e discutíamos aspectos do novo governo que iam além dos que estavam sob minha responsabilidade. Aproveitar as tardes de sexta-feira, além de ser uma maneira de ocupar espaço na agenda mais disputada do Brasil, era uma forma de driblar a marcação cerrada que Bernardo Cabral manteve sobre nosso trabalho desde que seu nome foi anunciado como o novo ministro da Justiça. Depois do almoço de sexta-feira, o Bolo de Noiva era o último lugar onde as pessoas que quisessem ver Cabral deveriam procurá-lo.

Outro hábito que levei para a equipe da transição foi o de apresentar ao presidente os textos das leis, decretos e medidas provisórias já na versão definitiva, em papel timbrado com o brasão da República. Aprendi desde cedo, certamente por influência do meu pai, que quanto mais bem apresentado estivesse o trabalho, menos mudanças ele sofreria. Assim, sempre chegava ao gabinete de Collor com documentos que, além de revisados por mim, por Pedro Bara, Carlos Marcial, Cid Heráclito e Tércio Sampaio Ferraz, seguiam o padrão oficial dos documentos públicos e eram impressos em versão definitiva.

Aquela postura, parece, ajudou a consolidar meu prestígio junto ao presidente. Um dia, Zélia visitou a sala em que trabalhávamos no Bolo de Noiva e viu na parede o organograma que estávamos produzindo com a estrutura do governo

A CONSTRUÇÃO DO ESTADO POSSÍVEL   **157**

e que servia para nos guiar em meio ao emaranhado de cargos, repartições e responsabilidades de cada órgão público. Era um painel enorme, com um esquema detalhado da nova administração, com todos os ministérios e secretarias previstas, bem como com todas as repartições, cargos e D.A.S. de cada um deles. Ela gostou do que viu e sugeriu que fizéssemos uma cópia daquele organograma para apresentar ao presidente. Com os recursos precários da época, deu um trabalho enorme imprimir todo o material numa folha contínua, que desse a mesma ideia das folhas independentes pregadas na parede de nossa sala.

Quando tudo ficou pronto, levei o material ao gabinete do presidente e, diante de Collor e de Zélia, estendi sobre a mesa de reuniões a folha enorme, que mostrava toda a estrutura da nova administração. O presidente fez algumas perguntas sobre pontos específicos, que apontava no documento impresso enquanto caminhava de um lado para o outro da mesa para ter a visão completa do que estava sendo proposto. Pediu uma ou outra alteração nos postos de seu gabinete pessoal e chamou a atenção para a quantidade de caixinhas que havia ao lado dos cargos que haveria em cada ministério. Elas estavam reservadas para os nomes dos ocupantes de cada posto e quase todas estavam vazias. Collor disse que todas as diretorias financeiras, na administração direta e nas estatais, seriam preenchidas com indicações da equipe de Zélia. Mesmo assim, haveria centenas de caixas vazias, que deveriam ser ocupadas por algum nome antes do dia 15 de março. "Santana, você tem que me ajudar a preencher essas caixas todas", disse Collor. "Você tem que me ajudar a encontrar nomes para o governo."

ATOS JURÍDICOS

Tudo isso me levava a crer que meu prestígio estava em alta junto a Collor. Mas só tive um indício forte de que o presidente não pretendia renunciar a meu trabalho no início de março, quando tomei uma atitude que gerou tensão e poderia ter custado meu lugar na equipe. Àquela altura, vários nomes que integrariam a equipe do futuro governo já eram conhecidos e eu tinha o propósito declarado de voltar para São Paulo. Continuei coordenando os trabalhos da transição normalmente e, como fazia desde o início, submetendo tudo o que fazíamos diretamente a Collor.

Certo dia, fui chamado ao gabinete do presidente eleito, no momento em que nossa proposta já estava praticamente concluída e só faltava preencher as caixas abertas no organograma com os nomes dos ocupantes. Afinal, sem as nomeações, não haveria governo. Imaginei que fosse esse o assunto que Collor tinha para tratar comigo. Aproveitei e levei a versão final de todos as leis e medidas provisórias produzidas pela equipe – que ainda não tinham sido vistos em conjunto pelo presidente eleito.

Entrei no gabinete e entreguei todos os documentos nas mãos de Collor. Ele recebeu aquele calhamaço com as duas mãos e o olhou por alguns minutos. Em seguida, folheou a encadernação sem se deter em qualquer página especial. Olhou para mim e disse: "Parabéns, Santana. Eu sabia que você conseguiria. Muita gente aqui duvidou, mas eu sempre acreditei que o trabalho ficaria bom." Agradeci e, é evidente, fiquei feliz com o reconhecimento. Elogiei a equipe que havia trabalhado na reforma, mas lembrei que havia o problema das nomeações. "É verdade", concordou Collor. E voltou a dizer: "Você tem que me ajudar a escolher os nomes para preencher as caixinhas!"

Depois de um breve silêncio, Collor me encarou e disse mais ou menos o seguinte: "Olha, você sabe que o Bernardo Cabral será o Ministro da Justiça, não é?" Era evidente que eu sabia. Collor prosseguiu: "Ele vai fazer a revisão de todos os atos jurídicos. Tudo isso que você está fazendo tem que ser entregue a ele, para que ele diga que está tudo certo do ponto de vista jurídico."

Olhei para Collor, escolhi as palavras e disse: "desculpe, presidente, mas não posso fazer isso". Lembrei a ele que todo aquele trabalho havia passado por Carlos Marcial e tinha sido revisto por Cid Heráclito. Tudo tinha sido lido e recebido a aprovação do professor Tércio Sampaio Ferraz. Qualquer intervenção de Cabral poderia comprometer a coerência do trabalho e pôr a perder tudo o que havia sido feito no Bolo de Noiva. Collor me olhou como se não entendesse onde eu pretendia chegar. Contrariando o princípio que eu mesmo havia defendido diante de Zélia cerca de dois meses antes, eu havia acabado de dizer não ao presidente da República. "Desculpe, presidente. Mas não acho que Bernardo Cabral tenha nível para dizer se o projeto está certo nem para dar a palavra final sobre este trabalho."

Collor fixou os olhos em mim, me encarou e, por alguns segundos imaginei que aquele seria meu último dia no Bolo de Noiva. Depois de me recusar a entregar o material produzido pela equipe ao Ministro da Justiça, só me restava o caminho da rua. O presidente respirou fundo e, na sequência, soltou uma gargalhada sonora que, depois descobri, era uma reação que ele costumava ter diante de situações como aquela. "Como você fala um negócio desses, Santana? Cabral é o Ministro da Justiça!" Como eu já tinha chegado até ali, não podia recuar: "Sei que o senhor o escolheu, Presidente. Ele foi relator da Constituinte e é deputado. Não vou entrar nesse mérito. Mas ele não tem conhecimento para analisar esse tipo de trabalho."

Não sei se minha recusa em entregar os trabalhos nas mãos dele chegou aos ouvidos de Cabral. O certo é que minhas conversas com ele, que sempre foram frias, ficaram geladas. E sempre se resumiram a assuntos de governo, obrigatórios em nossas agendas. Voltei para minha sala e, pouco tempo depois daquela reunião com o presidente, fui procurado pelo ex-governador de Santa Catarina

Antônio Carlos Konder Reis. Deputado pelo PDS, ele tinha sido um dos sub-relatores da Constituinte e foi encarregado por Cabral de conferir nosso trabalho.

Ao contrário do ministro da Justiça, Konder Reis, que era advogado e economista de formação, conhecia Direito Administrativo. Leu linha por linha o material que eu havia deixado no gabinete de Collor. Depois, se reuniu conosco e se inteirou de todas as mudanças sugeridas. Discutiu tecnicamente alguns pontos, mas não sugeriu qualquer mudança relevante. E o plano da Reforma do Estado seria assinado por Collor exatamente como foi imaginado por nosso time.

CONVITE PARA TRABALHAR COM ZÉLIA

Tirando minhas diferenças com Cabral, não tinha do que me queixar do trabalho que vinha desenvolvendo em Brasília. Tinha trânsito no gabinete e um bom relacionamento com o presidente. Me dava muito bem com o embaixador Marcos Coimbra e era amigo de Zélia Cardoso de Mello, finalmente anunciada por Collor como titular do ministério da Economia. Era o coordenador dos grupos de trabalho que preparavam a transição, o que, na prática, me deixava por dentro de toda a organização do novo governo. Mas em momento algum passava por minha cabeça a ideia de permanecer em Brasília. Eu queria mesmo era voltar para São Paulo — onde Roberto Müller, já devidamente autorizado pelo dono do jornal Luiz Fernando Levy, guardava para mim uma vaga na diretoria do grupo *Gazeta Mercantil*.

Um dia, Zélia me chamou para conversar. "João, vou fazer um convite e gostaria que você o aceitasse. Quero que você seja meu Chefe de Gabinete." Agradeci e declinei. Ela insistiu e disse que precisava de alguém para organizar o Ministério da Economia. "Você trabalha bem, sabe comandar, sabe pôr as pessoas para trabalhar", disse ela, tentando me convencer. Me mantive firme em minha posição. Sabia por experiência própria que Zélia não demonstrava muito apego aos formalismos da administração pública. Se eu aceitasse o cargo, logo entraria em conflito aberto com ela e nossa amizade ficaria em risco. Se eu quisesse evitar o confronto, tinha que me manter distante dela.

Mais tarde, fiquei sabendo pela própria Zélia que mais uma vez ela tentou lançar mão do expediente que tinha utilizado para me segurar em Brasília, nos momentos iniciais dos trabalhos no Bolo de Noiva. Foi a Collor e disse que havia me convidado para sua chefia de gabinete. "E ele aceitou?", quis saber o presidente. Zélia disse que não e pediu ajuda para me convencer. Mas Collor teria dito algo mais ou menos assim: "Ainda bem, Zélia. Tenho uma missão mais importante para ele."

No mesmo dia, procurei Zélia para tratar de algum assunto pendente e ela já não se mostrava chateada com minha recusa em assumir a chefia de gabinete. "Você não vai voltar para São Paulo", disse ela. "Vai ficar em Brasília." Depois de confessar que foi a Collor pedir ajuda para me convencer a aceitar a chefia de gabinete, ouviu que o presidente tinha outros planos. "Em posição mais importante", disse. Zélia não sabia, ou pelo menos não quis revelar, que posição seria.

Continuei meu trabalho e Collor sempre me chamava a seu gabinete, mas nunca para falar do meu caso ou fazer algum convite formal. Sempre queria me informar dos nomes que ocupariam os quadrinhos que ainda estavam em branco no novo organograma do governo e sempre perguntava minha opinião sobre as indicações que recebia para essa ou aquela posição no governo.

NOVOS MINISTROS

Na medida em que os integrantes da equipe eram escolhidos por Collor e anunciados pela área de Comunicação, comandada pelo jornalista Cláudio Humberto Rosa e Silva, eu era chamado para explicar ao novo ministro ou ao novo secretário onde e como ele se encaixaria no organograma do governo. Com a ajuda de um retroprojetor e de um conjunto de transparências, apresentávamos a estrutura do novo ministério e expúnhamos os detalhes de tudo que o governo havia imaginado para a pasta. Ao final, entregávamos ao nomeado uma espécie de apostila elaborada no Bolo de Noiva pelo grupo responsável pela área. Ela trazia o diagnóstico e as metas do governo para a área que ele tocaria.

Também cabia a mim informá-lo de que nem todos os nomes da equipe que comandariam seriam escolhidos por eles. Em alguns casos, o próprio presidente se encarregaria de preencher o cargo com pessoas afinadas com seu projeto de governo. O caso mais evidente foi o do Ministério da Infraestrutura. Confiado a Ozires Silva, a pasta tinha quatro secretarias nacionais, cada uma delas seria ocupada por nomes que trabalharam no Bolo de Noiva e que estavam sintonizados com as propostas de Collor. Sempre havia, é evidente, a oportunidade de o titular da pasta incluir nomes de sua confiança na equipe. Mas se o espaço já estivesse preenchido por alguém aprovado por Collor, ou por algum técnico da área financeira sobre a qual Zélia e o presidente pretendiam manter controle, o novo ministro seria convencido a aceitar a indicação.

Sempre me cerquei de tato ao conduzir aquelas conversas e, desde o início, procurei deixar claro para o indicado os motivos que levavam o governo a agir daquela forma. E sempre procurei manter um relacionamento amistoso com todos — ou pelo menos com a maioria — dos que estariam no primeiro escalão do governo. Foi assim com Ozires Silva, da Infraestrutura, que aliás, com muita tranquilidade, aceitou os nomes sugeridos e relembrou de sua capacidade de trabalhar em equipe, e também com Alceni Guerra, da Saúde, e com Carlos Chiarelli, da Educação. O mesmo se deu com Margarida Procópio, da Ação Social, e com Joaquim Roriz, que assumiu o Ministério da Agricultura e saiu duas semanas depois para disputar o governo do Distrito Federal nas eleições de 1990. Foi substituído por Antônio Cabrera. Antônio Rogério Magri, que seguia uma linha e atuação sindical mais pragmática do que a de Lula, foi escolhido para o ministério do Trabalho e da Previdência. Eu era sempre um dos primeiros a saber os nomes dos novos ministros e dos secretários, mas não imaginava o papel que Collor havia reservado para mim na sua equipe.

MINHA NOMEAÇÃO PARA O GOVERNO

Num determinado dia, Leopoldo Collor me convidou para almoçar. Embora tivéssemos desenvolvido uma boa camaradagem, nos afastamos depois da campanha e, desde então, não nos vimos. Percebendo a confiança que o irmão tinha em mim, Leopoldo provocou a reaproximação e me convidou para almoçar. Escolhemos um restaurante pouco badalado de Brasília, onde poderíamos conversar tranquilos, sem despertar a curiosidade e o burburinho que normalmente havia nas aparições públicas de alguém com acesso ao presidente, como era o caso de Leopoldo.

Eu também tinha acesso a Collor, mas era praticamente um desconhecido e, naquele momento, ainda podia frequentar restaurantes sem despertar atenção. Quando cheguei, Leopoldo me aguardava. Apertamos as mãos, trocamos algumas palavras e ainda não tínhamos feito o pedido quando o *maitre* se aproximou: "o senhor é o doutor João Santana? O Presidente da República está ao telefone."

Dali a alguns meses, quando Collor já estivesse no governo, um contato como aquele seria feito com uma simples ligação de celular. Mas o serviço, já oferecido em outros países do mundo, ainda não estava disponível no Brasil. Espantado por ter sido descoberto, me levantei para atender o telefonema. Do outro lado da linha, o embaixador Marcos Coimbra, cunhado de Collor e já anunciado como o novo Secretário Geral da Presidência, disse: "João, estamos todos aqui para a reunião, só falta você." Respondi que não tinha sido avisado e que estava almoçando com Leopoldo. Coimbra, então me passou o endereço da casa dele, no Lago Sul. Pediu que eu interrompesse o almoço e me dirigisse para lá imediatamente. Me desculpei com Leopoldo, peguei um táxi e saí apressado.

Cheguei ao endereço de Marcos Coimbra e encontrei algumas pessoas reunidas numa conversa amistosa. Estavam lá, além do dono da casa e do presidente, Zélia e o assessor de imprensa Cláudio Humberto. Reconheci, então, o diretor geral da TV Globo, José Bonifácio de Oliveira Sobrinho, sentado numa poltrona ao lado de Collor.

Entrei na sala e me desculpei pelo atraso. Collor respondeu que não tinha problema e, se dirigindo ao convidado, disse: "Boni, quero te apresentar o doutor João Santana. Ele será nosso secretário da Administração Federal." Pego de surpresa por aquela nomeação completamente fora do protocolo, olhei para Zélia e percebi que ela estava tão espantada quanto eu. Pelo menos, era o que seu olhar demonstrava. O embaixador olhou para baixo e deu uma risada discreta. Percebi que ele já sabia.

Durante o almoço, expliquei a Boni como o governo ficaria com a reforma. Descrevi a lógica da mudança e falei do propósito de fortalecer a administração direta na nova estrutura de governo. Já era o meio da tarde quando Boni e Collor deixaram a casa de Coimbra. Peguei uma carona com Zélia para o Bolo de Noiva, mas não tocamos no assunto. Não comentei com ninguém o que tinha ouvido de Collor. Continuei a trabalhar no mesmo ritmo de antes, preparando os atos de nomeação dos ministros e dos assessores já escolhidos.

Em alguns casos, era eu quem fazia os primeiros contatos com os indicados para os novos cargos. Fui eu por exemplo, quem deu o primeiro telefonema para o professor José Goldemberg, ex-reitor da USP, e o sondei sobre o convite para assumir a Secretaria de Ciência e Tecnologia. Foi o último nome do primeiro time a ser nomeado. Isso quando faltavam apenas dois dias para a posse. No mesmo telefonema, o coloquei em contato com Collor, que confirmou o convite que foi imediatamente aceito por Goldemberg. O professor pediu apenas que, antes do anúncio oficial, ele pudesse comunicar o convite ao governador Orestes Quércia – de quem era Secretário do Meio-Ambiente.

Houve outros casos como esse. Às vezes, Collor confidenciava um nome, pedia minha opinião e, depois, que eu fizesse o primeiro contato com o escolhido. Em algumas situações, eu conhecia e recomendava o indicado, muitas vezes valorizando nomes que nos ajudaram durante a elaboração do programa de governo e da própria transição. Em outros, dizia que não conhecia o indicado, mas, se Collor quisesse, poderia buscar informações a respeito.

Faltavam poucos dias para a posse e ainda tinha muito trabalho a fazer. Todas as caixinhas tinham que estar preenchidas e todas as leis e decretos tinham que estar prontos, analisados pela equipe de Coimbra e preparados para receber a assinatura de Collor até o dia 15. Até que, faltando dois ou três dias para a posse, o presidente mandou me chamar e pediu que eu levasse meu currículo. "Vamos lá que eu vou te anunciar", disse. E foi assim que me tornei oficialmente o Secretário da Administração Federal. Minha mãe e meus amigos só souberam da nomeação pela TV. Eu tinha 32 anos.

CAPÍTULO 11

A NOVA CARA DA ESPLANADA DOS MINISTÉRIOS

Na história do Brasil não se tem notícia de outros projetos elaborados por governos democráticos que tenham sofrido um bombardeio tão intenso, tão gratuito e tão inconsequente quanto a reforma administrativa e a reforma patrimonial de Collor. As medidas provisórias que as sustentaram foram levadas ao Congresso, discutidas livremente, aprovadas e transformadas em lei em mais ou menos um mês. Poderiam ter sido alteradas ou rejeitadas pelo parlamento, mas não foram. Mesmo assim, depois de aprovadas, vozes se levantaram para criticar as medidas, mesmo sem parar para analisar a racionalidade jurídica e o alicerce constitucional que as sustentava.

Um pensador respeitável, o sociólogo Florestan Fernandes, considerou as medidas do governo marcadas pela "precipitação, arrogância e inexperiência". Aos olhos do professor, que era também deputado federal pelo PT e participou das votações do projeto, parecia "evidente que não existe uma vontade articuladora, esclarecida e madura por trás das cortinas".[1] Esse é apenas um exemplo.

Mesmo depois de discutidas e aprovadas pelo Congresso, as medidas continuaram sendo alvejadas por críticas tão violentas quanto superficiais. Com todo respeito aos que fecharam os olhos para a balbúrdia administrativa que reinava antes do governo Collor e passaram a tratar as medidas de reorganização da casa como uma calamidade, é mandatório afirmar que a reforma nada teve de precipitada.

Ela também não foi fruto da inexperiência e muito menos de arrogância. O maior erro da reforma não foi técnico, mas estratégico: mexeu simultaneamente com dezenas de interesses que, uma vez contrariados, somaram forças e se voltaram contra o governo num ataque em massa. Muitos governos fazem adversários por não mexer nas estruturas que encontraram ao assumir. Collor criou inimigos porque tentou mexer em tudo ao mesmo tempo.

Nada, porém, foi feito de improviso nem se destruiu qualquer estrutura fundamental para a garantia do bom funcionamento do Estado. Tudo o que foi desmontado, foi substituído por organismos mais ágeis, enxutos e eficientes. E

---

[1] Folha de São Paulo. 28.05.1990. Modo de Fazer. Florestan Fernandes.

se algo do que foi desmontado não chegou a ser substituído dentro do organograma foi por se tratar de alguma repartição inútil, cuja falta só seria sentida pelos funcionários ali lotados. Mesmo assim, muitos críticos atribuem àquela reforma a responsabilidade pela paralisia que diversos serviços públicos tiveram na chegada do novo governo.

De fato, muitas atividades do governo pararam − mas não se pode confundir as causas na hora de falar das consequências. Ao contrário do que se diz, a paralisia que se seguiu aos primeiros meses do governo Collor não se deu em razão de uma reforma que, na opinião dos críticos, destruiu tudo o que encontrou de pé. A sensação de dormência que se espalhou pela maioria dos órgãos da administração pública se deu por absoluta falta de dinheiro. O presidente herdou de seu antecessor, José Sarney, um país com as finanças públicas em frangalhos.

PARALISIA POR FALTA DE DINHEIRO

Entre janeiro a março de 1990, conforme dados oficiais da Secretaria do Tesouro Nacional, foi registrado o maior deficit trimestral da história, com valores que, convertidos em reais, mostram o tamanho do problema. A arrecadação no período correspondeu ao equivalente a R$10,2 bilhões e as despesas com pessoal, juros da dívida e outras obrigações foram de R$21,9 bilhões. O governo encerrou 1989, de acordo com o Banco Central, com US$7,3 bilhões no caixa das reservas internacionais, mas, na prática, elas eram negativas. Havia mais obrigações a pagar do que dinheiro a receber e não havia recursos nem para importar insulina para os diabéticos.

O único caminho de que o governo que se iniciava dispunha foi, pela primeira vez, tomar uma medida que se tornou recorrente nas administrações seguintes: contingenciar o orçamento à capacidade de pagamento do Estado. A medida para quem não entende de execução orçamentária, limitava-se a não cumprir as obrigações assumidas pela gestão anterior. Na verdade, o governo adotou um procedimento preventivo de não se comprometer com uma despesa antes de saber se teria recursos para pagá-la. Apenas depois da entrada da arrecadação é que o Tesouro liberava ou não o pagamento das diferentes rubricas que compõem o orçamento e dão vida às atividades e programas do governo.

Se houve, portanto, uma causa para a paralisia não foi a Reforma Administrativa, mas a penúria geral dos cofres públicos. Os mais de 400 especialistas que formularam as propostas apresentadas por Collor eram, em sua grande maioria, funcionários públicos de carreira. Eles não apenas estavam a par dos objetivos que o novo governo pretendia alcançar, como, também, eram testemunhas da confusão que reinava no setor público brasileiro até aquele momento. Conheciam o inchaço das estruturas, a superposição das responsabilidades e as

A NOVA CARA DA ESPLANADA DOS MINISTÉRIOS

falhas estruturais que multiplicavam os custos e comprometiam a eficiência da máquina pública.

Depois que os trabalhos no Bolo de Noiva entraram em velocidade de cruzeiro, o novo Estado começou a ganhar forma. Todas as áreas do governo foram estudadas. As informações levantadas e processadas a partir dos dados disponíveis foram reunidas em documentos que, depois de validados pelo presidente, serviriam de roteiro para a atuação para cada um dos titulares dos ministérios e das secretarias. Ao contrário do que aconteceu durante a Constituinte e em diversos momentos do governo Sarney, optou-se por não subordinar os objetivos do governo aos interesses corporativos que gravitavam em torno do Estado — e, talvez por isso, os críticos tenham acusado a equipe de arrogante. O que se pretendeu ali, no entanto, nada mais foi do que elaborar um projeto afinado com os propósitos anunciados por Collor, registrados em seu programa junto ao TSE e endossados pelo eleitor durante a campanha vitoriosa.

Todas as informações relacionadas às estatais e que serviram como base de nossas metas, inclusive aquelas que diziam respeito ao quadro de pessoal inchado e ineficiente, foram obtidas dos relatórios produzidos pela SEST. Subordinada ao Ministério do Planejamento, a SEST tentava, desde sua criação, em 1979, controlar as empresas públicas. Nunca teve sucesso. Conseguiu, no entanto, produzir um levantamento estatístico consistente e bastante confiável, que serviu de base para muitos dos projetos elaborados no Bolo de Noiva.

Na maioria dos casos, as informações passadas à equipe de transição deixavam a desejar. Não por culpa dos auxiliares de Sarney. Com uma ou outra exceção pontual, como foi o caso do ex-ministro de Justiça Saulo Ramos, os assessores do governo que saíam deram, à equipe do governo que chegava, um tratamento respeitoso e profissional. Os ex-ministros Maílson da Nóbrega, da Fazenda, e João Batista de Abreu, do Planejamento, compartilharam todos os arquivos pedidos. Mais do que isso, colocaram suas equipes, integralmente, à disposição da transição. O problema é que, em muitos casos, os dados disponíveis não revelavam a informação que se pretendia extrair deles.

Por um problema herdado dos tempos da ditadura e não enfrentado durante os cinco anos de mandato de Sarney, as informações federais sequer estavam consolidadas num único arquivo. A quantidade de imóveis de propriedade da União, como se sabe, era desconhecida, como, de resto, permaneceu incógnita nas décadas seguintes. O mesmo acontecia com a quantidade exata de automóveis da frota federal. Cada ministério tinha seu próprio sistema de processamento de dados e os *softwares* utilizados por uma determinada área do governo não eram necessariamente compatíveis com os das outras.

A lista de inconsistências era extensa. Ninguém era capaz de dizer a quantidade precisa de servidores públicos nem o valor exato que o governo gastava com salários. Tudo o que se conhecia era uma ordem de grandeza: cada ministério tinha seu próprio registro de pessoal e gerava sua própria folha de pagamentos. A consequência desse descontrole era óbvia: milhares de pessoas recebiam salários de mais de um ministério. Ninguém era capaz de dizer o valor dos gastos com agências de publicidade e material gráfico. Não existia controle sobre os gastos nem um critério único para pagamento de diárias a funcionários em viagem. O mesmo acontecia com a emissão de passagens aéreas. O dinheiro público, enfim, escorria sem a menor cerimônia entre os dedos de quem deveria tomar conta dele.

Um dos exemplos mais absurdos do descontrole veio da Dataprev, empresa de processamento de dados da Previdência Social. No apagar das luzes do governo Sarney e sem se dar ao trabalho de consultar a nova administração, a Dataprev decidiu prorrogar o contrato com a agência de viagens que a atendia. O aditivo, que só viria a público nos primeiros dias do governo Collor, destinava US$35 milhões de dólares para despesas com passagens aéreas e diárias de hotéis de seus funcionários. Pela cotação do dólar na época, o dinheiro seria suficiente para comprar 35 mil passagens ida e volta entre o Rio de Janeiro e Nova York[2].

Era apenas um entre dezenas de casos corriqueiros na administração pública. Havia outros. A equipe do ministro Alceni Guerra encontrou estocada na garagem e nos banheiros do prédio do Ministério da Saúde mais de 10 milhões de cartazes e de outros impressos que foram encomendados, pagos e nunca distribuídos. A maioria dos impressos falava de doenças sexualmente transmissíveis. Havia, por exemplo, 20 000 blocos de papel de carta e 30 000 envelopes com a logomarca de um evento do Dia de Combate à Aids que havia sido realizado em 1º de dezembro de 1988. E mais: o valor dos cartazes não distribuídos da campanha de combate à poliomielite seria suficiente para vacinar mais de 1 milhão de crianças no estado do Pará[3].

A TENTATIVA DE DISCIPLINAR OS ÓRGÃOS PÚBLICOS

Muitos dos decretos presidenciais foram editados nos primeiros dias do governo de Fernando Collor com a intenção de implantar mecanismos para controlar o desperdício de dinheiro do contribuinte — mas, na visão dos críticos, não passavam de restrição aos direitos dos servidores ou de exigências fora de propósito, destinadas apenas a tolher a liberdade e a colocar servidores públicos sob

---

2 Folha de S. Paulo. 30.05.1992. Dataprev gasta Cr$2 bilhões só com passagens.

3 O Estado de S. Paulo. 13.06.1990. Saúde tem depósito de impressos.

A NOVA CARA DA ESPLANADA DOS MINISTÉRIOS **167**

suspeita. O primeiro decreto assinado por Collor no dia 15 de março de 1990, o de nº 99.177, proibia o acúmulo de cargos no serviço público — e, em mais uma prova da precariedade dos dados oficiais, mandava cada órgão público fornecer à Secretaria de Administração listas com os nomes de seus funcionários. A intenção era identificar as eventuais duplicidades.

O decreto seguinte, de nº 99.178, criava mecanismos para contenção de despesas pelos órgãos públicos. O Programa Federal de Desregulamentação, criado pelo Decreto nº 99.179, destinava-se a reduzir as exigências descabidas de guias, carimbos, autorizações e provas documentais que marcavam o relacionamento entre os órgãos do Estado. E que também emperravam o relacionamento entre agentes econômicos privados.

Dezenas de providências, resultado dos trabalhos no Bolo de Noiva, foram tomadas nos primeiros dias de governo. O Decreto 99.184, de 15 de março de 1990, por exemplo, estabelecia o prazo de 30 dias para cada órgão público federal encaminhar ao Departamento do Patrimônio da União, um órgão do Ministério da Economia, a relação completa de seus imóveis. O Incra, o INSS e a Funai, os principais exemplos de descontrole da situação, eram mencionados expressamente no Decreto. Outro decreto, o de nº 99.183, também do dia 15, disciplinou o uso de automóveis da frota federal. O de nº 99.188, do dia 17, tratou das despesas corriqueiras da Administração Pública Federal e estabeleceu critérios para autorização de viagens nacionais e internacionais e para a contratação dos serviços de gráficas e de publicidade.

O mesmo decreto estabelecia, ainda, critérios para cessão de servidores públicos do Executivo para os poderes Legislativo e Judiciário e também para os governos estaduais. Por mais ineficaz que possa parecer, a cessão de funcionários era uma fonte inesgotável de descontrole das despesas públicas. Os estados também tinham a mania igualmente inesgotável de empurrar para as contas da União despesas que, por lei, teriam que ser assumidas por eles. Um exemplo suficiente desse hábito oportunista era o do arquipélago de Fernando de Noronha. Conforme o artigo nº 15 das Disposições Provisórias da Constituição de 1988, as ilhas deixaram de ser Território Federal e, por pressão dos deputados e senadores do estado, passaram para o controle de Pernambuco. Até aí, tudo bem. Só que os salários dos funcionários e todas as despesas da administração local continuaram a correr por conta da União. Pernambuco fazia questão de ter poder sobre as ilhas. Mas na hora de pagar por isso, queria rachar a conta com o país inteiro.

ORGANOGRAMA

Falar em improvisação, crítica normalmente atirada contra a reforma administrativa, era mais uma demonstração de ignorância ou de má-fé. O *Decretão*,

O ESTADO A QUE CHEGAMOS

apelido dado ao Decreto n° 99.180, determinava a reorganização e o funcionamento dos órgãos da Presidência da República e definia o papel e as atribuições de ministério por ministério. Mais do que isso, e estritamente consonante com a Constituição, o documento definia ao longo de seus 251 artigos qual seria a estrutura de cada Ministério, cada Secretaria Nacional, cada Departamento e cada Serviço. Um anexo ao decreto descrevia o organograma detalhado de cada órgão da administração direta e determinava quantos cargos de confiança cada pasta teria e qual seria o D.A.S. destinado a cada um deles.

O Ministério da Agricultura, para citar apenas um exemplo, teria 134 cargos de confiança. Uma de suas secretarias mais importantes, a de Reforma Agrária, teria o Secretário Nacional, com D.A.S. 6, o Chefe de Gabinete com D.A.S. 4, dois Assessores, com o D.A.S. 2, dois Coordenadores, com D.A.S. 4, três Chefes de Coordenadores, com D.A.S. 3 e um Chefe de Serviço, com D.A.S. 1.

O maior de todos os ministérios era o da Economia, com 716 cargos de confiança. Ou seja, de cada 10 cargos de confiança da administração direta, mais de três estavam subordinados à Zélia. O segundo da lista era o ministério da Infraestrutura, com 426. A menor estrutura era a da Secretaria de Assuntos Estratégicos, com seus 11 cargos de confiança. Toda a administração pública federal seria tocada por 2.403 cargos de chefia.

O *Decretão* sofreu mudanças pontuais, mas não foi alterado na essência. Foi reeditado no dia 10 de maio, sob o n° 99.244, quando ganhou seis novos artigos. Um deles, o de n° 254, pedia que os órgãos da Presidência da República apontassem eventuais excessos em suas estruturas e indicassem a existência de alguma área descoberta. Outro artigo do *Decretão* reeditado, o de n° 257, cobrava dos responsáveis agilidade nos processos de extinção dos órgãos mencionados na Medida Provisória 151 — que deu fim a uma série de empresas públicas, autarquias e fundações.

O desenho da nova administração seria mencionado também na Medida Provisória n° 150. Ela extinguiu os ministérios e cargos anteriores a março de 1990, estabeleceu a estrutura funcional de cada órgão do governo e definiu os critérios para a dispensa do pessoal que ocupava os postos de trabalho que não sobreviveriam na nova estrutura. A medida, que ganharia o número 8028 depois de transformada em lei pelo Congresso dali a um mês, foi publicada numa edição do DOU que circulou no mesmo dia da posse de Collor: quinta-feira, 15 de março de 1990.

Qualquer medida do governo, seja a extinção de um ministério, seja a exoneração de um funcionário, seja a autorização para a viagem internacional de um professor universitário, só se torna oficial com a publicação do ato no Diário

A NOVA CARA DA ESPLANADA DOS MINISTÉRIOS

Oficial. O problema é que o Ministro da Justiça de Sarney, Saulo Ramos, se recusou a publicar qualquer medida de Collor enquanto fosse o responsável pelo DOU. Proibiu até mesmo a publicação de portarias em que Maílson da Nóbrega autorizava reajustes de preços negociados com a equipe de Zélia. Entre as portarias estavam as que determinavam a tarifa de energia elétrica, o preço dos combustíveis e dos serviços de correios. Aumentos de preços eram sempre medidas impopulares, argumentava Ramos. Sendo assim, o novo governo é que deveria arcar com elas.

Com ou sem esse tipo de pirraça, o fato é que os principais Decretos e Medidas Provisórias referentes à Reforma Administrativa e à Reforma Patrimonial foram publicados em edição especial no mesmo dia da assinatura e a posse dos ministros foi perfeitamente legal. Até porque não houve surpresas: o país inteiro já sabia quais ministérios desapareceriam e quais surgiriam para substituí-los. A publicação da medida no DOU de 15 de março, portanto, serviu apenas para a formalização de um ato que já era de conhecimento público. A publicação também trouxe a Medida Provisória nº 151 (futura Lei 8029), que extinguia uma série de Institutos, Autarquias, Empresas e até um banco estatal, o Banco Nacional de Crédito Cooperativo, subordinado ao Ministério da Agricultura.

Todas aquelas providências destinavam-se essencialmente a mudar a estrutura do Estado. Entre elas estava, por exemplo, a extinção dos órgãos responsáveis pela previdência e a criação do INSS, que cuidaria das aposentadorias e pensões. Outra mudança feita ali foi a transferência da Assistência Médica prestada pelo governo para o Ministério da Saúde, exatamente como havia sido discutido em detalhes no Bolo de Noiva. Houve outras providências de menor impacto, mas igualmente significativas. Entre elas, a transferência dos ativos e das responsabilidades sobre a Companhia de Navegação do São Francisco, da Companhia de Navegação da Amazônia e a Companhia Brasileira de Trens Urbanos de Porto Alegre para os municípios em que estavam instalados. Os serviços prestados por essas empresas tinham deixado de ser responsabilidade da União, que, mesmo assim, continuava pagando por eles.

O TRABALHO QUASE PERDIDO

Embora só as Medidas Provisórias relativas à Reforma do Estado tivessem que constar obrigatoriamente daquela edição do DOU datada de 15 de março, todos os documentos que compunham o pacote de Collor deveriam estar redigidos, revisados, impressos em papel timbrado e prontos para receber a assinatura do Presidente e dos ministros na hora da posse – mas, na véspera, ainda havia ajustes finos a fazer na papelada. Estar com tudo organizado, revisto e impresso exigiu de nós muito sangue frio, algum suor gelado e quase nos levou às lágrimas. Por muito pouco, o material que trazia as primeiras decisões oficiais do novo governo deixou de ficar pronto a tempo da cerimônia. As reformas modernizadoras de Collor por pouco não foram vítimas da anacrônica reserva de mercado da informática.

O que aconteceu foi assustador. Na noite de 14 de março de 1992, eu estava na sala de Carlos Marcial, no prédio do Ministério da Fazenda, dando os retoques finais e gerando as cópias definitivas das Medidas Provisórias que receberiam a assinatura de Collor na manhã seguinte. Trabalhávamos num computador nacional, último modelo, produzido pela Itautec. Tratava-se do equipamento mais moderno e avançado que a indústria nacional, protegida pela reserva de mercado da informática, era capaz de produzir. Equipada com um monitor com tela de fósforo verde, aquilo estava longe de merecer o nome de computador.

O equipamento estava instável e provocava sustos a cada vez que a tela apagava e acendia. Marcial e eu já estávamos cansados de tanto alterar palavras e acrescentar ou retirar do texto os pontos e as vírgulas sugeridos por Cid Heráclito e por Tércio Sampaio Ferraz. Tudo deveria estar pronto na primeira hora da manhã do dia seguinte. Já perto da meia-noite, a tela se apagou e não voltou a acender. O trabalho, que estava lento até aquele momento, parou. Simplesmente morreu. E não havia meios de trazê-lo de volta à vida.

Não tínhamos uma cópia eletrônica de segurança. Tínhamos apenas o material impresso. Para voltar ao ponto em que estávamos quando o computador pifou, teríamos que digitar, página por página, tudo o que estava escrito. Se o texto não fosse recuperado, as medidas prometidas para o dia seguinte simplesmente não estariam prontas para receber a assinatura de Collor.

Tentamos religar o computador uma, duas, três vezes. E nada. A um passo do desespero, mandamos chamar em casa Carlos Coradi e Dalton Lonzano, dois técnicos que haviam trabalhado no Bolo de Noiva. Eles chegaram acompanhados por Sérgio Bonsangue, outro técnico em informática que havia trabalhado conosco no Bolo de Noiva.

Depois de trocarem ideias num linguajar incompreensível para nós e de fazer algumas tentativas malsucedidas, conseguiram fazer a máquina voltar à vida. O trabalho que julgávamos perdido foi recuperado e salvo. Tivemos que reler todo o material e nos certificar de que tudo estava em seu devido lugar. O dia já estava amanhecendo quando guardei os documentos impressos e conferidos dentro de uma pasta e fui para a Academia de Tênis tentar descansar umas poucas horas.

NOVOS LETREIROS NAS FACHADAS

Logo pela manhã eu teria que levar o material até o Palácio do Planalto – onde seriam submetidas a uma última conferência pela equipe do embaixador Marcos Coimbra. A leitura final dos textos assinados pelo presidente estava sob responsabilidade da Casa Civil até o governo de Sarney. A partir dali, ficariam a cargo da recém-criada Secretaria Geral da Presidência. Só depois de revistos mais uma vez, receberiam a assinatura do presidente e seguiriam para a Imprensa Oficial.

Eu estava aliviado e até disposto a fazer piada sobre a morte do computador na noite anterior quando procurei e não encontrei em frente à Academia de Tênis o carro que deveria me levar ao Palácio do Planalto. Já deveria estar ali naquele momento. Conseguir táxi em Brasília num dia como aquele, ainda mais àquela hora da manhã, seria um milagre – e o estoque de milagres à nossa disposição, tudo me levava a crer, havia se esgotado na noite anterior com a recuperação dos textos que havíamos dado por perdidos. Já nervoso, telefonei para um número anotado na agenda. Expliquei a situação e, com algum custo, consegui outro carro para me levar ao Palácio. O problema é que o automóvel substituto não tinha no vidro dianteiro o selo de Passe Livre que autorizaria minha entrada no Planalto.

Fui barrado na primeira barreira policial montada na Via N1, a alguns quilômetros do Palácio do Planalto. Tentando manter a calma, expliquei minha missão ao oficial que comandava aquele grupo de policiais e qual era a importância do material que eu transportava. Ele resistiu e eu pedi a presença de um oficial com quem pudesse dialogar. No final, deu certo. Cheguei ao Planalto em cima da hora, mas não consegui, como havia planejado, percorrer a Esplanada dos Ministérios.

Eu tinha um motivo sério para querer passear pela Esplanada. Tinha a intenção de conferir os novos letreiros nas paredes dos prédios. O dia já deveria amanhecer com os nomes dos novos ministérios e das novas secretarias expostos na fachada. Fazia parte da estratégia deixar tudo pronto já no primeiro dia. Dos 15 edifícios da Esplanada, todos abarrotados no governo anterior, 14 foram ocupados pelos novos ministérios e secretarias. Um dos prédios foi deixado vazio e sem letreiro na fachada, num gesto que procurava demonstrar a austeridade pretendida pelo novo governo.

O novo desenho da administração pública significou um chacoalhão na estrutura do governo. Milhares de funcionários públicos que ficaram sem função foram postos em disponibilidade (nos termos do parágrafo terceiro do artigo 41 da Constituição). Milhares de cargos comissionados que oneravam a administração federal desapareceram de um dia para o outro. Todos esses assuntos eram rumorosos e, em condições normais, mereceriam espaços generosos nos jornais. Mas aquelas não eram circunstâncias normais e o espaço ocupado pela Reforma do Estado no noticiário do dia seguinte foi até modesto. As manchetes dos jornais foram ocupadas pelas medidas muito mais rumorosas tomadas pela equipe econômica de Zélia Cardoso de Mello.

O CONFISCO DA POUPANÇA

Fui apresentado ao plano econômico dois ou três dias antes de sua divulgação. O governo pretendia batizá-lo com o nome de Brasil Novo, mas o pacote passou para a história com o nome de seu fiador. Muitas das medidas do Plano Collor, a cargo da equipe de Zélia, já eram conhecidas não apenas por mim, mas pelo Brasil inteiro. Collor havia passado a campanha inteira prometendo reduzir as restrições às importações. Até aquele momento, o Anexo C, da Cacex, proibia terminantemente a importação de 500 produtos e exigia licença prévia para importação de outros 1.500 itens. Tão logo tomasse posse, Collor sepultaria o Anexo C.

As importações passariam a ser livres e as alíquotas sobre a maioria dos produtos, reduzidas. Dez incentivos fiscais que beneficiavam setores industriais anacrônicos foram extintos. O governo prometia, também, um amplo programa de privatizações. Quase todas as estatais brasileiras foram postas à venda. Só ficaram fora do programa aquelas que realizavam atividades que a Constituição considerava uma competência exclusiva da União.

A parte mais explosiva do Plano, no entanto, era guardada sob vinte e uma chaves por Zélia e pelos assessores mais próximos. O problema é que, entre eles, só havia economistas e as medidas não poderiam ser transformadas em lei na linguagem peculiar em que eles se expressam. Teriam que ser traduzidas para a linguagem não menos peculiar dos advogados. Faltando poucas horas para o anúncio do plano, Eduardo Teixeira, que seria o Secretário-Executivo do Ministério, lembrou a Zélia que alguém precisava transformar aquilo tudo em lei. E foi para fazer esse trabalho que Zélia me chamou, junto com Cid Heráclito, para discutir a melhor maneira de apresentar as ideias nem sempre fáceis de explicar que cercavam os pacotes econômicos. Heráclito levou com ele duas auxiliares, com experiência em pacotes como aquele, para ajudá-lo na missão.

O encontro aconteceu na Academia de Tênis, onde ela e sua equipe estavam confinados, discutindo os aspectos finais do plano. Zélia disse, assim que chegamos, que a moeda deixaria de se chamar Cruzado Novo e voltaria a se chamar Cruzeiro — o nome que tinha até fevereiro de 1986. Não haveria corte de zeros: um Cruzeiro seria igual a um Cruzado Novo. O anonimato que reinava

A NOVA CARA DA ESPLANADA DOS MINISTÉRIOS **173**

no mercado financeiro deixaria de existir: as aplicações ao portador desapareceriam e os cheques superiores a 100 BTN[4] (mais ou menos Cr$2.954, ou US$74 na largada do Plano) passariam a ser obrigatoriamente nominais.

Os salários, por sua vez, receberiam um aumento de 72,78% relativos à inflação de fevereiro. Depois disso, seriam congelados e só subiriam com autorização do governo. Não haveria um congelamento à moda dos planos da era Sarney, mas, sim, critérios rígidos para reajustes dos aluguéis, das mensalidades escolares e dos preços das mercadorias. Ou seja, um congelamento envergonhado. Mas, de qualquer forma, congelamento.

Não participei das discussões em torno do Plano Econômico nem em São Paulo e nem na Academia de Tênis. Só conheci seus detalhes pelos jornais do dia seguinte à posse. Mas eu estava dentro do barco e, como nunca deixaria de fazer, apoiei as medidas elaboradas por Zélia e sua equipe. O que mais me agradou foi o rigor da disciplina fiscal proposta no Plano Collor.

Esse rigor foi o primeiro detalhe que percebi quando me inteirei do plano. Já era voz corrente em Brasília que, além das medidas que apareciam junto com todos os pacotes, haveria um controle rigoroso sobre a liquidez que inundava o mercado financeiro. Qualquer calouro do curso de economia sabia que o excesso de dinheiro em circulação era uma das principais causas da inflação e quem quer que tivesse chegado à presidência teria que encarar esse problema com atenção. Zélia resolveu encará-lo de uma forma radical.

O programa de governo que a equipe de Collor preparou ainda nos tempos das reuniões na ZLC já chamava atenção para o problema. O texto afirmava que um volume "significativo de recursos privados" financiava e pressionava a dívida pública por meio das operações do "overnight". Era impossível, prosseguia o texto, identificar no meio do dinheiro que circulava no mercado a parte que mantinha a economia funcionando e aquela que compunha a poupança financeira que transitava "pelo 'over' de forma especulativa". Na avaliação dos autores do programa, no entanto, "qualquer 'confisco' nessas disponibilidades" poderia "trazer consequências desastrosas para o nível de atividade da economia"[5].

Mesmo reconhecendo de antemão o poder paralisante de um confisco sobre a economia, foi justamente por esse caminho que a equipe resolveu seguir. No dia em que estive na Academia de Tênis para tratar da transformação das ideias dos economistas em medidas provisórias, ouvi de Zélia explicações sobre as

---

4 O Bônus do Tesouro Nacional era um indexador da economia reajustável diariamente e que seria extinto em janeiro seguinte, com a edição do Plano Collor 2.

5 Diretrizes de Ação do governo Fernando Collor de Mello, 1989, pág. 121. Arquivo do autor.

linhas gerais do programa. Zélia revelou, sem entrar em maiores detalhes, que uma parte substancial dos saldos das contas correntes e das aplicações financeiras seria retida pelo governo e devolvida depois de um período de tempo ainda não definido. Ela não revelou naquele encontro que o instrumento mais popular de poupança, a Caderneta, entraria no pacote. O alvo seriam as operações de "overnight". "Quanto ficará nas contas?", eu quis saber.

Ao invés de responder, Zélia devolveu a pergunta: "Quanto você acha razoável?" Pensei mais no bolso das pessoas do que nos objetivos do plano. "Acho que uns NCz$300.000 ou NCz$350.000", respondi sem o menor conhecimento do impacto daquele valor sobre a economia. Zélia deu um sorriso sem graça, olhou para mim e disse: "Mas isso é uma fortuna. Tem gente aqui dentro defendendo NCz$20.000." Pensei que Zélia estivesse brincando. O certo é que, naquele momento, nem o valor do confisco nem o alcance das medidas ainda tinham sido definidos pela equipe.

O LIMITE DE NCZ$50.000

Não fiquei muito tempo na Academia de Tênis. Tinha uma série de detalhes da Reforma Administrativa para resolver e voltei o mais depressa que pude para o Bolo de Noiva. Cid Heráclito e os profissionais que ele convocou para ajudá-lo se integraram ao grupo de Zélia e cuidaram da tradução para a linguagem jurídica das propostas escritas em economês. Eu estava tão cheio de trabalho que, asseguro, não voltei a pensar naquela conversa até a noite do dia 14 de março, aquela em que o processador de texto da sala de Carlos Marcial quase pôs tudo a perder. Só então soube que o confisco pegaria todo saldo superior a NCz$50.000 nas contas dos brasileiros. Isso equivalia a US$1.250. Soube, também, que nenhuma conta ficaria de fora. Até a Caderneta de Poupança seria alcançada pelo pacote.

Não era um número saído do nada nem escolhido por sorteio, conforme se espalhou depois por culpa da própria Zélia. Um estudo feito pelo economista Gustavo Loyola, que ocuparia a Diretoria de Normas do Mercado de Capitais do Banco Central no governo Collor, havia identificado uma grande migração de recursos do overnight para a poupança nas vésperas do plano. O mesmo estudo mostrava que mais de 90% dos poupadores do Brasil tinham menos de NCz$50.000 na conta. O trabalho de Loyola foi determinante para a definição do valor confiscado.

No que diz respeito a mim, quando soube do valor de NCz$50.000 na sala de Carlos Marcial, não podia fazer nada com a informação. Naquele instante, ainda que pretendesse passá-la adiante, seria apenas o portador de uma fofoca inútil. A pedido de Collor, Sarney e seu Ministro da Fazenda, Maílson da Nóbrega, tinham decretado feriado bancário que já estava em vigor desde a manhã daquela quarta-feira, 14 de março, e se estenderia até a sexta-feira seguinte, dia 16.

OS DESCAMISADOS

Na manhã seguinte, e logo depois de deixar os textos com as medidas no Palácio do Planalto, atravessei a rua e me dirigi ao Congresso Nacional, para a cerimônia de posse do presidente. Ao contrário de quase todos os que estavam ali, não me sentia numa festa. Tinha trabalhado até a madrugada e vivido momentos de tensão absurdos. Além de mim e de minha equipe, os economistas de Zélia também pareciam exaustos. Todos sabíamos, no entanto, que não haveria tempo para descanso. Influenciado pelo cansaço, achei o discurso de posse que Collor leu no Congresso mais longo do que necessário. Só mais tarde, depois de ler o texto, elaborado pelo embaixador José Guilherme Merquior, entendi o recado que o presidente quis passar.

Collor propôs a implantação de um novo modelo político, o social-liberalismo. Para o presidente, o fortalecimento do mercado aumentaria a arrecadação e a redução da máquina estatal melhoraria a qualidade dos gastos públicos. Assim, haveria mais recursos para investir nas áreas que exigiam a presença do Estado. Era fundamental, de acordo com a visão de Collor, atender as necessidades dos "descamisados", como ele se referia à parte mais carente da população brasileira.

Na teoria, tudo perfeito. O que ninguém avaliava naquele momento era a solidez dos obstáculos que se ergueriam diante do projeto. E muitos desses obstáculos, conforme ficaria claro nos meses seguintes, estavam instalados dentro do próprio governo. Depois da posse no Congresso, Collor foi almoçar em sua casa e, à tarde, voltou à Praça dos Três Poderes para a cerimônia de transmissão do cargo.

O presidente subiu a rampa guardada pelo regimento dos Dragões da Independência e foi recebido por Sarney na entrada do Salão Nobre do Palácio do Planalto. A faixa presidencial, no ato que simboliza a passagem do cargo, foi posta pelo antecessor no torso de Collor. Logo em seguida, o novo presidente, como manda o cerimonial, deu posse a Bernardo Cabral, na Justiça, e aos demais ministros e secretários.

O governo tinha começado e eu fazia parte dele.

CAPÍTULO 12

EXTIMBRAS, A ESTATAL QUE DEU CERTO

Naquilo que cabia à Secretaria da Administração Federal, o movimento era intenso — e não poderia ser diferente. Tínhamos um Estado inteiro para reformar e os resultados, certamente, não apareceriam da noite para o dia. Já era esperado que as cobranças surgiriam antes dos efeitos positivos — mesmo porque o trabalho que pretendíamos realizar seguia na direção contrária de tudo o que os governos anteriores haviam feito. Até ali, sempre que alguém anunciou a intenção de reformar o Estado se referia ao aumento da quantidade de ministérios e de cargos públicos. Pela primeira vez, a ideia era reduzir. Além de extinguir 23 ministérios e criar 12 inteiramente novos, a reforma previa, logo na largada, a liquidação de 22 órgãos públicos[1]. Para muita gente, medidas como aquelas eram incompreensíveis.

A situação era complicada pela própria natureza e tinha força suficiente para despertar os adversários dispostos a fazer barulho. O pior é que havia dentro do próprio governo muita gente disposta a fazer de tudo para dificultar ainda mais o trabalho e aumentar a rejeição às medidas. Houve, como sempre acontecia nos pacotes, exageros por parte das autoridades encarregadas de fiscalizar os preços. Os empresários, como sempre, foram acusados de boicotar as medidas. Muitos gerentes de supermercados foram levados pela polícia, acusados de promover remarcações exageradas de preços. Ações truculentas e desnecessárias foram vistas em toda parte, mas nenhuma delas se equiparou à que aconteceu em São Paulo exatamente oito dias depois da posse do presidente.

Na tarde de 23 de março, uma sexta-feira, um delegado da Polícia Federal, à frente de alguns agentes e de meia dúzia de auditores da Receita Federal, invadiu a sede do jornal *Folha de S. Paulo*, no centro da capital paulista. A pretexto de supostas irregularidades na substituição de faturas originalmente emitidas em Cruzados Novos por novas faturas, em Cruzeiros, eles deram uma batida tão estridente quanto desnecessária. Na época, a Polícia Federal ainda não tinha

---

[1] No dia 16.03.1990 foi autorizado o processo de extinção e de liquidação das seguintes empresas: a) Autarquias: SUDECO, SUDESUL, DNOS, IAA E IBC; b) Empresas Públicas: Embrater, Portobras, EBTU; c) Fundações: FUNARTE, FUNDACEM, FCB, Pró-Memória, Pró-Leitura, Educar, Museu do Café; Sociedades de Economia Mista: INFAZ, CAEEB, BNCC, INTERBRAS, PETROMISA, SIDERBRAS, EMBRAFILME.

178   O ESTADO A QUE CHEGAMOS

o hábito de batizar com nomes pitorescos as operações que punha na rua. Se tivesse, aquela teria sido a "Operação Tiro no Pé."

Os policiais foram direto ao andar ocupado pela diretoria. Revistaram gavetas, apreenderam documentos e levaram dois diretores e uma secretária para prestar depoimentos. No dia seguinte, como era de esperar, o jornal relatou os detalhes do episódio. E publicou na primeira página um editorial furioso, em que criticava a ação e chamava Collor de ditador. "Esta Folha, que criticou duramente a candidatura Fernando Collor — como, aliás, todas as outras —, mas que aprovou a audácia do presidente na edição das medidas econômicas, vê essa audácia transformar-se em prepotência e tirania",[2] afirmou o editorial.

De onde partiu a ordem para a operação desastrada? De Collor seguramente não foi. De Zélia também não. A ministra da Economia podia ter rompantes ináveis no trato com os críticos, mas seria incapaz de cometer uma estupidez daquele nível. Mesmo porque ela considerava excessiva a autoridade que Collor havia concentrado nas mãos do delegado Romeu Tuma. Tanto assim que resistiu até o último momento à ideia e impediu que o delegado assumisse, além dos cargos que já tinha, a chefia da repartição encarregada de controlar os preços, a Sunab. Como Secretário da Receita Federal, Tuma era subordinado à própria Zélia. Como Superintendente da Polícia Federal, subordinado a Bernardo Cabral, que teria sido, por assim dizer, o autor intelectual daquele fiasco.

PARA QUE ACABAR COM AS EMPRESAS?

Gestos infelizes como a invasão da sede da *Folha*, é claro, aumentavam a repercussão negativa das medidas do governo e impediam uma discussão sensata sobre a necessidade dos cortes promovidos. Qualquer corte, qualquer redução de estrutura, era posto em xeque e tratado como se não passasse de uma maldade de novo governo. Uma pergunta que passou a ser feita com insistência dizia respeito a uma das 22 empresas, autarquias e fundações que entraram em processo de liquidação no dia 16 de março de 1990. Havia uma curiosidade em torno da presença da INTERBRAS, uma subsidiária da Petrobras, na lista. Por que acabar com uma empresa que tinha dado certo?

Considerada um modelo de eficiência, a empresa era uma *trading company* que fazia exatamente o mesmo que qualquer empresa privada de comércio internacional: exportava mercadorias brasileiras e comprava os produtos estrangeiros de que o país necessitava. Como se não bastasse espalhar produtos brasileiros pelo mundo afora, diziam os defensores da empresa, a INTERBRAS era uma raridade. Afinal, era estatal e conseguia gerar lucros, ainda que estes muitas vezes não passassem

---

2 Folha de S. Paulo, 24 de março de 1990.

de operações contábeis — duas condições que normalmente não costumavam ser encontradas numa mesma companhia. Daí o espanto com a extinção da empresa: se era lucrativa, para que extinguir?

A resposta a essa pergunta era simples: a Petrobras, controladora da INTERBRAS, foi criada para explorar, importar e refinar petróleo. E comercializar combustíveis. Nunca constou de suas atribuições vender açúcar, sapato e carne de frango pelo mundo. A resposta, por mais óbvia que fosse, ainda não era suficiente para satisfazer a curiosidade de quem defendia a sobrevivência da empresa. E se a INTERBRAS fosse tirada da Petrobras e seguisse a vida desgarrada da nave mãe? Também não era o caso. Torná-la independente significava estabelecer uma ligação direta da *trading* com o Estado. E, convenhamos, operar o comércio internacional não pode estar entre as atribuições de um Estado moderno. Aquela era uma nítida invasão do Estado a uma área de domínio econômico privado, claramente definido pela constituição.

A única solução para a INTERBRAS, portanto, era a extinção. Por mais sucesso que a empresa tenha eventualmente experimentado em negócios internacionais, num momento em que o Brasil precisava economizar moedas de 25 *cents* no cofrinho para pagar a Conta Petróleo, não havia sentido em sobrecarregar a estrutura do Estado com uma *trading*. O comércio exterior poderia muito bem ficar a cargo de empresas privadas — que, por sinal, viviam se queixando da concorrência desleal praticada pela INTERBRAS. A *trading* era um exemplo acabado da mania que o Estado brasileiro tinha de se meter onde sua presença não era necessária.

Criada em 1976 no governo do general Ernesto Geisel, a INTERBRAS é uma filha legítima do regime militar. Seu nascimento foi justificado pela elevação exagerada dos preços do petróleo que se seguiu ao choque de 1973. Para tentar equilibrar a balança comercial, o governo tomou para si a responsabilidade de vender *commodities* e artigos industrializados *made in Brazil*, preferencialmente aos países produtores de petróleo. Por trás de uma justificativa aparentemente nobre, o que se viu ali foi a criação de um cartório de exportações.

AS OPERAÇÕES ILEGAIS DO GOVERNO

Os gastos com a compra de petróleo realmente tinham alcançado, em 1976, um peso excessivo sobre as contas internacionais do Brasil. Naquele ano, as importações do país alcançaram a soma de US$ 12,3 bilhões. Desse dinheiro, US$ 3,6 bilhões (ou seja, um terço do total) eram gastos na compra de combustíveis e de óleo cru. É nesse momento que a INTERBRAS entra em cena. Se a Petrobras era uma das maiores compradoras do mundo, nada mais justo do que dar preferência ao petróleo para países que comprassem produtos brasileiros. O papel da *trading* estatal era promover negócios que, na maioria dos casos, não envolviam dinheiro vivo — e sim o escambo de mercadorias.

180 O ESTADO A QUE CHEGAMOS

Funcionava assim: o fabricante brasileiro entregava seu produto à INTERBRAS e recebia por ele em moeda nacional. Ao despachar a mercadoria para o comprador estrangeiro, a *trading* contabilizava a venda em dólares e deduzia o valor das somas bilionárias que o Brasil pagava pelo petróleo que importava. A modalidade de negócio, conhecida como *barter* (que quer dizer exatamente permuta) é prevista em operações de comércio internacional. Havia, no entanto, restrições ao uso do *barter* em transações que envolvessem petróleo. A INTERBRAS, a despeito disso, deu um jeito de camuflar a ilegalidade. E desenvolveu um mecanismo pelo qual a Cacex não contabilizava o negócio como *barter*, mas como uma exportação convencional. Tratava-se de uma ilegalidade cometida com o conhecimento do governo.

Em quase 14 anos de vida, a INTERBRAS sempre apresentou balanços positivos. Por trás dessa suposta eficiência, no entanto, multiplicavam-se casos de empreguismo e de mordomias, além de evidências de corrupção. Mais do que uma *trading*, a INTERBRAS agia como se fosse uma representação diplomática, paralela e muito mais endinheirada do que o Itamaraty. Entre os negócios fechados pela empresa, o mais famoso foi a venda de 100 mil automóveis Passat[3], fabricados pela Volkswagen brasileira, para o Iraque.

A venda foi fechada no início dos anos 1980 e se deveu, em grande parte, à pressão feita pelo presidente da montadora no Brasil, Wolfgang Sauer, para realizar o negócio num momento em que o mercado interno estava em recessão. Naquele momento, o Iraque estava em guerra contra o Irã e a entrega da mercadoria exigia uma operação logística cara e complexa. Se acontecesse algum acidente com os carros, que atravessariam a área conflagrada antes de chegar ao cliente, a conta seria paga, é lógico, pela INTERBRAS.

Além dos carros, a INTERBRAS vendeu para o Iraque peças de reposição, açúcar, café, aço e dezenas de outros produtos[4]. Vendeu geladeiras para o Irã e mandou sapatos produzidos nas cidades de Franca, em São Paulo, e Novo Hamburgo, no Rio Grande do Sul, para a União Soviética, Venezuela e Holanda. Uniu os pescadores do Nordeste e criou uma marca própria, a Brasmar, para vender cauda congelada de lagosta para os Estados Unidos. Ao longo de sua existência, fechou negócios vultosos e, ao ser posta em liquidação, apresentava um balanço positivo em US$ 11,5 milhões só nos três primeiros meses de 1990.

Dito desta maneira, até parece que a empresa cumpria um papel portentoso para os interesses do Brasil. Não eram bem assim. Ao ser extinta, a INTERBRAS tinha 1.200 empregados e 15 escritórios luxuosos espalhados pelo exterior. A despeito dos negócios vistosos em que se envolveu, jamais houve controle sobre sua

---

3 O Estado de S. Paulo. 30.08.1990. Grupo de empresas cria a Eximbras para substituir a extinta INTERBRAS.

4 Gazeta Mercantil. 20.09.1990. As bases da Interbras e da Braspetro.

EXTIMBRAS, A ESTATAL QUE DEU CERTO

contabilidade – e ninguém era capaz de assegurar que as transações foram lançadas integralmente no balanço ou se parte dele ficou pelo caminho, longe dos olhos do Banco Central e da Receita Federal.

Um dos escritórios da INTERBRAS no exterior ficava nas Ilhas Cayman, paraíso fiscal que jamais produziu uma gota de petróleo. A existência dessa filial, embora defendida com argumentos técnicos pela estatal, se justificava apenas para assegurar o anonimato e a contabilidade heterodoxa dos negócios da companhia.

AS DISTORÇÕES DO GIGANTISMO ESTATAL

A extinção da *trading*, como era previsível, gerou uma corrida à Justiça na tentativa de salvá-la. Os argumentos apresentados por Marcelo Cerqueira, um advogado respeitado na área de direitos humanos, para tentar impedir a extinção da estatal, foram, no mínimo, criativos. Segundo Cerqueira, a INTERBRAS não poderia ser extinta por se tratar de uma subsidiária da Petrobras. Sendo assim, ela estaria automaticamente protegida pela Lei 2004, de 1953, que estabeleceu o monopólio estatal do petróleo. É espantoso, mas na visão dos estatistas, a venda de coxas de frango, de geladeiras e de parafusos pela INTERBRAS estava salvaguardada pelo monopólio estatal do petróleo[5].

Os defensores da estatal insistiam em ressaltar sua importância. Um dos argumentos a favor da sobrevivência da empresa eram os contratos de exportação de açúcar, que estavam em andamento e precisavam ser honrados. Eles representavam US$ 250 milhões por ano e previam a venda de 700 mil toneladas por ano ao Iraque. Em maio de 1990, ainda restavam 30 mil toneladas, sob responsabilidade da INTERBRAS, para serem entregues ao país de Saddan Hussein. A ilegalidade, aí, era de outra natureza.

Exportações de açúcar, no Brasil, só eram legais se passassem pelo crivo do IAA, autarquia que também foi extinta no dia 16 de março. O problema é que o liquidante do IAA havia constatado que, desde 1989, a repartição não havia emitido nenhuma autorização para exportar, nem mesmo um pacote de 5 kg de açúcar refinado[6]. De duas, uma. Ou os números das exportações feitas pela INTERBRAS eram falsos ou a empresa burlava a mesma legislação que a protegia. Nenhuma *trading* privada podia exportar açúcar para o Iraque ou para qualquer outro país sem passar pelo IAA. Mas a estatal INTERBRAS podia. Trata-se, naturalmente, de mais uma dessas histórias que ilustram o gigantismo estatal brasileiro. E mostra que a lei que valia para os demais não valia para ela.

O fato é que a companhia se foi, mas deixou atrás de si um rastro de suspeitas jamais esclarecidas. Quando a INTERBRAS desapareceu, a imprensa noticiou uma

---

5 Jornal de Brasília. 11.04.1990. Suspensa a Assembleia da INTERBRAS.

6 O Globo. 09.09.1990. IAA não exportava açúcar há um ano.

182 O ESTADO A QUE CHEGAMOS

suposta disputa entre empresas brasileiras tradicionais por seu espólio. Wolfgang Sauer, que na época presidia o Conselho Econômico da Autolatina, a joint venture que unia a Ford e a Volkswagen, chegou a anunciar a criação da Eximbras para fazer exatamente o que a INTERBRAS fazia[7].

Outro interessado seria o grupo Monteiro Aranha, que teria procurado o ex-presidente da Petrobras Carlos Sant'Anna, o idealizador da INTERBRAS, para criar uma *trading* que levasse adiante os negócios que a extinção interrompeu. Essas inciativas, claro, morreram sem sair do papel. Os empresários certamente constataram que as condições de trabalho às quais os funcionários da INTERBRAS estavam habituados eram incompatíveis com uma empresa privada, que precisa caminhar com as próprias pernas[8].

COMO AS ESTATAIS JOGAVAM DINHEIRO FORA

Por mais batido que fosse, o principal argumento em favor da INTERBRAS era o de que, por ser lucrativa, ela não merceia ser extinta. Mas e quanto à PETROMISA, outra subsidiária da Petrobras? Bem, quando se tratava da PETROMISA, também extinta no dia 16 de março de 1990, a desculpa não era o lucro, mas o papel estratégico da companhia. Assim como a INTERBRAS, a PETROMISA devia sua existência ao apetite estatizante do general Ernesto Geisel. Tratava-se de uma empresa destinada a explorar cloreto de potássio, utilizado como fertilizante na lavoura. Entre as listas de irregularidades nos negócios da PETROMISA, que acumulava uma dívida de US$ 117 milhões quando foi extinta, estava a contratação de obras por preços até 500% superiores aos valores de mercado.

A capacidade da empresa sorver dinheiro público era fenomenal e não era preciso sequer ter lido uma apostila de administração de empresas comprada na banca da esquina para saber que tudo ali estava errado. Dona de uma mina de silvinita (minério que dá origem ao cloreto de potássio) e de uma usina para sua transformação no fertilizante, localizada no município de Rosário do Catete, a 40 quilômetros de Aracaju, a empresa tinha um total de 1.362 empregados. Desses, 327 (ou quase um quarto da força de trabalho) batiam ponto, ou melhor, estavam lotados a 1.800 quilômetros da mina, num prédio de oito andares no coração do Rio de Janeiro.

A empresa foi extinta e a mina, a partir de 2003, passou a ser explorada pela Vale do Rio Doce. Enquanto existiu, a PETROMISA nunca gerou um centavo de lucro. Pelo contrário. Mês após mês, a Petrobras desembolsava uma média de US$ 8 milhões para cobrir o rombo da subsidiária. Foram US$ 756 milhões ao longo dos 13 anos em que operou a mina. Depois da dispensa de 700 de seus empregados (no

---

7 O Estado de S. Paulo. 30.08.1990. Grupo de empresas cria a Eximbras para substituir a extinta INTERBRAS.

8 O Estado de S. Paulo, 30.05.1990. Tradings disputam espólio da INTERBRAS.

EXTIMBRAS, A ESTATAL QUE DEU CERTO

Rio de Janeiro restaram apenas 30 para cuidar da liquidação da companhia) e de 500 prestadores de serviços contratados pelas empreiteiras, a empresa passou a apresentar números bem melhores.

Em primeiro lugar, deixou de depender dos aportes da Petrobras e passou a respirar sem aparelhos. A produtividade melhorou. Ao longo do ano de 1988, a PETROMISA extraiu da mina, localizada a quase 500 metros de profundidade, um total de 614 mil toneladas de silvinita. Com elas foram produzidas 100 mil toneladas do cloreto de potássio. Entre janeiro e outubro de 1990, a extração do minério caiu para 484 mil toneladas. Elas renderam, em dez meses, as mesmas 100 mil toneladas de dois anos antes[9]. Pode ser um caso extremo. Mas a preocupação na PETROMISA e em quaisquer das outras demais empresas e repartições extintas nunca foi a da eficiência.

O problema era que as medidas saneadoras eram sempre apresentadas como uma maldade do governo contra os funcionários dispensados, nunca como uma decisão que aliviaria a carga que pesava sobre o cidadão que pagava seus impostos e sustentava aquele descalabro. Os casos dos funcionários dispensados sempre eram ilustrados com a história da viúva que precisava daquele salário para sustentar os netos e comprar remédios, nunca com as das dezenas de economistas, engenheiros e advogados que apareciam no escritório quando bem entendiam, sempre bronzeados pelo sol da praia, e chamavam pelo apelido pejorativo de *"paraíbas"* os trabalhadores que davam duro para retirar a silvinita do subsolo, no interior de Sergipe.

Entre os *"paraíbas"* estava o geólogo José Eduardo Dutra, que viria a ser presidente da Petrobras no início do governo Lula. Ele liderava o sindicato dos trabalhadores da mina, tinha estabilidade e, portanto, foi poupado dos cortes. Seja como for, a maioria do pessoal que trabalhava em Sergipe escapou da dispensa quando a Vale do Rio Doce assumiu a mina e imprimiu um novo ritmo à operação. Eliminados os gastos excessivos com a manutenção da sede, feitos os investimentos necessários em tecnologia e adotados cuidados elementares de administração, a mina sergipana passou a dar lucro.

O APETITE DESMEDIDO DO GOVERNO

Ninguém do governo ignorava que cada um daqueles órgãos tinha uma boa desculpa para justificar sua existência. O que pouca gente fazia questão de ouvir eram as razões para a extinção de cada um deles. O BNCC, por exemplo, era um banco público que respondia não à área econômica, mas ao Ministério da Agricultura. Empregava 1500 pessoas e tinha agências na maioria das capitais do país[10]. Não fazia nada que não pudesse ser feito pelo Banco do Brasil ou por qualquer banco privado. Quando a

---

9 Jornal da Tarde. 13.12.1990. Um buraco sem fundo chamado PETROMISA

10 O Estado de S. Paulo. 06.05.1990. Araújo tem pena, mas demite 1500 no BNCC.

184 O ESTADO A QUE CHEGAMOS

extinção do BNCC foi decidida, as maiores cooperativas do Brasil, sobretudo as do Rio Grande do Sul, protestaram por perder aquela fonte privilegiada de crédito[11].

O congresso chegou a autorizar que o Banco do Brasil assumisse os contratos, os funcionários e o patrimônio do BNCC. Mal sabiam os parlamentares que, inchado como estava, o Banco do Brasil já não comportava mais ninguém e também teria que passar por um enxugamento. Além de fechar 1596 postos de atendimento em todo o país, o banco teria mais adiante que reduzir seu quadro em 6.000 pessoas. O número incluiria aposentadorias, saídas voluntárias e dispensas. Ainda seriam mantidos 4259 pontos de atendimento em todo Brasil[12]. Quanto ao BNCC, seu destino já estava traçado e ele deveria mesmo ser extinto. Tentar salvá-lo seria prolongar uma situação que pesava no bolso do Cidadão.

Nenhuma daquelas empresas foi extinta porque o governo sentia prazer em acabar com ela. Cada extinção foi justificada por razões estratégicas, técnicas e, acima de tudo, legais. A Siderbras, por exemplo, era uma holding que cuidava, ou deveria cuidar, das siderúrgicas estatais. A partir do dia 15 de março, suas funções passaram a ser exercidas pela Secretaria Nacional de Minas e Metalurgia, subordinada ao Ministério da Infraestrutura. Dessa maneira, simplesmente, perdeu a razão de existir. Desapareceu sem que sua falta fosse sentida e a única herança que deixou foi a dívida milionária que surgiu como resultado do malsucedido programa de saneamento feito ainda no governo Sarney. Parte da dívida, que somava US$ 7,7 bilhões no final de 1989, foi refinanciada. Outra parte utilizada como moeda nos leilões de privatização.

Outra empresa que submergiu sem deixar razões que justificassem sua existência foi a Portobras – uma estrutura emperrada que só explicava pelo apetite estatista desmedido do regime militar. Criada em dezembro de 1975, no governo Ernesto Geisel, ela tinha o objetivo de administrar e de acelerar a modernização dos portos brasileiros – os mesmos portos que, 11 anos depois do surgimento da empresa, no ocaso do Plano Cruzado, não mostraram condições de receber os carregamentos de carne importada. Em 1990, quando sua extinção foi decidida, a Portobras tinha mais de 4.200 funcionários[13]. A maioria deles batia ponto em Brasília, a cerca de 1.200 quilômetros de distância do atracadouro mais próximo.

A empresa, a rigor, nada fazia. Ou melhor, quando fazia alguma coisa, fazia errado. Quando o processo de extinção teve início, uma série de irregularidades emergiu. Irregularidades que só não foram detectadas antes porque ninguém na estatal quis apontar o dedo na direção do responsável. Uma das falhas mais escancaradas foi um trabalho destinado a preparar o porto de Natal, no Rio Grande do Norte, para receber

---

11 Jornal de Brasília. 03.04.1990. BNCC vai mesmo ser extinto.

12 Jornal da Tarde. 24.01.1990. BB oficializa desativação de agências e anuncia demissões.

13 Correio Braziliense. 22.11.1990. Portobras sobrevive com encalhe de imóvel.

EXTIMBRAS, A ESTATAL QUE DEU CERTO **185**

navios com calado de até dez metros. Quando as empreiteiras contratadas entregaram a obra, percebeu-se que qualquer embarcação com calado superior a 6 metros encalharia se tentasse atracar[14]. O que aconteceu? Nada. Nem com quem contratou nem com quem prestou o serviço. Tudo ficou por isso mesmo.

A prova definitiva da ineficiência da Portobras era sua imobilidade diante dos problemas crônicos dos terminais marítimos brasileiros — cuja operação era mais cara do que a de qualquer outro país relevante no comércio mundial. A discrepância era enorme. No início de 1992, um levantamento feito por empresários brasileiros mostrava que o preço da tonelada embarcada em um navio no porto de Santos, o mais movimentado do país, chegava a US$ 51. No Rio de Janeiro, o preço era de US$ 33. Enquanto isso, o preço da tonelada embarcada era de apenas US$ 4,5 em Antuérpia, na Bélgica, US$ 5,9 em Hamburgo, na Alemanha, e US$ 7,2 em Roterdã, na Holanda.

A rigor, os problemas do sistema portuário só começaram a ser encarados a partir da posse de Fernando Collor. Em 1991, quando as atribuições da Portobras tinham sido transferidas para a Secretaria Nacional dos Transportes, no Ministério da Infraesturutra, foi apresentada a lei que deu início à modernização do sistema portuário. Eu, que estava atento a esse problema desde minha passagem pela equipe de Funaro, em 1986, acompanhei de perto a elaboração da lei e conduzi boa parte das negociações em torno dela. A lei foi apresentada ao Congresso Nacional quando eu estava no Ministério da Infraestrutura, mas levou quase dois anos para ser apreciada e votada. Aprovada, foi promulgada em fevereiro de 1993, por Itamar Franco.

A INEFICIÊNCIA DOS PORTOS BRASILEIROS

As razões dessa distância abissal eram o atraso tecnológico, o sistema viciado de contratação de mão de obra e a infinidade de taxas, contribuições e impostos que incidiam sobre a operação portuária no país. Para desembarcar sua carga nos terminais brasileiros, a empresa importadora tinha que pagar um total de 49 taxas e impostos diferentes, algo inimaginável para um operador estrangeiro. Algumas dessas taxas eram absurdas. Entre elas, um depósito no valor de 1500 dólares exigido de qualquer navio que fundeasse em águas brasileiras.

O dinheiro deveria, teoricamente, ser usado para a manutenção das boias luminosas que sinalizavam a entrada dos portos que, a rigor, estavam sob a responsabilidade da Portobras. Sobre a soma de todas as taxas e impostos absurdos como esse, ainda incidia uma taxa de 50% a título de Adicional da Tarifa Portuária. Era esse o dinheiro que a Portobras deveria investir na manutenção dos portos brasileiros. Só que a estatal não investia um tostão.

---

14 O Estado de S. Paulo. 30.06.1990. Portobras eleva valor da obra.

E mais, as gruas e guindastes que carregavam e descarregavam os navios em Santos e no Rio de Janeiro, os mais movimentados, eram velhos, tinham pouca capacidade de carga e viviam quebrados. A consequência disso eram os números desastrosos das operações portuárias brasileiras. Enquanto os 40 mil portuários que trabalhavam nos terminais do país movimentavam um total de 350 toneladas de cargas por ano, apenas o porto de Roterdã, um dos mais eficientes do mundo, movimentava a mesma tonelagem de cargas com apenas 8.000 portuários[15].

Ainda não era tudo. O sistema de contratação de mão de obra utilizado nos portos brasileiros, que estava em vigor desde os anos 1930, além de anacrônico, era uma porta aberta para a corrupção. Por esse sistema, era o sindicato dos estivadores do porto que decidia quantos trabalhadores seriam escalados para carregar ou descarregar um navio. O sindicato também escolhia quem seriam os "Carteiras Pretas" encarregados do trabalho. "Carteiras Pretas" eram os nomes dos estivadores sindicalizados que tinham direito de disputar as vagas.

O problema é que não eram eles que davam duro na estiva. De posse da autorização, os sindicalizados terceirizavam a vaga para um outro trabalhador, que pegaria no pesado em troca de um percentual do dinheiro embolsado pelo "Carteira Preta." O sistema valia mesmo para os terminais privados e vigorava em qualquer um dos 35 portos existentes do Brasil. Em seus 14 anos de vida, a Portobras nunca se preocupou com isso.

Absurdos como esses eram comuns em todas as 22 empresas, autarquias e fundações cuja extinção foi anunciada no segundo dia do governo Collor. O principal problema dessas organizações nem era o número de pessoas em suas folhas de pagamentos nem o custo dos escritórios luxuosos que a maioria delas ocupava. O problema mais grave era a carga burocrática que elas criavam para justificar sua existência e o entrave que elas significavam para o Brasil. Estruturas como a Portobras eram um poço de ineficiência e, além de não ajudar a melhorar a eficiência, contribuíam para aumentar o peso do Estado e piorar a situação geral da economia.

Eliminar aquelas estruturas anacrônicas, que encareciam os serviços, aumentavam a burocracia, estimulavam a corrupção e comprometiam a produtividade da economia brasileira talvez tenha sido, de todas as reformas tentadas pelo governo Collor, aquela que deu os resultados mais visíveis e duradouros: ajudou a reduzir o peso do Estado para o cidadão. A maioria das empresas, autarquias e fundações que desapareceram no dia 15 de março de 1990, existiam no papel, mas nunca funcionaram na prática. A Extimbras, ao contrário delas, nunca existiu, mas funcionou. Talvez tenha vindo dela o empurrão mais efetivo para o raio de modernização visto na economia brasileira no início dos anos 1990. Encarregada de eliminar estatais anacrônicas, a Extimbras foi a estatal que deu certo.

---

15 Revista Veja. nº 1234. 13.05.1992. A máfia dos portos.

CAPÍTULO 13

A RESISTÊNCIA ÀS MUDANÇAS NO ESTADO

As resistências à Reforma Administrativa conduzida por mim durante o primeiro ano do governo Collor demonstraram que as doenças do corporativismo, do empreguismo e do nepotismo foram inoculadas no Estado brasileiro com tanta eficiência que, com o passar do tempo, nem os antibióticos mais poderosos pareciam capazes de eliminá-las. Ninguém tinha coragem de negar em público a necessidade de uma reforma. Todos admitiam que havia a necessidade de se enxugar a máquina pública e modernizar a administração. Mas, na hora de tomar as providências que colocariam as mudanças em prática, a reação era enorme e sem sentido.

Uma das provas mais cristalinas dessa necessidade era a ausência de justificativas técnicas para o número exagerado de servidores que continuavam lotados na antiga capital. No dia da posse de Collor, o Rio de Janeiro abrigava 166.785 funcionários da administração direta. Enquanto isso, havia na capital da República, Brasília, 97.672 funcionários. Esse foi o quadro encontrado, conforme os dados precários disponíveis nos momentos iniciais do seu mandato.

Três décadas já haviam se passado desde a inauguração da nova capital e da transferência dos ministérios para o Planalto Central e o número de funcionários no Rio de Janeiro ainda superava em quase 70 mil o de Brasília. E bastava uma avaliação superficial sobre os dados de desempenho de cada um deles para encontrar casos escandalosos de ineficiência. O escritório regional do INCRA no Rio de Janeiro era um exemplo gritante. Um prédio localizado na Avenida Presidente Vargas abrigava os 600 funcionários encarregados de cuidar dos problemas fundiários no estado.

Eles cuidavam da reforma agrária e tinham sob sua responsabilidade 18 projetos de colonização em andamento. Havia um total de 1800 famílias instaladas nos assentamentos no estado do Rio de Janeiro — o que significava um funcionário para cada três famílias atendidas. Do total de funcionários, 60 (ou seja, 10% da força de trabalho) eram procuradores. Eles tinham que dar conta dos 10 projetos de desapropriação de terras em curso.

Mesmo diante de números que falavam por si, o escritório do INCRA no Rio de Janeiro tinha defensores irredutíveis. Havia, ainda, 60 procuradores lotados na

188   O ESTADO A QUE CHEGAMOS

repartição e um total de 10 projetos de desapropriação em curso. Na visão de quem achava natural haver seis procuradores para cuidar de um único processo do modelo, o culpado por aquele desequilíbrio não era o empreguismo, mas a opção política do governo. Se o Planalto tivesse incluído a Reforma Agrária entre suas prioridades, diziam, o escritório regional do INCRA no Rio de Janeiro estaria lá, prontinho para realizar o melhor trabalho possível. Mas eles não tinham como resistir à força do latifúndio, que impedia que a distribuição de terras fosse adiante. Sendo assim, a turma ia ficando por lá, sem ter o que fazer[1]. Não é piada. Esse era o argumento.

Se o cenário entre os órgãos da administração direta no Rio de Janeiro era o de um enorme cabide de empregos, o susto se multiplicava diante da quantidade absurda de estatais que, sem qualquer justificativa razoável, insistiam em conservar suas sedes no Rio de Janeiro. Ou, então, de fazer de conta que se transferiam para o Distrito Federal enquanto mantinham estruturas bem mais robustas na antiga capital. A CEF era um dos exemplos mais eloquentes dessa anomalia. O banco estatal tinha 3.309 funcionários na Administração Regional do Rio de Janeiro e 2.615 na matriz, em Brasília. Ou seja, quase 700 a mais. Entre o pessoal que dava expediente à beira-mar havia 44 médicos, 15 dentistas e 12 psicólogos – que atendiam exclusivamente aos funcionários da casa.

A desculpa para esse desequilíbrio estava na ponta da língua de qualquer defensor daquela deformação estatista. O BNH havia deixado de existir em dezembro de 1986, sufocado por irregularidades e escândalos envolvendo desvio de recursos e gestão ineficiente do FGTS. A Caixa, então, assumiu o banco de habitação com os funcionários e tudo – exatamente como o Congresso tentaria sem sucesso que o Banco do Brasil fizesse com os funcionários do BNCC em 1990. Ou seja, o BNH foi tirado de circulação, mas seus custos continuaram sendo bancados pelo contribuinte.

Ineficiência por ineficiência, teria custado menos ao Brasil deixar o BNH de pé e extinguir a CEF. Mas isso já é uma outra história. O fato é que, com ou sem o pessoal do BNH, a CEF estava longe de ser a única estatal abarrotada no Rio de Janeiro. Aquela, na verdade, era a regra num ambiente em que as instituições públicas agiam como se tivessem vida própria e independente do Estado que as mantinha.

E assim, o Rio de Janeiro continuava abrigando empresas e repartições do governo federal em grande quantidade após 30 anos. Algumas das estatais sediadas na velha capital às vezes até davam a impressão de se render e chegaram a preparar as malas para se transferir para o Planalto. Na hora de bater o martelo, no entanto, acabavam dando um jeito de permanecer onde estavam.

Oficialmente, a sede do BNDES não ficava mais no Rio de Janeiro, em 1974, quando começou a ser erguido o edifício suntuoso que abriga o banco de fomento, no centro

---

1 Jornal do Brasil. 27.05.1990. Incra é exemplo de má gestão.

A RESISTÊNCIA ÀS MUDANÇAS NO ESTADO **189**

da cidade. A propósito, a sede oficial do banco ainda fica em Brasília. Quando a construção teve início, o banco já era dono de um edifício próprio, de 17 andares, no Setor Bancário Sul de Brasília. Chegou também a comprar 48 lotes, nos lagos Sul e Norte, para construir as casas para seus diretores[2]. Mas a turma insistia em ficar no Rio de Janeiro. Em 1990, quando Collor assumiu, a estrutura do BNDES ocupava dois dos 17 andares do prédio e tinha apenas 40 funcionários em Brasília. Enquanto isso, o edifício da velha capital era o endereço profissional de 2028 funcionários.

Quando assumiu, a diretoria comandada por Eduardo Modiano tinha a ideia de modernizar o BNDES e adequar o número de funcionários à realidade do mercado. Mas as resistências foram enormes. Bastou o governo anunciar a dispensa de 200 funcionários, pouco menos de 10% do pessoal da casa, para o clima de rebelião se instalar na Avenida Chile. Um juiz federal do Rio de Janeiro chegou, inclusive, a ameaçar Modiano com uma ordem de prisão caso levasse adiante a ideia de reduzir o quadro do banco "sem o devido processo legal"[3].

A REAÇÃO CARIOCA À REFORMA

Esse era o comportamento padrão naquela hora. De um modo geral, não havia quem não reconhecesse e criticasse as deformidades do ambiente estatal. Mas bastava aparecer alguém disposto a corrigi-la para que as resistências mais violentas se manifestassem. E os argumentos levantados em defesa da manutenção daquele estado de coisas, francamente, não faziam justiça à inteligência de quem os proferia. O sociólogo Herbert de Souza, o Betinho, por exemplo, chegou a denunciar, ao criticar o esforço do governo para reduzir os quadros das estatais no Rio de Janeiro, a existência de "uma nítida vingança política em jogo". Afinal, dizia ele, o Rio votou em peso nos opositores de Collor"[4].

Políticos locais, como o deputado brizolista César Maia, tentavam justificar suas críticas às Reformas com base num pretenso conhecimento de administração pública. Mas, no final, eles também voltavam à lenga-lenga de sempre e insistiam na tecla de que a condução da reforma de Collor era marcada por características como "o açodamento, o primarismo e o amadorismo".[5]

Outros críticos, como o presidente de uma certa Amajur — entidade que reunia "membros" da Advocacia Geral da União —, apontavam o dedo na mesma direção. "A reforma administrativa do governo Collor está sendo conduzida de forma completamente atabalhoada, por pessoas que nada entendem de administração

---

2 Jornal de Brasília. 11.05.1990. BNDES já pode vender sua sede.

3 Jornal do Brasil. 31.05.1990. Liminar da Justiça adia 200 demissões no BNDES.

4 Jornal do Brasil. 27.05.1990. Corte de pessoal ignora o que o Estado tem de bom.

5 Folha de S. Pulo. 22.05.1990. Reforma administrativa — qual?

pública", disse o presidente da Amajur. "Trouxeram para conduzir o processo um sujeito de um jornal diário, que aliás não é nenhum primor de organização, a julgar pelas crises pelas quais já passou"[6]. O diário era a *Gazeta Mercantil* e o sujeito, eu.

COMPADRIO POLÍTICO NA ADMINISTRAÇÃO

A impressão diante das críticas às reformas era a de que o Estado brasileiro, até 1990, funcionava com precisão e eficiência. Bastou tentar organizar a casa para que as críticas surgissem de todos os lados, mesmo de gente que ajudou a transformar o Estado brasileiro no animal obeso e lento em que ele se converteu. A voz do senador paraibano Humberto Lucena, do PMDB, por exemplo, foi uma das que se levantaram para criticar a "absoluta falta de critérios para o enxugamento da máquina, isto é, para a extinção de órgãos e de empresas públicas"[7].

Um ano antes, porém, Lucena havia ajudado a entulhar a máquina pública ao enviar para a Portobras cartas com pedidos de emprego para protegidos políticos[8]. É muito provável que aquelas não tenham sido os únicos pistolões despachados por Lucena que, justiça seja feita, não era o único político a procurar emprego para seus afilhados. Ele era apenas um entre as centenas que se valiam de cartas privadas para favorecer sua turma e que, em público, faziam questão de criticar as tentativas de se arrumar a casa.

As reações contra as reformas não se restringiam, é óbvio, aos políticos profissionais. Elas alcançavam a ampla constelação de interesses que gravitava em torno do Estado. Um caso que juntou um grupo barulhento e muito bem organizado contra as reformas foi o das sete Fundações ligadas à área da cultura, extintas no primeiro dia do governo. Criadas a pretexto de livrar a gestão da cultura das amarras burocráticas impostas à administração direta, as fundações eram vistas como intocáveis. Por meio delas, artistas, técnicos em espetáculos e outros operadores culturais eram contratados por salários geralmente superiores aos tetos fixados para a administração direta. E quem falasse em equipará-los aos dos outros profissionais seria acusado de inimigo do patrimônio cultural brasileiro.

O tema da cultura foi tratado, durante os trabalhos no Bolo de Noiva, por uma comissão coordenada pela cientista política Lúcia Hypólito. Integrado pelo diretor da Fundação Pró-Memória, Ruy Afonso Guimarães, pelo cineasta Gustavo Dahl e por um velho amigo meu, o advogado Itoby Alves Correa, o grupo classificou como "desburocratizantes" as propostas que elaborou.

---

6 Jornal de Brasília. 27.05.1990. Para advogado, reforma trata desordem.

7 Jornal de Brasília. 08.07.1990. Os cem dias coloridos.

8 O Globo. 30.08.1990. Portobras: cartas provam nepotismo.

A RESISTÊNCIA ÀS MUDANÇAS NO ESTADO

O problema é que, mesmo conhecendo a intenção do governo de dar ordem à casa, a cultura foi tratada como uma exceção. O texto da comissão previa regalias salariais para os profissionais da área. O projeto foi apresentado a Collor pelos autores e, como sempre acontecia, repassado a mim e a Bara para ser integrado ao conjunto das ideias do governo. Logo de início, ficou evidente que as propostas estavam em desacordo com o manual que orientou toda a reforma administrativa do governo Collor. E o nome do manual era Constituição da República Federativa do Brasil.

A causa da extinção das fundações que supostamente davam agilidade à gestão cultural também não foi, como se tornou comum dizer na época, inspirada por uma vingança contra os artistas e intelectuais brasileiros que, em sua maioria, se opuseram a Collor nas eleições de 1989. Também não houve da parte do governo qualquer opção por estruturas "burocraticamente mais pesadas, logo mais difíceis de administrar"[9], conforme se denunciou à época. O que aconteceu foi uma tentativa de regularizar a gestão da cultura no país que, depois da promulgação da Carta de 1988, ficou completamente à margem da lei.

Em primeiro lugar, as fundações públicas não poderiam exercer o poder de polícia que cabe aos órgãos da administração. Não se trata, é bom que se esclareça, de dar aos agentes culturais autoridade para investigar delitos e prender criminosos. Poder de polícia, nesse caso, é a capacidade de implantar e fiscalizar as políticas públicas da área — prerrogativa que é exclusiva da administração direta. As fundações até podiam conferir agilidade à gestão, mas mantinham as políticas da área à margem da proteção do Estado.

A rigor, fundações culturais, da forma como estavam organizadas, não poderiam exercer sequer atividades financiadas diretamente pelo público. Assim, e de acordo com as normas da época, um museu estatal subordinado a uma fundação não poderia nem mesmo cobrar pela entrada dos visitantes. O principal problema, no entanto, nem era esse. O principal era que a Constituição disciplinava a contratação de servidores e os procedimentos seguidos pelas fundações não estavam de acordo com a lei. Ou seja, os constituintes de 1988 definiram que todo e qualquer servidor público, seja da administração direta, autárquica ou fundacional, só poderia ser contratado através de concurso público. Mais ainda, eles deveriam integrar uma carreira regida por um único regime jurídico de contratação.

Os mesmos grupos que defendiam a implantação de um regime jurídico único que garantisse a todos os funcionários públicos estabilidade no emprego, aposentadoria integral, licença-prêmio e outras vantagens, agora queriam a autonomia que a lei conferia à iniciativa privada para definir os salários de seus profissionais. Extinguir as fundações era uma forma de trazer a área cultural de volta à vida real

---

9 Folha de S. Paulo. 08.04.1990. Grupo pretendia fazer projeto desburocratizante.

O ESTADO A QUE CHEGAMOS

e enquadrá-la naquilo que a Constituição de 1988, em seu artigo 37, estabelecia como critério para a contratação de todos os servidores. Em outras palavras, quem determinou a extinção das fundações e de outros órgãos e a dispensa dos servidores não estáveis não foi Collor nem fui eu. Foi a Constituição Cidadã de 1988.

A EXTINÇÃO DA EMBRAFILME

O problema era mais profundo do que parecia. Em se tratando da área cultural, até mesmo as estruturas criadas pelos governos militares para controlar a produção artística e intelectual e restringi-la aos limites aceitos pela ditadura passaram a ser defendidas como essenciais a partir do momento em que o governo pensou em acabar com elas. Um dos casos mais emblemáticos é o da Embrafilme. A empresa, que utilizava dinheiro público para financiar a indústria cinematográfica brasileira, era a prova suficiente da criatividade inesgotável da mentalidade estatizante da época.

A Embrafilme era uma sociedade de economia mista — natureza jurídica idêntica à da Petrobras e da Vale do Rio Doce, por exemplo. Ou seja, para a ditadura que a criou, a produção cinematográfica nacional merecia tratamento idêntico àquele dispensado à exploração de petróleo ou à lavra de minério. Para a estatal, cinema era cinema — não havia distinção entre um filme comercial, um autoral ou uma pornochanchada. *O Amuleto de Ogum*, de Nelson Pereira dos Santos, *Xica da Silva*, de Cacá Diegues, ou *A Viúva Virgem*, de Pedro Carlos Rovai, recebiam da estatal o mesmo tratamento. Depois de aprovar o roteiro, a empresa liberava os recursos para a produção como se fosse um empréstimo a ser pago com a renda da exibição. Enquanto o filme não se pagasse, os direitos autorais pertenceriam à Embrafilme. Quando ou se a bilheteria rendesse dinheiro suficiente para cobrir os custos, os direitos eram transferidos para os autores da obra.

Além da ineficiência que resultava numa produção diminuta e de qualidade, de um modo geral discutível, a empresa era uma aberração em si. Foi criada em setembro de 1969, ou seja, no período em que o Brasil era governado pela junta militar — e era mantida com um imposto cobrado sobre os valores que as distribuidoras de filmes estrangeiros mandavam para os produtores no exterior.

Quando o nome da Embrafilme surgiu na lista de empresas extintas, houve uma gritaria generalizada entre os cineastas e muita gente inclusive chegou a atribuir àquela empresa criada no momento mais truculento da ditadura um papel relevante na resistência democrática. Até as pornochanchadas, com seus roteiros grotescos e suas cenas bizarras, passaram a ser vistas como tentativas de desafiar os padrões morais conservadores exigidos pela ditadura.

Muita gente lembrou, então, que mais de 10 milhões de brasileiros pagaram ingressos para ver as cenas de amor de Gabriela e Vadinho, vividos pelos atores

A RESISTÊNCIA ÀS MUDANÇAS NO ESTADO

Sônia Braga e José Wilker, em *Dona Flor e Seus Dois Maridos* — na adaptação para o cinema da obra de Jorge Amado, dirigida por Bruno Barreto. Não faltou quem apresentasse, em defesa da estatal, o argumento de que, mesmo devendo obediência aos governos militares, a Embrafilme financiou a produção do filme *Pra Frente Brasil*. Na trama, o personagem Jofre, vivido por Reginaldo Farias, é submetido à tortura em cenas com uma dose razoável de realismo.

Quando a Embrafilme foi extinta, todos os direitos sobre os filmes, mesmo aqueles que tinham apelo comercial, mas ainda não tinham se pagado, foram devolvidos a seus produtores. Os detentores dos direitos sobre obras de mais qualidade e mais apelo comercial adoraram a providência. Ninguém se lembrou de perguntar, no entanto, se produção cinematográfica é uma atribuição do Estado — algo que, pelo menos nos Estados mais sérios, não é.

O processo de extinção da Embrafilme chegou inclusive a ser interrompido por uma liminar, a pedido da associação dos funcionários da estatal — mas a Justiça determinou que ele fosse adiante[10]. O Congresso também tentou fazer sua parte para salvar a estatal — autorizando que ela fosse privatizada. Mas o governo estava decidido a extingui-la, nem que fosse apenas para impedir que, mais adiante, a pressão de artistas, intelectuais e outros operadores culturais pressionassem pela reestatização. Em novembro de 1990, um grupo de 15 cineastas ameaçou me processar porque eu havia afirmado, em entrevista à revista *Playboy*, que profissionais do cinema "construíram casas, compraram apartamentos e fizeram um belo patrimônio à custa da Embrafilme"[11]. Eu mantive a declaração. *Ipsis litteris*.

O governo não deve ser isento de culpa pelo relacionamento tempestuoso nem pelos enfrentamentos desnecessários com os artistas do Brasil nos seus primeiros meses. O cineasta Ipojuca Pontes, que ocupou a Secretaria de Cultura por indicação de Leopoldo Collor, não foi uma escolha feliz. Em lugar de levar adiante a ideia já prevista desde o Bolo de Noiva de aperfeiçoar os mecanismos de incentivo à cultura apresentados pela Lei 7505, de julho de 1986, conhecida como Lei Sarney, ele preferiu entrar em confronto com os intelectuais que criticavam o governo.

Pontes foi substituído por Sérgio Paulo Rouanet que, em dezembro de 1991, criou a lei 8313, que trata do incentivo à cultura. A lei, que leva o nome do criador, concedia uma pequena isenção fiscal a empresas interessadas em financiar a produção cultural. Quem tinha o projeto aprovado ia ao mercado em busca de um patrocinador que atendesse às condições fiscais estabelecidas na leis. A Lei Rouanet criou um padrão bem mais saudável de relacionamento do Estado com as artes. Atravessou os governos seguintes em pleno vigor e angariou admiradores.

---

10 Folha de S. Paulo. 06.06.1990. Governo reinicia a liquidação da Embrafilme.

11 Jornal da Tarde. 22.11.1980. Cineastas: protesto.

Seus defensores mais entusiasmados, os artistas e produtores culturais, jamais foram capazes de expressar gratidão ou mesmo de reconhecer que a lei que eles passaram a considerar intocável traz a assinatura de Fernando Collor.

A EXTINÇÃO DE ÓRGÃOS ILEGAIS

Os órgãos ligados à cultura não eram, evidentemente, os únicos exemplos de distorção que havia no Estado brasileiro. Um dos objetivos daquela reforma foi adequar a administração pública ao texto da Carta de 1988. Cada repartição extinta tinha uma razão legal para deixar de existir. Algumas delas morreram porque mantinham sob responsabilidade do governo federal tarefas que, segundo a Constituição, deveriam ser tocadas pelos estados ou pelos municípios. Outras acabaram porque assumiam tarefas, como a produção cinematográfica da Embrafilme e o comércio internacional da INTERBRAS, que, a rigor, não eram funções do Estado. No caso desta última, sua existência configurava a invasão de uma área que a constituição reserva à iniciativa privada. Outras, ainda, entravam na alça de mira porque reuniam exemplos de ineficiência tão retumbantes que falavam por si mesmos.

Um dos órgãos que entraram em processo de extinção no dia da posse de Collor por executar tarefas que não eram de responsabilidade da União foi o DNOS. A autarquia era responsável por obras de saneamento, irrigação, abastecimento de água, controle da poluição e outras na mesma linha. Todas essas atividades, por lei, estavam sob responsabilidade legal dos municípios, que muitas vezes as repassavam às concessionárias estaduais. Não havia, portanto, qualquer sentido no governo federal pagar salários a 2.071 funcionários, instalados em sua grande maioria no Rio de Janeiro, para executar tarefas que, a rigor, apenas sobrecarregavam a União com responsabilidades dos estados e dos municípios. Com atuação nacional, o DNOS tinha entre seus ativos um turboélice King Air que levava o presidente e os diretores para vistoriar obras pelo país afora. Com a Reforma, o avião foi repassado e seus pilotos foram transferidos para a Polícia Federal — que passou a utilizá-lo para dar suporte às suas operações. Foi a primeira aeronave da PF.

Esse é um detalhe secundário. O que conta mesmo é que o DNOS foi extinto porque caiu na ilegalidade com a promulgação da Constituição de 1988. A partir dali, qualquer centavo do orçamento federal destinado a atividades que deixaram de estar sob a responsabilidade da União era considerado um dinheiro ilegal. Por mais cristalino que pareça, esse conceito não entrava na cabeça de muita gente do próprio governo. Depois de dispensar alguns funcionários, colocar outros em disponibilidade e aposentar mais um grupo de servidores, o próprio funcionário do Banco Central responsável pela liquidação passou a agir contra a extinção do órgão. E passou a dizer que acabar com o DNOS seria "um erro"[12].

---

12 Folha de S. Paulo. 24.05.1990. Liquidante afirma que o governo "errou" ao extinguir o DNOS.

A RESISTÊNCIA ÀS MUDANÇAS NO ESTADO   195

O liquidante tentou porque tentou salvar a repartição. Chegou, inclusive, a sugerir que havia órgãos parecidos, como a Codevasf, responsável pelo desenvolvimento do Vale do São Francisco, e o DNOCS, encarregado de obras contra a seca, mais ineficientes e que deveriam morrer antes do DNOS. Segundo o liquidante, esses órgãos permaneciam vivos porque eu teria dito que o governo não poderia cometer a loucura de contrariar a "bancada nordestina". Esse era o ambiente em torno da reforma. Alguns atribuíam as decisões do governo a uma perseguição ao Rio de Janeiro. Outros apontavam interesses políticos manipulando os cordames da reforma[13]. Poucos reconheciam naqueles movimentos uma tentativa firme de reduzir o tamanho do Estado e aliviar a carga que pesava sobre os ombros do cidadão.

O liquidante do DNOS, claro, foi substituído. Mas a afirmação de que a bancada nordestina ditava os rumos da reforma administrativa era de uma estupidez tão evidente que não resistia à simples leitura da lista de órgãos extintos por Collor. A mesma medida que pôs fim ao DNOS acabou com um dos maiores celeiros de privilégios a serviço da elite rural nordestina, o IAA. Responsável por cuidar da lavoura da cana-de-açúcar e da produção de açúcar e álcool — atividades concentradas no interior de São Paulo e na Zona da Mata do Nordeste —, o órgão empregava 2.593 servidores e funcionava num prédio com vista para a Baia da Guanabara, na Praça XV, no Rio de Janeiro.

A IRRESPONSABILIDADE DO IBC

O IAA, com toda certeza, era uma das repartições mais endinheiradas do Brasil — e fazia questão de esbanjar sua riqueza. Vivia com um imposto que escancarava os absurdos da mentalidade estatal do país: 25% do valor que a usina recebia pelo quilo de açúcar exportado ou vendido no mercado interno era repassado para o órgão[14]. Isso mesmo, um quarto do valor obtido pelas usinas com a comercialização do açúcar que produziam era destinado ao IAA.

Naquela época, para citar apenas um exemplo da prática cartorial do IAA, os produtores de açúcar de São Paulo estavam dispostos a exportar seu produto, mas não tinham acesso ao mercado internacional. A pretexto de proteger o mercado brasileiro do risco de desabastecimento, o IAA estabelecia e administrava a cota exportável da produção nacional de açúcar. A produção destinada ao exterior era pouquíssima e só o Nordeste exportava. Aquilo deixava as usinas nordestinas na posição superconfortável de não precisar melhorar a produtividade para ter lucros gordos. Seu mercado era assegurado pela política de cotas e o preço, mantido pelo governo.

---

13 Jornal do Brasil. 14.11.1990. Liquidação de órgãos percorre caminhos tortuosos.

14 O Globo. 03.06.1990. Consumidor paga mais 25% pelo açúcar para custear o IAA, um órgão em extinção.

Depois da extinção do IAA, os produtores de todo o país puderam finalmente competir no mercado mundial. As usinas de São Paulo se modernizaram e o Brasil, além de ter o mercado interno sempre abastecido, tornou-se o maior exportador de açúcar do mundo. Se a extinção do IAA estimulou a cadeia da cana-de-açúcar no Brasil, o fim do IBC, o instituto igualmente milionário que cuidava da lavoura do café, não ajudou nem prejudicou os produtores — mas beneficiou o contribuinte. O Instituto responsável pelo café do Brasil, que chegou a patrocinar a seleção brasileira de futebol, era de uma desenvoltura que o levava a cometer a estupidez que quisesse.

Em 1986, em plena Nova República, o IBC aplicou um calote de US$300 milhões numa operação de compra de café na Bolsa de Londres. No fundo, encomendou uma grande quantidade de café robusta dos concorrentes africanos. Assim, eles não teriam produto para entregar e o mercado internacional seria obrigado a comprar o café arábico produzido pelo Brasil. Quando os contratos para compra do café brasileiro estivessem fechados, o Brasil desistiria do negócio com os africanos. A molecagem do IBC ficou conhecida como "Operação Patrícia" e envolveu a contratação de 18 *tradings* internacionais.[15]

A operação causou um prejuízo enorme aos negociantes e aos produtores africanos. Eles, naturalmente, recorreram à justiça para recuperar o prejuízo. O processo que abriram se arrastou durante anos e é apontado como uma das causas da queda do prestígio do café brasileiro no mercado internacional. A pergunta a ser feita é: um instituto capaz de idealizar e pôr em prática uma operação ridícula como essa merece ou não merece desaparecer? Claro que merece.

Outro detalhe absurdo: o IBC tinha autoridade para expedir certificados de créditos, utilizados para pagar as safras do café brasileira. Os títulos eram garantidos pelo governo e aceitos por qualquer banco. Aquilo significava, na prática, sacar contra o Tesouro Nacional sem pedir autorização a ninguém. Ou seja, o IBC era, na prática, um emissor de moeda que funcionava à margem do Banco Central e do Ministério da Fazenda.

RESISTÊNCIA À MUDANÇA PARA BRASÍLIA

Quanto mais mexíamos, mais encontrávamos razões para levar adiante as reformas. Entre os 399 funcionários que a Embratur, a estatal encarregada de cuidar do turismo brasileiro, tinha no Rio de Janeiro e resistiam à mudança para Brasília, 33 eram servidores fantasmas. Recebiam o salário religiosamente, mas não davam as caras na repartição nem para receber os contracheques. Eles os recebiam em casa. Entre eles estavam pessoas de reputação elevada no meio

---

15 O Globo. 07.05.1990. Dívidas deverão provocar o adiamento da liquidação do IBC.

A RESISTÊNCIA ÀS MUDANÇAS NO ESTADO 197

cultural brasileiro, como João Jorge Amado, filho do escritor Jorge Amado, e o músico Nonato Buzar[16].

Outros que tentavam evitar a todo custo o que seus representantes chamavam de "deportação em massa" para Brasília eram os funcionários do DNER — que ocupava seis prédios alugados no Rio de Janeiro. Dos 19.121 funcionários do órgão, 8,6 mil eram lotados na antiga capital. Entre eles estavam 6 mil policiais rodoviários que deixariam de ficar sob a competência do Ministério dos Transportes e, como era mais lógico, passariam para a competência no Ministério da Justiça. Os outros 2,6 mil se distribuíam, principalmente, por dois endereços: um edifício de 21 andares na Avenida Presidente Vargas e outro, de 16 andares, na Rua Marechal Floriano.

Era gente que não acabava mais e tudo o que eles não queriam era deixar o Rio de Janeiro. O advogado Marcelo Cerqueira, o mesmo que tentava impedir a extinção da INTERBRAS, buscava argumentos para tentar impedir a mudança do DNER — órgão que mais tarde seria substituído pelo DNIT. "A transferência é uma forma de forçar demissões por justa causa", dizia ele. "Para transferir gado se procura bom pasto e transporte adequado, mas com seres humanos ninguém liga."[17] Com o devido respeito à biografia de Cerqueira, é bom observar que o argumento, mais uma vez, não levava em conta o peso do benefício reivindicado por seus clientes sobre as costas do contribuinte que mantinham o Estado. Para quem pensava como ele, não importava quem fazia a despesa — desde que o Tesouro continuasse pagando a conta. "Pólvora da viúva, tiro para cima", dizia uma frase comum para dizer que, se o dinheiro era do governo, o desperdício era parte do jogo.

A CAIXA PRETA DAS UNIVERSIDADES

Por todo lado, houve resistências à reforma administrativa. Algumas, naturais e motivadas por causas legítimas — como era o caso dos funcionários que, depois de passar toda a carreira no Rio de Janeiro, não tinham planos de se mudar para o Distrito Federal. Havia também aquelas que eram resultado da reação natural de qualquer ser humano ao risco de mudança. Ainda que, depois de algum tempo, a mudança se revele positiva, ela sempre é encarada com receio no primeiro momento — e, diante disso, é natural que as pessoas tentem evitar o novo.

Outras resistências, porém, não tinham qualquer explicação lógica. No caso das 37 universidades e das 13 escolas federais isoladas — entidades que tinham por obrigação estar à frente de seu tempo —, a única explicação para a resistência às mudanças talvez fosse o medo da realidade: elas eram, na verdade, desatualizadas,

---

16 O Estado de S. Paulo. 17.06.1990. Cariocas recusam o caminho de Brasília.

17 O Globo. 16.12.1990. Sem mordomia, transferência vira castigo.

O ESTADO A QUE CHEGAMOS

ineficientes e escondiam seus defeitos atrás do artigo 207 da Constituição, que lhes conferia autonomia.

Uma pesquisa divulgada pela USP com base em dados do ministério da Educação mostrou que as universidades federais brasileiras tinham apenas oito alunos para cada professor. Era um índice muito baixo. Na própria USP, a relação era de 10 alunos por professor. Nas 10 melhores universidades americanas, a relação era de 14 alunos por professor e nas principais instituições europeias, a média era de 15[18]. Na hora em que foram chamados a apresentar sugestões para redução de seu quadro de pessoal sem que aquilo comprometesse –ou, quem sabe, até mesmo as ajudasse a melhorar – a qualidade do ensino e das demais atividades universitárias, a reação foi a esperada.

Nenhum dos reitores das universidades aceitou reduzir seus quadros. Houve um, da UFES, que respondeu ao pedido para redução do quadro com outro pedido, para a criação de mais 100 cargos de confiança[19]. Esse reitor, Rômulo Penina, foi acusado de manter a mulher e a cunhada como funcionárias fantasmas. Lotadas em órgãos administrativos, prestavam serviços a um museu, mas raramente compareciam ao trabalho.

Outros reitores reagiram de forma evasiva. O reitor da UFPR, Carlos Alberto Franco, disse que os cortes poderiam "inviabilizar" a instituição. O reitor da UFMA, Jerônimo Pinheiro, se queixou de carência de funcionários. O da UFRGS, Tuiskon Dick, também achava "inviável" a medida. A reitora da UFMG, Vanessa Guimarães Pinto, achava "impossível" cumprir a meta. Um por um, todos os reitores das universidades públicas disseram que suas gestões eram primorosas e não tinham como reduzir pessoal[20]. O reitor da UnB, Antônio Ibañez, disse que "qualquer corte será um sacrifício imenso para a universidade"[21].

O Brasil inteiro parecia resistir aos compromissos assumidos com o eleitor e que deram a Collor a vitória nas eleições de 1989. A impressão era a de que os políticos da oposição, os cineastas, os dirigentes sindicais, os reitores das universidades públicas colocavam o bem do país adiante dos interesses de suas corporações. Enquanto isso, a Constituição e o governo queriam destruir tudo.

---

18 Folha de S. Paulo. 22.05.1990. Federais têm só oito alunos por professor.

19 Jornal de Brasília. 10.05.1990. Reitor ignora nova política.

20 Folha de S. Paulo. 22.05.1990. Os reitores.

21 Jornal de Brasília. 16.05.1990. Reitor da UnB rechaça demissões.

CAPÍTULO 14

O ENCOLHIMENTO DA ESPLANADA DOS MINISTÉRIOS

De todos os problemas que o governo Fernando Collor encarou em seu primeiro ano de governo, dois se destacaram pela solidez e contribuíram de forma especial para a corrosão da popularidade do presidente. O primeiro foi a inflação. Persistente, a fera resistiu ao confisco do dinheiro, ao controle de preços e a todo o repertório heterodoxo que Zélia e sua equipe de economistas utilizaram para combatê-la. E continuou rugindo. O outro obstáculo, a redução do funcionalismo público, estava sob minha responsabilidade. As corporações e seus aliados, barulhentos e bem organizados, rechaçaram todas as tentativas feitas pelo governo para reduzir o tamanho da máquina pública e eliminar os privilégios que sugavam recursos do Tesouro e seriam mais bem investidos se fossem postos a serviço do bem-estar da população.

Ao assumir, o novo governo encontrou um total de 1.440.000 funcionários. Desses, 640 mil trabalhavam na administração direta e os 800 mil restantes, nas autarquias, fundações, nas empresas públicas e nas sociedades de economia mista. Entre os 640 mil que estavam na administração direta, apenas 140 mil tinham sido aprovados em concursos públicos para cargos criados por lei. Os demais, cerca de meio milhão, pularam para dentro do Estado com a ajuda de uma mão amiga. Embarcaram em algum trem da alegria e ganharam a estabilidade de presente com a promulgação da Constituição.

O governo Collor terminou seu primeiro ano com 1.235.577 funcionários. Saíram, portanto, 204 mil servidores. Eles foram dispensados, postos em disponibilidade ou aposentados. Aqui é importante fazer uma distinção técnica. Os servidores públicos foram dispensados, não demitidos. E, mesmo assim, só saíram pessoas que não eram concursadas. Entender essa diferença é fundamental. A demissão, sobretudo no caso de servidores públicos, é uma pena que se aplica a alguém que cometeu algum tipo de falta. Ela só pode ocorrer depois de se cumprir um determinado rito administrativo ou do devido processo legal com direito assegurado à ampla defesa.

A dispensa não é decorrente de faltas nem tampouco uma punição. Ela ocorre pelo simples fato de não haver mais a necessidade daquele serviço ou pela extinção da função ou do órgão ao qual o funcionário estava ligado. O governo Itamar Franco, o Congresso e parte do Judiciário ignoraram essa distinção quando, mais tarde, foi aprovado um projeto de anistia aos servidores "demitidos" no governo Collor. O que se viu, mais uma vez, foi uma festa com o dinheiro público. Não havia qualquer razão para que, por exemplo, os servidores da extinta Portobras serem chamados de volta ao trabalho.

Quando saíram, eles receberam todos os direitos reservados a trabalhadores regidos pela CLT, como era o caso deles: além da multa por inexistência de justa causa, receberam férias de 13º salário proporcionais, aviso prévio e o direito de sacar o FGTS. Quando foram reincorporados aos quadros do Estado, além de não ter que receber as indenizações que receberam, tiveram que ser acomodados em novas repartições e em novas funções. Simplesmente porque a empresa onde trabalhavam não existia mais. Isso seria o mesmo que obrigar o acionista de uma empresa que fecha as portas a continuar pagando os salários e encargos de todos os funcionários que trabalhavam para ele.

Além dessa redução efetiva no quadro, foi tomado um conjunto de providências que buscavam alcançar, basicamente, dois objetivos. O primeiro era estancar a sangria de recursos e forçar a redução imediata dos gastos com a folha de pagamentos. O outro era fechar as portas que permitiam acesso à carreira por meios que não fossem o concurso público e, assim, impedir que despesas cortadas hoje ressurgissem ainda mais vultosas amanhã.

A reforma administrativa, que reduziu a quantidade de ministérios, também eliminou milhares de cargos comissionados. O número impressiona: entre os cargos de direção superior (conhecidos pela sigla D.A.S) e os cargos de direção intermediária (chamados de D.A.I.) foram extintos mais de 27 mil postos comissionados na administração pública. Outros 20 mil cargos, aproximadamente, foram reclassificados, com a devida redução das comissões correspondentes. Também foram eliminadas 2.500 Funções de Assessoramento Superior (F.A.S.) — que era um dos mais generosos canais de contratação de apadrinhados — e tomadas providências para impedir os expedientes utilizados para burlar os canais de contratação.

Um desses expedientes era a prova de como as asas do Estado se abriam para proteger quem já estivesse dentro da máquina — em prejuízo do cidadão. Funcionava mais ou menos assim: uma determinada autarquia anunciava um concurso público para selecionar escriturários, motoristas, serventes e outras funções que não exigissem formação superior. Para a vaga se inscreviam engenheiros, advogados, psicólogos e outros bacharéis — que disputavam em condições desiguais com quem realmente necessitava dos empregos. O Estado brasileiro é tão desorganizado que, mesmo em carreiras específicas, onde os cargos

O ENCOLHIMENTO DA ESPLANADA DOS MINISTÉRIOS

são criados por lei e só deveriam ser ocupados por concurso público, usava-se a criatividade para burlar a lei.

Durante certo tempo de trabalho numa carreira de preenchimento amplo, depois de alcançar a estabilidade, o aprovado num concurso para a área administrativa apresentava um diploma de curso superior e se candidatava a uma vaga num departamento em que sua formação fosse necessária. Se tivesse um padrinho poderoso na instituição, ganhava funções mais graduadas como advogado ou engenheiro do governo. Depois de mais algum tempo, ele ingressava com uma ação pleiteando o reenquadramento que acabava por receber, pois, embora tivesse chegado ao serviço público para trabalhar em outra área, vinha exercendo uma função de nível superior. Muitos alegavam que estavam ali por necessidade do Estado ou por alguma ordem superior. Simples assim.

Se alguém se queixasse, ele diria, cheio de razão, que tinha conseguido o emprego num concurso público. Esse tipo de recurso era usual e considerado absolutamente legítimo por quem circulava em torno do Estado e conseguia pular para dentro da máquina. O processo tinha uma lógica consagrada ao longo de anos de uso: quem ingressava no serviço público ficava próximo dos governantes e, assim, tinha acesso facilitado aos que poderiam tomar as decisões capazes de beneficiá-los.

O concurso público, por si só, não oferece a garantia de que o serviço público estará preservado e o dinheiro público estará mais seguro nas mãos dos aprovados do que estaria nas mãos dos indicados por políticos. Ninguém pode esquecer, por exemplo, que Nestor Cerveró, Renato Duque e Paulo Roberto Costa, que muitos anos depois do governo Collor foram apanhados pelas teias da Operação Lava-Jato desviando para o próprio bolso e para os bolsos de políticos amigos dinheiro da Petrobras, eram funcionários de carreira da estatal, todos aprovados em concursos públicos disputadíssimos. A discussão é de outra natureza.

O que se diz aqui é que a proximidade com o padrinho aumentava a influência do indicado sobre o poder e colocava suas demandas adiante das demais nos momentos de tomada de decisão. Entre os valores defendidos por eles, estava o de que seus vencimentos deveriam ser calculados com base nas suas necessidades pessoais e, eventualmente, no seu mérito. Nunca levando em conta a capacidade de pagamento do Estado.

O que o governo Collor fez, ou pelo menos tentou fazer, foi inverter a lógica que sempre marcou o relacionamento do Estado com seus servidores. Até ali, qualquer expediente que inflasse o salário do funcionário público era visto como justo e legítimo. Pela lógica que procuramos implantar, todos os artifícios destinados a aumentar salários artificialmente teriam que desaparecer.

O trabalho não seria fácil. A fonte de onde jorravam os benefícios parecia inesgotável. Nada menos do que 40 mil funcionários da administração direta, para citar apenas um exemplo assustador, recebiam todo mês um dinheiro extra a título de "verba de representação". O adicional era pago a servidores autorizados a representar o governo em eventos e solenidades[1]. Por maior que fosse a quantidade de solenidades oficiais pelo país afora, era muita gente para representar um governo só.

De benefício em benefício, a folha de pagamentos inchou, saiu do controle e consumiu o exagero de 93% das receitas tributárias da União no último mês do governo Sarney. Um ano depois, a despesa caiu para 73%. O percentual destinado aos salários continuava elevadíssimo. De qualquer forma, a situação já se mostrava mais confortável e muito mais administrável do que a de fevereiro de 1986.

OS SALÁRIOS DOS FUNCIONÁRIOS EM DISPONIBILIDADE

O peso da folha sobre a arrecadação poderia ter sido meio ponto percentual mais baixo, ou seja, 72,5% ao invés desses 73%, se o ministro Octávio Gallotti, do STF, não tivesse tomado uma decisão que deixou perplexo o mundo do Direito. Foi de Gallotti o voto contrário ao governo na questão dos salários dos mais de 55 mil funcionários postos em disponibilidade remunerada após a posse de Collor. O detalhe é que, de acordo com a Constituição, o governo estava certo.

O artigo 41 da Carta de 1988 dizia que, se uma determinada repartição ou cargo deixasse de existir, o servidor estável que o ocupasse seria afastado de suas funções. Ele ficaria em casa, mas poderia ser chamado de volta ao trabalho na hipótese da abertura de uma vaga no serviço público. Com a devida concordância da Procuradoria da Fazenda Nacional, demos àquele dispositivo a interpretação prevista na Constituição de 1988, que, por sua vez, reproduzia integralmente o texto da Carta de 1946. De acordo com a lei, o servidor em disponibilidade receberia salários proporcionais ao tempo de serviço, calculados com base nos mesmos critérios utilizados para o cálculo da aposentadoria.

Por uma questão de técnica legislativa, os critérios para o cálculo dos vencimentos do pessoal em disponibilidade eram os mesmos utilizados para definir o valor das aposentadorias proporcionais. A decisão do ministro Gallotti ignorou toda a jurisprudência sobre o assunto. Filho de Luiz Gallotti e neto pelo lado materno de Antônio Pires e Albuquerque, ambos ministros do STF, Gallotti foi o autor da única medida judicial contrária à reforma administrativa.

---

1 Veja,15.08.1990. Uma folga nas receitas.

O ENCOLHIMENTO DA ESPLANADA DOS MINISTÉRIOS

O funcionário afastado das funções, entendeu o ministro, fazia jus ao salário integral, sem qualquer redução. Com isso, foi estendido a todos os servidores o direito à irredutibilidade salarial que a Constituição reserva apenas aos juízes. Com a medida, ele criou o grupo mais privilegiado de todo o funcionalismo federal: aquele que recebia os contracheques integrais em casa, sem precisar comparecer à repartição sequer para assinar o ponto. Em suas considerações sobre o processo, Gallotti afirmou que nunca em sua história o STF jamais havia concordado com a redução de salários do servidor.

Não sei se chegou às mãos do ministro a ata de uma sessão que tratou da proporcionalidade quando o tema foi discuto pelo STF nos anos 1950. Dela participou o ministro Luiz Gallotti, pai de Octávio, que integrou a Corte entre 1949 e 1974. O funcionário afastado, segundo o tribunal, não fazia jus ao salário integral, mas a um valor proporcional do tempo de serviço. Em 1998, no governo Fernando Henrique Cardoso, foi aprovada uma emenda constitucional que encerrou a discussão. Ela deu clareza à regra do pagamento proporcional ao funcionário posto em disponibilidade. Apenas aos juízes, como sempre aconteceu, foi assegurado o direito à irredutibilidade dos proventos.

UNIFICAÇÃO DA FOLHA DE PAGAMENTOS

Os desajustes não paravam aí. Um dos problemas que saltaram aos olhos da equipe que trabalhou no Bolo de Noiva foi a inexistência de um controle unificado das despesas com pessoal. A administração pública brasileira era incapaz de dizer com antecedência o valor exato dos gastos com os salários dos servidores. Cada ministério, cada autarquia, cada fundação rodava a própria folha e só compartilhava os dados a respeito depois de se acertar com os funcionários.

Nas universidades federais, as instituições mais resistentes a qualquer mecanismo de controle, o problema era ainda mais delicado. A despeito da necessária autonomia acadêmica, as universidades se davam o direito de executar seus orçamentos como bem entendiam, sem dar satisfação a quem quer que fosse. Viviam se queixando de escassez de recursos, mas se colocavam acima da sociedade e nunca davam satisfação ao contribuinte de como aplicavam o dinheiro que recebiam. Ninguém, nem o próprio Ministério da Educação, conhecia em detalhes os gastos das universidades com pessoal[2].

Assim que o governo assumiu, tomou providências para corrigir a distorção. Sem prejuízo da autonomia, foi levado em conta que o dinheiro das despesas das universidades saía de uma única fonte, o Tesouro Nacional, e era resultado dos impostos pagos pelo Cidadão. Sendo assim, o governo e o cidadão tinham

---

2 Folha de S. Paulo. 11.05.1990. Governo centraliza folha de pagamentos.

o direito de saber como o dinheiro dos impostos estava sendo gasto. Todos os órgãos do governo, inclusive as instituições de ensino superior, receberam ordem de repassar à Secretaria de Administração Federal os dados sobre seus empregados. A ideia era centralizar num único órgão a geração da folha de pagamentos e a emissão dos contracheques.

Houve resistências, é evidente. Muitas repartições se negaram a informar a situação de seu quadro de pessoal. Em alguns casos, os números só foram informados depois que o chefe do Departamento do Tesouro Nacional, Roberto Figueiredo Guimarães, ameaçou não destinar um centavo ao órgão que não se entendesse com o governo em torno da folha de pagamentos.

A primeira leva da unificação, quando 85 mil funcionários tiveram os contracheques gerados pelo sistema centralizado, foi suficiente para expor uma quantidade assustadora de irregularidades.

Pelo menos 18 mil servidores da administração direta tinham vencimentos superiores aos de um Ministro de Estado. Um grupo de 350 servidores do ministério da Fazenda ganhava duas vezes uma mesma gratificação. E mais: pelas estimativas dos técnicos da Secretaria de Administração, cerca de 15 mil aposentados ou falecidos continuavam tendo os salários depositados religiosamente em suas contas, como se permanecessem na ativa ou estivessem vivinhos da silva[3]. Outros 15 mil acumulavam mais de um emprego federal fora das situações admitidas pela Constituição – relacionadas, basicamente, com o magistério. Alguns dos casos de duplicidade eram um desafio ao princípio de que um corpo não pode estar em dois lugares ao mesmo tempo. Tinha gente que recebia um holerite em Santa Catarina e outro no Rio Grande do Norte. E muitos funcionários que passaram a ter os salários pagos em Brasília, continuavam recebendo, também, holerites no Rio de Janeiro.

Cada ação destinada a sanear as contas federais gerava uma reação contrária e imediata por parte de quem, a princípio, deveria estar do lado do governo. Era como se a máquina pública tivesse uma vontade mais forte do que o desejo do eleitor, que queria vê-la saneada. Ou como se o corpo daquele Leviatã gordo tivesse vida própria e se recusasse a fazer aquilo que a cabeça mandava. Estávamos lidando com um Estado que se mostrava mais forte do que nossa determinação de torná-lo mais moderno. Como a popularidade de Collor ainda estava elevada e como os ecos da campanha eram recentes demais para serem postos em xeque, os adversários da reforma optaram por poupar o presidente e mirar nos auxiliares mais próximos. E eu era um dos primeiros da linha de tiro. Em nossas conversas, não podíamos deixar de perceber a ironia evidente que havia naquela situação.

---

3 O Globo. 26.10.1990. Na folha do governo, até mortos recebem.

O ENCOLHIMENTO DA ESPLANADA DOS MINISTÉRIOS

Todo mundo criticava o Estado brasileiro por ser inchado – e Collor não poderia ter sido mais claro quando se apresentou diante do eleitor com a promessa de reduzir a quantidade de ministérios e o quadro de servidores. Havia em todo país uma condenação unânime dos privilégios indecentes que a administração direta, as estatais e todos órgãos públicos concediam a seus empregados. Era comum ouvir críticas à lentidão do Estado e ao excesso de burocracia. A ironia, porém, era que a menor intenção de reduzir o peso do Estado era criticada e quem defendesse o corte de empregos públicos era logo transformado no inimigo número 1 da sociedade. Foi justamente o que aconteceu comigo.

Para o jornal *O Globo*, eu era "o homem mau do Presidente"[4]. O *Jornal do Brasil* trouxe uma reportagem ilustrada com minha caricatura. Nela, eu era retratado com chifres de diabo e com um tridente na mão. O texto dizia que em minha breve gestão à frente da Secretaria de Administração Federal eu havia acumulado uma lista enorme de apelidos. Entre eles o de João *Satanás*[5]. Manifestantes na Esplanada fizeram meu enterro simbólico e deram meu nome ao boneco que simbolizava Judas Iscariotes no Sábado de Aleluia de 1990. A reação dos atingidos pelas medidas era plenamente justificável. Mas, independentemente disso, havia por parte de quem não foi tocado por elas, uma má vontade evidente em relação à reforma. Essa má vontade era notada dentro do próprio governo e partia até mesmo de auxiliares que tinham por obrigação colocar em prática o programa do presidente.

A RESISTÊNCIA INTERNA À REFORMA

Collor não apenas apoiou publicamente as nossas iniciativas como sempre fez questão de deixar claro que agíamos em nome dele. No dia 9 de maio de 1990, o presidente reuniu a equipe e ordenou pressa nas providências para a redução do quadro de pessoal. Distribuiu aos ministros um documento elaborado pela Secretaria de Administração com as metas de corte de cada pasta e os critérios a serem seguidos no processo de redução da máquina. Ali, ele anunciou a meta de dispensar 360 mil servidores das administrações direta e indireta[6]. A meta, claro, jamais foi alcançada.

Quatro dias depois daquela reunião, ao deixar o prédio do STF, onde participou da solenidade de posse dos ministros Carlos Veloso e Marco Aurélio Mello, o ministro da Justiça, Bernardo Cabral, foi abordado por jornalistas. E eles perguntaram sobre o andamento do processo de redução do número de funcionários. A

---

4 O Globo. 24.06.1990. João Santana, o homem mau do Presidente.

5 Jornal do Brasil. 1º.07.1990. Santana, o homem de 360 mil inimigos.

6 Jornal de Brasília. 10.05.1990. Collor manda dispensar 360 mil servidores.

resposta sobre a demissão dos 360 mil funcionários expôs a falta de compromisso de Cabral com a meta anunciada pelo chefe do governo do qual ele participava: "Não sei quem criou esse número. Não o conheço. Só quem pode responder sobre isso é o secretário da Administração"[7].

Se até os que tinham a obrigação de apoiar o plano do governo tratavam a reforma com o desdém demonstrado por Cabral, era de se imaginar a atitude de quem estava na oposição. O deputado José Genoíno, do PT, apresentou um requerimento para que eu fosse ao Congresso prestar contas dos meus atos. O senador Maurício Corrêa, do PDT, conseguiu o número necessário de assinaturas para abrir uma CPI destinada a investigar os critérios do enxugamento[8]. E, para completar, o PSDB — que havia brotado das entranhas do PMDB por não concordar com o fisiologismo que havia tomado conta do partido — também descarregou suas armas contra nós. O líder do partido na Câmara, deputado Euclides Scalco, recorreu ao STF para tentar fazer o governo recuar com a reforma[9] e interromper o enxugamento da máquina pública.

Minha impopularidade se manteve nas alturas enquanto estive na Secretaria. E se tornaria até motivo de piadas. A campanha eleitoral para os governos estaduais e para o legislativo em 1990 foi quente. Em Alagoas, base eleitoral de Collor, os candidatos divergiam em relação a tudo, menos em relação a mim. Os jornais que apoiavam Renan Calheiros, do PRN, afirmavam que todos os ministros e secretários do presidente o apoiavam. "Menos João Santana." Já os jornais aliados a Geraldo Bulhões, do PSC diziam que nenhum dos ministros de Collor apoiava Calheiros. "Exceto Santana"[10].

A situação, claro, era tratada com mordacidade dentro do próprio governo, inclusive pelo presidente da República. Certa ocasião, já durante a campanha eleitoral de 1990, Collor aproveitou uma reunião com parte da equipe e pediu que nenhum de nós se envolvesse com as candidaturas. Explicou que preferia se manter à margem das disputas regionais até porque, passadas as eleições, todos os governadores iriam a Brasília em busca de apoio e dinheiro — e ele queria evitar demandas antecipadas. Insistiu que, mesmo que fôssemos procurados, deveríamos recusar. Pediu, inclusive, para evitar manifestações públicas de apoio aos candidatos de nossa preferência. E olhando para mim, concluiu: "Se bem que no seu caso, Santana, todos vão preferir manter distância." Disse e soltou a gargalhada que costumava dar por encerradas discussões como aquela.

---

7 Folha de S. Paulo. 14.06.1990. Cabral diz ignorar meta de 360 mil demissões.

8 O Estado de S. Paulo. 20.06.1990. Parecer contra Santana.

9 Jornal do Brasil. 17.06.1990. PSDB recorrerá ao STF contra decreto.

10 O Estado de S. Paulo. 08.08.1990. Coluna Canal 3.

O VALOR DO FUNCIONÁRIO DE CARREIRA

Sempre me perguntam o que eu tenho contra o funcionalismo público. Tanto naquela época quanto hoje, minha resposta sempre foi a mesma: nada! Absolutamente nada! Muito pelo contrário. Meu pai era procurador de Justiça e, portanto, funcionário público. Na minha própria vida profissional, eu tinha até aquele momento permanecido mais tempo dentro do que fora do serviço público. Sempre convivi com funcionários de carreira e da equipe que implementou a Reforma Administrativa e a Reforma Patrimonial do governo Collor apenas duas pessoas não pertenciam aos quadros do governo: eu e o economista Pedro Ronald Maranhão Braga Borges.

Maranhão foi o Secretário Adjunto na Administração e, depois que assumi o Ministério da Infraestrutura, meu Chefe de Gabinete. Amigo desde os tempos de movimento estudantil, fui eu que dei a Pedro o apelido de Maranhão, numa referência a sua terra natal. A intenção era diferenciá-lo de outro Pedro que havia no nosso grupo. Mais tarde, ele se aventurou pela política e acrescentou ao nome o apelido pelo qual tornou-se conhecido.

Nunca concordei, portanto, com o estereótipo leviano que, com frequência, põe em dúvida a capacidade profissional do servidor público. Pelo contrário, muitos daqueles com quem trabalhei tinham uma formação e um comprometimento que deixavam para trás muitos executivos que conheci na iniciativa privada. Os funcionários de carreira mais graduados são contratados a partir de concursos públicos rigorosos, que funcionam como uma peneira de malha fina e trazem para dentro do governo apenas uma elite bem preparada. Funcionários de carreiras específicas do Estado, como o pessoal do Banco Central e da Receita Federal, por exemplo, eram cortejados por empresas privadas que os procuravam em busca de quadros para suas diretorias. Isso era comum naquela época.

A questão, portanto, nunca foi a pessoa física do funcionário. A questão era (e até hoje continua sendo) saber se o Estado tinha condições financeiras para manter um quadro de pessoal e uma política salarial superiores à sua capacidade de pagamento. E, também, saber se, depois de se acertar com toda aquela gente, os Cofres Públicos ainda disporiam de meios para arcar com todas as suas responsabilidades. Ao contrário do que muita gente defende e, em muitos casos, até acredita, o dinheiro do governo não sai de um saco sem fundo. Não brota de uma fonte inesgotável, que pode ser explorada eternamente sem que nunca se esgote.

A Constituição de 1988 tornou universal o acesso à saúde e à educação. E esse direito, como todos os outros previstos pela carta, custa dinheiro. Também franqueou aos trabalhadores rurais acesso aos mesmos benefícios de aposentadoria concedidos aos trabalhadores urbanos. Nada contra a concessão da aposentadoria

O ESTADO A QUE CHEGAMOS

ao homem do campo. O texto constitucional, no entanto, foi omisso em relação à origem dos recursos que cobririam as novas despesas. A Constituição também transferiu para estados e municípios a responsabilidade sobre a gestão de alguns serviços públicos. Mas manteve nas mãos da União a obrigação de custeá-los.

Os antigos territórios federais do Amapá, Rondônia e Roraima foram transformados em estados para assegurar a ampla representação política a seus cidadãos. As despesas decorrentes dessa medida correriam por conta do contribuinte. Não se parou para calcular o preço daquele "avanço político". Apenas se decidiu que ele deveria existir. O detalhe é que, tão logo passaram a trabalhar para os Estados, os funcionários dos antigos territórios iniciaram a pressão por aumentos salariais para fazer exatamente o mesmo que faziam antes. Conseguiram não só os aumentos como a ampliação do quadro de pessoal. Tudo em nome da suposta necessidade administrativa daquelas unidades que, a rigor, não tinham capacidade financeira para serem estados. Ninguém procurou saber se havia dinheiro disponível para aquela farra. Apenas decidiu que ela seria feita.

Num ambiente viciado por práticas desse tipo, se o governo quisesse ter recursos para arcar com todas as despesas sob sua responsabilidade, o único caminho era o corte de gastos. Como a principal rubrica era a folha de pagamentos, era dali que precisava sair a maior parte dos recursos. Reduzir o quadro de pessoal era (como nunca deixou de ser) uma medida obrigatória para qualquer governo que pretenda alcançar o equilíbrio de suas contas. E por mais vozes que se levantassem para dizer que todos os funcionários eram essenciais e seria uma injustiça dispensá-los, sempre havia onde cortar.

Um grupo que atraiu nossa atenção e que decidimos eliminar logo na largada foram os chamados Agentes da Previdência Social. Sua tarefa era recolher, organizar e encaminhar para Brasília os documentos que davam entrada nos pedidos de aposentadorias e de outros benefícios da Previdência. Em diversos municípios do país, sobretudo na região Nordeste, eles eram o único canal de relacionamento do Estado com o cidadão. Tratava-se à primeira vista de uma atividade nobre e necessária. Por trás dela, no entanto, escondia-se um conjunto monumental de irregularidades e de omissões.

Em muitos casos, o Estado estava ausente porque os políticos que tinham nomeado aqueles "agentes" preferiam manter a situação como estava. Era uma forma de garantir o controle de seu curral eleitoral. Mas as irregularidades eram evidentes. Em alguns casos, e de acordo com denúncias que nos chegavam, os "agentes" cobravam pedágio para atender os pedidos da população. Nunca houve concurso para "agente da previdência". A única forma de acesso à carreira era a indicação política. Também nunca houve qualquer preocupação com a qualificação dos profissionais que prestavam o serviço, nem com as ilegalidades cometidas por eles. Acabar com aquela farra seria uma cajadada que geraria dois benefícios simultâneos. O primeiro, eliminar salários (e, portanto, reduzir despesas) pagos ao apadrinhado de algum político. O outro seria o de estancar uma fonte permanente de fraudes contra a previdência.

A REDUÇÃO DA FROTA CHAPA BRANCA

Outras providências na mesma direção foram tomadas. Quando o novo governo assumiu, havia um cadastro oficial que apontava a existência de mais ou menos 2 mil carros de representação para as autoridades. Nem foi necessária uma auditoria rigorosa para mostrar que a frota era muito maior: 4.775 automóveis. Quase todos foram oferecidos em leilão e vendidos. Das autoridades de Brasília, apenas o presidente da República, o vice-presidente e os ministros tinham, agora, direito a carro e motorista.

O levantamento também mostrou que 100 daqueles automóveis eram sucatas e só atrairiam o interesse de desmanches. A frota federal de veículos de serviço foi mantida — mas todos os seus 20 mil carros passaram a ter, na porta, um adesivo amarelo. A intenção era avisar ao cidadão que se tratava de um carro oficial em serviço e mostrar a que órgão público ele estava sob responsabilidade.

A venda dos automóveis causou duas mudanças imediatas na paisagem de Brasília. A primeira foi o fim das oficinas mecânicas montadas nas garagens dos ministérios para atender à frota oficial. Havia várias. Entre elas, serviços autorizados das quatro marcas que fabricavam carros no Brasil naquela época: Ford, Fiat, General Motors e Volkswagen. Como a manutenção da frota passou a ser controlada pela Secretaria de Administração Federal, e não mais pela repartição que utilizava o automóvel, as oficinas deixaram de existir.

A outra mudança se deu no cenário das noites brasilienses. Eu mesmo cansei de ver na capital numa mesma noite, dez ou vinte Opalas pretos, com chapas brancas, estacionados em frente a um mesmo restaurante badalado. O carro ficava lá, até tarde da noite, esperando que a autoridade terminasse o jantar para ser levada de volta para casa. Dentro de cada carro, um motorista — que tinha direito a receber horas extras e adicional noturno para estar ali. À disposição do "chefe". O problema, naturalmente, não estava no pagamento das horas extras, justas e merecidas. O problema era o desperdício de recursos.

Assim como a venda da frota oficial tirou os Opalas da cena noturna de Brasília, uma outra providência ajudou a diminuir a presença dos ônibus especiais que, toda manhã, invadiam a Esplanada dos Ministérios transportando funcionários das cidades satélites de municípios do entorno da Capital para trabalhar no Plano Piloto. Depois de deixar os funcionários, os ônibus aguardavam a hora de levá-los de volta para casa estacionados nas proximidades do, hoje, Estádio Mané Garrincha.

Os ônibus eram fretados pelo ministério onde seus passageiros trabalhavam. O problema é que cada um deles recebia em seu contracheque o acréscimo do Vale Transporte que servia, ou pelo menos deveria servir, justamente para bancar o transporte de ida e volta entre a casa e o trabalho. Decidimos não renovar os contratos com as empresas de transporte na medida em que eles fossem vencendo – uma providência que também não contribuiu para aumentar minha popularidade.

A VENDA DAS MANSÕES OFICIAIS

Outros sinais de austeridade foram dados. O governo era proprietário, em 1990, de 37 mansões destinadas a ministros e aos funcionários mais graúdos do Banco do Brasil, da Caixa Econômica e de outras grandes estatais. Não apenas a manutenção da casa, mas também as despesas com as cozinheiras, as copeiras, os piscineiros, os jardineiros e outros empregados das mansões eram pagos pelo contribuinte. As casas começaram a ser construídas na época da inauguração da capital e o número nunca teria parado de crescer se o governo Collor não tivesse dado um basta àquela situação. Dos 37 desses imóveis suntuosos que havia em 1990, 35 foram vendidos no primeiro ano do governo Collor. Entre elas, uma mansão luxuosa que, nos governos anteriores, era ocupada pelo presidente do Banco Central.

Com piscina, quadra de tênis e uma série de equipamentos que garantiam o conforto de quem morasse lá, a casa estava na lista das mansões que seriam levadas a leilão. Logo no início do governo, porém, Zélia se interessou por ela e chegou a preparar a mudança para lá. Tive que avisar à ministra que a mansão não seria ocupada por nenhum de nós. Como os demais ministros, Zélia acabou se instalando num apartamento funcional do Banco do Brasil, para lá de confortável, no Plano Piloto.

A questão dos imóveis funcionais, e não apenas das mansões, esteve na mira da Reforma Patrimonial desde o início. Havia milhares de apartamentos espalhados por Brasília e eles representavam, além de uma enorme imobilização de capital, uma despesa escandalosa. Os prédios para funcionários começaram a ser erguidos e ocupados antes mesmo da inauguração da capital. Na época da construção, o presidente Juscelino Kubitschek transformou a moradia bancada pelo governo num chamariz para atrair funcionários públicos para a cidade que ele ergueu no Planalto Central, a mais de mil quilômetros do Rio de Janeiro. O atrativo resistiu ao tempo e, claro, cresceu, multiplicou-se e, 30 anos depois da inauguração, ainda era tratado como "direito adquirido" pelo servidor.

O ENCOLHIMENTO DA ESPLANADA DOS MINISTÉRIOS

Apartamento funcional é como praça pública. O governo constrói, inaugura e continua responsável pela manutenção a vida inteira. Quando Collor assumiu, havia no Distrito Federal 20 mil imóveis que, além de erguidos com dinheiro público, eram conservados pela União. O contribuinte brasileiro não bancava apenas a construção da casa. Ele arcava com a manutenção da rede elétrica, a substituição das vidraças quebradas, a troca dos azulejos da cozinha e os reparos na rede hidráulica. Tudo era bancado pelo poder público, que precisou montar uma estrutura enorme para manter tudo aquilo em ordem.

A repartição responsável pelos apartamentos (que, na reforma que promovemos, ficou sob responsabilidade da Secretaria de Administração) empregava centenas de servidores. Eram prestadores de serviços habilidosos, sempre requisitados para desentupir encanamentos e prevenir curtos-circuitos. Aquela repartição tinha um depósito de tamanho monstruoso, onde estocava interruptores, lâmpadas, soquetes e canos, além de pilhas e mais pilhas de azulejos, vasos sanitários, pias e bidês. O material era utilizado para substituir as peças danificadas dos apartamentos.

Como todos os custos de manutenção corriam por conta do governo, nenhum daqueles prédios tinha uma convenção de condomínio que tratasse da manutenção de áreas comuns. Preocupações corriqueiras em qualquer prédio de apartamentos nem chegavam à portaria dos edifícios funcionais. Ninguém ligava, por exemplo, para o gasto de energia elétrica das áreas comuns dos edifícios. Nem com a regularização da situação das contas gerais de luz junto à companhia de eletricidade de Brasília, a CEB. Nem com a empresa de saneamento do Distrito Federal, a CAESB. Nem escrituras eles tinham.

Dos 20 mil apartamentos que havia em Brasília no início de 1990, 9 mil foram adquiridos por funcionários públicos no primeiro ano do governo. A preferência foi dada aos ocupantes dos imóveis, exatamente como determinava a Lei do Inquilinato. Por ela, se o proprietário quisesse vender um imóvel que estivesse alugado, tinha a obrigação de oferecê-lo primeiro ao morador. O interessado pagava uma entrada correspondente a 10% do valor do imóvel e financiava o saldo em 25 anos, com os recursos e as regras do SFH. Não foi um processo fácil. Para começar, os apartamentos tiveram que ser regularizados um a um. Os prédios não tinham as certidões exigidas de qualquer imóvel e, em alguns casos, nem as plantas de construção foram localizadas. Em outros casos, o governo só se deu conta que era dono de um determinado prédio depois de encontrar a ordem de construção mofando num arquivo morto.

Um dos casos mais curiosos envolveu os apartamentos de propriedade do INPI. O órgão encarregado de fiscalizar marcas e conceder patentes não tinha sequer controle sobre o patrimônio que construiu com dinheiro do povo: era dono de 84 apartamentos na SQS-315, no Plano Piloto, e seis casas no SHIS-3, no Lago Sul. Quatro dessas casas nem chegaram a ficar prontas. O problema é que o escritório do INPI na capital tinha apenas sete funcionários. Isso mesmo: sem considerar as seis casas, o órgão das marcas e patentes era dono de 12 apartamentos para cada funcionário que mantinha em Brasília.

Era só mais um exemplo de uma história corriqueira. Nos anos 1970, o governo tomou a decisão de transferir a sede do INPI do Rio de Janeiro para Brasília. Como era comum, houve pressão e o pessoal deu um jeito de evitar a transferência. Os apartamentos foram construídos. As duas casas que ficaram prontas foram invadidas por moradores ilegais. As outras quatro construções foram abandonadas[11].

A VALORIZAÇÃO DOS IMÓVEIS FUNCIONAIS

Quem tomou à frente do trabalho de regularizar a situação dos imóveis e organizar os leilões foi o economista Gil Castelo Branco, diretor do Departamento Imobiliário da Secretaria de Administração. Mais tarde, ele se tornaria Secretário--Geral da ONG Contas Abertas, responsável pelo acompanhamento de gastos de dinheiro público. O problema que Castelo Branco tinha pela frente não era dos mais simples. Além de cuidar da emissão de escrituras e de transformar cada edifício num condomínio, os apartamentos precisaram ser avaliados de acordo com os critérios estabelecidos pela ABNT. Uma equipe de 56 engenheiros e arquitetos da CEF, que é a autoridade responsável pela avaliação de qualquer imóvel urbano da União, saiu em campo para determinar o preço justo de cada apartamento.

Foram levados em conta critérios idênticos aos utilizados para avaliar qualquer imóvel financiado pela CEF. Esses critérios incluíam área construída, número de dormitórios, padrão de acabamento, estado de conservação, localização, infraestrutura urbana e os preços de outros negócios imobiliários na região. Como não poderia deixar de ser, o negócio atraiu algumas suspeitas de que os "tubarões do mercado" de Brasília vinham se oferecendo para pagar os 10% de sinal e se tornarem donos dos imóveis no lugar dos funcionários beneficiados[12].

Era verdade. Na edição de domingo, dia 11 de novembro de 1990, o jornal Correio Braziliense publicou entre seus classificados um anúncio que oferecia Cr$1 milhão (cerca de US$7.000 pela cotação da época) pelo direito de compra de um apartamento funcional[13]. Mesmo com todos os cuidados que tomou, os critérios da venda foram postos em dúvida e Castelo Branco, mais de uma vez, foi

---

11 Jornal de Brasília. 09.05.1990. Órgão tem sete funcionários no DF.

12 BSB – BRASIL - 13.11.1980 – CEF diz como avalia imóveis do Governo.

13 Correio Braziliense. 11.11.1990. Classificados.

chamado a explicá-los[14]. Pior do que isso, foi exposto a vexames desnecessários, apenas por liderar a venda dos imóveis da União.

No dia 1º de outubro de 1990, Castelo Branco recebeu voz de prisão e foi levado à Superintendência da Polícia Federal. Um juiz de Brasília deu razão ao ocupante de um apartamento na SQN 112, que tivera a luz cortada por falta de pagamento. O meritíssimo entendeu que o contribuinte brasileiro tinha a obrigação de continuar arcando com a iluminação da casa do servidor e determinou que o Departamento Imobiliário mandasse religar a energia cortada devido ao calote no pagamento da conta.

A religação foi feita. Mesmo assim, um oficial de Justiça acompanhado por dois agentes apareceu no escritório de Castelo Branco para prendê-lo por descumprir uma ordem que, por mais irracional que fosse, já havia sido cumprida. Isso mesmo, naquele momento o governo não só respondia pela manutenção dos imóveis como tinha que provar que estava cuidando direitinho do bem-estar dos ocupantes. Constatado o abuso de autoridade, não restou à Polícia Federal alegar que cometera um erro, pedir desculpas e soltar o diretor do Departamento Imobiliário.[15]

QUEM PODE OCUPAR OS CARGOS DE CONFIANÇA?

Enfrentar problemas como o dos imóveis funcionais era, digamos assim, o lado mais tranquilo do trabalho que tínhamos pela frente. Havia também um lado mais desagradável, que sempre caía nas minhas mãos ou nas de alguém de minha equipe. Cabia a mim, como Secretário da Administração Federal, informar à autoridade que porventura saísse da linha que ele, ou ela, havia ultrapassado os limites e precisava recuar.

Numa das Medidas Provisórias da Reforma Administrativa, havia a proibição expressa da contratação de parentes para ocupar cargos diretamente subordinados às autoridades. Pessoas da família poderiam, claro, trabalhar para o governo. Mas era proibida qualquer relação hierárquica direta entre eles. A razão desse cuidado era óbvia e o exemplo deveria, é claro, partir do primeiro escalão. Dois dos ministros nomeados por Collor, no entanto, resolveram trazer os filhos para trabalhar em seus gabinetes. O gesto era justificado pela mais surrada das desculpas utilizadas pelos praticantes do nepotismo: não havia no mundo ninguém mais adequado do que os próprios filhos para ocupar um cargo que, afinal de contas, era de confiança.

---

14 Correio Braziliense. 20.11.1990. Castelo Branco quer explicar venda.

15 Correio Braziliense. 02.01.1990. Equívoco leva à prisão o administrador federal.

Um dos que quiseram descumprir a regra foi o ministro da Justiça Bernardo Cabral, que chegou a nomear o filho Júlio Cabral para o posto. O ministro insistiu na nomeação mesmo depois de informado da existência de uma proibição formal àquele ato. Precisei lembrá-lo que o artigo 3º da Medida Provisória 159, assinada por Collor e por Zélia no dia 15 de março, proibia em seu item VII "manter sob sua chefia imediata cônjuge, companheiro ou parente até o segundo grau civil". Como Ministro da Justiça, Cabral tinha obrigação de conhecer aquela norma.

Colocar parentes próximos em cargos de confiança é um hábito ancestral dos governantes brasileiros que não começou nem terminou no governo Collor. Fernando Henrique Cardoso, no segundo mandato, chegou a nomear a filha Luciana como Secretária Adjunta no gabinete do Secretário-Geral da Presidência. FHC só voltou atrás depois que a Justiça o obrigou a cancelar o ato. No tempo de Collor, de qualquer forma, a questão não precisou chegar à Justiça para que a moralidade fosse restaurada − a nomeação foi retirada depois de minha conversa com o ministro. Diga-se em favor de Cabral que, na equipe de Collor, ele não foi o único a querer instalar o filho no próprio gabinete. Também não foi o único a recuar da decisão. Outra que quis, mas também desistiu de nomear a filha para seu gabinete foi a ministra da Ação Social, Margarida Procópio.

Tivemos que informar a Margarida Procópio que sua filha, por mais competente que fosse, não poderia chefiar seu gabinete. A prática era proibida e, mais do que isso, não combinava com a imagem que Collor pretendia imprimir ao governo. Além dessa nomeação, Margarida Procópio ainda protagonizou um episódio irritante, desnecessário e que teria causado dissabores ao governo se tivesse chegado ao conhecimento do público. O problema foi uma disputa da ministra com a primeira-dama, Rosane Collor, que acabou sobrando para nossa equipe.

A PRIMEIRA DAMA NA LBA

Havia uma exceção tradicionalmente aceita para a presença de pessoas da família no governo. Tratava-se da presidência da LBA, tradicionalmente ocupada pela primeira-dama. Fundada por Darcy Vargas, o órgão nasceu em 1942 com a finalidade de dar apoio às famílias dos soldados brasileiros que lutaram na 2ª Guerra Mundial. Com o retorno dos pracinhas e o fim da ditadura do marido de Darcy, Getúlio Vargas, a Legião sobreviveu como entidade benemerente financiada pelo Estado. Em 1969, foi transformada em fundação pelo governo militar.

Muitas das primeiras-damas que antecederam Rosane Collor renunciaram ao posto. Mas ela, então com 26 anos, insistiu em ocupar a presidência do órgão. Para ela, não bastava a presidência de honra que lhe foi oferecida. O embaixador Marcos Coimbra, Zélia e eu tentamos em momentos diferentes convencer o presidente a não nomear a mulher para a Presidência Executiva da LBA. Na condição

O ENCOLHIMENTO DA ESPLANADA DOS MINISTÉRIOS

de Presidente de Honra, Rosane não poderia ser responsabilizada por eventuais irregularidades na instituição. No posto executivo, ela não apenas teria que dar conta de tudo como levaria qualquer problema que surgisse para a intimidade do presidente da República.

Os problemas, claro, não demoraram a surgir. Os primeiros foram de natureza política e poderiam ter sido evitados com um pouco de bom senso. Rosane declarou durante uma solenidade que considerava "desnecessária" a demissão de 1300 funcionários que trabalhavam na antiga sede da LBA, no Rio de Janeiro, e resistiam a se mudar para Brasília[16]. A declaração batia de frente com a redução do número de funcionários defendida pelo marido. E, claro, foi usada pelos opositores como uma prova de que os projetos do presidente não eram apoiados nem dentro da própria casa.

Os aborrecimentos seguintes tiveram causas bem mais sérias. Rosane foi acusada de superfaturar a compra de leite em pó destinado a famílias carentes de Alagoas. Seu irmão Pompílio Malta foi processado por ser pago pela LBA para levar água em caminhões-pipa aos distritos do município de Canapi, o berço político da família. Os caminhões jamais chegaram ao destino. O escândalo afetou a rotina de Collor, e a saída foi tirar Rosane do cargo que ela nunca deveria ter ocupado.

O problema que a primeira-dama e a ministra Margarida Procópio empurraram para a secretaria de Administração logo no início do governo foi bem mais prosaico do que as irregularidades na LBA. E expôs o lado provinciano de uma administração que chegou com a promessa de incluir o Brasil entre os países mais avançados do mundo. Um dia, o embaixador Marcos Coimbra me chamou e revelou que o presidente vinha sendo incomodado com insistência por um problema que eu talvez pudesse ajudar a resolver.

Rosane se queixava que a sala destinada a ela na LBA não era tão ampla nem tão bem mobiliada quanto a de Margarida Procópio. A primeira-dama insistia em ocupar a sala da ministra. Tratava-se, claro, de uma mesquinharia da primeira-dama. Entendi a queixa de Coimbra como uma ordem do presidente e fiquei de cuidar do problema.

Voltei para meu gabinete, usei minhas prerrogativas de chefe e empurrei o problema para o Secretário Adjunto Pedro Maranhão. Ele reclamou, mas assumiu a tarefa. Foi até Margarida Procópio e, com tato, tentou convencê-la a ceder a sala para Rosane. A ministra foi irredutível: ela não seria submetida àquela humilhação. Se tivesse que deixar a sala, deixaria também o governo. Maranhão, então, pediu uma audiência e procurou Rosane. Disse que não seria bom para

---

16 Folha de S. Paulo, 10/05/1990.

O ESTADO A QUE CHEGAMOS

a imagem do marido, chefe de um governo que pregava austeridade, se a briga dela com Margarida por causa da sala caísse na boca do povo.

Haveria, por outro lado, uma repercussão positiva caso a imprensa soubesse que a primeira-dama ocupava uma sala mais modesta do que a da ministra. A assessoria de imprensa, prometeu Maranhão, espalharia a história entre os jornalistas e o governo tiraria proveito do episódio. Aquilo faria bem à imagem da própria Rosanne, de Collor e de todo o governo.

Por mais sensato que parecesse, o argumento não convenceu Rosane. Ela acreditava que a condição de primeira-dama lhe dava precedência sobre a ministra. A sala tinha que ser dela. Maranhão então percorreu o prédio e encontrou no andar ocupado pela própria LBA um espaço idêntico ao do gabinete da Ministra. Pediu que alguns arquitetos do próprio governo encontrassem entre os móveis mandados para o depósito alguns que fossem tão nobres quanto os utilizados pelos ministros. No final de semana, mandou pintar a sala e adaptar o espaço para que ele se transformasse num ambiente que Rosane considerasse digno de uma primeira-dama. Collor ficou mais tranquilo. Pelo menos por um tempo.

CAPÍTULO 15

A LUTA PELA MANUTENÇÃO DOS PRIVILÉGIOS

Dos resultados que obtive à frente da Secretaria da Administração Federal, o mais frustrante foi a batalha perdida em torno do Regime Jurídico Único do funcionalismo público. Jogou-se fora, naquele momento, a última oportunidade de reduzir os efeitos da armadilha corporativista armada pela Constituição de 1988. E de tentar minimizar a injustiça que os parlamentares cometeram ao puxar para dentro do serviço público federal meio milhão de servidores que foram parar ali empurrados pelo nepotismo e pelo apadrinhamento. Entre os 640 mil funcionários da administração direta no momento da posse de Collor, apenas 140 mil — ou pouco menos de 22% do total — ingressaram no serviço federal por concurso público e estavam vinculados a alguma carreira de Estado. Os outros 500 mil, sempre é bom insistir, ganharam o emprego sabe-se lá de que maneira, na maioria das vezes com a ajuda da mão amiga de um político influente.[1]

Antes da lei, os funcionários poderiam ingressar no serviço público por, pelo menos, três caminhos diferentes. A maioria, os chamados "celetistas" eram contratados de acordo com as normas da CLT. Havia os estatutários, que tinham sido aprovados em concursos públicos e estavam ligados a alguma carreira de Estado. Havia, finalmente, os que ingressaram no serviço para cumprir alguma função de assessoramento ou de consultoria técnica, de acordo com os critérios definidos pelo Decreto-Lei nº 200. Cada uma dessas três portas de entrada se desdobrava em outras tantas e criava no interior do serviço público um emaranhado de regimes que impedia a administração racional e eficiente do pessoal. A unificação do critério era necessária e a obrigatoriedade do concurso, uma medida justa. Só que ela foi descumprida logo de início com a efetivação dos "celetistas" não concursados, contratados em governos anteriores.

Além de descumprir o princípio que estabelecia o concurso público como única porta de entrada para o serviço federal, que eles mesmos tinham aprovado, os parlamentares concederam aos funcionários um conjunto de benefícios que, num cálculo ligeiro, oneraram em mais de 20% os gastos do governo federal com seus servidores e indicou um caminho que, depois, foi seguido pelos

---

[1] Jornal da Tarde. 14.11.1990. Mais vantagens para os servidores federais.

estados e pelos municípios. Ou seja, o estrago foi bem maior. Todo aquele pacote de bondades, no entanto, teria que ser regulamentado por uma lei específica – e essa era a oportunidade de se tentar reduzir o impacto daquelas regalias sobre o Tesouro Nacional.

O artigo 24 das Disposições Transitórias da Constituição de 1988 deu à União, aos estados e aos municípios 18 meses para "compatibilizar seus quadros de pessoal" ao disposto no artigo 39 do texto. O prazo começava a contar na data da promulgação da Carta e talvez tenha sido definido quando os constituintes ainda trabalhavam com a ideia de quatro anos de mandato para José Sarney. Assim, o novo governo teria mais de um ano para elaborar um projeto que fosse mais adequado às condições financeiras da União. Como o mandato de cinco anos acabou prevalecendo, os 18 meses previstos para a regulamentação do Regime Jurídico Único se completariam no mês seguinte à posse do presidente eleito em 1990.

Sarney criou uma Comissão Interministerial para elaborar o projeto do Regime Único. Com o Decreto 97.885, de 1989, ele deu, a um grupo de trabalho chefiado pelo ministro do Planejamento João Batista de Abreu, o prazo de 90 dias para elaborar o anteprojeto do regime jurídico. Funcionário federal de carreira, João Batista ocupava cargos destacados em Brasília desde 1974, quando integrou a equipe do ministro Delfim Netto. Eu o conheci como Secretário-Geral de Dílson Funaro, na minha passagem pelo Ministério da Fazenda, em 1986. É de João Batista, por sinal, a assinatura no documento que me designou substituto legal do Secretário de Assuntos Legislativos nos momentos em que Antônio Gouveia se ausentasse do posto.

A proposta do Regime Jurídico Único elaborada pela comissão liderada por João Batista não era o documento dos sonhos de quem buscava um desenho mais moderno para a administração pública. Mas era tecnicamente defensável e o melhor que se poderia esperar vindo de um governo enfraquecido como o de Sarney. Se fosse aprovado da forma que chegou ao Congresso, não teria causado maiores estragos. O problema foram as alterações que ele sofreu.

O CORPORATIVISMO DO REGIME JURÍDICO ÚNICO

O projeto do Executivo foi encaminhado ao Congresso e foi parar na antiga Comissão de Serviço Público da Câmara dos Deputados, presidida pela deputada Irma Passoni. Assim que pôs as mãos na papelada, ela pediu a opinião dos representantes sindicais dos funcionários sobre o conteúdo da lei. Eles poderiam excluir do texto tudo que não gostassem e acrescentar o que bem entendessem. Foi uma lambança. Assim que assumi a Secretaria de Administração, e já atento à armadilha que o Congresso estava preparando para os cofres federais, tentei interferir. O projeto estava em tramitação, é verdade. Mas como o prazo de 18

A LUTA PELA MANUTENÇÃO DOS PRIVILÉGIOS

meses estabelecido pela Constituição ainda não havia se esgotado, pedi o texto de volta para alterações. É uma prerrogativa do Executivo, que o Parlamento é obrigado a cumprir quando o projeto é de origem do Executivo. Mesmo assim, Irma Passoni se recusou a devolvê-lo e não houve argumento que a fizesse mudar de ideia.

As tentativas de negociação com a Câmara prosseguiram, mas foram infrutíferas. Como último recurso, apelamos para o Senado. Em agosto de 1990, o presidente chegou, inclusive, a tentar convencer os senadores a apreciar um segundo projeto, elaborado por nós. Nem a intervenção de Collor adiantou. Em mensagem ao Senado, ele pediu que nosso projeto substituísse o texto que foi aleijado pela Câmara. A intenção do governo era inverter o jogo e reiniciar a tramitação por um novo caminho. O maranhense Alexandre Costa (PFL), que exercia a presidência, rendeu-se aos argumentos do cearense Mauro Benevides (PMDB) e do piauiense Chagas Rodrigues (PSDB) e resolveu deixar tudo exatamente como estava. E mandou o projeto do governo para o arquivo.[2]

O pedido encaminhado por Collor era acompanhado por um cálculo da Secretaria de Administração demonstrando por A mais B que, mesmo mantendo todos os direitos constitucionais dos funcionários, as alterações propostas pelo Executivo proporcionavam uma economia de 20% a 30% com a folha de pagamentos.[3] Não adiantou. Os políticos brasileiros, em qualquer momento de seu mandato, costumam tremer de medo diante das corporações mais barulhentas do funcionalismo público. Em anos eleitorais, como foi 1990, o medo se transforma em paralisia. Poucos parlamentares tiveram coragem de comprar briga com os representantes do funcionalismo, ainda que esse fosse o caminho certo a seguir.

Se o Congresso tivesse encarado o problema com o olhar do cidadão, entenderia que a redução dos gastos com pessoal liberaria mais recursos para a saúde, a educação e outros serviços essenciais do governo. Como enxergou a situação pela ótica de quem já estava dentro da máquina, não viu nada de errado em sobrecarregar o contribuinte com as vantagens absurdas contidas no texto aprovado pela Câmara.

A Constituição determinava que a União instituísse um regime único para o servidor. No mais, não trazia uma única sugestão sobre as características que tal regime deveria ter. Falava sobre isonomia, sobre aposentadoria, sobre estabilidade e situações como essas. Mas não proibia que o Executivo propusesse que

---

2 Jornal da Tarde. 31.08.1990. Collor queria brecar projeto que beneficia servidores. O Senado não atendeu.

3 O Estado de S. Paulo. 31.08.90. Senado rejeita pedido do presidente.

todos os funcionários públicos fossem enquadrados nas regras da CLT, exatamente como os demais trabalhadores do Brasil.

Nossa ideia era contratar todo o funcionário público com base na CLT. Isso teria um impacto positivo sobre as contas públicas, não criaria privilégios absurdos e não desrespeitaria qualquer direito. O novo regime poderia, no limite, admitir que os funcionários estatutários que já estivessem na ativa optassem por não migrar para a CLT e se mantivessem no regime anterior. Mas definiria também que todos aqueles que ingressassem no serviço público a partir de sua promulgação seriam regidos pela lei trabalhista brasileira. Havia a necessidade, claro, de manter uma única data-base para a concessão dos reajustes salariais a todos os servidores públicos federais. O essencial era tomar os cuidados necessários e adotar um regime que não prejudicasse o servidor nem onerasse o Estado além de suas possibilidades. Seria o primeiro passo para que, mais tarde, se enquadrasse todos os funcionários públicos nas mesmas regras de aposentadoria dos trabalhadores da iniciativa privada — eliminando, assim, uma distorção que acabaria se tornando insustentável para o Tesouro com o passar do tempo.

A FORÇA DAS CORPORAÇÕES

O ambiente na Comissão do Serviço Público era hostil a Collor — como seria a qualquer presidente que tivesse a intenção de mexer naquele vespeiro. Nem os parlamentares que apoiavam o governo queriam empunhar uma bandeira vista como impopular ainda que sua verdadeira intenção fosse eliminar privilégios. Um dos poucos que aceitaram conversar e nos ajudaram a reduzir a quantidade de absurdos contidos na lei foi o deputado Geraldo Campos, do Distrito Federal. Filiado ao PMDB e opositor do governo, Campos conseguiu enxergar a situação de forma mais sensata do que a bancada petista e, em muitos casos, agiu para eliminar alguns dos excessos propostos por Irma Passoni.

Mesmo assim, ele não se deu conta da bomba-relógio embutida no projeto que relatou: os efeitos mais nocivos da lei cairiam sobre os cofres públicos ao longo do tempo. Eles estavam embutidos nas concessões de reajustes automáticos por tempo de serviço, nas licenças descabidas e numa série de adicionais que se tornariam mais pesados na medida em que o tempo passasse. O deputado Maurílio Ferreira Lima, do PMDB de Pernambuco, também foi sensível ao problema e ajudou a colocar um mínimo de ordem naquela bagunça. Mas nada do que os dois fizeram foi suficiente para corrigir as deformidades do texto.

A queda de braço atravessou quase todo o ano de 1990 e, por mais que apontássemos as distorções, o barulho feito pelos sindicalistas era muito mais alto. Eu tentava dialogar com os parlamentares mais sensatos e mostrar que o Tesouro era um só e que a obrigação de custear aquela máquina criaria, como de fato

A LUTA PELA MANUTENÇÃO DOS PRIVILÉGIOS   **221**

criou, uma casta privilegiada que seria custeada pelo contribuinte até o final da vida. Foi uma batalha perdida. Nunca é demais repetir que muitos de nossos legisladores, infelizmente, consideram que o orçamento público é uma vaca leiteira de úberes enormes, que pasta no céu e é ordenhada na terra.

Entre os absurdos aprovados pelo Regime Jurídico Único, alguns são tenebrosos. Até aquele momento, a aposentadoria dos funcionários do governo era proporcional ao tempo que passaram no serviço público. A partir da lei, todos os servidores ganharam o direito de acrescentar o tempo que serviram à sua iniciativa privada para cálculo da aposentadoria como servidor. Tudo o que a pessoa tivesse feito na vida, até servir o Tiro de Guerra na juventude, era computado para cálculo da aposentadoria. E mais, alguém que fosse admitido no serviço público às vésperas de atingir o tempo para a aposentadoria como trabalhador da iniciativa privada faria jus ao salário integral do novo emprego. Não importava se ele passasse apenas seis meses na nova função. Não importava o tempo de contribuição nem o tempo de serviço público efetivamente prestado. Ele receberia o salário integral e o cidadão pagaria a conta. Simples assim.

O funcionário também teria direito, a título de Licença-Prêmio, a três meses de descanso a cada cinco anos de serviço. Além das férias e das folgas a que teria direito, o servidor público ficaria de pernas para o ar um ano a cada 20 anos de serviço. Se não quisesse ficar à toa nesses três meses, poderia, pelo projeto, embolsar em dinheiro os três salários correspondentes ao período de descanso a que tinha direito.[4] O funcionário também receberia anuênios, vantagens acumulativas acrescentadas todo ano em seu holerite pelo simples fato dele ser funcionário público. E mesmo que fosse pego metendo a mão no dinheiro do povo, teria direito a receber salários enquanto tentasse provar sua honestidade.

Se não conseguisse provar a inocência, não ficaria no desamparo. Se fosse parar na cadeia, teria direito a receber parte do salário enquanto cumprisse prisão preventiva. E se, no final de tudo, a Justiça o condenasse, uma parte de seu salário continuaria pingando na conta da família pelo tempo que ele permanecesse no xadrez. Não confunda esse benefício com a "Bolsa-Presidiário", o auxílio-reclusão concedido a presos comuns. O Auxílio-Xilindró a que o funcionário público criminoso e condenado faz jus é muito mais generoso.

BATALHA PERDIDA

Certa vez, num momento de desânimo diante do insucesso das tentativas de alterar o Regime Jurídico Único, perguntei ao deputado Ricardo Fiúza, do PFL, um defensor de princípios liberais, por que motivo ele e seus amigos não

---

4 Estado de Minas. 15.11.1990. Regime único aprovado sem problemas.

222 O ESTADO A QUE CHEGAMOS

tinham resistido com mais força a alguns dispositivos populistas incluídos na Constituição. Eu me referia, especificamente, ao artigo que tornava estáveis os contratados sem concurso. Homem elegante, com ar de Barão do Império numa época em que era moda ser *yuppie*, Fiúza parou para pensar.

Cofiou os bigodes, me encarou e respondeu: "Ficaram com medo de, mais adiante, alguém pôr para fora as pessoas que eles indicaram." O peso sobre meus ombros, que já era enorme, ganhou mais algumas dez toneladas com aquela resposta. Mesmo aqueles que diziam se opor ao apetite dos sindicalistas e morriam de medo de que o comunismo se instalasse no Brasil, contribuíam para que o Estado mantivesse a forma de paquiderme. Não havia o que fazer, a batalha que eu lutava estava perdida desde o início.

Pois bem. O resultado daquela derrota foi a Lei 8112, de 11 de dezembro de 1990,[5] que instituiu uma das mais generosas relações trabalhistas entre um Estado e seus servidores em todo o mundo. No final, se não fosse a caneta de Collor, a situação poderia ter ficado pior. Collor vetou alguns dispositivos absurdos da lei. Como, por exemplo, um que concedia auxílio-moradia a todo e qualquer funcionário federal que não tivesse direito a uma residência funcional. Era o cúmulo da incoerência: o mesmo Congresso que aprovara a venda dos imóveis funcionais vinha agora falar em dar casa para todos os funcionários. O presidente vetou, também, um artigo que mandava o governo pagar aos funcionários os adicionais por tempo de serviço acumulados desde o ingresso no Serviço Público. E determinou que a licença-prêmio só poderia ser convertida em dinheiro como uma indenização à família em caso de morte, caso ficasse comprovado que o funcionário tinha direito, mas não utilizou o benefício quando ainda estava vivo.

Essa ação contra o Erário empreendida pelas corporações que estavam dentro do Estado se traduziu em benefícios que, se não totalmente imorais, promovem, no mínimo, um tratamento desigual em relação ao conjunto da sociedade. Ela só foi possível devido à visão da oposição sobre a máquina estatal. Foi vendida a ideia de que os funcionários eram vítimas e não parte do problema do Estado. Essa visão foi estimulada no processo de redemocratização por decisões como, por exemplo, a possibilidade de sindicalização dos funcionários públicos. Eles se uniram sob a liderança de sindicalistas ligados ao PT e a outras correntes de esquerda para exigir a reparação de injustiças que nunca os atingiram.

Há uma confusão entre o que vem a ser o espírito de corpo — que muitas vezes confere organicidade a uma organização — e sua deformação mais corriqueira, o corporativismo. Creio que a definição feita anos mais tarde em artigo

---

5 http://www.planalto.gov.br/ccivil_03/leis/l8112cons.htm

A LUTA PELA MANUTENÇÃO DOS PRIVILÉGIOS **223**

publicado pelo jornalista, advogado e professor Eugênio Bucci, meu contemporâneo da Faculdade de Direito do Largo de São Francisco, é uma luva na mão certa: "O problema começa quando o espírito de corpo — um sentimento legítimo, compreensível e, em circunstâncias normais, motivador — dá lugar ao corporativismo, que consiste no hábito de usar prerrogativas funcionais para a obtenção de privilégios para toda a corporação. O limite entre uma coisa e outra é fino, daí ser difícil de administrar e de vigiar."

As corporações, em particular as que atuam dentro do Estado — como o Ministério Público e a Receita Federal — não são instituições abertas, até pela natureza de suas funções. Elas não podem, como fazem com frequência, se autoproclamar representantes políticas dos interesses gerais da sociedade. Quando querem obter alguma vantagem que as beneficie à custa do sacrifício da sociedade, valem-se da chantagem como forma de pressão. E usam argumentos descabidos, como a sempre mencionada "crise do funcionamento do serviço público" para impor seu ponto de vista.

Nessa hora, ou o governo e o Congresso cedem aos desejos da corporação ou o serviço público para. Como Bucci indaga: "Quem manda no serviço público, afinal? Enquanto coçamos a cabeça para descobrir as respostas, fica evidente que, se não encontrar limites, o corporativismo vai sequestrar os trâmites da democracia para submetê-los ao seu egoísmo de corpo."

Esse corporativismo se revela, por exemplo, quando se exige que o nome do chefe de uma determinada repartição saia de uma lista exígua, geralmente elaborada pela própria associação de classe que abriga os servidores do órgão. Por essa lógica, o Estado estaria reduzido a somatória de corporações. Deixaria de ter unidade e os governantes que chegaram ao poder pelo voto direto da sociedade passariam a ser figuras encarregadas única e tão somente de atender as determinações das associações sindicais do funcionalismo. O Estado passaria a se assemelhar a uma ação entre amigos. Ele ficaria fragmentado e perderia qualquer unidade política e administrativa.

Seja como for, quando a batalha terminou, já no final de 1990, a situação não estava fácil no prédio ao lado do Congresso. No Palácio do Planalto, Collor percebia que o tiro que havia disparado contra a inflação, por mais barulho que tivesse feito, havia errado o alvo. O presidente se mostrava cada vez mais irritado com o insucesso do Programa de estabilização concebido por Zélia e sua equipe.

O FRACASSO DA LUTA CONTRA A INFLAÇÃO

O plano Collor significou uma freada brusca na inflação. Em abril de 1990, a taxa foi de 3,29% e a fera parecia dominada. Não estava. A inflação voltou a ganhar fôlego nos meses seguintes e, em julho, já tinha novamente alcançado os dois dígitos: 10,79%. Chegou a 16,64% em novembro e em dezembro, mês em que o governo perdeu no Congresso a batalha pelo Regime Jurídico Único, a fera já rugia em 19,39%. Ou seja, o desgaste que as imagens de Collor e de seu governo sofreram com o mais impopular de todos os planos de estabilização já baixado no país havia aumentado com o fracasso do plano. O presidente não escondia seu incômodo e, nas reuniões, demonstrava cada vez menos paciência com sua equipe de ministros.

O Plano Collor poderia ter dado certo? Bem... se o nível de liquidez, que era a principal medida do pacote, não tivesse voltado a subir logo nos primeiros meses, talvez o governo tivesse vencido a batalha. Mas o fato é que, em pouquíssimo tempo, um grande volume dos recursos retidos voltou a circular. Das "torneirinhas" que o presidente do Banco Central Ibrahim Eris anunciou na desastrada entrevista coletiva que ele, Zélia e o secretário de política econômica Antônio Kandir concederam para explicar o plano, o poder público fez jorrar dinheiro além do limite – e aquilo frustrou o controle monetário pretendido pelo plano.

Já nos dias seguintes à decretação do Pacote, o governo autorizou que as igrejas sacassem seus recursos. As pessoas com mais de 70 anos de idade, entre as quais se encontravam alguns dos maiores milionários do país, também puseram a mão no dinheiro. Medidas como essas talvez não tivessem força suficiente para impulsionar a inflação e empurrá-la de volta a um nível preocupante. Outras providências tomadas pelo governo ajudaram a devolver ao mercado o dinheiro que o próprio governo havia tirado de circulação.

No final de 1990, houve eleições para os governos estaduais e para o Legislativo. Antes do pleito, o governo de São Paulo obteve do governo federal um Adiantamento de Receitas Orçamentárias no valor de US$642 milhões. O intermediário da operação foi o banco estatal Banespa. O empréstimo seria utilizado, conforme a versão oficial, para o pagamento de salários, inclusive o 13º, do funcionalismo. Tudo indicava se tratar de uma manobra para disfarçar a verdadeira intenção da operação. A verdadeira intenção era cobrir o rombo das contas públicas provocados pelos gastos excessivos que o governador Orestes Quércia fez para eleger o sucessor, Luiz Antônio Fleury Filho.

A disputa eleitoral em São Paulo reverberou em Brasília e foi uma das causas do desgaste que culminou, em maio do ano seguinte, com a saída de Zélia e de sua equipe do governo. Leopoldo Collor não escondia sua preferência e usava a condição de irmão mais velho do presidente para apoiar Paulo Maluf. Zélia e alguns de seus principais assessores eram ligados ao PMDB e davam a impressão de tomar medidas favoráveis ao candidato da situação Luiz Antônio Fleury Filho.

As discussões em torno da sucessão paulista chegaram inclusive ao Palácio do Planalto. Os indícios de uso político do Banespa por Orestes Quércia estavam por toda parte – e o banco ia de mal a pior. Ainda durante a campanha, Collor me convocou para uma reunião em que a questão do banco estatal foi debatida. Quando o presidente pediu minha opinião, defendi a intervenção federal. Dos presentes, apenas Ibrahim Eris deu a entender que concordava com uma medida mais rigorosa em relação ao banco paulista. Todos os demais ficaram calados diante do que falei.

O tratamento dado ao Banespa e à sucessão em São Paulo, na opinião de quem acompanhou os episódios sem tomar partido por Maluf ou por Fleury, é um dos responsáveis pela abertura das torneiras que alagaram o mercado e inviabilizaram o controle monetário do Plano Collor. As medidas, todas evitáveis, não foram as únicas, mas estão entre as principais responsáveis pelo fracasso do plano econômico. Igualmente evitável, o fracasso político teve origem em Alagoas, base eleitoral do presidente. Ali surgiu a primeira fissura que acabou por comprometer a diminuta base de sustentação política do governo. Nesse caso, a culpa deve ser atribuída ao próprio Collor e a seus interlocutores paroquiais. Para preservar seus anéis alagoanos, preferiu comprometer os dedos federais – e isso acabaria por dar início à crise política que desaguaria no *impeachment*.

O comportamento político eleitoral em relação ao estado que governou antes de chegar à presidência da República é a prova de que o homem deixa a terra, mas a terra não deixa o homem. Contra toda e qualquer lógica, que recomendava o apoio à candidatura do deputado Renan Calheiros ao governo, Collor preferiu ficar do lado de Geraldo Bulhões. A diferença da estatura política dos dois era abissal. Atuante no Congresso desde a primeira eleição para deputado federal, ainda em 1982, Renan tinha a fama de ser um combativo opositor ao regime militar. Seu apoio foi fundamental para colocar Collor na cabeça da chapa do PMDB que disputou e venceu o governo de Alagoas, em 1986. Na sequência, foi um dos pilares da candidatura presidencial. O trânsito de Calheiros entre os parlamentares e sua habilidade de articulador foram fundamentais para a aprovação das Medidas Provisórias assinadas nos primeiros dias do governo. Pela relevância dos serviços que prestou e pela projeção que seu nome alcançou no meio político, o deputado deu como certo o apoio do presidente na disputa pelo governo alagoano. Só que esse apoio nunca veio.

Quanto ao adversário de Calheiros, a história era outra. Geraldo Bulhões já era um veterano na Câmara quando foi colega de Collor na bancada do PDS alagoano eleita em 1982. Também com a ajuda de Calheiros, mudou de partido em 1986 e, pelo PMDB, ganhou um novo mandato no Congresso. Atravessou a Constituinte sem qualquer contribuição relevante à Carta. Candidato ao governo pelo PSC com o apoio político da família Malta, da mulher de Collor, Bulhões teve também a ajuda de PC Farias — cuja reputação, àquela altura, já estava causando problemas ao presidente fora do estado natal.

Eu conhecia Renan Calheiros desde os tempos do PMDB e de meu relacionamento com o Congresso, no tempo em que trabalhei na equipe de Funaro. Essa proximidade permitiu que, numa conversa que tivemos, eu sugerisse que, em vez de se lançar ao governo, disputasse uma vaga no Senado. Seria eleito sem dificuldade. Um novo mandato parlamentar aumentaria a projeção nacional de Calheiros e reforçaria seu poder junto ao governo. Muito provavelmente, Collor o escalaria para um ministério importante. Mais uma vez, prevaleceu o apelo da terra e Renan insistiu na candidatura. Também tratei daquele assunto com Collor. Numa das nossas reuniões, às sextas-feiras, ele insistiu para que eu evitasse participar de qualquer ação política naquela eleição. Eu me comprometi a me manter distante, mas não deixei de manifestar minha posição a respeito da disputa alagoana e dos efeitos negativos que ela poderia trazer para o governo.

Ponderei com o presidente que ele também não deveria se envolver com o pleito. Mencionei, inclusive, o exemplo do estado do Maranhão. Ali, a família Sarney sempre foi adversária do grupo liderado pelo Senador Epitácio Cafeteira. Bastou que Sarney se tornasse presidente para Cafeteira, então governador, transformar-se num aliado incondicional do Planalto. Em minha opinião, o mesmo aconteceria em Alagoas. Fosse quem fosse o vencedor, ele agiria como um escudeiro fiel. O presidente não permitiu que eu prolongasse o assunto. Disse que a política alagoana não era assunto do governo e deu a conversa por encerrada.

Mas ele acabou se envolvendo mais do que deveria com a disputa regional. E aquela escolha, além de comprovar mais uma vez a voracidade de PC Farias como arrecadador de recursos eleitorais, gerou um passivo político pelo qual o presidente pagaria um preço elevado pouco tempo depois. Esse passivo, no entanto, poderia ter sido insignificante, caso o plano de combate à inflação não tivesse fracassado. Afogado na liquidez que jorrou antes da hora pelas torneiras abertas por Zélia e sua equipe, o pacote acabou agravando os problemas do governo e expondo todos os defeitos políticos de Collor.

Aqui e ali foram distribuídos favores menores do que os concedidos ao Banespa, mas que tiveram exatamente o mesmo efeito: trouxeram de volta o excesso de liquidez. Para encurtar a história, tudo o que a freada drástica poderia ter trazido de bom para a estabilidade dos preços logo se esvaiu. A inflação recuperou o fôlego e tudo o que restou do confisco do dinheiro foi o desgaste que ele causou na imagem de Collor e de seu governo. Diante do fracasso evidente, o presidente exigiu providências e elas não custaram a aparecer na forma de um novo pacote.

A EROSÃO DO PRESTÍGIO DA MINISTRA

A inflação estava em alta, mas antes fosse aquela a única fonte de aborrecimentos do governo, Zélia cometeu o equívoco de iniciar um romance com o ministro da Justiça Bernardo Cabral. Casado antes, durante e depois de se envolver com a Ministra da Economia, e sem demonstrar a menor intenção de se separar da mulher para assumir o novo relacionamento, Cabral fazia questão de abrir a cauda de pavão sempre que estava perto de Zélia. E, como sempre acontece em situações como essas, as tentativas que eles faziam de camuflar o problema mais mostravam do que escondiam que, entre os dois principais ministros de Collor, havia algo mais do que uma simples amizade. Todos no governo se já não tinham certeza, tinham razões de sobra para desconfiar do romance – e a situação, é claro, logo chegou aos ouvidos de Collor.

Eu soube do namoro pela própria Zélia. Em 1990, o dia da Independência, 7 de setembro, caiu numa sexta-feira. Zélia tinha pensado em se ausentar de Brasília no feriado, mas acabou decidindo ficar. Afinal, era a primeira Parada da Independência do novo governo e seria importante que os ministros estivessem ao lado do presidente na tribuna oficial. Depois, houve a recepção que o Itamaraty normalmente oferece após o desfile militar. Lá, Zélia me ofereceu alguns filmes em videocassete que ela tinha retirado em uma locadora e só devolveria na segunda-feira. Na manhã seguinte, sábado, fui a pé até a casa de Zélia para apanhar as fitas e ela me convidou para entrar.

Foi então que Zélia disparou a bomba. Disse que tinha um namorado e o nome dele era Bernardo Cabral. Ele estava disposto a se separar da mulher para assumir o relacionamento. "Sei que você não gosta dele, mas vamos nos casar", disse. Fiquei perplexo. Me recuperei do susto e escolhi as palavras que disse a minha amiga. "Vamos combinar o seguinte, Zélia: se Cabral realmente se separar da mulher você pode me chamar para conversar com ele. A conversa pode ser pública ou privada, você escolhe. Eu me comprometo a pedir desculpas por tudo o que eu já falei e pensei a respeito dele. Mas, sinceramente, duvido que isso aconteça." Minha amiga não gostou da resposta. A conversa esfriou. Peguei as fitas, me despedi e não comentei com ninguém o que havia escutado.

No final de semana seguinte, em São Paulo, meu amigo Carlos Henrique de Moraes me procurou para uma conversa. Ex-sócio de Zélia na ZLC, os dois eram muito próximos. Não sei por qual caminho, creio que pela própria Zélia, a história do namoro chegou aos ouvidos dele. Moraes imaginava que eu já soubesse de tudo. Com receio de tratar de um assunto tão delicado com a pessoa errada, chamou-me para conversar. Perguntou o que eu achava e eu respondi: "Se eu fosse o presidente, demitiria os dois com humilhação." Moraes reagiu: "mas você não é amigo dela?" Disse que era, claro. "Mas ninguém pode brincar com a República e os dois estão brincando."

A despeito de toda torcida de Moraes e de todos os que gostavam de Zélia, inclusive eu, ela insistiu no romance. O caso prosseguiu e se tornou cada dia mais *caliente*, até cair definitivamente na boca do povo. No dia 19 de setembro, na véspera de completar 37 anos, Zélia deu uma festa no Clube das Nações, em Brasília. A festa foi muito concorrida e deu o que falar. Até porque, entre os convidados, havia alguns jornalistas e eles não estavam ali para se divertir, mas para conseguir notícias. Eduardo Oinegue, da *Veja*, Ricardo Boechat, de *O Globo*, Augusto Nunes e Luciano Suassuna, de *O Estado de S. Paulo*, eram alguns dos jornalistas que estavam na festa. Para eles ou para qualquer outro profissional da imprensa, um assunto que envolvesse os dois principais ministros do governo, claro, era notícia.

Collor sabia do potencial explosivo da festa. Ele ficou de ir, mas não apareceu. Eu também pressenti o perigo e cheguei cedo ao Clube das Nações. Logo na entrada, encontrei-me com o general Agenor Homem de Carvalho, chefe do gabinete Militar, acompanhado pela esposa. Começamos a falar amenidades e compartilhamos uma mesa no meio do salão. Logo depois, juntou-se a nós o general Jonas de Morais Correia Neto, chefe do EMFA. Zélia me tratava com indiferença desde o dia em que me revelou a história do namoro. Mas nos abraçamos como bons amigos.

Desejei felicidades, entreguei a lembrança que havia comprado para ela e, depois, com minha namorada, voltei para a mesa dos generais. Cabral também estava no Clube das Nações, de peito estufado e o semblante expressivo de um rei de baralho. Não cheguei a cumprimentá-lo. Logo depois do jantar, Jonas e Agenor quiseram ir embora. Eu disse que os acompanharia, pois teria uma agenda cheia no dia seguinte. Na verdade, estava pressentindo o problema que, eu temia, era inevitável. Já não estava mais na festa quando Cabral se aproximou de Zélia e a tirou para dançar. Os dois colaram os rostos e se puseram a bailar juntinhos. Pelo menos, foi o que eu li nos jornais. Quando a banda atacou o *Besame Mucho*, eu já estava na minha casa, longe do Clube das Nações.

A QUEDA DE BERNARDO CABRAL

Collor estava irritado, mas agia como se desconhecesse a história. Dois dias depois da festa, viajou para Nova York, com Zélia na comitiva. No dia 24 de setembro, uma segunda-feira, ocupou a tribuna da ONU para o discurso inaugural da Assembleia Geral — tradicionalmente feito pelo presidente do Brasil. Na noite de terça-feira, Collor receberia alguns convidados para um jantar no restaurante *Le Cirque*. Zélia chegou ao encontro a bordo de uma daquelas carruagens que

A LUTA PELA MANUTENÇÃO DOS PRIVILÉGIOS   **229**

transportam turistas pelas ruas de Nova York. Foi uma cena gratuita e desnecessária. Sobretudo para uma ministra que, naqueles dias, ao lado do embaixador Jório Dauster, o negociador da dívida, estava sob bombardeio inclemente dos bancos credores.

Depois da volta de Collor ao Brasil, fui chamado ao Planalto para uma conversa com o embaixador Marcos Coimbra. Um pouco embaraçado, ele mencionou o incômodo do presidente com o namoro dos ministros — que prosseguia às escondidas mesmo depois do constrangimento que causara dentro do governo. Eu disse ao embaixador que não estava mais na festa e, portanto, não testemunhei o bolero e os afagos. Mas disse também que a própria Zélia tinha me revelado a intenção de se casar com Cabral. Coimbra quis saber minha opinião sobre o caso. Reproduzi, então, o que havia dito a Carlos Moraes em São Paulo: "Se eu fosse o presidente, demitiria os dois com humilhação."

Coimbra nada comentou e a conversa logo tomou outro rumo. Fiquei na sala dele mais alguns minutos, discutindo outros problemas que tínhamos para resolver. Voltei para a Secretaria e procurei não pensar naquele assunto, mas não teve jeito. Eu estava preocupado não apenas pelo governo e pela ministra, mas também por minha amiga. No fundo, tinha esperança de que Zélia criasse juízo e desse um fim àquele relacionamento que, era evidente, não tinha a mínima chance de acabar bem. Nem para ela nem para o governo.

Na sexta-feira seguinte, cheguei ao Planalto para o despacho com Collor. Mal entrei na sala e, antes que eu me sentasse para a reunião, o presidente se levantou. Bateu as duas mãos na mesa, me encarou e perguntou com um tom de voz ligeiramente mais enfático do que o habitual: "Poxa, Santana! Mas com humilhação?" Naquele momento, me dei conta do óbvio. Collor sabia de minha proximidade com Zélia e provavelmente tenha partido dele a ideia de que Coimbra conversasse comigo sobre o assunto. O presidente, mais do que preocupado com a repercussão daquele romance dentro do governo, parecia decepcionado com Zélia. Ele, de fato, tinha um afeto mais do que especial por sua ministra e mais de uma vez deixou isso bem claro para seus interlocutores.

Collor estava seriamente inclinado a substituir Cabral. Naquele encontro, me confidenciou que já estava procurando o substituto. Zélia permaneceria ministra. Mas ele gostaria muito que ela pusesse um fim àquele namoro que estava criando embaraços e dificultava ainda mais o trabalho do governo. Cabral permaneceu por lá, vagando pelos corredores do ministério sem sequer ser chamado para qualquer reunião importante. E assim ficou até o dia em que o embaixador Marcos Coimbra o chamou e pediu que ele se demitisse. A sugestão para demiti-lo com humilhação não foi aceita.

Cabral voltou para a Câmara dos Deputados, onde ainda tinha alguns meses de mandato a cumprir. E Collor chamou para a vaga de Ministro da Justiça o senador paraense Jarbas Passarinho. Veterano que acumulava passagens pelo ministério em três dos cinco governos do ciclo militar e senador por seu estado natal, o Pará, Passarinho tinha sido um dos signatários do A.I. nº 5. Coronel da reserva, ele havia sugerido, na reunião ministerial em que se discutiu o documento, que o marechal Costa e Silva mandasse "às favas os escrúpulos de consciência" e assinasse aquele ato. Agora era Collor quem mandava às favas suas restrições ao passado. Ele havia prometido que ninguém que tivesse sido ministro de governos anteriores teria lugar em sua equipe. Mudou de ideia. Zélia permaneceu no governo, mas ficou evidente para todo mundo que a confiança de Collor em sua Ministra da Economia já não era a mesma.

CAPÍTULO 16

A MUDANÇA DE RUMO DO GOVERNO

Na semana seguinte à saída de Cabral, Zélia recebeu demonstrações públicas de apoio de Collor e deu a impressão de que a crise do *Besame Mucho* tivesse ficado para trás. O presidente compareceu à cerimônia em que a Ministra da Economia foi condecorada com a Medalha do Mérito Militar. Depois, no dia 19 de outubro, Zélia e o ministro da Infraestrutura, Ozires Silva, acompanharam Collor na descida da rampa do Planalto. Era um hábito que o presidente insistia em manter desde a posse. Toda sexta-feira, por volta das 18 horas, ele deixava o palácio pela saída principal, descia a rampa e embarcava no carro oficial como sinal de que o expediente da semana havia se encerrado.

Aquele ritual despertava um interesse enorme nos primeiros meses do governo — quando centenas de pessoas se aglomeravam em frente ao palácio para saudar o presidente. Com o tempo, aquilo deixou de ser novidade e, na medida em que o prestígio do próprio governo começou a rolar rampa abaixo, a cerimônia foi definhando até morrer. Mas na sexta-feira em que Zélia e Ozires acompanharam Collor, aquele ainda era um momento importante. Descer a rampa era uma honra reservada aos auxiliares que tinham prestígio junto ao presidente.

Collor descia a rampa, embarcava no carro e circulava a Praça dos Três Poderes, como se estivesse tomando o rumo de casa. Na maioria das vezes, não ia para a Casa da Dinda, onde morava. Retornava ao Palácio por uma entrada secundária e trabalhava por mais algumas horas. Eu mesmo participei diversas vezes da cerimônia. Como aproveitava as sextas-feiras para despachos mais prolongados com o presidente, muitas vezes interrompíamos a reunião para descer a rampa. Depois que Collor voltava ao gabinete, retomávamos ao trabalho. Naquele dia, Zélia e Ozires voltaram ao gabinete depois da solenidade. O presidente queria discutir com os ministros um assunto grave que vinha incomodando o governo.

A CRISE NA PETROBRAS

O advogado Luís Octávio da Motta Veiga tinha causado furor ao pedir demissão da presidência da Petrobras. Ele saiu disparando na direção de Paulo César Farias. Foi um daqueles casos em que se encaixam com perfeição a frase imortal do editor do jornal *Shinbone Star,* Dutton Peabody (vivido pelo ator Edmond O'Brien) ao senador Ranson Stoddard (vivido por James Stewart) no filme *O Homem que Matou o Facínora,* de John Ford. Quando Stoddard revela a Peabody que sua carreira política era fruto de uma fraude, o jornalista dá a entrevista por encerrada, rasga as anotações que destruiriam o mito em torno do senador e encerra o assunto com a frase: "quando a lenda se torna realidade, publica-se a lenda". Também no caso de Motta Veiga, a lenda tornou-se maior do que a verdade.

Eu tinha sido um dos primeiros a saber, ainda no Bolo de Noiva, da escolha de Motta Veiga para a presidência da Petrobras. Na época em que os nomes dos candidatos aprovados por Collor ainda estavam sendo incluídos nas caixinhas do organograma que tínhamos montado, o presidente pediu minha opinião sobre o ex-presidente da CVM. A preocupação do presidente era saber se ele seria capaz de resistir às pressões que enfrentaria à frente da estatal. Era um dos cargos mais disputados da República e, naquele momento, a briga surda pela nomeação do presidente da estatal ameaçava saltar dos bastidores para o centro dos trabalhos da transição.

Diferentes grupos de interesse faziam *lobby* pelos seus preferidos e aquela movimentação toda não agradava Collor. O presidente queria evitar a todo custo instalar no posto alguém comprometido com a corporação dos funcionários ou que tivesse interesses comerciais na empresa. Motta Veiga parecia preencher tais requisitos. Eu disse ao presidente que ele tinha feito um bom trabalho à frente da CVM e que tinha o perfil adequado para o posto. Minha opinião coincidia com a de Zélia, a madrinha da indicação, e o presidente também se mostrava convencido. O tempo logo mostraria que nós três estávamos errados.

A lenda publicada a partir das declarações de Tatá, como era chamado pelos amigos, dizia que PC Farias tinha tentado envolver a Petrobras numa operação financeira tenebrosa. A beneficiada seria a Vasp. Segunda maior companhia de aviação do país, a Vasp tinha acabado de ser vendida pelo governo de São Paulo. Quem adquiriu a companhia foi o empresário Wagner Canhedo, um obscuro proprietário de empresas de transporte que tinha os negócios baseados no Distrito Federal.

Muita gente considerou a Vasp um voo alto demais para um empresário de asas curtas como Canhedo. E logo começou a se espalhar pelo país a suspeita de que, por trás daquela operação, quem mexia as cordas era PC Farias. Pela acusação de Motta Veiga, até mesmo o embaixador Marcos Coimbra, Secretário-Geral e cunhado de Collor, estava envolvido na trama. Segundo ele, Coimbra telefonou para pressioná-lo a fechar com Canhedo uma operação que envolvia empréstimo em dinheiro e a venda financiada de combustível de aviação.

A MUDANÇA DE RUMO DO GOVERNO   **233**

Não seria de se estranhar que, entre PC e Canhedo, houvesse interesses muito mais sólidos do que uma simples amizade. Mas a pressão que Tatá alega ter recebido para fechar o contrato poderia ter sido resolvida com um telefonema para sua amiga Zélia ou para seu superior, Ozires Silva. A palavra de Motta Veiga, repercutida por toda a imprensa, bastou para que o fato fosse considerado verdadeiro. Pouca gente se preocupou em confirmar os detalhes da declaração nem em verificar em que condições a Petrobras vendia combustíveis à Varig, maior companhia de aviação do país. Também não se procurou em conhecer os detalhes do contrato que a Shell, a outra fornecedora de combustível aeronáutico que operava no Brasil, mantinha com a Vasp.

Uma pesquisa neste sentido provaria que o pedido da Vasp à Petrobras não era tão absurdo assim e que, podado dos exageros que normalmente marcam os pedidos iniciais em grandes negociações comerciais, o negócio era bom para as duas empresas. A verdade é que, àquela altura, o prestígio de Motta Veiga junto ao governo não era nem a sombra do que tinha sido quando ele assumiu com a fama de ter disciplinado o mercado de capitais na presidência da CVM.

Ele havia se desgastado com Zélia, que havia autorizado que a Petrobras fizesse uma operação financeira vultosa para cobrir seu deficit de caixa. O problema é que o valor que ele tomou no mercado foi bem maior do que o combinado — e aquilo deixou em Zélia a sensação de ter errado na escolha do nome para presidir a estatal. O desgaste aumentou ainda mais depois que Motta Veiga se rendeu à corporação e concedeu aumentos de salários generosos num momento em que o governo cobrava austeridade de todo mundo. Nada disso foi levado em conta pelos que criticavam o governo.

Sem ter sido posta em xeque, a denúncia de Motta Veiga foi repetida mil vezes até se transformar em uma verdade inquestionável. Assim, depois de seis meses à frente da maior empresa do país, Motta Veiga deixou a Petrobras e o Brasil. Foi viver confortavelmente em Londres e deixou para trás uma crise que exigia uma solução imediata. A presidência da Petrobras foi confiada ao secretário-executivo de Zélia, o economista Eduardo Teixeira. Soube mais tarde que meu nome chegou a ser sugerido para o posto pelo embaixador Marcos Coimbra e pelo Secretário de Assuntos Estratégicos, Pedro Paulo Leoni Ramos. Collor disse que precisava de mim perto dele, não no Rio de Janeiro.

A situação seria até tranquila se o escândalo causado pela saída de Motta Veiga fosse a única causa de contrariedades para o governo naquele momento. Havia outras. Algumas sequer tinham sido causadas por ações daquele governo, mas mesmo assim acabaram estourando no gabinete de Collor. De uma hora para outra, por exemplo, navios da Companhia de Navegação Lloyd Brasileiro começaram a ser retidos em portos estrangeiros, arrestados por credores cansados de levar calote da companhia. O certo teria sido liquidar o Lloyd — mas a providência não foi tomada. O governo optou por continuar bancando por mais algum tempo os prejuízos de sua companhia de navegação.

Havia, além desses, os problemas causados pelo rigor de uma gestão econômica que, mesmo com o aumento da liquidez, não conseguia pôr o mercado para andar. O número de falências e concordatas se alastrava e atingia nomes vistosos do comércio e da indústria nacional. As Casas Pernambucanas, as Lojas Riachuelo e a malharia Hering fizeram parte da lista. Em meio a tudo aquilo, a fera que Collor havia prometido abater com um único tiro, a inflação, mostrava ter mais vidas do que um gato sobre o telhado.

O SEGUNDO CHOQUE DE COLLOR

O presidente cobrava respostas e exigia de Zélia, a quem ele havia prestigiado no episódio da saída de Cabral, uma providência eficaz. E a tentativa foi feita. No dia 21 de janeiro de 1991, menos de um ano depois do desgaste do confisco, foi baixado um novo pacote de estabilização. O Plano Collor 2, entre outras medidas, rasgava a fantasia do controle de preços envergonhado do Collor 1 e congelava os preços dos 150 produtos mais importantes para o cálculo da inflação. Era mais uma batalha de uma guerra que, dia após dia, solapava um pedaço do prestígio do governo. Enquanto o combate dentro do país prosseguia, o entendimento com os credores em torno da dívida externa não avançava.

O muro que separava o Brasil da comunidade financeira internacional, ao invés da queda imaginada nos dias seguintes à eleição, mostrava-se mais intransponível. Jorio Dauster, por estilo e convicção, insistia em elevar o tom do diálogo com os credores. Sobretudo, com os bancos privados americanos. Devidamente amparado pelas posições de Zélia e de Ibrahim Eris, Dauster não aceitava o tratamento desrespeitoso que os negociadores brasileiros que o antecederam haviam recebido da banca. E numa mesa em que nenhum dos lados cede, o resultado inevitável é o impasse.

O Collor 2 foi baixado e seu impacto sobre a inflação, ainda que tenha sido mais discreto do que o do plano anterior, foi visto como um sinal positivo. Fevereiro, o mês seguinte ao congelamento, trouxe uma inflação de 5%. O índice não era dos melhores, ainda mais por se tratar do mês mais curto do ano. Mas, de qualquer forma, era bem mais suportável do que os dois dígitos que vinham sendo registrados até ali.

Àquela altura já estava claro, e os economistas sabiam disso, que os preços agem mais ou menos como os loucos dos hospícios de antigamente. Contidos pela camisa de força do congelamento, eles até se aquietam por um tempo. Mas não se acalmam nem se rendem. Mesmo presos, se debatem, se reviram e, na primeira oportunidade, rompem as amarras e voltam a ficar fora de controle. Congelamento — e isso estava claro desde o Plano Cruzado — não é arma para acabar com a inflação. É arma para, na melhor das hipóteses, ganhar tempo.

NOVAS CRISES NO GOVERNO

O ambiente, a bem da verdade, estava tenso. Uma das orientações dadas pelo governo foi a de que os dissídios das estatais deveriam ser resolvidos no âmbito de cada empresa. Em hipótese alguma poderiam ser politizados, como foram no governo anterior. Na época de Sarney, parlamentares do PT sempre entravam em cena e, sem levar em conta o rombo que sua generosidade abriria nos cofres das empresas, prometiam aumentos generosos de salários em troca do fim de uma greve que não deveria nem ter começado.

Ao chegar à Petrobras, Eduardo Teixeira encontrou a corporação habituada a encostar seus presidentes contra a parede em troca de salários gordos e todo tipo de regalia. Com a empresa passando por dificuldades para comprar petróleo dos países árabes em plena Guerra do Golfo, os petroleiros entraram em greve para extorquir aumentos de salários. Teixeira não quis conversa e disse que não haveria reajustes. Nesse momento, o ministro da Infraestrutura Ozires Silva recebeu o senador Eduardo Suplicy, do PT. Ao sair da reunião, Suplicy afirmou ter obtido de Ozires a garantia de que o governo aceitaria negociar os aumentos exigidos pelos petroleiros para interromper a greve. Quando os jornalistas o questionaram a respeito, Teixeira disse que o aumento estava fora de cogitação e que, na Petrobras, só recebia ordens de Collor.

Ozires afirmou que jamais deu qualquer garantia de aumento. Mas Suplicy, que havia acabado de assumir seu primeiro mandato no senado, tinha alcançado o objetivo: criou um fato. O desentendimento, de qualquer forma, deixou claro que o temperamento e as posições conciliadoras de Ozires Silva eram incompatíveis com o estilo mais aguerrido daquele governo. Na verdade, nem ele havia se adaptado ao ritmo e aos modos do governo nem o governo se acostumado aos dele.

Havia uma tensão no ar e Collor se queixava da falta de adesão de Ozires ao programa de privatizações, uma de suas mais enfáticas promessas de campanha. No final das contas, o ministro pediu demissão. Para o lugar de Ozires à frente da Infraestrutura, Collor chamou de volta para Brasília o próprio Eduardo Teixeira. Mais uma vez meu nome foi lembrado, desta vez por Zélia, para a vaga aberta. Mais uma vez o presidente disse que preferia me manter ao lado dele, em Brasília.

A verdade é que eu tinha muito trabalho a fazer. Mais ou menos naqueles dias, Collor tinha me escalado para uma missão complexa e importante. O prestígio do ministro do Trabalho e da Previdência Antônio Rogério Magri já estava abalado junto a Collor muito antes de ter vindo a público o conteúdo de uma gravação em que ele pedia propina de US$30 mil para financiar com recursos do FGTS as obras do Canal da Maternidade, em Rio Branco, no Acre. Alvo de críticas pela ineficiência e alvo de chacotas pela espontaneidade de suas declarações à imprensa – entre elas a que classificou de "imexível" o primeiro Plano Collor –, Magri foi deixado de lado quando, no início de 1991, estourou o escândalo que expôs o desvio de milhões de dólares da Previdência Social por um esquema comandado pela advogada Jorgina de Freitas. Ao invés de incumbi-lo de resolver o problema que afetava sua pasta, Collor me chamou ao Palácio e pediu sugestões para a solução do problema.

A advogada desonesta, com a ajuda de pelo menos um juiz, de procuradores e de vários funcionários, desviou uma fortuna das aposentadorias e transformou aquela dinheirama toda em fazendas, casas, apartamentos e aplicações financeiras. Tudo em seu próprio nome, sem a menor preocupação em apagar os rastros que a ligavam ao butim. A primeira providência, na minha opinião, deveria ser a demissão sumária de Magri, mas o presidente refutou. Disse que a nomeação de um operário para o posto de Ministro de Estado tinha sido um ato de coragem e que a demissão naquele momento geraria duas vítimas. A primeira seria Magri, que teria a incompetência que os adversários do governo lhe atribuíam confirmada pelo ato do presidente. A segunda seria o próprio Collor – que seria acusado de ter jogado para a plateia ao nomear o operário e de atirá-lo às feras diante do primeiro sinal de dificuldade.

O presidente disse que mais adiante, depois que a crise fosse debelada, o ministério de Magri poderia ser dividido. A pasta do Trabalho permaneceria com Magri e a da Previdência seria confiada a alguém de perfil mais técnico. Antes da providência, porém, era preciso apagar o incêndio ateado por Jorgina de Freitas. Sugeri, então, a criação da Comissão Especial de Fiscalização e Controle da Previdência e me prontifiquei a colocá-la para funcionar. Seria um grupo diretamente subordinado ao presidente da República e teria a responsabilidade de apurar e esclarecer as denúncias contra aquela fraude monumental.

O grupo também teria autoridade de, em nome do governo, levar os culpados à Justiça e de sugerir as mudanças necessárias para que a Previdência Social ficasse protegida de fraudes tão toscas como aquela. Collor não só aceitou a ideia como pediu que eu elaborasse o Decreto criando a comissão que seria presidida por mim. Minha presença, ali, na prática, significava uma intervenção na pasta de Magri.

O sindicalista ainda permaneceria no posto, mas praticamente sem poder, até janeiro de 1992 quando caiu depois da denúncia de ter pedido propina no episódio do Canal da Maternidade. Foi substituído pelo paranaense Reinhold Stephanes. No tempo do Bolo de Noiva, Stephanes tinha coordenado o grupo encarregado de discutir o modelo da previdência. Mas, ao assumir o ministério, os tempos seriam outros. Quando Stephanes substituiu Magri, o governo de Collor já teria embicado numa direção diferente daquela prometida durante a campanha. E estaria muito mais parecido com o que tinha sido o governo Sarney, tão criticado pelo próprio Collor, do que com a administração transformadora que tinha estreado com a promessa de tirar o Brasil do atraso.

UMA ARRUMAÇÃO NA PREVIDÊNCIA

Enquanto estive à frente da Comissão, fui de fato, mas não de direito, ministro da Previdência. O trabalho, que acumulei com minhas atribuições na Secretaria da Administração, começou, é claro, pelo diagnóstico da situação. Pela falta de controle que existia, o mais impressionante não foi a facilidade com que Jorgina aplicou o golpe. O mais espantoso foi não terem acontecido escândalos ainda maiores. Na medida em que as irregularidades eram descobertas, também iam sendo desenvolvidas formas de evitar que o golpe se repetisse. Não bastava substituir e punir os culpados. Era preciso mudar os processos de execução das tarefas para torná-los mais seguros.

Uma das primeiras providências que tomamos foi livrar o sistema de pagamento das aposentadorias e pensões dos procedimentos obsoletos da era do mata-borrão e trazê-lo para o final do século 20. Foi ali que decidimos, por exemplo, utilizar os milhões de recursos movimentados pela Previdência para trabalhar a favor e não contra a modernização do sistema.

Todos os bancos brasileiros – inclusive os mais elitizados – adoravam recolher as contribuições que as empresas privadas faziam ao INSS. Mas na hora de abrir as agências e pagar aos segurados, a conversa era outra. Poucas instituições financeiras aceitavam prestar o serviço e as agências especializadas em atender os aposentados ficavam abarrotadas nos dias de pagamento. Em São Paulo, ficaram famosas as filas na agência do Bradesco na Avenida Ipiranga, esquina com a Rua da Consolação. Todo final de mês, a televisão mostrava filas enormes de aposentados esperando horas e horas até conseguir pôr a mão no dinheiro que tinham para receber.

Aquele atendimento de qualidade ultrajante era, em parte, culpa da atitude viciada que marcava o relacionamento da rede bancária com a Previdência Social. Os bancos tratavam o pagamento aos aposentados e pensionistas como um favor prestado ao governo – pelo qual, segundo eles, nada recebiam. A realidade era que eles recolhiam o dinheiro das contribuições previdenciárias – e esse serviço, todos faziam questão de prestar. Qualquer banco do país estava autorizado

O ESTADO A QUE CHEGAMOS

a receber das empresas os recursos das contribuições patronais e do desconto da taxa da previdência no contracheque dos empregados.

O dinheiro recolhido ficava em poder do banco por mais de uma semana antes de ser repassado ao governo. Esse *floating* exagerado, sobretudo em ambientes de inflação elevada, proporcionava um lucro gordo aos bancos. A justificativa era singela: como nada recebiam em troca do serviço prestado ao governo, eles tinham o direito de operar com os recursos por alguns dias para cobrir os custos da operação. O problema é que a maior parte da rede operava com o dinheiro, mas não prestava o serviço. Ou seja, uma farra! Ao assumir a Comissão, assustei-me diante daquele procedimento. O descasamento entre a entrada e a saída do dinheiro era tamanho que não havia ninguém capaz de afirmar, com segurança, o valor exato que entrava e o que saía dos cofres da previdência.

Aquele descontrole, claro, estava na raiz de fraudes como a de Jorgina de Freitas. Os convites à fraude iam muito além da situação confusa das contas. A burocracia era outra porta aberta para a trapaça. As guias obrigatórias para a obtenção de qualquer benefício eram complicadas e, quase sempre, incompreensíveis. Mesmo os mais letrados tinham dificuldades para preenchê-las sem cometer erros. Cumprida essa formalidade, a papelada chegava às mãos de funcionários que perdiam um tempo enorme conferindo os detalhes do preenchimento. No meio da confusão, gente como Jorgina encontrava um terreno fértil para fraudes.

Depois de tudo acertado, pronto e deferido, a porta para as fraudes continuava aberta. Os pagamentos aos aposentados que não tinham contas bancárias eram feitos por cheques administrativos emitidos pelos postos da previdência sem um controle rigoroso sobre quem os descontava. O modelo primitivo, além de ser um convite à corrupção, causava prejuízos tanto para os cofres públicos quanto para o cidadão que tinha seu direito à aposentadoria prejudicado ora pela burocracia, ora pelos larápios.

Não havia tempo a desperdiçar. Quando chegamos, depois de um rápido estudo da situação, decidimos implantar melhorias imediatas. Muitas das medidas possíveis já tinham sido estudadas e propostas desde o tempo do Bolo de Noiva — mas nunca tinham sido postas em prática. As guias foram simplificadas e reduzidas a uma única folha de papel, que podia ser preenchida com muito mais facilidade do que os modelos anteriores. E mesmo com as limitações da reserva de mercado da informática, decidimos acelerar a automação do sistema. A ideia era inovar e, o mais cedo possível, deixar de emitir os cheques administrativos. O segurado receberia um cartão eletrônico que poderia ser utilizado para saques diretamente no caixa eletrônico das agências.

A NECESSIDADE DE MUDANÇAS NA PREVIDÊNCIA

Dito dessa maneira e diante dos avanços que houve na automação bancária, sobretudo depois que a reserva de mercado saiu de cena, as medidas implantadas pela Comissão parecem até simplórias. Para a época, no entanto, elas representavam uma modernidade impressionante. Outras providências tomadas pela Comissão também pegaram de surpresa aqueles que sempre se beneficiaram do descontrole da previdência. A mudança nos critérios para recolhimento das contribuições, por exemplo, contrariou parte da banca, mas ajudou a colocar ordem na situação.

Foi decidido que somente as instituições financeiras que aceitassem atender aos aposentados e pensionistas teriam o direito de recolher os depósitos previdenciários das empresas. E, ao contrário do que acontecia até ali, o dinheiro seria repassado aos cofres públicos no mesmo dia que entrasse no caixa da agência. Ao invés de lucrar com o giro dos recursos na ciranda financeira, os bancos receberiam pelo serviço uma tarifa negociada com o governo.

Por incrível que possa parecer, quem mais resistiu à mudança não foi a rede privada. Foi o Banco do Brasil. O banco oficial, ainda que operasse uma rede de agências mais abrangente do que a do Bradesco, não tinha agilidade para entrar na corrida tecnológica que, naquele momento, começava a dominar o ambiente bancário brasileiro. Mesmo sendo dono de uma empresa de informática, a Cobra, o BB estava séculos atrás de seu principal concorrente quando o tema era automação. Maior banco privado do Brasil e dono da Scopus, concorrente da Cobra, o Bradesco estava adiante não só de seu competidor estatal como, também, da rede privada. E tinha uma visão de mercado diferente dos outros bancos. Para ele, os aposentados não eram um fardo, mas clientes a ser conquistados.

Quando assumi a presidência da Comissão, o vice-presidente do Bradesco e da Febraban, Alcides Lopes Tápias, nos procurou e passei a discutir com ele a ideia de desenvolver um sistema eletrônico para pagamentos dos aposentados e pensionistas. A Scopus já vinha desenvolvendo um sistema de pagamento eletrônico e se dispunha, inclusive, a colocá-lo à disposição dos outros bancos. Ao invés de receber o cheque administrativo, o aposentado teria o valor de seu benefício creditado numa conta corrente. No dia certo, era só ir ao caixa eletrônico e sacar o dinheiro. O sistema logo entrou em funcionamento experimental e, pouco tempo depois, já estava disponível no país inteiro.

Enxerguei ali a oportunidade de propor a substituição do conceito de garantia de renda, que marcava a relação da previdência com seus segurados, por uma nova ideia, baseada na Seguridade Social. Nos Estados Unidos, o *Social Security* garante um valor idêntico para todos os cidadãos que contribuíram com a previdência ao longo da vida — e era nessa direção que pretendíamos caminhar. O valor do benefício seria definido com base na capacidade de pagamento do Estado — e não no suposto direito que alguns privilegiados adquirem de viver com aposentadorias milionárias pagas pelo Tesouro enquanto outros precisam se contentar com os valores modestíssimos pagos pelo INSS.

A verdade é que, no Brasil, a estrutura previdenciária padece de um erro básico de conceito e de organização. Todo o sistema é orientado para o pagamento do benefício. Tudo se organiza em função de uma lista extensa de benefícios concedidos a partir de situações específicas, que tratam os cidadãos de forma diferente e geram uma série de distorções e desigualdades. Cada processo que corre na previdência tem um código que se inicia pelo número do benefício pleiteado pelo segurado.

O Benefício 20 (ou B20, no jargão previdenciário) diz respeito à pensão por morte de ex-diplomata. O B21 diz respeito à pensão por morte previdenciária, enquanto o B22 à morte estatutária. O Auxílio-Reclusão, a afamada Bolsa-Presidiário, tem o número B25. A Bolsa-Ditadura, paga a anistiados políticos, é o B59. Os dependentes dos seringueiros recrutados para extrair borracha durante a Segunda Guerra Mundial ganharam em 1989 (ou seja, 44 anos depois do fim do conflito) o direito a uma pensão especial de dois salários mínimos, classificada com o número B86. Um dos nossos objetivos era eliminar as exceções, reduzir a quantidade de benefícios e criar as condições para que, com o tempo, restasse apenas um tipo de benefício. Mas não houve tempo para que eu levasse a proposta adiante. Logo eu deixaria a Secretaria da Administração e assumiria novas responsabilidades no governo.

O AMBIENTE DESFAVORÁVEL A ZÉLIA

Acredito que minha amiga Zélia foi, em grande parte, vítima do próprio temperamento e que, a partir de um certo momento, passou a acreditar que governar é dizer não. Dos Estados Unidos chegavam notícias preocupantes em relação à negociação da dívida. Afinado com a ministra, Jorio Dauster tinha chegado a um impasse com os credores. Eles queriam que o Brasil pagasse em cinco anos os US$8 bilhões entre o principal vencido e os juros atrasados. Dauster resistia. O país devia e não negava. E aceitava quitar a dívida dentro de sua capacidade de pagamento. Ou seja, pagaria as parcelas com o dinheiro que sobrasse depois de arcar com todos os compromissos.

Os banqueiros internacionais detestavam Dauster e, por extensão, queriam ver Zélia pelas costas. Não eram os únicos. Os empresários brasileiros também não estavam satisfeitos com o tratamento que recebiam da ministra. Os diretores de associações de classe que se aproximavam dela com algum pedido, por mais

A MUDANÇA DE RUMO DO GOVERNO   **241**

legítimo que fosse, quase sempre ouviam uma negativa. Ela não tinha habilidade política nem paciência para lidar com quem não concordasse com a lógica de seu plano de estabilização.

Certa vez, entrei no gabinete de Zélia no ministério da Economia e a encontrei discutindo com alguém do outro lado da linha. Com o tom de voz alterado, ela espinafrava o interlocutor. Ela o acusava de agir contra o Brasil ao não dar razão ao governo numa decisão qualquer a respeito do Plano Collor. Não importa de que decisão ela se queixava. Aquele não era um tom adequado numa conversa com alguém a quem volta e meia ela chamava de "senhor Ministro". Esperei que ela terminasse e perguntei: "Com quem você estava falando?" Com a voz ainda alterada e uma expressão crispada, ela respondeu: "Com o Néri da Silveira."

José Néri da Silveira não era apenas um Senhor Ministro. Era, na época, Presidente do STF. Na posição que ele ocupava, sequer precisava atender telefonemas de Zélia. Afinal, era o presidente de um dos poderes da República, o Judiciário, enquanto ela, apenas assessora do chefe de outro Poder, o Executivo. Se ele tivesse que falar com alguém do governo, seria com Collor — e, mesmo assim, de igual para igual. Se Néri da Silveira a atendeu, prossegui, foi por deferência. Nem que fosse por simples educação, ela não poderia ter usado aquele tom de voz. "Nem com ele nem com ninguém", disse para ela.

Não sei se foi coincidência ou se aquele tipo de atitude acabou motivando a Corte a tratar Zélia com mais rigor do que dispensou a outros auxiliares de Collor que responderam a processos depois do governo. O certo é que, fora do ministério, Zélia respondeu no STF a um processo que envolvia uma associação de empresas de ônibus interestaduais e internacionais. Ela teria autorizado, de acordo com a acusação, um aumento de passagens em troca do pagamento de propina. Zélia também era acusada de usar dinheiro do esquema PC para bancar despesas pessoais — inclusive uma reforma em sua casa na Rua Morungaba.

O processo avançou no STF e Néri da Silveira foi escolhido relator. Todas as etapas foram encompridadas, inclusive o interrogatório de Zélia conduzido pelo próprio ministro. Quando tudo estava concluído, houve uma mudança de entendimento sobre quem tinha a responsabilidade de conduzi-lo e o processo voltou à primeira instância. Zélia foi condenada a 11 anos e quatro meses de prisão. O recurso foi apresentado e, no julgamento pelo TRF, em Brasília, ela foi absolvida. O Ministério Público recorreu e ela foi novamente absolvida.

CAPÍTULO 17

O PRIMEIRO PASSO DA PRIVATIZAÇÃO

Se havia algo de que eu não podia me queixar nos primeiros meses de 1991 era de falta do que fazer. Além de responder pelos trabalhos da Comissão da Previdência, tinha que dar conta de minhas responsabilidades da Secretaria da Administração. Os anos de desorganização da máquina pública geraram desequilíbrios escandalosos, que precisavam ser consertados. Os salários dos médicos sanitaristas do governo, para citar apenas um exemplo, eram inferiores aos de um escriturário iniciante na CEF. A situação dos diplomatas residentes no país, dos militares e dos veterinários também exigia atenção. Era preciso analisar caso por caso e, na medida do possível, corrigir as distorções.

Era urgente, da mesma forma, criar vacinas contra os efeitos nocivos do Regime Jurídico Único sobre o caixa da União. Foi elaborado um projeto de lei que vinculava a concessão de reajustes salariais do funcionalismo à arrecadação federal — e não mais aos índices de variação de preços que determinavam os reajustes anteriores.[1] A lei ficou pronta e a submeti a Collor sem imaginar que aquela seria minha última missão à frente da Secretaria da Administração Federal.

A segunda-feira, dia 6 de maio de 1991, foi especialmente agitada em Brasília e, embora eu não estivesse na capital, sabia que aquele não seria um dia normal. Aliás, eu sabia disso desde a sexta-feira anterior, quando me reuni com Collor para tratar de assuntos relacionados com a nova lei salarial e da Comissão Especial da Previdência. Cheguei para o encontro especialmente feliz com os números que tinha para apresentar. Em 30 dias de funcionamento, a Comissão pediu e a Justiça mandou para a cadeia 30 pessoas envolvidas nas fraudes comandadas por Jorgina.

Havia mais de 50 mandados de prisão preventiva ou provisória requeridas em diversas varas do país. Um total de 680 inquéritos policiais e cerca de 10 inquéritos administrativos estavam em andamento. Outros 300 casos de fraude tinham sido identificados e estavam sob investigação. Como resultado das medidas emergenciais tomadas para estancar a sangria e aumentar a arrecadação,

---

[1] Jornal da Tarde. 10.05.1991. Projeto atrela reajuste de servidor à receita da União.

houve um aumento significativo da receita da previdência. Nos casos de alguns estados, a elevação foi de absurdos 40%.

Foi, de fato, um trabalho bem-sucedido. Tanto assim que Collor continuava pensando em separar o Ministério da Previdência do Ministério do Trabalho, que continuaria aos cuidados de Antônio Rogério Magri. E considerou a ideia de me nomear para o novo ministério da Previdência. Mas os problemas que surgiriam na frente do presidente, e que ele me revelou ao final da reunião, o obrigariam a adiar esse plano. Collor tinha finalmente se rendido às pressões que recebia de dentro e de fora do governo e considerava seriamente a hipótese de substituir não apenas a ministra da Economia, Zélia Cardoso de Mello, mas também o presidente do Banco Central, Ibrahim Eris. Foi isso que o próprio presidente me revelou ao final da reunião da tarde de sexta-feira, dia 3 de maio, depois de me fazer uma pergunta que nunca fizera nas crises anteriores.

Ao final da nossa conversa semanal e depois de ouvir meu relato sobre a Comissão da Previdência, Collor me perguntou se eu estaria em Brasília na segunda-feira seguinte. Eu disse que não. Tinha adiado por algumas vezes minha participação no programa *Roda Viva*, da *TV Cultura*, em São Paulo. E tinha acabado de confirmar minha presença. Mas se ele tivesse alguma missão que exigisse minha presença em Brasília, ponderei, poderia adiar novamente.

Collor, então, me revelou que estava pensando em substituir Zélia. Disse que ainda não tinha um nome para o posto, mas não tinha como mantê-la. Na segunda-feira, ele se reuniria com a ministra e, dependendo do rumo da conversa, poderia precisar de toda a equipe por perto. Eu disse que ele poderia contar comigo e insisti na ideia de cancelar minha ida ao *Roda Viva*. O presidente disse que não. Um cancelamento depois da confirmação, disse ele, poderia dar a ideia de uma crise no governo. No final da conversa, Collor, que sabia de minha amizade com Zélia, perguntou se poderia continuar contando comigo mesmo se houvesse uma mudança profunda no governo. Essa era a pergunta nunca feita antes. Respondi que sim.

A SAÍDA DE ZÉLIA

Viajei para São Paulo e procurei me manter o mais distante possível de pessoas que pudessem demonstrar curiosidade sobre o futuro de Zélia. A notícia sobre a possível saída dela ficou bem guardada. Tanto assim que, durante o *Roda Viva*, ninguém perguntou pela situação da ministra. Nenhum dos jornalistas que me entrevistaram, todos experientes e bem informados, fez menção à mudança no comando da economia. A curiosidade se concentrou nas fraudes da Previdência.[2]

---

2 A bancada de entrevistadores do Roda Viva que foi ao ar na noite de segunda-feira, dia 6 de

O PRIMEIRO PASSO DA PRIVATIZAÇÃO

Mas o desgaste era enorme e envolvia muito mais do que o lado mais, digamos assim, romântico do temperamento de Zélia. Mesmo depois de todos os escândalos, ela continuava mantendo encontros furtivos com Bernardo Cabral. E Collor não conseguia entender como alguém em que ele depositara toda confiança pôde colocar um namoro sem sentido acima e além das responsabilidades de governo. O romance com Cabral incomodava, mas até poderia ser suportado se Zélia não tivesse endurecido tanto o jogo com os empresários brasileiros e com os banqueiros internacionais. A convivência da ministra com os capitães da indústria e com a elite financeira nunca foi das melhores. Mas tinha azedado e chegado a um ponto de tensão que passou a prejudicar todo o governo.

Zélia parecia outra pessoa. A pressão que vinha sofrendo desde o confisco trouxe à tona o lado mais amargo de seu temperamento e fez com que ela abdicasse de uma de suas qualidades mais marcantes, a de ouvir e coordenar equipes. E fez emergir uma rispidez que, como era de se esperar, gerou reações contrárias e a transformou em alvo até mesmo de pessoas próximas a Collor. Zélia se recusava a abrir o cofre federal e não havia aliado ou amigo que a fizesse mudar de ideia. O clima não estava bom para ela e as manifestações públicas de prestígio que recebeu do presidente logo após a saída de Cabral foram ficando cada vez mais no passado. Sobretudo depois que ela deixou de esconder a hostilidade em relação aos credores internacionais.

No mês que antecedeu à sua queda, Zélia brigou, em momentos diferentes, com alguns dos nomes mais graúdos da comunidade financeira mundial. Discutiu com o presidente do Banco Mundial, Enrique Iglesias, foi ríspida com o subsecretário do Tesouro dos Estados Unidos, David Mulford, e com o diretor-gerente do FMI, Michel Candessus. Atitudes como aquelas chegavam ao conhecimento de Collor e fizeram com que o presidente, pouco a pouco, passasse a negar o apoio que sempre tinha dado à sua assessora de maior confiança desde o primeiro momento da campanha. Nem a batalha contra a inflação, que naquele momento estava mais calma, era suficiente para aumentar o prestígio da Ministra da Economia. Desde o Collor 2, a taxa vinha se mantendo abaixo dos dois dígitos e, para as circunstâncias da época, aquilo era uma vitória. Foi de 5% em abril e de 6,8% em maio, na medição do INPC.

Naquela segunda-feira, enquanto eu estava em São Paulo, Zélia foi ao Palácio do Planalto e se reuniu a portas fechadas com o presidente, saindo do gabinete para limpar as gavetas no Ministério já na condição de ex-ministra. Mas não

---

maio de 1991, era comandada por Jorge Escosteguy e tinha entre seus integrantes Mônica Teixeira, Luciano Martins, do *Estado de S. Paulo*, Dácio Nittrini, do *SBT*, Ottoni Fernandes, da *Gazeta Mercantil*, Luiz Weiss, da revista *Superinteressante*, Carlos Conde, do *Correio Braziliense*, e Carlos Eduardo Lins da Silva, da *Folha de São Paulo*.

tornou o fato público. Pela força que tinha, a notícia poderia causar um solavanco no mercado se não chegasse ao público já com o nome do substituto. Embarquei para Brasília o mais cedo que pude na manhã seguinte. E, assim que cheguei à Secretaria da Administração, comecei a ouvir os rumores sobre a possível saída de Zélia do governo.

Havia quatro nomes apontados como os possíveis sucessores de Zélia. Dois de dentro e dois de fora da equipe de Collor. O ministro da Infraestrutura Eduardo Teixeira e o Secretário de Política Econômica Antônio Kandir eram os nomes internos. O deputado José Serra, do PSDB, e o embaixador do Brasil em Washington, Marcílio Marques Moreira, os de fora. Eu não tinha a menor noção do rumo que as coisas tomariam. A única certeza era a de que, com a saída de Zélia, o governo que ela havia ajudado a montar não seria mais o mesmo.

Embora a inflação se mostrasse sob um certo controle, ninguém suportava mais a recessão imposta pelas medidas de Zélia. A economia caíra 4,3% em 1990 e as previsões apontavam para um crescimento modesto, de 1%, no máximo, em 1991.[3] Logo, tornou-se claro para todo mundo que, se a balança pendesse para o lado de Kandir ou de Teixeira, o mercado entenderia a escolha como um sinal de que nada mudaria na condução da política econômica e que os problemas causados pelo temperamento de Zélia corriam o risco de ficar do mesmo tamanho ou até maiores do que eram antes da saída da ministra. Collor não apenas queria que Teixeira e Kandir ficassem como contava com os dois para reduzir o impacto da saída de Zélia. Mas, pelo menos no início, não na cadeira que Zélia havia acabado de deixar vazia.

A ESCOLHA DO SUBSTITUTO DE ZÉLIA

O ministro da Justiça Jarbas Passarinho, soube-se depois, partiu naquela mesma noite para São Paulo, com a missão de convidar o deputado José Serra ou, se ele não aceitasse, voltar com a sugestão de um nome que agradasse ao presidente. Passarinho se encontrou com Serra às 2h da madrugada. Como bom tucano, o deputado demonstrou interesse, mas também indecisão. Não disse nem que sim nem que não: ficou de consultar o partido a respeito. Pediu tempo para responder, mas o ministro informou que precisava voltar para Brasília na manhã seguinte. Passarinho tomou o silêncio de Serra como um não.

Antes de deixar São Paulo, o ministro da Justiça teria tentado falar com o presidente da Fiesp Mário Amato para pedir sugestões de nomes que agradassem ao empresariado. Não o encontrou e visitou o empresário José Mindlin em

---

3 Banco Central e IBGE.

O PRIMEIRO PASSO DA PRIVATIZAÇÃO

sua biblioteca, no bairro de Santo Amaro. De Mindlin teria ouvido a sugestão do nome de Marcílio Marques Moreira, embaixador do Brasil em Washington.[4]

É improvável que Collor tenha optado por Marcílio apenas com base na recomendação de Mindlin. Mesmo porque o embaixador vinha sendo apontado como candidato à vaga de Zélia havia algum tempo. Ex-funcionário do primeiro escalão do Unibanco, Marcílio era muito identificado com os banqueiros internacionais e se mantinha à frente da embaixada do Brasil em Washington desde o governo Sarney. Seu trânsito desimpedido com a banca supostamente ajudaria Collor a lidar com o problema da dívida externa. A cada dia ficava mais claro que o problema jamais se resolveria enquanto a responsabilidade pelas negociações estivesse nas mãos de Zélia e de Dauster. De volta ao Planalto e devidamente autorizado por Collor, Passarinho telefonou para Marcílio e fez o convite. O embaixador pediu tempo para consultar sua família e retornou o telefonema minutos depois aceitando o convite de Collor. Aquela escolha representaria o início do fim do governo.

Na tarde de terça-feira, dia 7 de março, participei de uma reunião com Zélia e sua equipe no Ministério da Economia. Eu estava triste por minha amiga e deixei meu estado de espírito transparecer diante de todo mundo. O bate-boca por telefone com o ministro Néri da Silveira não foi a única situação em que vi o temperamento de Zélia se voltar contra ela. Mas a considerava capaz de superar aquele tipo de problema. Por tudo o que tinha acontecido desde a campanha, imaginava que ela só deixaria o ministério no dia em que Fernando Collor encerrasse seu mandato. Não era o único que pensava assim, mas era um dos poucos que ainda tinha coragem de elogiar a ministra em público.

No meio da reunião, Zélia foi chamada ao Planalto. Sabíamos que ela voltaria de lá com o nome do escolhido. Passamos para a sala de João Maia, que tinha substituído Eduardo Teixeira na Secretaria Executiva. Continuamos a conversa e eu tentei convencer Eduardo Teixeira e o próprio Maia, que eram meus amigos desde os tempos da equipe de Funaro, que deveríamos permanecer no governo, a despeito da saída de Zélia. Estávamos conversando sobre isso quando o telefone tocou. Era Zélia, que informava a João Maia o nome do novo ministro.

A escolha não me agradou, sobretudo por se tratar de alguém que participara da trama que derrubara Funaro. Mas, de todos os presentes, eu era o único que não tinha diploma de economista. O cargo que eu ocupava na época, a Secretaria da Administração, não tinha relacionamento direto com Zélia, assim como não teria com Marcílio. Se o novo ministro não interferisse em meu trabalho, não via problema em trabalhar na mesma equipe que ele.

---

4 Passarinho, 558.

NO MINISTÉRIO DA INFRAESTRUTURA

Na manhã de quarta-feira, o telefone vermelho — linha que me colocava em contato direto com o Planalto — tocou minutos depois que eu iniciei uma reunião com meus assessores mais próximos na Secretaria de Administração. Pedi que todos deixassem a sala, pois uma norma não escrita dizia que as conversas com o presidente eram sempre confidenciais. Atendi e ouvi do outro lado a voz de Collor: "Santana, tudo bem?" Eu disse que sim e expliquei que tinha demorado a atender porque esperei os assessores saírem da sala. O presidente foi direto ao ponto. "Não está tudo bem, não", disse Collor. E prosseguiu: "Quero saber se posso continuar contando com você." Estranhei a pergunta e respondi que sim. Collor prosseguiu: "O Eduardo Teixeira acaba de sair daqui. Ele pediu demissão. Quero que você assuma o ministério da Infraestrutura."

Assustei-me. Disse que procuraria Teixeira para tentar demovê-lo da ideia. O presidente disse que não. A decisão estava tomada. "Venha para cá imediatamente", disse. Não foi o que fiz. Antes de me dirigir ao Planalto, passei pelo ministério da Economia, onde sabia que meu amigo Eduardo Teixeira estaria. Sempre me dei bem com ele e me julgava capaz de convencê-lo a reconsiderar. Eu o encontrei ainda irritado com a escolha de Marcílio para a Fazenda. Sem revelar o convite que havia acabado de ouvir de Collor, disse que ficaria no governo.

Tentei criar uma imagem cromática para ilustrar nossa diferença em relação a Marcílio. "Nós somos da turma do verde. Vamos supor que Marcílio seja da turma do amarelo", disse. "Enquanto o presidente apoiar o verde, não precisamos nos preocupar com o amarelo." Argumentei que, na Infraestrutura, Teixeira não estaria subordinado a Marcílio. Insisti que, se o verde deixasse o campo, o amarelo tomaria conta de tudo sem encontrar dificuldades. Estávamos conversando quando o telefone tocou. Era o embaixador Coimbra, preocupado com minha demora: "Não se deixa o presidente esperando", disse ele.

Fui imediatamente para o gabinete do presidente. Expliquei que tinha passado antes no ministério da Economia para tentar convencer Eduardo Teixeira a permanecer no governo. Talvez por gostar muito de Teixeira, Collor deixava transparecer a mágoa com a saída dele do governo. Os dois nunca tinham estado juntos até o dia da posse. Eles se conheceram na fila de cumprimentos, depois que Zélia já tinha feito a Teixeira o convite para assumir a Secretaria Executiva do Ministério da Economia. O estilo desabrido do economista, que apoiara Ulysses Guimarães na campanha de 1989, e a eficiência que demonstrava sempre que acompanhava a ministra nas reuniões com o presidente logo conquistaram a confiança de Collor.

Quando o comando da Petrobras ficou vago com a saída de Motta Veiga, foi dele que Collor se lembrou para ocupar a presidência da estatal mais poderosa

O PRIMEIRO PASSO DA PRIVATIZAÇÃO

do país. Mais uma vez, se saiu muito bem. Quando Ozires Silva deixou o governo, Collor mais uma vez encontrou em Teixeira a solução para o problema. E o instalou numa das pastas mais parrudas da Esplanada. O presidente não conseguia ver na chegada de Marcílio razão suficiente para alguém que tinha sido nomeado para os dois principais cargos que vagaram em seu governo ir embora no meio de uma crise grave como aquela.

Agradeci a confiança e disse a Collor que ele poderia contar comigo. Enquanto conversámos, a secretária do presidente disse que Eduardo Teixeira estava na antessala. Collor havia mandado chamá-lo para conhecer seu sucessor. Creio que ele se espantou quando me viu dentro da sala. Eu era da turma do verde e, no que dependesse de mim, o amarelo não ampliaria seu espaço no governo. Era assim que eu pensava naquela hora.

Saí do palácio sabendo que, no dia seguinte, meu nome estaria no Diário Oficial como novo ministro da Infraestrutura. Sabia que minha permanência na Esplanada seria questionada, sobretudo porque eu não fazia segredo de que minha relação com Collor tinha se iniciado ainda no tempo da ZLC e, depois, no Bolo de Noiva, porque ela me chamou para participar da equipe. Pessoas que não tinham com ela uma proximidade tão grande quanto a minha também fariam as malas e a acompanhariam para fora do governo. O grupo, talvez, estivesse tentado reeditar o gesto dos assessores de Funaro que decidiram deixar o governo junto com o chefe.

Já agastado com Collor, o presidente do Banco Central, Ibrahim Eris, acompanhou Zélia. Também foi embora o secretário de Política Econômica Antônio Kandir, outro que, se dependesse do desejo de Collor teria ficado no governo, também decidiu sair.[5] Dos nomes mais próximos de Zélia, Eduardo Modiano, presidente, e Venilton Tadini, diretor de Planejamento e Infraestrutura do BNDES, optaram por ficar. Os dois já tinham ido longe demais com a organização da privatização e queriam ver os resultados do trabalho. O Chefe do Departamento do Tesouro Nacional Roberto Figueiredo Guimarães também ficou onde estava.

Havia, ainda, muito a ser feito na pasta da Infraestrutura — inclusive ajudar a pôr para andar o programa de privatizações prometido por Collor desde a

---

5 Além de Zélia, Eduardo Teixeira, Ibrahin Eris e Antônio Kandir saíram do governo: Alberto Policaro, presidente do Banco do Brasil; Jorio Dauster; negociador da dívida externa; João Maia, Secretário Executivo do Ministério da Economia; Edgard Pereira, Secretário de Economia; Antônio Maciel Neto, secretário adjunto de Economia; Marcos Fonseca, secretário de Planejamento; Luís Fernando Wellich, secretário da Fazenda; José Francisco Gonçalves, assessor especial da ministra; Gustavo Loyola, diretor de Normas do BACEN; Eliseu Martins, diretor de Fiscalização do B BACEN C; Luís Eduardo Assis, diretor de Política Monetária do BACEN e Joubert Furtado, diretor de Administração do BACEN.

250 O ESTADO A QUE CHEGAMOS

campanha. A rigor, o programa de desestatização não estava sob a responsabilidade do ministério, mas as empresas que seriam postas à venda, sim. Criado pela Lei 8.031, de 12 de abril de 1990, o Programa Nacional de Desestatização teria uma Comissão Diretora subordinada diretamente ao Presidente da República. Ela estaria sob responsabilidade de Eduardo Modiano, presidente do BNDES. Meu papel, no caso, seria o de dar apoio político e cuidar para que as empresas estivessem preparadas para serem postas à venda. Pelo que eu tinha visto naquele primeiro ano de governo, transformar uma empresa privada em estatal no Brasil era muito mais fácil do que transferir uma estatal para a iniciativa privada.

A PRIVATIZAÇÃO DA USIMINAS

Aqui cabe outra precisão técnica. Há vários caminhos para se promover a desestatização. Ela pode vir na forma de uma privatização, que é a transferência do patrimônio e da atividade da empresa para empresas particulares. Pode ser uma concessão onerosa (em que o interessado paga pelo direito de explorar um determinado serviço) ou não onerosa. Pode ser, ainda, uma Parceria Público-Privada, onde o Estado continua participando de um determinado negócio gerido pela iniciativa privada. Finalmente, pode vir na forma de desinvestimento − ou seja, o Estado desiste de um determinado negócio e simplesmente determina sua liquidação.

Quando se fala de privatização, portanto, está se referindo à venda direta de ativos produtivos sob controle do Tesouro. Os recursos obtidos com a venda, nesse caso, caem diretamente nos cofres públicos e se traduzem na redução de deficit público na veia! A escolha da Usiminas como a primeira estatal a ser vendida foi feita ainda na época do Bolo de Noiva, quando a ideia da privatização foi discutida pelo grupo que estudava a desmontagem do aparato siderúrgico estatal. A empresa foi escolhida justamente por ser a única companhia lucrativa na constelação de ineficiência formada pelos produtores nacionais de aço. Para derrotar a cultura estatista nacional era preciso de um gesto que tivesse o mesmo impacto da queda do Muro de Berlim sobre os regimes comunistas do Leste da Europa. Não seria possível alterar o cenário se a intenção de privatizar não se manifestasse com clareza e eloquência. Se a Usiminas, que era a melhor de todas, poderia ser vendida, imagine o destino das demais siderúrgicas depois de saneadas!

Mudar uma cultura enraizada como aquela não seria fácil. Ainda na época do Bolo de Noiva, li numa revista que, ao fazer um levantamento dos bens que seriam postos à venda, o governo do México encontrou um prostíbulo entre as propriedades do Estado. A descoberta de que o Estado era dono de uma casa

O PRIMEIRO PASSO DA PRIVATIZAÇÃO

onde se exercia a mais antiga das profissões foi propagada pelo governo mexicano e contribuiu para que a população local — de corações e mentes tão estatizantes quanto a brasileira — deixasse de resistir à venda das empresas públicas. Embora no Brasil as estatais não fossem exatamente ambientes castos e virtuosos no que diz respeito à qualidade e à honestidade da administração, nenhuma entre elas era assumidamente uma casa de tolerância. Era preciso, portanto, procurar outro tipo de exemplo.

E foi com este critério que os olhos se voltaram para a Usiminas. A questão não era saber se a empresa era lucrativa ou deficitária. O que contava naquele momento era mostrar que, em nome da redução de seu tamanho, o Estado brasileiro estava disposto a transferir para a iniciativa privada as empresas apontadas como suas joias mais preciosas — enquanto nas outras, que ainda não eram tão boas quanto ela, haveria mudanças capazes de torná-las mais atraentes. A intenção era justamente usar a Usiminas para sinalizar o caminho que o governo pretendia seguir.

Criada por Juscelino Kubitschek em 1956 como uma companhia 100% brasileira, a Usiminas só se viabilizou a partir de 1958, quando o capital japonês se associou ao empreendimento, injetou recursos e forneceu a tecnologia para a conclusão da planta. Em produção desde 1962, atravessou a maior parte de sua existência acumulando prejuízos. Festejada pelos estatistas como uma empresa pública bem administrada a Usiminas, na prática, só passou a apresentar resultados positivos nas mãos do engenheiro Luiz André Rico Vicente, ainda no governo Sarney.

O ex-presidente da estatal agora estava no governo, como Secretário Nacional de Minas e Metalurgia, uma das quatro secretarias do organograma do Ministério da Infraestrutura. Um dos formuladores, junto com Armando Guerra e outros técnicos, do programa de governo desde o Bolo de Noiva, Vicente só aceitou integrar a equipe porque recebeu a garantia de que o plano de privatização das siderúrgicas era para valer.

Vicente costumava dizer, nos momentos de descontração, que no dia que concluísse seu trabalho — ou seja, quando a última siderúrgica estatal fosse vendida — ele estaria desempregado. Até poderia ser verdade. Mas quando cheguei ao Ministério, ele ainda tinha muito trabalho pela frente. Além da Usiminas, a primeira da fila, o governo preparava a venda da Cosipa, da CST, da CSN e da Açominas, que pertenciam à *holding* Siderbras — extinta pelo governo no dia da posse de Color.

Além daquelas cinco, que agora respondiam à Secretaria de Minas e Metalurgia, a lista também incluía a produtora de aços especiais Acesita, que pertencia ao Banco do Brasil. Ninguém jamais encontrou uma explicação

252 O ESTADO A QUE CHEGAMOS

razoável para o fato de o BB, que não era um banco de investimentos, ser dono de uma fabricante de aço e utilizar seus recursos para cobrir os prejuízos crônicos da Acesita. Mas essa é apenas uma peça do mosaico confuso que mostrava a imagem medonha do Estado brasileiro que pretendíamos reformar.

A SITUAÇÃO DAS SIDERÚRGICAS

Somadas, as siderúrgicas estatais geravam prejuízos monstruosos e, no final, a conta era sempre pendurada no prego do Tesouro Nacional. Juntas, carregavam uma dívida de US$7,7 bilhões. Desse dinheiro, cerca de US$1 bilhão estava vencido quando Collor tomou posse.[6] O mais irracional daquilo tudo era que nem todo o aperto financeiro que as empresas viviam era resultado de má gestão. Um relatório elaborado ainda na fase de estudos do Bolo de Noiva por Armando Guerra e outros técnicos indicava que a siderurgia nacional perdia dinheiro desde 1979, ano do segundo choque do petróleo, em razão de uma política que impunha "preços de venda desvinculados dos custos de produção".[7]

Além de serem obrigadas a vender o aço por menos do que gastavam para produzi-lo, outros problemas apontados pelo relatório também prejudicavam o desempenho da siderurgia e afetavam, numa só tacada, o produtor e o consumidor de aço. No Brasil daquele tempo, as siderúrgicas estatais eram proibidas de vender diretamente ao consumidor final. Isso mesmo. As siderúrgicas não tinham um departamento comercial próprio. Elas entregavam o aço a intermediários que, por sua vez, negociavam a mercadoria com as montadoras de automóveis, os fabricantes de eletrodomésticos, as empresas de construção civil ou qualquer outro cliente que precisasse do produto.

Outra anomalia era o transporte do aço, que só poderia ser feito por um grupo de transportadoras previamente autorizadas. Mesmo se houvesse no mercado empresas dispostas a cobrar preços mais baratos, o aço só poderia ser levado de um lugar para o outro pelos caminhões do cartel. Absurdos como esses, que eliminei na minha passagem pela Infraestrutura, chegavam a fazer o aço ser entregue à indústria de bens de consumo pelo dobro do preço que a usina recebia do distribuidor. E o pior, ninguém sabia dizer direito como aquele cartório havia se instalado. Ele apenas existia. Ponto final.

Aliás, o que não faltava na siderurgia estatal eram cartórios. Quando Rodrigo Damásio assumiu a presidência da Açominas, encontrou um quadro complicado.

---

6 INFRA-ESTRUTURA — Siderurgia — Relatório do Grupo de Trabalho — Brasília 31/01/90. Arquivo do autor (manchete anterior à reforma ortográfica de 2009).

7 INFRA-ESTRUTURA — Siderurgia — Relatório do Grupo de Trabalho — Brasília 31/01/90. Arquivo do autor (manchete anterior à reforma ortográfica de 2009).

O PRIMEIRO PASSO DA PRIVATIZAÇÃO **253**

A usina, instalada na cidade de Ouro Branco, produzia placas de aço e tarugos que, depois, eram transformados em vergalhões para a construção civil e outros produtos acabados. Além da comercialização feita por distribuidores, Damásio encontrou e desmontou 32 "Canais de Exportação." O que era isso? Tratava-se de outra aberração da época. Uma determinada pessoa tinha direito sobre a comercialização do aço em regiões do mundo e, tivesse contribuído ou não para o fechamento do negócio, recebia um percentual sobre a venda do aço exportado pela Açominas para algum país de sua área.

Se a venda fosse, por exemplo, para a Alemanha, a comissão ia para Fulano. Se o destino fosse a Inglaterra, ia para Sicrano. E assim por diante. O critério de escolha desses "canais", que ganhavam fortunas sem precisar mover uma palha, era tão misterioso quanto a escolha dos distribuidores de aço. É lógico que entre os tais "canais" havia uns quatro ou cinco que de fato trabalhavam e corriam suas praças em busca da ampliação de negócios para a empresa. Mas, de um modo geral, aquela era apenas uma forma engenhosa encontrada pelos governos militares e mantida pela Nova República de beneficiar seus protegidos à custa do Cidadão.

Aquilo era um absurdo, mas não era o único. As empresas estatais eram, na prática, reféns de seus empregados, que sempre as pressionavam para conseguir aumentos. Ficou famosa na época a decisão do presidente da CSN, Roberto Procópio de Lima Neto, diante da chantagem habitual do Sindicato dos Metalúrgicos de Volta Redonda, onde a empresa está instalada. Primeira grande siderúrgica do país, criada ainda no governo de Getúlio Vargas, a CSN sempre cedia quando o sindicato, para levar vantagem nas negociações salariais, ameaçava abafar o alto-forno. É uma operação delicada: quando o forno é abafado, o revestimento interno, feito de material cerâmico, esfria, trinca e precisa ser substituído antes dele ser posto novamente para funcionar. Numa siderúrgica, o forno só é abafado em último caso.

Assim que Lima Neto assumiu, os empregados o desafiaram com a mesma ameaça de sempre. A questão é que o sindicato não sabia que a data de validade do revestimento estava perto de vencer e que, de um jeito ou de outro, o forno teria que ser abafado. Lima Neto, então, os desafiou a ir em frente. Teve início ali, com a produção paralisada, um programa de enxugamento que reduziu o quadro de empregados, que era de inacreditáveis 23,5 mil pessoas no início de 1990, para pouco mais de 18 mil, número que ainda era exagerado. E a conta daquelas demissões caiu sobre a atitude intempestiva do sindicato que, afinal de contas, havia sido o responsável por desligar o forno. No caso da Usiminas, a situação era um pouco menos grave, mas ainda tinha seus absurdos.

A GENEROSIDADE CORPORATIVA DA USIMINAS

A siderúrgica mineira, como as demais, concedia a seus empregados benefícios inalcançáveis para qualquer trabalhador da iniciativa privada ou até mesmo do serviço público de carreira. Se o novo dono quisesse mantê-los depois da privatização, tudo bem. Mas enquanto ela não fosse vendida, aquilo era uma questão de Estado. A Usiminas era uma ilha do arquipélago de fantasias formado pela parte estatal da economia brasileira. Os 13 mil empregados da época da privatização recebiam 16 salários por ano — mesmo nos exercícios em que a operação dava prejuízo.

Ao longo de sua história, a Usiminas tinha construído 9 mil casas para abrigar seus empregados — cujos filhos estudavam em escolas bancadas pela firma, ou melhor, pelo contribuinte. Para completar, os empregados faziam suas compras num supermercado subsidiado pela companhia e tinham 40 dias para pagar a conta. Num ambiente de inflação acelerada, como era o Brasil naquele momento, 40 dias para pagar pela comida era mais do que um favor de pai para filho.

Mesmo diante desse quadro, havia gente que não queria vender a Usiminas e resistia à privatização com as forças que tinha e as que não tinha. E o pior, o movimento tinha vozes até mesmo dentro do governo. O próprio vice-presidente da República Itamar Franco, que sabia das ideias privatistas de Collor quando se juntou a ele na campanha, era um dos mais ativos opositores da venda. A ele se juntaram o ex-vice-presidente Aureliano Chaves e o então presidente da Federação das Indústrias de Minas Gerais, José Alencar Gomes da Silva. O trio saiu em peregrinação pelo estado, numa romaria pelo atraso que nada conseguiu além de causar aborrecimentos. Na verdade, o que pesava nas costas do povo, fosse ele de Minas Gerais ou de qualquer outro estado, não era a venda, mas a permanência da empresa nas mãos do estado.

O governador do Rio de Janeiro, Leonel Brizola, via a ideia de vender as empresas do governo como uma afronta à memória de Getúlio Vargas. E ameaçava convocar seus correligionários para a guerra caso o governo, se conseguisse passar a Usiminas adiante, ousasse pôr as mãos na CSN. Não apenas Brizola, mas todos os seus correligionários do PDT se posicionaram contra a privatização e ameaçaram usar até a força bruta para impedir a realização do leilão, marcado para acontecer dali a alguns meses na Bolsa de Valores do Rio de Janeiro.

Havia, no entanto, adversários da privatização que conseguiam discutir o tema de uma forma, senão sensata, pelo menos bem-humorada. Certo dia, recebi no Ministério da Infraestrutura um convite do médico Aloysio Campos da Paz, fundador da Rede Sarah de hospitais. Já havia me encontrado com ele em

O PRIMEIRO PASSO DA PRIVATIZAÇÃO

algumas situações sociais e travamos uma boa camaradagem durante minha passagem pela Secretaria de Administração Federal. Aloysio era amigo do professor Darcy Ribeiro. Eleito senador pelo Rio de Janeiro em 1990, Darcy era um dos aliados mais próximos de Brizola e, claro, opositor ferrenho da privatização.

Aloysio queria que eu me encontrasse com o senador para discutir o tema. Como ele sabia do meu compromisso com a privatização, queria que eu fosse à casa dele discutir o assunto com Darcy. Seria uma reunião informal, apenas para troca de ideias. Também estaria presente o arquiteto João Filgueiras de Lima, o Lelé. Velhos parceiros desde o tempo da criação da Universidade de Brasília, Lelé tinha sido responsável pela concepção dos prédios que abrigavam o projeto pedagógico idealizado por Darcy no tempo em que era vice-governador do Rio de Janeiro. Apelidado de "Brizolão", o modelo do CIEP seria adotado pelo governo Collor com o nome de CIAC. Aloysio via a privatização com simpatia e me julgava capaz de mostrar a Darcy e a Lelé, adversários da ideia, que a venda de estatais não era a tragédia que eles acreditavam.

Cheguei à casa de Aloysio na hora marcada, 20h, e Darcy já estava lá. O uísque foi servido e a conversa girou sobre outros assuntos mais neutros antes de entrarmos no tema que nos levou até ali. Daí a pouco, o dono da casa introduziu o assunto da privatização e o professor logo se posicionou. Disse, entre dezenas de argumentos que eu conhecia de cor, que a venda das estatais era um atentado à soberania do povo brasileiro. Falou pelo tempo que quis e depois, talvez por deferência ao anfitrião, pediu minha opinião. Eu comecei a expor, com números e exemplos, a situação vergonhosa das estatais em geral e das siderúrgicas em particular. E o quanto elas podavam da soberania do povo brasileiro.

Darcy respondeu, pelo que eu me recordo, com argumentos meramente retóricos, sempre em tom eloquente, mas civilizado, e sempre pontuado por alguma ironia. Me dei conta de que, embora eu não pretendesse convencê-lo, Darcy Ribeiro não sairia dali sem tentar me atrair para o seu lado na questão da privatização. Querer atrair os interlocutores para seu lado era um hábito conhecido (e divertido) de Darcy. Com o nível da primeira garrafa de *Chivas Regal* descendo rapidamente na medida em que o ritmo da conversa ficava mais acelerado, ele tentou uma última cartada. Elevou um pouco a voz, me encarou e disse: "Mas, menino... será que você não vê que eles vão levar a Usiminas embora?"

Ri antes de devolver a pergunta: "Como, professor? O senhor acha que os estrangeiros vão desmontar a usina, colocá-la num navio e levá-la embora? Acha que vão tirar do Brasil aqueles 40 alqueires de terra?" Darcy também riu diante do absurdo da imagem. A conversa mudou de rumo. Dali até as 4h da madrugada, quando deixamos a casa de Aloysio, não se falou mais em privatização.

OPOSIÇÃO À VENDA DA USIMINAS

Discutir com Darcy Ribeiro, mesmo com todas as nossas divergências, foi instrutivo, divertido e serviu para testar minha convicção sobre a privatização. Saí da casa de Aloysio Campos da Paz mais defensor da venda das empresas do governo do que era quando cheguei. Mas a oportunidade de uma conversa civilizada sobre aquele assunto, como tive naquela noite, era uma exceção. De um modo geral, os adversários da ideia foram se tornando cada vez mais mal-humorados e agressivos na medida em que o calendário avançava e a data do leilão se aproximava. E o clima de confronto criado em torno da medida começou a contaminar até mesmo aqueles que, na nossa opinião, tinham obrigação de participar do processo.

Uma das missões que chamei para mim, naquele momento, foi a de conversar com os empresários e com os presidentes dos fundos de previdência privada para tentar convencê-los a participar do leilão. Telefonei e marquei uma visita aos irmãos José e Antônio Ermírio de Moraes, na sede do grupo Votorantim, na Praça Ramos de Azevedo. Esperava que os dois, sobretudo Antônio, por suas críticas frequentes à presença do Estado na economia, se interessassem pelo negócio e participassem de algum dos consórcios que disputariam o leilão. Estava enganado. Antônio Ermírio deixou claro que ficaria fora e disse que não se sentia seguro para se envolver com um certame que não oferecia a menor segurança jurídica.

Foi uma reunião frustrante, sobretudo por envolver um grupo tão emblemático quanto o Votorantim e um empresário tão respeitado quanto Antônio Ermírio. Mais tarde, ele mudaria de ideia sobre o programa e participaria de outros leilões — tendo levado até o fim a disputa com Benjamin Steinbruch pelo controle da Vale do Rio Doce. Mas, do primeiro leilão, ele ficou de fora.

Antônio Ermírio não era o único que revelava receio de participar do leilão. As empresas estrangeiras não se interessaram pelo negócio e outros grupos brasileiros começaram a recuar. Certo dia, recebi um telefonema de Alcides Lopes Tápias. O vice-presidente do Bradesco, que assumiu naquele ano a presidência da Febraban, foi direto ao ponto. Em nome do banco, ele se desculpou e disse que, depois de uma avaliação interna, a diretoria tinha decidido ficar fora da privatização. Antes de desligar, pedi que ele conversasse com o presidente Lázaro Brandão e com seus colegas na direção do banco para convencê-los a mudar de posição. Foi uma conversa educada e formal.

Desligamos o telefone e pensei alguns minutos sobre o que acabara de ouvir. O Bradesco não podia ficar fora da disputa. Se o maior banco privado do país àquela época, que já havia anunciado publicamente seu interesse pelo negócio,

O PRIMEIRO PASSO DA PRIVATIZAÇÃO   **257**

desistisse do leilão, outras empresas que estivessem em dúvida poderiam seguir o exemplo e ficar fora. A privatização àquela altura era a única das grandes bandeiras de campanha de Collor que se mantinha de pé. Com compradores de peso fora da disputa, o risco de fracasso do leilão era enorme. Pensei alguns minutos e resolvi agir.

Peguei o telefone e liguei para Ernesto Weber, que havia acabado de assumir a presidência da Petrobras. Eu o orientei a deixar o Bradesco fora de todo e qualquer negócio com a estatal. Weber me informou que estava prestes a autorizar o fechamento de uma grande operação de câmbio com o banco, que mandei cancelar. Fiz o mesmo com Wilson Brumer, da Vale do Rio Doce. Assim como Weber, Brumer quis saber se a ordem era para valer. Eu disse que sim. Estava tomando aquela decisão em nome do governo e não voltaria atrás a menos que o Bradesco recuasse de sua posição em relação ao leilão da Usiminas.

Não sei como a notícia do cancelamento das operações com as estatais repercutiu na Cidade de Deus, onde fica a sede do Bradesco, em Osasco. O que posso afirmar é que, no dia seguinte, logo pela manhã, recebi uma nova chamada de Tápias. Sem mencionar nossa decisão de excluir o banco das operações de câmbio com as estatais, informou que a diretoria tinha revisto a posição. O banco estava de volta ao leilão. Agradeci, disse que a decisão foi a correta e nos despedimos. Anos depois, já fora do governo e do ministério, fui convidado para um almoço na sede do Bradesco. "Seu" Brandão, como o presidente era chamado, me confidenciou que o Banco havia ganho um bom dinheiro com a privatização. E lembrou do empurrãozinho que dei no caso Usiminas.

Aquela decisão, reconheço, foi pouco ortodoxa, mas em momento algum me arrependi de ter agido daquela forma. Escolher seus parceiros comerciais é uma prerrogativa do gestor e tudo o que fiz foi orientar empresas subordinadas ao Ministério da Infraestrutura a agir em benefício de um programa de Estado, aprovado pelo Congresso Nacional. Com a mesma intenção, agi junto aos principais fundos de previdência e os orientei a se aliar aos consórcios que disputariam o controle da Usiminas. Patrocinados por empresas públicas, como Banco do Brasil, CEF, Petrobras, Vale e outras estatais, os fundos também resistiram. Mas, depois que entraram, descobriram que fizeram negócios excelentes, que os ajudaram a reduzir o deficit atuarial que registravam.

Precisávamos sempre estar atentos a pequenos detalhes e correr para atendê-los. Certo dia, pouco antes do leilão, Modiano pediu minha ajuda para resolver uma pendência relativamente simples junto ao Ministério da Economia. Dizia respeito ao preço do aço. Naquele tempo, o poder de determinar quanto os clientes pagariam pela tonelada do produto tinha saído das mãos do governo e caído nas mãos das anacrônicas Câmaras Setoriais. Criadas no governo Collor, cada câmara reunia os integrantes de uma determinada cadeia produtiva para discutir e chegar a um acordo e encontrar determinado equilíbrio na formação de preços do setor.

A Câmara Setorial do Aço reunia representantes das siderúrgicas, das mineradoras, das montadoras, das empresas de construção civil e até dos sindicatos de trabalhadores. Sempre discordei daquele mecanismo. Para mim, aquilo era o mesmo que estatizar os cartéis. Com a chegada de Marcílio e a nomeação da economista Dorotéia Werneck para a Secretaria Nacional de Economia, as câmaras começaram a ser apresentadas como a solução para o problema da inflação, ou, no mínimo, para os preços administrados.

Alguns dos interessados pela Usiminas tinham sinalizado a Modiano que ficariam mais à vontade no leilão caso recebessem do governo a sinalização de que, no futuro, o preço do aço fosse decidido pelo mercado — sem qualquer intermediação do governo. Dorotéia, que era a responsável pelas câmaras setoriais, resistia em fazer qualquer promessa de liberdade de preços. Tratei do assunto com Marcílio em mais de uma reunião. No final, com a ajuda do Secretário Executivo Luís Antônio Gonçalves, chegamos a um acordo. E o ministério deu uma declaração formal de que o preço do aço não voltaria a ser tabelado.

O LEILÃO DA USIMINAS

Paralelamente a isso, a quantidade de ações na justiça superou até mesmo as previsões mais pessimistas. Vários juízes em diversos pontos do país se puseram a conceder liminares proibindo a realização do leilão. Os advogados da União e do BNDES entravam em cena para revogar as decisões assim que tomavam conhecimento delas. Um deputado do PDT chamado Vivaldo Barbosa mostrou--se especialmente ativo na tarefa de criar armadilhas jurídicas para impedir o leilão. Foi ele que obteve junto à 30ª Vara Federal, em nome de um difuso "interesse nacional", a decisão que acabou impedindo a venda da Usiminas no leilão marcado para o dia 24 de setembro.

A decisão judicial, no entanto, foi ofuscada pelo espetáculo grotesco que os adversários da privatização protagonizaram naquela tarde. Foi uma homenagem ao atraso. Uma multidão de "ativistas" ligados às organizações de esquerda e ao funcionalismo público do Rio de Janeiro tomou a Praça XV de Novembro, em frente ao prédio da Bolsa de Valores. O governador Leonel Brizola escalou apenas 15 policiais militares para fazer a segurança e lavou as mãos diante da confusão.

A confusão foi enorme. Investidores foram recebidos com chutes, pontapés e por uma chuva de ovos e farinha de trigo. Por mais ridículas que tenham sido, aquelas cenas — que expunham a face e os métodos dos inimigos da privatiza-ção — não foram a causa do cancelamento da primeira tentativa de vender a

O PRIMEIRO PASSO DA PRIVATIZAÇÃO

Usiminas. Eduardo Modiano estava disposto a realizar o leilão mesmo com a liminar expedida pela 30ª Vara Federal. O procurador-geral da República da época, Aristides Junqueira, ameaçou mandar a Polícia Federal prender o presidente do BNDES, caso ele levasse a ideia adiante. Diante disso, achamos melhor recuar e nos cercar de algumas precauções antes que uma nova tentativa fosse feita.

A primeira batalha estava perdida, mas ainda havia muita guerra pela frente. Um novo leilão foi marcado para o mês seguinte e os adversários começaram a se articular para impedir novamente a venda. O barulho era enorme e a insegurança em torno do processo, permanente. Na linha de frente, o governador Leonel Brizola e os sindicalistas da CUT convocaram para o dia 18 de outubro, a sexta-feira anterior à data marcada para a venda, um grande ato contra a privatização. A manifestação seria realizada em frente ao prédio da Central do Brasil, no Rio de Janeiro – local do comício de João Goulart pelas reformas de base, dias antes do golpe de 1964. Animada pelo cancelamento da primeira tentativa, a CUT ameaçava, inclusive, convocar uma greve geral para mostrar que os "trabalhadores" que ela dizia representar eram contrários à redução da máquina do Estado.

A pedido de Modiano, que pedia manifestações de apoio do governo ao programa de privatização, compareci a uma reunião da Comissão Diretora do Programa Nacional de Desestatização na segunda-feira anterior ao comício. Depois do encontro, onde foi repassada nossa estratégia para evitar um novo adiamento do leilão, Modiano e eu recebemos a imprensa para uma entrevista coletiva. Uma jornalista de *O Globo* quis saber por que eu demonstrava tanta certeza no sucesso de um negócio que reunia tantos adversários barulhentos. Afinal, o processo já tinha sido adiado uma vez e o tom das pressões de Itamar, de Brizola e da CUT pelo cancelamento estava cada vez mais elevado. Nos bastidores, empresários que fizeram fortuna à sombra do controle estatal sobre a produção de aço também agiam para impedir a venda. Minha resposta foi parar no noticiário da TV e, no dia seguinte, estava na primeira página dos principais jornais.

"Se Brizola tivesse força suficiente para deter o processo, teria conseguido se eleger presidente da República, o que está tentando há décadas sem conseguir", respondi. "O mesmo ocorre com a CUT. Se ela fosse forte também teria conseguido fazer a greve geral que deseja há dez anos."[8] Meu alvo principal não era Brizola nem a CUT. Minha intenção inicial era criticar a sabotagem que os empresários do cartel do aço faziam nos bastidores para impedir a venda. "Temem que o Estado saia da siderurgia e tenham que discutir com outros empresários priva-

---

8 Jornal do Brasil, 15.10.1991. Santana acusa empresários.

dos o preço do aço", afirmei. "Eles estão acostumados a comprar aço subsidiado e discutir acordos com o Estado."[9] As críticas ao cartel, no entanto, se perderam no meio do noticiário. Principalmente a TV Globo, em guerra declarada com Brizola desde 1982, deu destaque às minhas críticas ao governador.

Depois da entrevista, retornei para Brasília e aproveitei a reunião já marcada com Collor para explicar o que havia dito para preveni-lo da provável reação de Brizola. O governador mantinha uma relação dúbia com o governo. De um lado, queria o apoio do Planalto para a construção da Linha Vermelha, a via-expressa que ligaria o centro do Rio de Janeiro ao aeroporto do Galeão. Do outro, não fazia questão de esconder sua desaprovação à venda das estatais. Collor ouviu a explicação e soltou uma das gargalhadas que costumava usar para encerrar discussões como aquela. Disse para eu não me preocupar e mudou de assunto.

O presidente estava certo. Brizola sabia que aquela batalha estava perdida e que havia causas mais importantes para abraçar naquele momento. Tanto assim que retirou o apoio do PDT ao ato de protesto programado para acontecer em frente à Central do Brasil na sexta-feira seguinte. A CUT insistiu na ideia e o comício foi um fiasco. Apenas 200 pessoas apareceram para reclamar da venda da siderúrgica. O sindicalista Jorge Bittar, do PT, derrotado por Brizola nas eleições para o governo do estado em 1990, admitiu o fracasso e disse que "o público ficou abaixo das expectativas".[10]

A Procuradoria Geral da República tentou novamente impedir o leilão.[11] Mas dessa vez não teve jeito. O governo se cercou dos cuidados necessários e conseguiu concentrar todas as ações contra a venda numa única Vara da Justiça Federal. Assim, seria mais fácil agir para cassá-las. No final, o controle da empresa foi vendido por US$1,74 bilhão e não restou aos adversários da medida outra comemoração a não ser a de considerar uma vitória o fato de todos os compradores serem brasileiros.

O controle ficou nas mãos de um consórcio liderado pelo Banco Bozano, Simonsen, pela Nippon Usiminas (uma empresa que representava o capital japonês investido na siderúrgica) e pela caixa dos empregados da empresa. Outros acionistas, entre eles o Bradesco, que nunca deu sinais de arrependimento com o negócio, a Vale do Rio Doce, que mesmo sendo estatal participou do leilão, e alguns fundos de pensão tinham assento no Conselho de Administração, presidido pelo banqueiro Júlio Bozano. Mas não integravam o grupo de controle.

---

9 Jornal do Brasil, 15.10.1991. Santana acusa empresários.

10 Folha de S. Paulo, 19.10.1991. Ato contra leilão reúne 200.

11 Folha de S. Paulo. 19.10.1991. Procuradoria tenta evitar leilão da Usiminas.

O PRIMEIRO PASSO DA PRIVATIZAÇÃO **261**

Durante anos, uma fotografia enorme, em que eu apareço, como representante do governo, presidindo a assembleia que marcou a transferência do controle para os novos acionistas, era vista na sala do Conselho na sede da empresa, em Belo Horizonte. Foi uma cerimônia festiva: a muralha finalmente havia caído e a privatização poderia avançar. Abria-se, ali, uma passagem que nos meses seguintes tiraria o Estado totalmente do negócio siderúrgico. O antigo presidente da estatal, Rinaldo Campos Soares, foi mantido no comando. Era uma parte do acordo que levou o fundo dos empregados para o consórcio vencedor.

Depois desse episódio, uma característica negativa de Collor ficaria patente para mim. Ele era incapaz de atrair o apoio daqueles que se beneficiaram de suas ações. Júlio Bozano era um exemplo. Banqueiro de prestígio, controlador de uma instituição sólida e respeitada, dona de um volume expressivo de papéis da Siderbras e da Sunaman, Bozano revelou uma astúcia superior à dos demais empresários diante do programa de privatizações. Ele percebeu o valor dos ativos que o Estado pretendia transferir ao setor privado e agiu para participar da maior quantidade de leilões que conseguisse. Ele e seu grupo, no primeiro momento, foram os que mais adquiriram empresas e que mais lucraram com o programa.

Durante a assembleia, Bozano se dirigiu a mim. Discretamente, disse que estava à disposição para dar suporte àquela e a outras políticas do governo que considerasse adequadas ao país. Apesar de um aceno daquela qualidade, vindo de um empresário disposto a agir como aliado, Collor preferiu manter distância. E jamais o recebeu em audiência.

A Usiminas foi vendida e o valor que o governo conseguiu por ela foi abatido da dívida pública. Seu peso sairia das costas do contribuinte brasileiro e os novos acionistas logo fariam investimentos que a tornariam muito mais competitiva do que era nas mãos do governo. Seus usos, costumes e mentalidade, no entanto, ainda demorariam algum tempo para migrar para o novo lado do balcão. Três dias depois da assembleia que marcou a transferência para os novos donos, chegou às minhas mãos uma correspondência da Usiminas. Nela, havia um pedido de autorização de Rinaldo Soares para uma viagem ao exterior. A trabalho.

Era uma formalidade exigida de todos os presidentes de estatais. Ainda que sua presença fosse necessária numa reunião de emergência para tratar de assuntos do interesse da empresa, ele só poderia se ausentar do Brasil se o ministro de Estado assinasse um decreto e o publicasse no Diário Oficial. Era o cúmulo da falta de autonomia e contribuía para explicar a ineficiência das empresas. Com a carta na mão, telefonei para o presidente da Usiminas. Assim que ele atendeu, dei uma risada e disse: "Rinaldo, eu não tenho mais nada a ver com isso. Se entenda com seus acionistas." Do outro lado da linha ele também riu: "É... o hábito do cachimbo faz a boca torta."

CAPÍTULO 18

O ATAQUE À RESERVA DE MERCADO

O cachimbo do atraso era pesado e entortava mais bocas do que se pode imaginar. A economia fechada, estatizada e regulamentada da cabeça aos pés tinha espalhado pelo mercado marcas evidentes de deformação. Mas, ainda que impedisse o avanço do Brasil, aquele modelo continuava reunindo em torno de si defensores obstinados. Remover aquele entulho daria trabalho e exigia que o governo acumulasse um ingrediente que se tornava mais escasso: apoio político. A persistência da inflação comprovava o descumprimento da principal promessa da campanha de Collor e estimulava os adversários a aumentar o tom das críticas ao governo. No momento em que a situação mais exigiu articulação política, o presidente não teve habilidade para atrair e conservar aliados.

A soma de tudo aquilo, além de aumentar a pressão sobre o governo, impedia qualquer avaliação positiva das ações modernizadoras. Assim, o criador nunca recebia os aplausos por sua obra. As pessoas percebiam, por exemplo, que o pãozinho de todas as manhãs estava mais saboroso e consistente. Poucos, no entanto, relacionavam esse fato cotidiano a uma ação do governo. Com razão. O talento de alguns integrantes daquela equipe em produzir notícias embaraçosas, às vezes, superava a capacidade de gerar fatos positivos.

No dia 17 de setembro de 1990 — dois dias antes da festa em que Zélia e Cabral dançaram de rostos colados no Clube das Nações —, o presidente da República havia convocado os auxiliares mais próximos para a cerimônia de assinatura da Medida Provisória nº 224. O documento revogava um decreto de 1967, com o qual Castello Branco endureceu o controle que Brasília exerce desde os anos 1960 sobre o comércio do trigo. Castello havia decidido que o grão produzido no Brasil teria prioridade no abastecimento do mercado e que o governo federal teria o monopólio sobre a importação e a distribuição do trigo que faltasse. Assim como na Europa medieval, onde ninguém abria um moinho sem a bênção do suserano, nenhuma empresa brasileira podia ingressar nesse ramo de negócios sem autorização de Brasília.

E não era só isso. Cada moinho nacional tinha direito a uma quantidade específica de cotas do produto. Quanto mais amigo do rei fosse o empresário, mais trigo ele teria para moer e fazer chegar às mãos dos donos das padarias, dos fabricantes de macarrão ou de qualquer brasileiro que quisesse fazer um bolo de aniversário. A concentração do setor era enorme. Pelos silos de um único grupo, o Bunge, de origem argentina, passava um quarto de todo o trigo vendido no país. Outras 17 empresas detinham 65% das cotas. No final das contas, apenas 18 empresas negociavam 90% de todo o trigo consumido do Chuí ao Oiapoque.[1]

Pela importância que tinham sobre a inflação, os preços do trigo e de seus derivados eram controlados com uma rigidez superior à dos demais produtos. Tanto assim que a Sunab mantinha um departamento inteiro, o DTrig, só para vigiar o comportamento dos preços do grão e de todos os alimentos produzidos a partir dele. Um dos artigos da Medida Provisória que acabou com o cartel pôs fim àquela repartição.

As distorções causadas pelo modelo eram enormes. Para começar, o preço do trigo era tabelado e valiam de norte a sul do país. O dono de uma padaria na cidade de Santos, a poucos metros dos armazéns federais que faziam a distribuição do trigo, pagava pela saca da farinha o mesmo preço que um panificador da cidade de Xambioá, no norte do estado de Tocantins, a mais de 2.200 quilômetros dali. Assim como acontecia com o aço e com a gasolina, o frete não era levado em conta na formação do preço final do trigo. Foi o governo Collor que acabou com essa anomalia.

ATAQUE AOS CARTÉIS

Não era só. Apoiado no pretexto da importância do pãozinho e do macarrão para a dieta do brasileiro e para a composição do índice de inflação, o governo cometia em alguns momentos a insanidade de pagar pela tonelada do trigo um valor superior ao que recebia na venda do produto. Pode parecer mentira, mas é isso mesmo! Vale repetir: o governo chegou a vender o trigo por menos do que pagava por ele – isso sem considerar os custos da estocagem, transporte e dos serviços administrativos e financeiros. Em setembro de 1990, quando a medida provisória foi assinada, a tonelada do produto era comprada pelo governo por Cr$10.564,81 e vendida por Cr$9.941,75. O prejuízo era de Cr$623,05, o equivalente a US$8,22 por tonelada[2] em valores da época.

Quando o governo atacou o cartel do trigo, os moinhos reagiram. A grande maioria deles, principalmente aqueles que, pelo porte, largavam com vantagem na hora de sobreviver num mercado liberado e competitivo, acusou Collor de desorganizar o setor e ameaçar os empregos gerados pelas empresas do segmento. Os donos de moinho não eram exceção. Por mais que se queixassem das amarras impostas por Brasília, por mais que denunciassem as imperfeições e a falta de produtividade da economia brasileira, muitos empresários resistiam à demolição das muralhas que os protegiam da concorrência. Os exemplos eram muitos. Uma medida semelhante àquela adotada para acabar com o preço único para o trigo

---

1 Jornal do Brasil. 18.09.1990. Trigo é liberado após 30 anos de controle estatal.
2 Jornal do Brasil. 18.09.1990. Proteção criou cartéis.

O ATAQUE À RESERVA DE MERCADO **265**

começou a ser estudada para os combustíveis logo no início do governo. Mas só foi aprovada meses depois, à custa de muito esforço e paciência.

Quanto mais próximo do centro de distribuição de combustíveis o cidadão estivesse naquele momento, mais caro ele pagaria para encher o tanque de seu carro. Pelos cálculos do governo, a gasolina e o óleo diesel nas imediações de São Paulo, Rio de Janeiro, Belo Horizonte, Salvador e outras localidades que contavam com entrepostos atacadistas de combustíveis eram vendidos por preços até 20% superiores ao que deveriam custar. O sobrepreço era destinado ao FUP, um fundo de equalização que, na Reforma Administrativa, ficou sob responsabilidade do Departamento Nacional de Combustíveis, subordinado ao Ministério da Infraestrutura. O dinheiro era usado para custear o transporte da gasolina, do diesel e do etanol para os pontos mais distantes das distribuidoras.

Os estudos para o fim da equalização de preços ficaram prontos ainda em 1990, mas as medidas só foram implantadas no dia 14 de novembro de 1991. Por seis vezes o governo chegou a anunciar o fim do FUP, mas voltou atrás por pressão das companhias distribuidoras. Todas – inclusive a estatal BR Distribuidora, subsidiária da Petrobras – sempre pediam mais tempo para se adequar ao novo sistema.[3] E o jogo de empurra prosseguiu até que nos cansamos e decidimos levar a desregulamentação adiante, ainda que as distribuidoras declarassem que não estavam prontas. Ao invés de esperar que elas se adequassem para depois acabar com o fundo, o governo decidiu eliminar aquele adicional e transferir a responsabilidade para o mercado. Quando a medida foi implantada, os preços dos combustíveis caíram, em média, 8% nas bombas do país.[4]

A verdade é que eu estava na linha de frente da batalha contra o atraso. Nos primeiros meses de governo ocupei, por nomeação de Collor, a secretaria executiva da Comissão Especial do Programa de Desregulamentação – um grupo de trabalho coordenado pelo embaixador Marcos Coimbra e encarregado de desbastar o cipoal burocrático que amarrava a economia brasileira com uma série de exigências sem sentido.

Em um ano, a comissão revogou um total de 107.285 decretos com exigências absurdas. Vou repetir para que não haja dúvidas em relação ao número: no primeiro ano do governo Collor foram eliminadas 107.285 exigências sem sentido, que serviam apenas para criar amarras burocráticas e emperrar a economia.[5] Tudo passava pelo Estado. E como o Estado se espalhou por todas as partes e chamou para si a responsabilidade sobre todo e qualquer assunto, todos a seu redor esperavam que ele baixasse normas e tomasse providências para resolver os problemas mais corriquei-

---

3 Folha de S. Paulo. 14.11.1991. A partir de amanhã, o preço dos combustíveis será diferenciado.

4 Jornal da Tarde, 14.11.1991. O fim do preço único para combustíveis.

5 Jornal do Brasil. 11.05.1991. Viajantes já podem comprar mais.

ros. Até a falta de parafina para a produção de velas era tema de reunião ministerial em Brasília. Não é força de expressão nem figura de linguagem! Até mesmo a parafina para produção de velas era responsabilidade do governo.[6]

Os problemas foram analisados e muitos deles resolvidos apenas com base no bom senso. Uma lei federal proibia o comércio de abrir aos domingos. Foi dada aos municípios autonomia para definir o horário de funcionamento de suas lojas. O brasileiro não podia ter cartão de crédito internacional e, para viajar ao exterior, precisava carregar dinheiro vivo, comprado no mercado paralelo — pois cada cidadão só tinha o direito de adquirir apenas US$1.000 pelo câmbio oficial. Passou a ter direito ao cartão e a fazer câmbio com mais liberdade nos bancos nacionais.

Tinha mais! A concessionária de veículos de uma determinada marca não podia, por lei, vender carros a alguém que residisse em área atendida por outra revendedora da mesma marca. Essa norma ridícula também foi eliminada. Se alguém quisesse levar um equipamento estrangeiro de uso pessoal para uma viagem ao exterior tinha que mostrar a nota de compra para o fiscal da alfândega antes de sair do Brasil. E mais: para deixar o país, o brasileiro passava por uma inspeção policial mais rigorosa do que aquela a que era submetido no país de destino. O Brasil era um dos raríssimos países do mundo que carimbava o passaporte dos próprios cidadãos que deixavam ou que voltavam ao país.

A PROTEÇÃO ÀS MONTADORAS

De todas as partes surgiam casos como esses. Em cada um deles ficava evidente que, se nada fosse feito para eliminar os cartéis, para acabar com privilégios e reduzir o excesso de controle sobre o mercado, o Brasil mergulharia numa crise ainda maior do que a recessão de 4,3% registrada no primeiro ano do governo Collor. As más práticas regulatórias e os anos de fechamento do mercado geraram um atraso que, na prática, tirava da economia brasileira qualquer chance de sucesso na competição internacional. As evidências dessa realidade estavam por toda parte.

Uma pesquisa divulgada pela Unicamp em março de 1991 comparou as condições de funcionamento de 20 setores da indústria brasileira com as das principais economias. Pelo estudo, a tecnologia e os processos de produção na indústria nacional estavam atrasados pelo menos 15 anos em relação aos países que competiam com o Brasil. Em alguns segmentos específicos, o atraso era ainda maior.

Na indústria têxtil, apenas 29% dos teares que operavam no Brasil eram automatizados e tinham menos de 10 anos de uso. Na Coreia do Sul, 50% dos teares eram automáticos, novos e a jato. As montadoras brasileiras precisavam de 48 horas/homem de trabalho para produzir um automóvel. Enquanto isso, o índice era de 17

---

6 DCI. 29.10.1991. Velas. As queixas dos pequenos.

O ATAQUE À RESERVA DE MERCADO

horas/homem no Japão e de 34 na Coreia do Sul.[7] Esse era o retrato do Brasil. E o pior é que, até ali, se gastava muita energia para descobrir quem era o culpado e não se fazia qualquer esforço para resolver o problema.

Sempre que alguém os responsabilizava pelo atraso, os capitães da indústria tinham a resposta na ponta da língua: a culpa era do mercado fechado e do excesso de regulamentação. A virada do jogo, portanto, tinha que começar por Brasília. E assim, por muito tempo, o governo vestiu a carapuça sozinho. Até que, na passagem pela Alemanha, ainda na viagem de volta ao mundo que fez antes da posse, Collor começou a dividir a responsabilidade com aqueles que mais se queixavam do problema.

Ao comparar os carros nacionais com carroças, o presidente rebateu para o outro lado da quadra a culpa pelas anomalias do mercado. E deixou claro que as montadoras não eram vítimas inocentes, como gostavam de se apresentar. Toda a indústria automobilística era culpada pela situação. Isso incluía os fabricantes de autopeças, de componentes e de acessórios, que também se beneficiavam do ambiente fechado que tanto criticavam.

O mercado brasileiro de automóveis naquele momento era mais um dos que desafiavam a lógica de qualquer manual de economia. A produção de veículos, que havia girado em torno de 1 milhão de unidades em 1979 e 1980, caiu ao longo da década e chegou ao número de 700.000 em 1989.[8] O problema não era a falta de fregueses. O mercado continuava aquecido e a prova disso era que as concessionárias quase nunca tinham carro zero quilômetro para entregar. Um modelo adquirido numa concessionária era vendido logo depois com ágio que alcançava 30% em relação ao preço de tabela. Isso mesmo. No Brasil do final dos anos 1980, o carro usado custava mais caro do que o zero quilômetro. Em resumo, a demanda era superior ao que as montadoras entregavam ao mercado.

Durante anos, os fabricantes de automóveis lucraram com a situação. Mas depois que Collor lhes devolveu a bola, passaram a reclamar. O presidente da Anfavea, Jacy Mendonça, foi à imprensa para dizer que a abertura pura e simples do mercado poderia destruir a indústria brasileira e pôr no olho da rua os milhares de empregados que ela mantinha. A importação de carros, dizia Mendonça, "provavelmente eliminaria a indústria nacional — o que seria uma loucura".[9]

A situação que o Brasil vivia naquele momento era tão estranha que todos estavam errados e ao mesmo tempo todos tinham razão. As montadoras realmente se beneficiaram ao longo de anos com as regras protecionistas que inviabilizavam a

---

7 O Globo. 17.03.1991. Estudo revela: parquet industrial está atrasado 15 anos.

8 Veja nº 1120. 07.03.1990. Que venham os japoneses.

9 Veja nº 1120. 07.03.1990. Que venham os japoneses.

268 O ESTADO A QUE CHEGAMOS

importação de automóveis. Isso era óbvio. Mas também era óbvio que os argumentos de Mendonça em defesa da indústria nacional tinham fundamentos: a principal distância tecnológica do produto brasileiro em relação aos estrangeiros não era mecânica, mas eletrônica.

OS DANOS DA RESERVA DE MERCADO

O ponto mais preocupante do levantamento nem era atraso em relação aos países desenvolvidos, mas a comparação com a Coreia. No final dos anos 1970, as indústrias dos dois países estavam ombro a ombro no que diz respeito à produtividade e à atualização tecnológica. A questão é que, ao longo da década seguinte, enquanto os coreanos avançaram, a indústria brasileira recuou ou, na melhor das hipóteses, ficou empacada. O Brasil, que tinha uma situação econômica parecida ou, em muitos casos, até mais avançada do que a da Coreia do Sul no início dos anos 1980, chegava ao limiar dos anos 1990 quase tão fechado quanto a Coreia do Norte.

Como a maioria dos bens de consumo duráveis, os carros nacionais eram, sim, antiquados em relação aos coreanos — cujas marcas próprias estavam apenas começando a ser conhecidas no mundo naquele momento. E um dos grandes responsáveis pela distância que as separava era aquele anacronismo chamado Reserva de Mercado da Informática. Jacy Mendonça tinha razão ao se queixar da deslealdade de uma concorrência com os carros que chegariam do exterior "equipados com produtos eletrônicos que estamos proibidos de utilizar por causa da reserva de mercado".[10] Isso valia tanto para a eletrônica embarcada nos automóveis quanto para os robôs que, àquela altura, eram utilizados em larga escala pela indústria automobilística mundial e praticamente desconhecidos no Brasil.

Itens que no início dos anos 1990 já equipavam carros montados na Ásia, na Europa e nos Estados Unidos — como injeção eletrônica de combustível, *Air Bag* e freios ABS — ficavam fora até mesmo dos modelos mais luxuosos produzidos no país. Na linha de produção, a situação se repetia. Enquanto os pontos de solda na lataria nos carros estrangeiros eram feitos com rapidez por robôs de alta precisão, no Brasil eles ainda dependiam do trabalho manual de um soldador que, por mais habilidoso que fosse, jamais teria a mesma eficiência da máquina programada para executar a mesma tarefa.

Minha posição sobre a reserva de mercado era clara muito antes de minha ida para o governo. E eu era contra. E fiquei mais contra ainda na véspera da posse de Collor, quando a falha no computador nacional em que Carlos Marcial e eu trabalhávamos quase fez sumir os documentos que deveriam ser assinados pelo presidente dali a algumas horas. Mais do que ser um crítico passei a ser, a partir dali, um militante declarado pelo fim da reserva. Certa vez, diante de um jornalista

---

10 Veja nº 1120. 07.03.1990. Que venham os japoneses.

O ATAQUE À RESERVA DE MERCADO

que recebi em meu gabinete, na Secretaria de Administração Federal, chamei de "geringonça" o computador instalado ao lado de minha mesa e manifestei a intenção de trocá-lo por um "modelo importado".[11] No dia seguinte, minhas palavras estavam nas páginas do *Jornal do Brasil*.

Naquele momento, porém, era possível trabalhar pela abertura do mercado com providências mais concretas do que a crítica à qualidade dos computadores nacionais. Um dos cargos que ocupei no governo foi o de vice-presidente do Conselho Nacional de Informática, que acumulei com o de Secretário da Administração Federal.

O CONIN era presidido pelo Secretário de Ciência e Tecnologia, José Goldemberg e tinha como principal atribuição decidir quais equipamentos eletrônicos podiam e quais não podiam ser comercializados no Brasil. Durante muito tempo, aquele conselho funcionou mais como um cartório de proteção da indústria nacional do que como um organismo interessado em propor políticas voltadas para o interesse do Cidadão. Nossa intenção era inverter o jogo.

O tema discutido numa das primeiras reuniões de que participei foi a liberação dos aparelhos de fac-símile — que, no entender dos fabricantes brasileiros, deveriam ser mantidos sob proteção da reserva de mercado. A máquina, que se prestava a transmitir documentos de um ponto a outro e estaria obsoleta menos de cinco anos depois, de fato tinha componentes eletrônicos parecidos com os dos computadores. Mas não eram computadores e, portanto, não mereciam estar sob a proteção da reserva. A Itautec era praticamente a única produtora brasileira do equipamento. Seu presidente, Jairo Cupertino, defendia que o "fax", como o aparelho era conhecido, continuasse sob proteção da reserva. Nós entendíamos que não.

Assim que assumimos, eliminamos essa e uma série de exigências igualmente absurdas que, mesmo sem acabar com a reserva, permitiam que o mercado brasileiro se tornasse mais aberto e flexível. Sempre que possível, aproveitávamos as brechas da legislação protecionista para acelerar o fim daquele cartório anacrônico. O Programa de Desregulamentação, por exemplo, não tinha poder para acabar com a reserva da informática. Mas foi por meio dele que permitimos aos brasileiros que voltavam de viagens internacionais trazer na bagagem um microcomputador de até US$1500.

O efeito da medida era simbólico. Além do número de viajantes internacionais ser diminuto, o imposto sobre o computador era tão alto que chegava a duplicar o preço do produto. De qualquer forma, aquela era uma maneira de manter acesa a discussão sobre o problema e de expor aos brasileiros o tamanho do atraso do país numa área tão sensível. E, ainda, de permitir que pelo menos algumas pessoas obtivessem legalmente um artigo que, mesmo com a tributação absurda a que estava sujeito, era muito mais barato e muito melhor do que os similares produzidos pela indústria brasileira. Havia muito mais para ser feito.

---

11 Jornal do Brasil. 29.05.1990. Informe JB. Geringonça.

A REDE DE FIBRA ÓPTICA

Para se ter uma ideia da densidade das trevas que cobriam o mercado brasileiro de computadores, basta lembrar que, naquele momento, até a produção das fibras ópticas, feitas com filamentos de vidro, estava sob a proteção da reserva de mercado. O laboratório do CPqD, um centro de pesquisas mantido pela Telebras em Campinas, passou cerca de 15 anos tentando reinventar no Brasil a tecnologia de fabricação da fibra óptica, que já havia se disseminado pelo mundo desde a década de 1970.[12] Depois que o processo foi dominado, a tecnologia foi repassada para uma única empresa, a ABC-XTal, que se pôs a produzi-la sob as bênçãos da reserva de mercado.

Detentora, na prática, do monopólio brasileiro da produção de fibra óptica, a ABC-XTal não tinha capacidade tecnológica nem escala de produção para atender à demanda do mercado. Até os anos 1990, toda a rede de longa distância de fibras ópticas no país se resumia aos 95 quilômetros entre Campinas e São Paulo. No dia 24 de setembro de 1990, propus numa reunião do CONIN a exclusão da fibra óptica da lista de produtos protegidos pela reserva de mercado. A medida esbarrava na resistência dos fabricantes brasileiros reunidos na Abinee e na Abicomp.[13] "A fibra óptica não é um bem de informática e não deveria continuar sobre proteção",[14] defendi naquele encontro.

Minha posição sobre o assunto, nesse caso, era idêntica à de Joel Rauber, Secretário Nacional de Comunicações. A coincidência foi suficiente para desencadear uma onda de insinuações sobre interesses ocultos que haveria por trás de minha posição. Rauber tinha sido indicado para o cargo por Antônio Carlos Magalhães, então candidato ao governo da Bahia. Desde a passagem pelo ministério das Comunicações no governo Sarney, ACM defendia a substituição dos cabos de cobre das linhas telefônicas convencionais por cabos de fibra óptica. Aquela providência simples, que já havia sido adotada por todos os países minimamente desenvolvidos, tornaria a rede nacional de transmissão de voz e dados muito mais eficiente e permitiria que o país ingressasse com atraso na era da telefonia digital. Pelo sistema convencional, o número de ligações telefônicas simultâneas era limitado pela quantidade de pares de fios de cobre dentro de cada cabo. Já o cabo de fibra óptica, além de oferecer uma capacidade múltipla de conversas, facilitaria o trânsito mais rápido, estável e seguro de dados e sinais.

Em setembro de 1990, eu sequer conhecia Antônio Carlos Magalhães pessoalmente. Algumas semanas depois, no entanto, nos aproximaríamos e ele se tornaria um dos meus interlocutores mais frequentes. No início de outubro, pouco

---

12 Gazeta Mercantil. 25.10.1990. Reivindicação antiga da Pirelli.

13 Gazeta Mercantil. 25.10.1990. Decisão do Conin retira fibras ópticas da lista e inclui teclados.

14 Jornal do Brasil. 25.10.1990. Fibras ópticas perdem proteção da reserva de mercado.

O ATAQUE À RESERVA DE MERCADO **271**

mais de uma semana depois da reunião do Conin que tratou do caso das fibras ópticas, ACM foi eleito em primeiro turno para retornar ao governo da Bahia, cargo que já havia ocupado por nomeação durante o regime militar. Um mês depois da eleição, no dia 4 de novembro de 1990, li uma entrevista em que ele fazia críticas duras ao governo Collor – a quem tinha apoiado abertamente na eleição de 1989 –, mas elogiava meu trabalho à frente da reforma administrativa. "A reforma administrativa é um dos setores em que o governo apresentou bons resultados",[15] disse o governador eleito.

Apoio político era um artigo escasso naquele governo e a força de ACM não podia ser desprezada. Depois de ter passado um ano inteiro levando bordoadas, sendo criticado e evitado pelos candidatos em campanha, era reconfortante ouvir de um político de primeira grandeza um elogio a meu trabalho. Telefonei para agradecer. No final da conversa, o governador me convidou para visitá-lo na Bahia. Aceitei, é claro. Antes da posse de ACM, fui a Salvador conversar com um líder que, gostassem dele ou não, conhecia como poucos o funcionamento da máquina estatal e os movimentos da política brasileira.

O encontro aconteceu num espaço reservado em um hotel em Salvador. Depois de conversarmos a sós, ele e eu passamos para uma sala ao lado, onde estavam o deputado Luís Eduardo Magalhães, o filho de ACM, e Mário Gordilho, que na época ainda era diretor do Banco Econômico. Gordilho era meu amigo já havia algum tempo e tinha uma relação estreita com o governador. Conversamos por mais de uma hora e, a partir daquele dia, como ele me deu liberdade, passei a procurá-lo com frequência para trocar ideias e até para me aconselhar sobre as melhores soluções diante dos impasses da reforma administrativa.

Meses depois, quando assumi o Ministério da Infraestrutura, foi de ACM o primeiro telefonema que recebi. Por coincidência, a pasta estava instalada no prédio do antigo Ministério das Comunicações, que ele ocupou no governo Sarney. Tão logo pisei no gabinete, assim que retornei da cerimônia de transmissão do cargo no Palácio do Planalto, o telefone tocou. Era ele. "Você provavelmente está sentado na mesma cadeira que foi minha", disse o governador antes de me desejar boa sorte.

O PODER PAROQUIAL DE ACM

O novo cargo, logo percebi, tinha uma diferença fundamental em relação à Secretaria da Administração. Se, antes de me sentar na nova cadeira, minha caneta era a responsável pela extinção de repartições, pela dispensa de funcionários e pela redução de mordomias, ela agora tinha o poder de pôr obras para andar, abrir licitações e autorizar o fechamento de contratos. Gente que antes me via como um

---

15 BSB-Brasil. 04.11.1990. "O presidente é bom. O governo é ruim."

sujeito malvado passou a me considerar um tremendo boa praça. As conversas com ACM também mudaram. Ele nunca deixou de ser um bom conselheiro. Mas o diálogo com ele, e também com os demais governadores, passaram a incluir temas de interesses dos estados.

O trabalho era intenso e havia tantas questões para me preocupar em minha própria pasta que não sobrava tempo para os detalhes da política regional. E foi nesse clima que, no dia 12 de junho, uma sexta-feira, recebi no ministério o empreiteiro Emílio Odebrecht. Baiano como ACM, ele me convidou para ir a Salvador no dia 30 de agosto, num almoço no Hotel Othon Palace. A Associação Comercial da Bahia faria uma homenagem a seu pai, Norberto Odebrecht, e ele gostaria que eu estivesse presente. Como não tinha outro compromisso marcado para a data, me prontifiquei a ir e não pensei mais no assunto.

Depois daquele dia, passei cinco dias em Nova York e Washington, na comitiva do presidente Collor, que foi aos Estados Unidos tratar de problemas relacionados com a dívida externa, a abertura econômica e o fim da reserva de mercado da informática, que, àquela altura, já estava com os dias contados. De volta ao Brasil, jantei em Belo Horizonte com o governador de Minas Gerais, Hélio Garcia, e no dia seguinte, 1º de agosto, acompanhei-o a Uberlândia para tratar da implantação de um trecho da ferrovia Leste-Oeste, que facilitaria o escoamento da safra de grãos do Centro-Oeste pelo Porto de Vitória. Desde a posse no Ministério da Infraestrutura, em maio, diversos políticos passaram por meu gabinete para defender os interesses de seus estados. Ciro Gomes, do Ceará, Joaquim Francisco, de Pernambuco, Alceu Collares, do Rio Grande do Sul, foram alguns dos 13 governadores que já tinham estado em meu gabinete até que recebi, no dia 13 de agosto, a visita de ACM.

Conversamos normalmente sobre assuntos de interesse da Bahia, sobretudo sobre a possibilidade de liberação de verbas para a reconstrução das rodovias federais e para uma obra pela qual ACM tinha interesse especial. Ele pretendia encontrar um modelo para a construção da Linha Verde, a estrada turística que, dali a alguns anos, ligaria Salvador ao município de Mangue Seco, na fronteira com Sergipe. No final, comentei casualmente que dali a duas semanas estaria em Salvador para o almoço da Associação Comercial. A conversa com ACM aconteceu numa terça-feira e, antes que a semana terminasse, recebi um telefonema de Mário Gordilho, que havia trocado a diretoria do Banco Econômico pela construtora OAS.

Gordilho me informou que eu, sem perceber, havia me metido numa briga que não era minha, mas que poderia me trazer dissabores. O clima entre ACM e a família Odebrecht não estava dos mais amistosos. O governador não tinha gostado do gesto da empreiteira, que ao comprar uma fazenda do ex-governador Nilo Coelho, o livrou de dificuldades financeiras. E, fiel ao estilo que o tornou conhecido e temido no país inteiro, vinha destilando seu fel e tratando como inimigos todos os que se

O ATAQUE À RESERVA DE MERCADO **273**

aproximavam de seus adversários. "Você não perderia nada se ligasse para ele", aconselhou Gordilho. E encerrou o telefonema com uma definição interessante do governador: "ACM é uma árvore frondosa. Na sombra dela tem lugar para muita gente. Mas é bom não se aproximar muito porque o tronco é cheio de espinhos. Quem chega perto demais corre o risco de se machucar."

Eu teria que fazer uma escolha que, por mim, já estava feita. O acordo de lideranças que daria fim, mais adiante, à reserva de mercado da informática tinha acabado de passar pelo Congresso e, para isso, o apoio da bancada baiana tinha sido fundamental. O programa de privatização entrava em seu momento decisivo e ainda tinha opositores poderosos demais para prescindirmos do apoio de uma liderança com o peso de ACM. Com tantos adversários que vínhamos enfrentando, não fazia sentido renunciar ao apoio de um político influente, que mantinha sob controle uma bancada expressiva na Câmara dos Deputados. O governador até podia fazer uma crítica aqui e outra ali ao governo, mas nunca tinha virado as costas nos momentos decisivos. Assim que Gordilho saiu, pedi uma ligação para o governador. Que me atendeu prontamente, embora com um tom de voz menos amigável do que o de nossas conversas anteriores.

Depois de trocar meia dúzia de palavras formais, entrei no assunto. "Como eu disse outro dia, Emílio Odebrecht esteve aqui e me convidou para um almoço em Salvador", disse. ACM respondeu que não estaria presente: tinha compromissos no interior e não estaria na cidade na data. Eu prossegui: "Só tem sentido ir à Bahia se for para conversar com ACM. Senão, não tenho o que fazer aí. Vou cancelar minha ida." Do outro lado da linha, o humor mudou. Ele disse que nada tinha contra Norberto Odebrecht. O problema era com Emílio, que tinha ajudado Nilo Coelho mesmo sabendo que ele tinha construído estradas em que o quilômetro licitado tinha apenas 700 metros depois de pronto. Era uma acusação que o governador vivia repetindo sobre seu antecessor.

ACM sugeriu, então, que eu não cancelasse minha viagem. Disse que ofereceria um jantar em homenagem a Norberto no Palácio de Ondina. Se eu pudesse ir, seria seu convidado de honra. Telefonei imediatamente para Emílio Odebrecht. Ele entendeu a situação e disse que seu pai realmente iria ao jantar oferecido no Palácio. No dia 30 de agosto, desembarquei em Salvador e, depois de passar pelo hotel, fui direto para o Palácio de Ondina. ACM estava feliz. O jantar estava marcado para as 21h. Às 20h30, eu e o governador atendemos os jornalistas para uma entrevista coletiva. Uma repórter da retransmissora local da *TV Globo*, de propriedade do próprio ACM, o questionou sobre uma queixa que ele fazia com frequência — a de não ter um baiano na equipe de Collor. Ele segurou meu braço e disse: "A Bahia tem um ministro do governo: o ministro João Santana."

Foi, é claro, uma resposta ensaiada para uma pergunta encomendada. Mas o recado estava dado. O jantar foi servido logo em seguida e acabou cedo. Depois do café, ACM me levou para uma sala reservada do palácio e mostrou a coleção particular de paliteiros de prata, que o acompanhava sempre que se instalava na residência oficial. Também mostrou as telas do pintor Orlando Teruz expostas na parede. Os quadros também eram de sua coleção particular e, como os paliteiros, sairiam do palácio no dia que ele deixasse o governo.

O assunto tomou o rumo inevitável e logo começamos a falar de política. "O senhor não pensa em ser candidato a presidente?", perguntei. "Não há coisa que eu queira mais do que ser presidente, mas sei que a cadeira não é para mim", respondeu. E prosseguiu dizendo que, fora da Bahia, era conhecido apenas como o Toninho Malvadeza – que gostava de destruir os adversários. Ou, na melhor das hipóteses, era o PhD em política, capaz das articulações mais improváveis para alcançar seus objetivos. Mas ninguém o respeitava como administrador público e isso inviabilizava sua pretensão.

ACM disse que ele não seria presidente, mas o caminho da presidência passava por ele. "O antecessor de seu chefe veio conversar comigo. Seu chefe veio conversar comigo. O sucessor de seu chefe virá falar comigo", disse ele, deixando claro que tinha noção exata de onde começava e onde terminava seu poder. ACM prosseguiu dizendo que, mais adiante, a Bahia chegaria à presidência, mas não com ele. "Será com alguém que gosta de você", disse, se referindo ao filho, o deputado Luís Eduardo Magalhães.

No final da festa, percebi que ACM tinha, naquele jantar, confirmado tudo o que se dizia dele. Tinha sido o Toninho Malvadeza, ao me tirar da homenagem feita a Norberto Odebrecht pela Associação Comercial. E tinha sido o PhD em Política ao me convidar para jantar em Salvador na mesma data. Mostrou, afinal de contas, quem dava as cartas na Bahia e deu uma lição para mim e para todo mundo.

Ao recusar o almoço na Associação Comercial e comparecer no mesmo dia ao jantar para 30 pessoas oferecido por ele, eu havia me posicionado a respeito de uma questão que ele mesmo sabia que era paroquial. Mas que era de importância fundamental para o tipo de política que ele fazia. E ele estava retribuindo meu gesto. Se eu tivesse optado pelo evento com os empresários, teria falado para 200 pessoas que aplaudiriam tudo que eu dissesse a respeito da privatização ou das ações modernizadoras do governo. Mas que, depois da sobremesa e do café, retomariam suas agendas e cuidariam da vida, enquanto eu seguiria com o trabalho árduo de buscar apoio para a venda das estatais. Estando ao lado de ACM, teria um aliado que me ajudaria nas batalhas que ainda teria pela frente.

Quem ocupa cargos estratégicos num Estado democrático nunca pode perder de vista os interesses dos que estão à sua volta nem deixar de perceber como eles

O ATAQUE À RESERVA DE MERCADO

se articulam. Empresários, de um modo geral, primeiro oferecem apoio e depois cobram algum tipo de retribuição. Políticos que se afirmam pelo voto, como ACM, pedem manifestações de apoio antes e oferecem a retribuição na sequência. É preciso estar atento às armadilhas e saber lidar com uns e com os outros.

A BATALHA PELO FIM DA RESERVA

A mesma reunião que, em setembro de 1990, autorizou a importação das fibras ópticas, decidiu que a Reserva de Mercado se tornaria mais branda e seria reduzida a uma lista de 47 produtos. Depois de outubro de 1992, no entanto, todo e qualquer produto de informática de origem estrangeira poderia ser comercializado no Brasil. Também ficou acertado que, a partir do momento em que as empresas estrangeiras pudessem se instalar em território nacional, ainda que por meio de *joint-ventures*, o governo poderia adquirir os computadores fabricados por elas — e não apenas das empresas de capital nacional, como era previsto pela reserva.

O significado da mudança era claro. Se a IBM, que na época era o maior fabricante de computadores pessoais do mundo, quisesse entrar no mercado brasileiro, bastava encontrar um sócio nacional. Se encontrasse, o que não seria difícil, poderia, inclusive, participar de concorrências públicas. E disputar mercado com os microcomputadores da Itautec, da SID, da Scopus ou de qualquer outro fabricante brasileiro.

Mesmo oferecendo dois longos anos de prazo para se preparar para a competição, os fabricantes brasileiros reagiram da forma que sabiam. E começaram a fazer barulho no Congresso para tentar obrigar o governo a recuar e desistir de acabar com a reforma. Se valiam, claro, de argumentos que não se sustentavam. Já tinham se passado 11 anos desde a criação da SEI e a indústria nacional sequer tinha conseguido dominar a arte de montar um computador que funcionasse sem passar sustos no usuário.

O argumento mais ouvido era o de que o fim da reserva de mercado tiraria emprego de milhares de técnicos competentes e bem treinados. As queixas tinham endereço certo. Tudo o que havia sido discutido e aprovado na reunião do CONIN, em setembro do ano anterior, teria que passar pelo Congresso. E naquele ambiente sujeito a todo tipo de pressões nacionalistas, tudo o que estava decidido — até mesmo a autorização para importar as fibras ópticas — corria o risco de recuar se não houvesse uma articulação capaz de proteger o Brasil das trevas. Nessa hora, o apoio de ACM e de sua bancada foi fundamental.

O FIM DA RESERVA

O pacto do governo com os fabricantes brasileiros em torno do fim da reserva virou projeto de lei e foi encaminhado ao Congresso Nacional. Como é praxe nesse tipo de

276 O ESTADO A QUE CHEGAMOS

tramitação, foi recebido pela Câmara dos Deputados e encaminhado à Comissão de Ciência, Tecnologia e Comunicações. Embora o governo e os empresários tivessem negociado o fim da reserva para outubro de 1992, não faltava quem estivesse disposto a prorrogá-la. Para relatar o projeto foi escolhido o catarinense Luiz Henrique. Se dependesse dele, o mercado permaneceria como antes. Ou até mais fechado.

O projeto de Luiz Henrique, que tinha sido ministro da Ciência e Tecnologia no governo Sarney, era medonho. Ao invés de acabar com a reserva, ele propôs endurecer o que havia de mais atrasado na legislação para a informática. Ele queria que a proteção se estendesse até o ano 2000. Mesmo depois da data, a presença de empresas estrangeiras no mercado de informática do Brasil estaria restrita aos segmentos periféricos da indústria. O atraso do projeto era tão evidente que até o PT, um tradicional defensor da reserva de mercado, o rejeitou. Na discussão entre os líderes, apenas o PCdoB e o PDT manifestaram apoio integral ao texto. O projeto era tão ruim que os próprios colegas de bancada deram ao deputado o apelido de *"Rainha da Sucata"*, título de uma novela que fizera sucesso na TV no ano anterior.[16]

O que tem ACM a ver com isso? Bem, a carta que o governo tinha na manga para se contrapor ao projeto de Luiz Henrique foi dada pelo deputado José Carlos Aleluia, do PFL da Bahia. Sabendo que o PMDB faria o que estivesse a seu alcance para manter o país nas trevas da reserva, Aleluia apresentou um substitutivo que propunha a abertura imediata do mercado e dava às empresas estrangeiras liberdade total de atuação. Diante da ameaça de ver votado um projeto que, sem dúvida, corria o risco de acelerar o fim do atraso que eles pretendiam manter inalterado, os defensores da reserva aceitaram, então, voltar ao que tinha sido combinado em setembro.

"Este acordo me causa uma frustração profunda", queixou-se o deputado Vivaldo Barbosa, do PDT. "Abriu demais o mercado."[17] Ficou decidido, ali, que a reserva de mercado acabaria mesmo em outubro de 1992. Quando a data chegou, o governo que pôs fim àquele anacronismo que já não existia na prática — e pouca gente se lembraria de dar a ele o crédito de ter varrido aquele entulho para o lixo.

BRIZOLA E A LINHA VERMELHA

Uma das lições que aprendi no tempo em que trabalhei no governo foi o de que os interesses que gravitam em torno do Estado nem sempre têm órbitas constantes. Da mesma forma que dava ouvidos para Vivaldo Barbosa na hora de tratar da reserva da informática e do programa de privatizações, o governador do Rio de Janeiro, Leonel Brizola, mudava o discurso quando o assunto era a Linha Vermelha.

---

16 Jornal do Brasil. 21.06.1991. Líderes do governo firmam acordo para acabar com restrições em 92.

17 Jornal do Brasil. 21.06.1991. Líderes do governo firmam acordo para acabar com restrições em 92.

O ATAQUE À RESERVA DE MERCADO **277**

Mesmo quando criticava a privatização e a outros programas estratégicos do governo, Brizola procurava manter aberta a porta do diálogo em torno daquela obra. Também era interesse de Collor que a via expressa ficasse pronta a tempo da Eco-92, a conferência sobre o clima que reuniria mais de uma centena de chefes de Estado no Rio de Janeiro em junho do ano seguinte. Quando cheguei ao ministério, as discussões em torno da Linha Vermelha já estavam adiantadas. Cerca de duas semanas depois de minha posse, fui convocado, junto com outros dois auxiliares do presidente, para tratar do assunto no Palácio do Planalto. Além de mim, o presidente chamou o general Agenor Homem de Carvalho e o presidente da Infraero, brigadeiro Teodósio Pereira da Silva. O tema da conversa era justamente a via expressa.

Pelo projeto apresentado, o governo federal arcaria com mais ou menos 36% dos custos da obra e o do Rio de Janeiro com outros 28%. Os 36% restantes seriam financiados pelo BNDES, num projeto desenhado para ser a primeira Parceria Público-Privada de mobilidade urbana fechada no Brasil. Na reunião, Collor falou que Brizola resistia à ideia de cobrar pedágio de quem utilizasse a Linha Vermelha. Parte do dinheiro arrecadado ajudaria a pagar o empréstimo contraído junto ao BNDES. Na visão peculiar do governador, o empréstimo deveria ser pago com uma taxa cobrada dos passageiros que embarcassem no aeroporto do Galeão.

A ótica populista de Brizola não considerava justo que o povo carioca pagasse por uma obra que o beneficiaria. Os técnicos do governo tentaram demovê-lo de todas as maneiras e até prometeram isentar do pedágio os coletivos que transitassem pela Linha Vermelha. Do outro lado, o brigadeiro Teodósio, coberto de razão, não admitia que o pagamento fosse feito com uma taxa cobrada pela empresa que ele dirigia. Aquilo tornaria a Infraero responsável por algo que estava fora de suas atribuições.

Impasses como esse retardavam o andamento do projeto. Brizola vivia se queixando, especificamente, que "os tecnocratas do terceiro escalão" criavam obstáculos desnecessários e, por isso, o dinheiro não saía. Collor determinou, então, que encontrássemos uma solução e liberássemos logo o dinheiro do orçamento federal para a Linha Vermelha. E pediu que o presidente Eduardo Modiano e o diretor de Planejamento e Infraestrutura do BNDES, Venilton Tadini, acelerassem a liberação do financiamento.

Tudo foi feito como Collor determinou. O BNDES elaborou um projeto que estabelecia a taxa de juros, 9% ao ano, e o prazo de pagamento. Seriam 102 prestações mensais a partir de 1993. Não estava claro, no entanto, de onde o governo do Rio de Janeiro tiraria os recursos para pagar a conta. O contrato para a construção da Linha Vermelha foi assinado no dia 20 de junho de 1991, três semanas depois da reunião no Planalto em que Collor pediu pressa para o projeto. Brizola se manifestou feliz com "o tempo recorde com que o papelório foi liberado".[18]

---

18 O Fluminense, 21.06.1991. Brizola assina convênio e inicia Linha Vermelha.

As obras da Linha Vermelha foram iniciadas e seguiam a toda velocidade. Nos dias que antecederam o leilão da Usiminas, Brizola estava muito próximo de Collor. Talvez tenha sido isso que conteve o governador, que não quis se envolver com o ato convocado pela CUT para protestar contra a venda da siderúrgica em frente à Central do Brasil. O governador ficou longe do comício e não se manifestou nem mesmo depois da entrevista em que me referi a ele como um político que há décadas tentava sem sucesso chegar à presidência da República. Depois que os jornais publicaram o que falei, esperei pelo revide, mas Brizola se manteve calado.

Estivera com ele apenas uma vez, no dia 2 de junho daquele ano, um domingo. Percorremos num helicóptero da Marinha o trecho entre o Aeroporto Santos Dumont e a favela da Maré, no Rio de Janeiro, na solenidade que pôs para funcionar o primeiro bate-estacas para a construção da Linha Vermelha. Além de Collor e do governador, eu e o ministro da Fazenda Marcílio Marques Moreira estávamos a bordo.[19] Não trocamos mais do que cumprimentos formais. Naquele evento, Brizola disse que passaria a fazer uma oposição "menos drástica e mais educada"[20] ao governo federal. E, embora seus correligionários não tivessem baixado o tom das críticas aos programas de Collor, o próprio governador vinha cumprindo a promessa. Minha declaração a respeito dele e de seus fracassos eleitorais, ao contrário, não tinha sido das mais gentis.

A resposta de Brizola veio dias depois, por meio de um telefonema. O governador já estava na linha quando atendi a ligação. Não disse uma única palavra a respeito da minha declaração. Ele me cumprimentou, elogiou o meu trabalho e fez um convite para almoçar com ele no Rio de Janeiro. E assim aconteceu. Menos de uma semana depois, nos encontramos no Albamar, um restaurante tradicional, nas proximidades da Praça XV, com vista para a baía da Guanabara. Tinha levado comigo o Chefe de Gabinete, Pedro Maranhão, mas o governador, que chegou acompanhado por alguns assessores, pediu que ocupássemos sozinhos uma mesa próxima à janela.

Tentei puxar o assunto da entrevista para me desculpar, mas Brizola não permitiu que eu prosseguisse. Com o sotaque gaúcho acentuado que o tornou conhecido e que fazia questão de cultivar, tomou a palavra e perguntou se eu tinha parentesco com uma família Santana de uma determinada cidade do interior do Rio Grande do Sul. Diante de minha negativa, ele disse que meu estilo lembrava o dos gaúchos: "Você é corajoso, mas não avalia os riscos que corre", disse ele. "Pula na água sem se preocupar com a profundidade da lagoa." Depois, se pôs a falar de política e de sua própria trajetória. O tom das palavras do governador era de elogio. Mas eu entendi perfeitamente a crítica que ele me fez.

---

19 Jornal do Brasil. 03.06.1991. O começo da Linha Vermelha.

20 Folha de S. Paulo. 03.06.1991. Brizola fará oposição "educada".

CAPÍTULO 19

OS INIMIGOS DAS MUDANÇAS GANHAM FORÇAS

Permaneci no governo entre 15 de março de 1990 e 13 de abril de 1992. Ao longo desses pouco mais de dois anos, e mesmo antes, durante a campanha e dos trabalhos no Bolo de Noiva, conheci muitas faces de Fernando Collor de Mello. A melhor, na minha opinião, foi a do presidente determinado, que tinha na cabeça o projeto de um país moderno, competitivo e livre de amarras cartoriais. Aquele Collor sabia onde queria chegar. Ao mesmo tempo em que criticava o atraso das montadoras e chamava de "carroças" os carros que elas fabricavam no Brasil, reduzia alíquotas de importação das máquinas e permitia a entrada dos robôs que modernizariam as linhas de montagem. Ali teve início a caminhada que incluiu o parque automotivo do país entre os mais modernos e competitivos do mundo.

Ao extinguir órgãos públicos arcaicos, como o IAA e o IBC, e autorizar a importação de máquinas agrícolas e de fertilizantes, Collor demoliu alguns dos obstáculos que impediam a modernização da lavoura brasileira. Isso daria ao Brasil condições de explorar com mais eficiência seu potencial agrícola e se firmar como um dos produtores de alimentos mais competitivos do mundo. No caso específico do IAA, o fim da autarquia foi o primeiro passo para que o Brasil se tornasse o maior exportador de açúcar do planeta. A propor a venda de empresas que nas mãos do governo eram sorvedouros de recursos públicos, ele indicou o caminho para a criação de uma economia sólida, dinâmica e capaz de gerar mais empregos e de recolher mais impostos.

Esse Fernando Collor cobrava resultados, mas dava a seus auxiliares autonomia para tomar decisões. Desde, é claro, que elas tivessem afinadas com os objetivos do governo. Mais de uma vez, diante de alguma dúvida sobre o caminho a seguir – sobretudo nos momentos iniciais do governo –, eu me permitia perguntar a ele sobre a decisão que deveria ser tomada. Isso aconteceu, principalmente, quando a Reforma Administrativa era submetida a bombardeio intenso dos críticos. Collor ouvia com atenção e debatia a questão em profundidade. Juntos, analisávamos as alternativas, avaliávamos os riscos e sempre chegávamos a uma conclusão. Mas essa conclusão quase nunca partia dele. No meu caso e no de seus outros auxiliares mais próximos, a decisão sobre o que fazer quase sempre era tomada pelo interlocutor.

Collor detestava que alguém se apresentasse diante dele sem ter se preparado e estudado os assuntos previstos na pauta da reunião. Mas quando o interlocutor estava seguro, a história era outra. Em alguns casos, ele nem permitia que a discussão se prolongasse. Quando algum problema já previsto no planejamento esbarrava em obstáculos políticos ou contrariava interesses de pessoas próximas a ele, o presidente perguntava: "O que está escrito na Reforma que você imaginou?" Diante da resposta, ele sempre dizia: "Pois então é essa a direção que você deve tomar." E o assunto acabava ali. Convivi com esse Collor, também, depois que decidi permanecer no governo após a saída de Zélia e sua equipe.

Poucos dias depois de minha chegada ao Ministério da Infraestrutura, revoguei uma portaria que vigorava desde os tempos de Antônio Carlos Magalhães na chefia das Comunicações. Eco da reserva de mercado da informática, a portaria só permitia que empresas com fábricas no Brasil fornecessem equipamentos às operadoras do sistema Telebras. A consequência da decisão, na prática, foi o loteamento do mercado brasileiro entre os quatro fabricantes instalados no país. Cada integrante do quarteto formado pela Ericsson, pela Siemens, pela NEC e pela GTE se considerava dono do mercado em uma parte do Brasil. O sócio brasileiro da Ericsson era o grupo Monteiro Aranha, do Rio de Janeiro, controlado pela família da primeira mulher de Collor, Lilibeth Monteiro de Carvalho.

As empresas não deram muita importância à revogação da portaria de ACM e mantiveram a mesma postura de antes em seus contatos com as empresas do governo. Uma continuava evitando entrar na área da outra. Pouco tempo depois, porém, a Telerj abriu uma licitação para a compra de uma subestação de telefonia. Tratava-se de um equipamento de porte médio, que substituiria a central original, destruída num incêndio. Incentivada pelas novas regras, a americana AT&T, que na época fabricava esse tipo de equipamento, apresentou o melhor preço, algo em torno de US$3 milhões, e se saiu vitoriosa.

A presença de um estranho no ninho pegou os fabricantes brasileiros de surpresa. Antes da homologação, fui procurado por Olavo Monteiro de Carvalho, amigo e ex-cunhado de Collor. A despeito de ter ajudado a tornar pública a campanha pela escolha de Daniel Dantas para o ministério da Economia, ainda antes de minha ida para o Bolo de Noiva, sempre mantive boas relações com ele. Quando o recebi, já imaginava o assunto que ele tinha a tratar.

O tom da conversa foi cordial, mas o assunto era espinhoso. Monteiro de Carvalho disse que talvez eu não estivesse atento ao fato de que o resultado da concorrência prejudicaria uma empresa que tinha entre seus herdeiros os filhos do presidente. E deu a entender que eu não deveria homologar a licitação para o fornecimento de equipamentos numa área que, afinal de contas, tinha a Ericsson como fornecedor praticamente exclusivo. Ele parecia não ter entendido que uma de nossas intenções era justamente acabar com o loteamento do mercado. Respondi que a licitação estava dentro dos critérios técnicos propostos no edital e

OS INIMIGOS DAS MUDANÇAS GANHAM FORÇAS **281**

que o resultado seria mantido. Olavo me informou, então, que procuraria o ex-cunhado e trataria diretamente do assunto com ele.

O presidente nunca questionou o resultado daquela licitação nem perguntou por que a Ericsson perdeu o contrato para a AT&T. Nas dezenas de reuniões que tivemos depois daquele dia, ele não tocou nem permitiu que eu tocasse no assunto. Soube que Monteiro de Carvalho realmente procurou Collor poucas horas depois de deixar meu gabinete. Diante do embaixador Marcos Coimbra, o presidente teria apoiado minha decisão e encerrado o assunto dizendo que interesses familiares não devem prevalecer sobre as questões de Estado.

A MOBILIZAÇÃO PELA BANDA B

O respeito do presidente ao resultado da licitação contribuiu para aumentar não só meu prestígio como também minha autoridade junto aos empresários de telecomunicações. O setor passaria por mudanças e todas as grandes empresas do país se movimentavam para garantir seu espaço. Os fabricantes de equipamentos, que no passado tinham força para lotear o mercado das centrais analógicas, não tinham como se opor à chegada de novos concorrentes e, mais do que isso, das tecnologias mais modernas. Com pelo menos dez anos de atraso em relação aos países mais evoluídos, o Brasil estava finalmente entrando na era dos equipamentos digitais e, mais do que isso, da telefonia celular.

Estive com Olavo Monteiro de Carvalho outras vezes durante minha passagem pelo Ministério da Infraestrutura. Uma delas, na Casa da Globo, em Brasília, na noite de 4 de setembro, em um jantar oferecido pelo empresário Roberto Irineu Marinho. As organizações Globo eram sócias no Brasil da NEC, fabricante japonesa de equipamentos de telefonia. Olavo estava lá pela Ericsson, ao lado de outros fornecedores de equipamentos e de executivos do sistema Telebras — todos interessados em discutir os critérios para implantação da Banda B da telefonia celular. Um dos mais ativos daquele grupo, que inclusive ajudou a organizar o jantar, era Pier Luigi D'Ecclesia, que representava as empresas italianas de telecomunicações interessadas em se instalar no Brasil. Entre elas a *Telecom Italia Mobile*, TIM.

Lançado no Rio de Janeiro no final dos anos 1990, pela Telerj, o sistema não apenas reproduziu como potencializou, em seus primeiros momentos, os defeitos da telefonia convencional. As primeiras 667 linhas implantadas logo se transformaram em objetos de cobiça. O preço de um telefone celular no mercado paralelo chegou a alcançar o valor de US$20.000. Ter um aparelho daqueles se transformou num símbolo de *status*. E a situação permaneceu assim mesmo no ano seguinte, quando a oferta no Rio de Janeiro alcançou a quantidade de 6.000 linhas.

Tratava-se de um resultado oposto ao que buscávamos com a telefonia celular. O governo pretendia desde o início implantar um sistema que democratizasse

282 O ESTADO A QUE CHEGAMOS

– e não que elitizasse ainda mais – o acesso às linhas telefônicas. A questão foi discutida numa reunião no Palácio do Planalto no dia 19 de abril de 1991, quando entreguei a Collor um aparelho celular. Era um daqueles aparelhos enormes, fabricados pela Motorola, moderníssimo para a época. Embora Brasília ainda não contasse com o serviço, a instalação de algumas antenas permitiu que o aparelho fosse usado em caráter experimental.

O governo tinha tomado a decisão de iniciar pelo serviço celular a quebra do monopólio estatal sobre as telecomunicações. As empresas do sistema Telebras manteriam o monopólio sobre as linhas fixas e, como a Telerj, teriam o direito de explorar a Banda A da telefonia celular. Antes de pôr as mãos nesse novo filão, porém, as operadoras federais teriam que zerar a fila dos planos de expansão. E se preparar, no novo serviço, para conviver com algo que elas não imaginavam que existisse: um concorrente. Cada operadora teria que compartilhar o novo mercado com o operador privado que vencesse a disputa pela Banda B. O que estava em discussão naqueles dias eram os critérios para a formação dos consórcios que disputariam esse mercado e a modalidade da disputa.

O governo tinha pensado, no início, num modelo de seleção pelo qual a empresa vencedora seria escolhida pela Secretaria Nacional de Telecomunicação a partir de uma lista de três consórcios qualificados por critérios técnicos. A intenção do mecanismo era dar ao governo o poder de intervir no processo e impedir que um mesmo consórcio se apoderasse das principais áreas e deixasse desassistidas as regiões mais carentes do país.

Foi um zelo excessivo, que acabou gerando dúvidas sobre nossa intenção. O poder de apontar o vencedor foi visto não como uma ação contra os eventuais manipuladores das licitações, mas como uma forma de o próprio governo beneficiar os grupos de sua preferência. Tomamos, então, a decisão de adotar na telefonia celular um modelo de leilão parecido com o que era utilizado no programa de privatizações. Seria estipulado um preço mínimo por cada área de exploração. Depois de comprovar as condições técnicas e a capacidade financeira, os consórcios credenciados fariam seus lances em leilão aberto – e não em envelopes fechados. Quem apresentasse a melhor oferta e dispusesse da tecnologia mais adequada, ganharia o direito.

Enquanto estive no governo, fiz tudo o que considerei correto. Resisti a uma série de pressões e nunca ouvi do presidente um pedido para que agisse de forma diferente. Collor jamais indicou um único nome para minha equipe, nem na Secretaria da Administração, tampouco no Ministério da Infraestrutura – que talvez fosse o mais cobiçado da Esplanada. Da mesma forma, nunca mandou, sugeriu e muito menos insinuou que eu beneficiasse alguma empresa ou algum amigo. Nem que eu atendesse as solicitações de quem quer que fosse – viesse ela de um alagoano, de um paulista ou de um javanês. Esse foi o melhor Collor que conheci.

A INABILIDADE POLÍTICA DE COLLOR

Quanto ao pior Collor, bem... O pior Collor foi aquele que, com o passar do tempo, se deixou envolver pela política paroquial e afastou-se do propósito modernizante que ele mesmo tinha fixado para seu governo. Aquele que passou a aceitar conselhos de quem praticava o tipo de política que ele tanto criticou durante a campanha. E que, no final das contas, acabou se contentando em ser um governante nada inovador, rodeado pelas mesmas pessoas (e, portanto, pelos mesmos interesses) que circundaram Sarney no governo que ele tanto criticou.

Collor, e a história está aí para comprovar, foi inábil em construir uma base parlamentar afinada com suas ideias. Ou em construir uma ponte sólida para facilitar seu relacionamento com os políticos. Ele não apenas rompeu com seus aliados políticos de primeira hora. Ele também os hostilizou. E isso, claro, gerou um passivo político elevadíssimo e uma conta que acabou sendo cobrada quando chegou o momento.

Tanto isso é verdade que a maioria dos deputados que *colloriram* na primeira hora e falavam em nome dele no momento inicial de sua candidatura (quando a maioria do Congresso o rejeitava e até zombava de sua pretensão de se tornar presidente), se voltaram contra ele. Refiro-me, especialmente, a Renan Calheiros e a Arnaldo Faria de Sá, como poderia me referir a muitos outros. O primeiro, enjeitado na disputa pelo governo de Alagoas, em 1990, quando Collor apoiou o insignificante Geraldo Bulhões, tornou-se por muito tempo um de seus mais ferrenhos adversários regionais. E, mesmo estando sem mandato, foi um dos principais articuladores pelo *impeachment*. Já Faria de Sá, primeiro deputado a se filiar ao PRN, se cansou de fazer acenos e de esperar por uma conversa com o presidente. Afastou-se de Collor e acabou votando pela abertura do processo que levou ao afastamento, em 1992.

São casos isolados, mas que, somados a dezenas de outros, revelam a incapacidade de Collor para reunir em torno de si uma base parlamentar que, no final das contas, rezasse pelo mesmo missal reformista que o levou à presidência. Se tivesse se dedicado pessoalmente a consolidar seu projeto, talvez chegasse mais longe do que chegou. Se tivesse delegado a pessoas de confiança, entre as quais me incluo, a missão de se relacionar com o Congresso em seu nome, talvez tivesse uma sorte diferente.

Mas, não. No momento em que ele se viu acuado por denúncias que só vieram à tona por causa de seus equívocos regionais, Collor buscou refúgio entre aquilo que, com honrosas exceções, havia de mais atrasado no Congresso e na política brasileira. Na campanha que o levou ao poder, Collor encerrava seus discursos com um apelo: "Não me deixem só." Mas foi justamente assim, só, que ele chegou ao final de seu governo. Completamente só e abandonado, justamente por ter feito escolhas erradas e dar força àquilo que havia de mais atrasado na política paroquial de Alagoas.

Política paroquial pela qual, é bom que se registre, o estadista Collor jamais demonstrou apreço. No final das contas, e analisando o problema com a ajuda do tempo — que, afinal das contas, "é o senhor da razão" — Collor não começou a cair devido à denúncia feita pelo irmão Pedro. A principal queixa era a de que Paulo César Farias estava instalando, sob a proteção de Fernando, um jornal que disputaria mercado com as empresas da família. Ao se rebelar contra a chegada do concorrente, Pedro Collor de fato ateou fogo ao estopim da bomba que, meses mais tarde, explodiu no colo do irmão e o tirou do governo. Mas o problema poderia ter sido contornado e as denúncias contidas no nascedouro se não tivessem encontrado Collor no momento de maior fragilidade.

Já enredado por promessas de um apoio que nunca receberia, Collor afastou os auxiliares que ainda apoiavam o projeto original e tentou se apoiar em políticos que nunca o levaram a sério. Políticos que, ao assumir os principais cargos do governo, sempre se comportaram como se estivesse ali por um favor a Collor.

Sem base e sem rumo, Collor não teve forças para reagir às denúncias de corrupção atiradas contra ele. Denúncias que, sem entrar no mérito da veracidade, se assemelham ao roubo de um saquinho de pipocas no carrinho em frente ao cinema, quando comparadas com o assalto ao trem pagador que se assistiu nos governos seguintes ao dele. Mas a fama que ele carregou a partir dali foi a de um político que saqueou os cofres públicos mesmo diante das evidências em contrário.

Nos meses de julho, agosto e setembro — o auge da crise política que acabou por derrubá-lo —, o Tesouro Nacional nunca esteve tão bem protegido das pressões por gastos. No terceiro trimestre de 1992, a União registrou um superavit equivalente a R$685 milhões. No trimestre seguinte, no governo de cofres abertos de Itamar Franco, houve um deficit superior a R$1 bilhão. Mas não tem jeito, Collor passou para a história como o presidente que arrasou tudo. Itamar, que escancarou as portas dos cofres públicos, é aplaudido por muita gente como o vice que conseguiu pôr as coisas no lugar. O que ficou para a história não foi a tentativa de conter a farra das operações financeiras ao portador e a especulação no "overnight". O que ficou foi a imagem de um governo insensível, acusado de tirar o pão da boca dos velhinhos e de deixar as criancinhas desassistidas.

A imagem negativa do governo se deveu não apenas à ação dos adversários, mas, em grande parte, à inabilidade de um presidente que, diante das críticas de não saber fazer política, jogou-se nos braços de quem praticava o pior tipo de articulação possível. Refiro-me às mesmas forças que eram de situação no governo de João Goulart, mas não pensaram duas vezes antes de se atirar aos braços dos militares. Apoiaram os militares durante toda sua permanência no poder, mas nem pestanejaram na hora de embarcar na canoa da "Aliança Democrática" de Tancredo. Fizeram mesuras para Sarney até os estertores do governo e foram rejeitados por Collor no início do mandato. Mas não deixaram de cortejar o presidente até, finalmente, serem aceitos como a solução para os problemas políticos.

São as forças que, parodiando a velha anedota latino-americana, perguntariam ao chegar a um lugar estranho: "¿Hay gobierno?" E diante da resposta positiva diriam "Soy a favor." Forças que são incapazes de viver longe dos cofres do Estado e que, nos governos seguintes, não tiveram o pudor de abandonar FHC quando a vitória de Lula ficou clara e de trocar Dilma por Temer como se estivessem substituindo a escova de dentes. Eu, é claro, fui envolvido na trama que ajudou a sepultar o governo Collor.

MUDANÇA DE PRIORIDADES

Não aconteceu, é claro, da noite para o dia. O fim do projeto político original de Collor teve início com a chegada de Marcílio, em maio de 1991. Prosseguiu pelo ano seguinte e foi arrematado em abril de 1992, quando a turma da velha política consumou sua vitória e os últimos auxiliares identificados com o Brasil Moderno que o presidente prometeu construir foram postos para fora do governo. Eu estava entre eles. Mesmo assim, não me arrependo da decisão de ficar em Brasília após a saída de Zélia. Enquanto estive na equipe, pus para andar projetos que esperavam havia anos por uma solução — mas que sempre esbarravam na burocracia estatal quando envolviam áreas que estavam sob a responsabilidade de pastas diferentes.

Um desses problemas envolveu uma decisão que, na antiga estrutura, exigiria meses de discussão entre as equipes do Ministério das Minas e Energia com o pessoal do Ministério dos Transportes, mas que, com a pasta da Infraestrutura, foi resolvida em menos de dois dias. Wilson Brumer, o presidente da Vale do Rio Doce (estatal que, no passado, estava no organograma do Ministério das Minas e Energia), me trouxe uma questão que, na minha cabeça, era de fácil solução. Os trens da companhia — que operavam entre o porto de Tubarão, nas imediações de Vitória, e a cidade mineira de Barão de Cocais — não chegavam a Belo Horizonte devido a uma pendência burocrática com a Rede Ferroviária Federal (subordinada anteriormente ao Ministério dos Transportes).

Dona da concessão daquele trecho, a RFFSA não providenciava, por escassez de recursos ou por falta de interesse, algumas obras relativamente simples, que permitiriam o trânsito das composições da Ferrovia Vitória-Minas, operada pela Vale, até a capital mineira. Se isso acontecesse, os trens que transportavam minério de ferro das jazidas para o porto poderiam fazer o caminho de volta carregados com outras mercadorias. Com a abertura do comércio internacional, as operações pelos portos de Vitória e Tubarão se tornariam mais interessantes para os importadores que pudessem utilizar o trem, e não caminhões, parar levar seus produtos até o mercado de consumo. Qualquer pessoa de bom senso perceberia a lógica dessa operação. Mas não podemos nos esquecer de que vivíamos na pátria dos cartórios e, nesse caso, as soluções óbvias sempre esbarravam na burocracia e nos interesses corporativos.

Chamei o problema para mim. Terminada a reunião com Brumer, pedi que fossem convocados para uma conversa o Secretário Nacional de Transportes, José Henrique D'Amorim de Figueiredo, e o presidente da RFFSA, Martiniano Lauro de Oliveira. Expus o assunto, disse que o governo via com bons olhos o pedido da Vale e solicitei uma solução rápida. Sugeri, inclusive, que a Rede calculasse o valor de seus direitos sobre o trecho e apresentasse a conta à Vale.

O presidente da RFFSA, ferroviário de carreira, tentou argumentar. Profissional competente, mostrava disposição na hora de enfrentar a corporação dos funcionários da Rede e resolver os problemas administrativos de uma das empresas mais problemáticas do governo. Era ele quem conduzia, em uma das estatais mais inchadas do país, um processo de enxugamento delicado, que previa a redução do quadro de 61 mil para 50 mil ferroviários.[1] E que, com toda a escassez de recursos da época, modernizava no que era possível a malha ferroviária existente. Lauro conseguiu, inclusive, baixar o preço do frete e passar a competir com o modal rodoviário em alguns trechos importantes.

A realização da obra nas proximidades de Belo Horizonte exigia que a RFFSA renunciasse à concessão daquele trecho e o transferisse para a Vale do Rio Doce. Aquela seria, de acordo com a avaliação jurídica feita pela equipe da Infraestrutura, a forma mais rápida de resolver o assunto sem gerar pendências legais. Mas o presidente da RFFSA não concordou com a solução. Mesmo sabendo que a obra traria benefícios para a própria Rede, ele considerava a transferência da concessão um ato contrário aos interesses da empresa.

Tentei argumentar. A Vale do Rio Doce arcaria com todos os investimentos e os trens da RFFSA poderiam continuar utilizando os trilhos sem qualquer impedimento ou custo. Depois de esgotar os argumentos sem conseguir convencê-lo, me vali da autoridade de ministro. Encarei o presidente e disse: "Amanhã eu vou ler no Diário Oficial uma portaria da diretoria da Rede transferindo esse trecho de ferrovia para a Vale. Senão, depois de amanhã o senhor verá lá a sua exoneração." A transferência foi feita e a obra concluída em tempo recorde.

Talvez aquela forma de resolver os problemas envolvesse certos exageros no que diz respeito ao ritmo e aos métodos utilizados para transpor os obstáculos. Mas a solução do problema só foi possível porque as duas empresas estavam subordinadas a um único ministério e porque esse era o ritmo daquele governo. Depois da saída de Zélia, as coisas mudaram e eu era um dos poucos que continuava trabalhando com a mesma intensidade e com os mesmos objetivos dos momentos iniciais.

---

1 Jornal de Brasília. 20.10.1990. RFFSA será "enxugada" para venda.

OS INIMIGOS DAS MUDANÇAS GANHAM FORÇAS

Em meados de 1992, quando eu já estava distante de Brasília, o jornal *Correio Brasiliense* publicou uma nota que, para mim, era a imagem do ritmo que se estabeleceu no governo após a chegada de Marcílio Marques Moreira ao governo. A nota dizia que "com a Zélia as medidas eram para ontem, com o Marcílio, tudo é para amanhã"[2] Além da lentidão, houve outras mudanças perceptíveis. Refiro-me à alteração de prioridades.

Depois da Usiminas, houve ainda a venda da Celma, uma retífica de motores de avião sediada em Petrópolis. A empresa era, por sinal, o retrato da concepção estatista dos governos militares. Tinha nascido privada, ligada a Panair do Brasil, nos anos 1950. Quando a empresa foi fechada, no processo obsceno que deu à Varig a hegemonia nos céus brasileiros, a Celma passou a ser administrada pela FAB, até ser estatizada em 1966.

No governo Collor, foi vendida a um consórcio brasileiro liderado pela empreiteira Andrade Gutierrez e, mais tarde, vendida à americana GE. Depois da Celma, o programa de desestatização empacou. A despeito dos esforços de Modiano e meus para manter no *pipeline* as vendas programadas, as privatizações só voltariam à pauta meses mais tarde, quando Collor já não estivesse no poder.

AVANÇO PARA TRÁS

Algo que jamais me atraiu em minhas passagens por governos, em posições de menor ou de maior destaque, foi o jogo da disputa pelo poder. Não me refiro, é evidente, às grandes batalhas eleitorais. Essas são essenciais para quem pratica a democracia. As disputas a que me refiro são as guerras internas motivadas pela cobiça de um cargo superior ou, numa escala acima, pela possibilidade de pôr a máquina do Estado para trabalhar em nome de objetivos que não coincidem com os do eleito. Isso, convenhamos, é muito mais comum do que se imagina.

De minha parte, jamais encarei como meus os cargos que ocupei. Para mim, eles sempre pertenceram a quem nomeia, nunca a quem é nomeado. Portanto, não fazia sentido participar de um governo e colocar em prática um programa que não estivesse de acordo com o do político eleito. Pensei e agi assim desde o tempo da Secretaria do Interior em São Paulo, no governo de Franco Montoro. Ali, tive consciência de que a vaga que eu ocupava não pertencia a mim. Também ali me convenci de que a insistência em me segurar na cadeira me custaria mais do que qualquer benefício que eu pudesse obter.

Se eu pretendesse ficar lá e tivesse entrado na disputa pelo poder interno naquele momento, teria todas as armas a meu favor. Se naquela hora eu quisesse ficar onde estava ou até subir um degrau na hierarquia da Secretaria, bastaria

---

2 Correio Braziliense, 04 de julho de 1992.

ter me aproximado mais de Chopin Tavares de Lima. O Secretário e meu pai eram amigos, assim como Pedro e os outros filhos de Chopin eram amigos meus. Naquele ambiente, eu tinha todas as armas para conspirar contra quem boicotava meu trabalho. Poderia ficar e até ampliar meu espaço na secretaria. Mas não era essa a política que eu acreditava. Ao invés de tentar ficar, procurei Chopin, expliquei minhas razões e informei que eu estava deixando a Secretaria. E deixei.

A verdade é que, em qualquer ambiente de trabalho, mas especialmente no serviço público, quando a conspiração entra por uma porta, a eficiência sai pela outra. Um dos estratagemas mais manjados dos conspiradores — cujos métodos, no final das contas, nunca mudaram e nunca mudarão — é o uso da mentira como recurso para minar o espaço e manter o adversário na defensiva. É assim que acontece e já acontecia muito antes do tempo em que Yago, das páginas de William Shakespeare, destilava seu veneno para ferir de morte o general Otelo. Conspiradores se acham ardilosos, mas são previsíveis. Eles sempre se valem da manipulação e da mentira para enfraquecer aqueles que elegem como alvo. E nos meus últimos meses no governo, o alvo era eu.

Desde a saída de Zélia, ou melhor, desde a chegada de Marcílio ao Ministério da Economia, havia uma tentativa permanente de minar o meu trabalho. Volta e meia, tomava uma canelada e não identificava a origem do chute. Sabia que a campanha contra mim não partia da equipe que eu comandava. Eu tinha mantido os mesmos profissionais que encontrei no ministério e posso assegurar que nenhum deles participou de qualquer ação ardilosa contra mim. As únicas pessoas que levei foram Pedro Maranhão, da minha mais absoluta confiança, que assumiu a chefia do meu gabinete, e o advogado Renato Menegat, procurador da Previdência que estava comigo desde o início na Administração.

Simá Medeiros, profissional do primeiríssimo time, era o secretário executivo desde a época de Eduardo Teixeira. Os secretários nacionais e os chefes de departamentos, eu conhecia desde o tempo do Bolo de Noiva — e tinha contribuído para a nomeação de alguns deles. Além de conhecer e confiar na equipe, a turma trabalhava duro demais para ter tempo de conspirar. Sabia, portanto, que os tiros contra mim não partiam de dentro de casa. Eles vinham de outro prédio na Esplanada dos Ministérios.

O tiroteio começou logo que cheguei ao ministério da Infraestrutura e nunca parou. Uma das notícias dizia que Marcílio tinha assumido o comando das 123 estatais subordinadas à minha pasta. A notícia foi espalhada, claro, pelo ministério da Economia.[3] Mentira! O poder de Marcílio sobre as estatais era exatamente o mesmo de Zélia, no tempo em que a Infraestrutura estava com Ozires Silva ou com

---

3 Tribuna da Imprensa. 20.02.1992. Marcílio ganha queda-de-braço; Jornal de Brasília. 20.02.1992. Marcílio quer cortar orçamento de estatais.

Eduardo Teixeira. As estatais, desde o início, eram acompanhadas pelo Ministério da Economia e pela Secretaria da Administração Federal. Eu era o primeiro a saber disso: aquelas regras tinham sido propostas por mim, ainda no Bolo de Noiva.

O orçamento das estatais — sobretudo das deficitárias, que não sobreviveriam sem recursos do Tesouro — tinha que passar obrigatoriamente pela aprovação do Ministério da Economia. Era preciso ter o controle sobre a execução financeira e não apenas sobre a correção contábil dos balanços. A razão para isso era a mesma que nos levou, no início do governo, a trazer a folha de pagamentos de todos os órgãos da administração para uma mesma base de dados: era preciso que o Tesouro Nacional tivesse ciência das despesas das estatais. Simples assim. Ninguém, nem o chefe do Departamento do Tesouro, nem o secretário executivo, nem o ministro da Economia e muito menos o presidente da República poderia ser pego de surpresa por uma despesa de última hora. Parece óbvio.

Era natural, portanto, que os orçamentos das estatais fossem submetidos ao ministro da Economia. Isso, porém, era muito diferente do que os jornais, alimentados pelo pessoal de Marcílio, vinham divulgando. A responsabilidade de fixar metas, de cobrar resultados e nomear gestores para as empresas continuavam das mãos dos quatro Secretários Nacionais do Ministério da Infraestrutura. E eles respondiam a mim, não a Marcílio.

Enquanto estive ministro, Marcílio nunca nomeou ninguém para qualquer cargo nas estatais sob minha responsabilidade. O problema é que aquele tipo de fofoca sempre causava transtornos e gerava desgastes. Em todo lugar onde eu chegava, me via obrigado a perder tempo explicando que o controle das empresas não havia migrado de minhas mãos para as de Marcílio. Mais que isso, que eu continuava merecendo a confiança de Collor. Pelo menos era isso que o presidente fazia questão de manifestar sempre que eu me entrevistava com ele.

A PROPOSTA DE UMA MINIRREFORMA

Outro boato recorrente dizia que, por não confiar no meu trabalho, Collor pensava em dividir em dois o ministério que eu ocupava. Esse boato, pelo menos, tinha um fundo de verdade. Do ponto de vista da racionalização dos serviços do Estado, fazia todo sentido manter em um só ministério todas as atribuições das pastas que, no passado, cuidavam da infraestrutura nacional. A rapidez da solução do problema em torno da concessão do ramal da RFFSA nas proximidades de Belo Horizonte e a utilização de áreas em torno das rodovias federais para a instalação acelerada das redes de fibra ótica de longa distância são provas suficientes da agilidade que a pasta conferiu à solução de problemas que envolviam mais de uma área.

No passado, a autorização para que a Embratel, ligada ao Ministério das Telecomunicações, se entendesse com o DNER, do Ministério dos Transportes, em torno

O ESTADO A QUE CHEGAMOS

da autorização para enterrar os cabos de fibra óptica ao lado das estradas federais teria consumido meses de conversa e de dificuldades burocráticas. Nas mãos do Ministério da Infraestrutura, a ideia foi aprovada tão logo foi apresentada.

Mesmo com todos esses exemplos, eu entendia que a divisão do ministério poderia trazer benefícios políticos para o governo. Collor aumentaria seu capital para obter apoio no parlamento. A pedido do presidente, cheguei inclusive a elaborar um projeto que promovia essa divisão e fazia outras mudanças na estrutura do governo. Isso tinha acontecido em janeiro de 1991, quando o governo ainda não tinha completado um ano. O ministro da pasta ainda era Ozires Silva e não passava pela cabeça de ninguém, nem de Collor, nem de Zélia e nem na minha, a ideia de que um dia eu me tornasse ministro da Infraestrutura — o que aconteceria dali a quatro meses.

MEDIDA MORALIZADORA

No lugar da pasta da Infraestrutura, haveria dois ministérios. O da Energia e Mineração e o dos Transportes e Comunicações. Outras mudanças foram propostas pelo mesmo projeto.[4] Reapresentei a ideia, rejeitada na época do Bolo de Noiva, de colocar as universidades federais sob a responsabilidade da Secretaria de Ciência e Tecnologia e deixar com a Educação a tarefa de cuidar das políticas para o ensino fundamental e para o ensino médio. O estudo elaborado pela equipe da Secretaria da Administração Federal também sugeria que as verbas para o programa de habitação popular saíssem do Ministério da Ação Social e passassem a ser administrados pela CEF. Outras providências eram sugeridas, como, por exemplo, mudar a situação da Funai. Pela nossa proposta, os cuidados com os índios deixariam de ser prestados por uma Fundação e ficariam sob responsabilidade de uma Secretaria ligada diretamente à Presidência da República. Seria uma medida moralizadora mais do que necessária, mas ela também acabou não indo adiante.

Durante os esforços da Secretaria de Administração para reduzir os gastos com pessoal, descobriram-se dezenas de índios contratados pela Funai que recebiam sem trabalhar. Na lista de 401 funcionários postos em disponibilidade pela Fundação, 83 eram índios. Entre eles havia nomes conhecidos, como do ex-deputado federal Mário Juruna e do cacique Marcos Terena, candidato pelo PT à Câmara dos Deputados nas eleições de 1990. Contratado como piloto, muita gente considerou a presença do nome de Terena na lista como um ato de retaliação política.[5]

Certo dia, em Brasília, num almoço com o então diretor de redação do Jornal do Brasil, Marcos Sá Corrêa, fui alertado para o fato de que as razões da dispensa de Terena seriam injustas. A Funai dizia que ele não pilotava aviões, mas a TV

---

4 O Estado de S. Paulo. 30.01.1991. Reforma vai criar novos ministérios.

5 O Estado de S. Paulo. 21.06.1990. Funai quer demitir 175 índios.

havia exibido, naqueles dias, a imagem de Terena no comando de um dos aviões da FUNAI. De volta à Secretaria, telefonei para o então presidente da Fundação, Coronel Airton Alcântara, relatei minha conversa com Sá Corrêa e expressei minha preocupação com a repercussão daquela notícia.

Menos de uma hora depois, recebi em minha sala um dossiê com diversos atestados médicos apresentados por Terena para justificar sua ausência em muitas das vezes em que foi convocado para alguma missão num dos aviões da FUNAI. Em outubro de 1990, mencionei uma piada que corria sobre Terena entre os funcionários da FUNAI numa entrevista que dei ao jornalista Paulo Markum para a revista *Playboy*. Segundo se dizia, Terena era o único piloto de avião do mundo que sofria de acrofobia − ou seja, medo de altura. Ele não gostou do que falei e abriu contra mim um processo que foi arquivado tão logo apresentei à Justiça as cópias do dossiê que havia recebido.

Mais do que propor mudanças nos ministérios, defendi publicamente que Collor negociasse os novos cargos com os governadores eleitos em 1990.[6] Pela experiência que eu tinha acumulado no primeiro ano de governo, percebi que boa parte dos problemas que tivemos no relacionamento com o Congresso − e não foram poucos − poderiam ter sido evitados com a criação de um canal de comunicação desimpedido entre o Legislativo e o Executivo. Se essa era a posição que eu defendia publicamente, não havia motivo para escondê-la do Planalto num momento em que meu diálogo com Collor estava totalmente desobstruído.

A despeito de tudo isso, e a partir da chegada de Marcílio, a divisão do ministério da Infraestrutura passou a ser apresentada como uma solução proposta pelo novo ministro para reduzir o poder excessivo que eu detinha. Quando surgiram os primeiros boatos, fui a Collor, como fazia desde antes do início do governo. Disse que ele não precisava se preocupar comigo. Pelo contrário. Ele deveria, na minha opinião, usar minha cadeira como moeda de troca para conseguir o apoio que não vinha recebendo do Congresso.

A verdade é que estava cada dia mais difícil para o governo fazer passar pelo Congresso as medidas de seu interesse. Os erros de condução política deixaram Collor distante da maioria parlamentar nas eleições de 1990. Na minha opinião, o presidente deveria ter procurado o PMDB e tentado atrair a maior bancada do Congresso para sua base. Eu me referia, especificamente, à ala do PMDB liderada pelo deputado Ulysses Guimarães. Estar perto dele significaria buscar apoio político junto a um líder sobre quem não pesava qualquer suspeita de corrupção.

O movimento ajudaria, inclusive, a salvar o prestígio do próprio Ulysses, submetido naquele momento a um bombardeio intenso pelo grupo de Orestes

---

6 Folha de S. Paulo. 31.01.1991. Troca de ministros será negociada com eleitos.

292 O ESTADO A QUE CHEGAMOS

Quércia. O ex-governador de São Paulo queria pôr o partido inteiro para dançar no ritmo do bolero fisiológico executado por ele e sua orquestra, mas Ulysses resistia. Quércia havia tomado a presidência do PMDB e, para provar que agora era ele que mandava no partido, havia impedido até mesmo que Ulysses assumisse a presidência da Comissão de Constituição e Justiça.

Collor não era simpático àquela ideia. Ele jamais assimilou as críticas de Ulysses contra sua eleição e seu governo. Como minha ideia foi rejeitada, não voltei a tocar no assunto. Meu tempo naqueles dias estava totalmente tomado pelas articulações em torno da venda da Usiminas e eu não pretendia incluir mais preocupações às que já tinha. A condução executiva da venda da estatal estava com Modiano. A mim, cabia fazer as articulações políticas e remover as resistências que o leilão vinha enfrentando. Eu queria, como já afirmei, convencer os empresários brasileiros a participar do processo. Em resumo, procurava apoio político para uma causa que tinha adversários muito bem entrincheirados.

O APOIO DE HÉLIO GARCIA

Não me refiro apenas a Leonel Brizola — que era coerente com sua biografia ao defender uma economia totalmente controlada pelo Estado. Também não me refiro a Lula e a seus seguidores, estatistas pela própria natureza e adversários de qualquer ideia que partisse daquele governo. O problema era o fogo supostamente amigo. A privatização mexeria com a pirâmide de interesses que se consolidou em torno da Usiminas. Muita gente enriqueceu ao longo dos anos de operação deficitária bancada pelo contribuinte. O cartel dos distribuidores e dos transportadores já tinha sido abalado pela decisão do governo de desburocratizar a venda do produto. Mas o grupo ainda estava vivo e só seria nocauteado se um dono privado substituísse o Estado à frente da companhia.

Além dos distribuidores de aço, que acabariam se unindo e participando do leilão, havia um conjunto de empreiteiros, fornecedores de insumos, fornecedores de alimentos, de uniformes, de material de expediente e de tudo quanto há, que lutava como podia contra a privatização. Essa turma, naturalmente, via na venda da Usiminas uma ameaça a seus negócios. Para garantir seu espaço, fazia contra a privatização o barulho que podia — principalmente depois que a data do leilão foi marcada para o dia 24 de setembro.

A campanha movida por Itamar Franco, Aureliano Chaves e José Alencar Gomes da Silva contra a privatização prosseguia trabalhando intensamente.[7] Moradores de Ipatinga entraram na Justiça para impedir a venda, alegando que a empresa era vital para a economia local. A Usiminas, diziam, era responsável

---

7 Jornal do Commercio. 07.06.1991. Vice-presidente condena privatização da Usiminas.

OS INIMIGOS DAS MUDANÇAS GANHAM FORÇAS

por 75% da arrecadação do município e por 7% do ICMS de Minas Gerais.[8] Para eles, era como se os interesses de Ipatinga se sobrepusessem ao dos outros 4.490 municípios que o Brasil tinha na época.

Um economista da UFMG, Maurício Borges Lemos, apresentou números que apontavam uma suposta subavaliação da empresa. A usina deveria ter sido posta à venda por US$3,5 bilhões e não pelo valor previsto no edital[9], que era mais ou menos a metade disso. Nesse caso, não se pode dizer que havia um erro, mas apenas uma desatualização conceitual. O economista avaliava a usina pelo preço dos ativos, levando em conta quanto seria necessário para construir outra planta igual àquela. Esse critério pode até ser usado na venda de uma quitanda ou de uma floricultura. Mas os negócios mais sofisticados eram feitos em todo o mundo com base no fluxo de caixa descontado — ou seja, na capacidade da empresa remunerar seu novo dono.

Apoiada em contas equivocadas, a pressão ficou cada vez maior. Em determinado momento, nadar contra a corrente estatista tornou-se cansativo e o processo de privatização ameaçou ruir por falta de apoio. O deputado Vivaldo Barbosa do PDT insistia em sua luta e chegou a propor um decreto legislativo contra a privatização. Eduardo Modiano foi hostilizado em Belo Horizonte por funcionários da Usiminas e da Acesita que lotaram as galerias da Assembleia Legislativa durante um debate sobre a privatização com deputados estaduais de Minas Gerais.[10]

Certo dia, numa reunião com o Secretário Nacional de Minas e Metalurgia, Luiz André Rico Vicente, manifestei cansaço diante daquela campanha contrária e ouvi o mesmo conselho que tinha recebido do presidente da Vale, Wilson Brumer. Luiz André e Brumer, em ocasiões distintas, sugeriram que eu procurasse o governador de Minas Gerais, Hélio Garcia.

Vice-governador de Tancredo Neves em 1982, Garcia assumiu o governo de Minas quando o chefe deixou o cargo para disputar a presidência. Voltou ao poder pelas próprias pernas, depois de derrotar Hélio Costa, candidato de Collor, no segundo turno das eleições de 1990. Firmou-se, então, como uma das principais lideranças entre os novos governadores.

Não o conhecia pessoalmente. Luiz André disse que Garcia era um político com cabeça mais arejada do que a de seus conterrâneos contrários à privatização. Era a mesma impressão de Brumer, que também o conhecia bem. O govenador, diziam os dois, fazia questão de manter um jeitão interiorano, mas enxergava mais longe do que qualquer um de seus adversários. Ele, com certeza, aceitaria discutir a ideia da privatização de uma forma menos preconceituosa do que os outros.

---

8 Gazeta Mercantil. 21.06.1991. Moradores de Ipatinga entrarão na Justiça contra venda da Usiminas.

9 Diário do Aço. 20.06.1991. Preço da estatal é questionado por economista do Cedeplar.

10 Correio Braziliense. 12. 06.1991. Projeto veta privatização da Usiminas.

Aceitei a sugestão. Na mesma hora, pedi uma ligação para o governador. Eu tinha um encontro agendado com Hélio para o dia 1º de agosto em Uberlândia, onde discutiríamos detalhes para a construção da Ferrovia Leste-Oeste. Mas queria, antes disso, tratar do apoio à venda da Usiminas numa conversa pessoal com ele. O governador se prontificou a viajar até Brasília para se reunir comigo. Respondi que preferia ir ao encontro dele. Ele propôs, então, um jantar na noite de 31 de julho, no Palácio das Mangabeiras.

No dia marcado, eu estava em Belo Horizonte. O governador me aguardava, mas não estava sozinho. Havia outros convidados para o jantar. Entre eles, o ex-governador do Distrito Federal José Aparecido de Oliveira. Quando deixamos a sala para tratar do nosso assunto, Hélio disse ao meu ouvido: "É sempre bom a gente saber onde está o Zé Aparecido." E explicou o motivo: "Ele vive intrigando."

Luiz André e Wilson Brumer estavam certos quando a Garcia. "Não só não vou falar contra como vou falar a favor", disse o governador quando pedi seu apoio à privatização. Logo percebi que a autoridade de Hélio faria baixar o tom das vozes contrárias à venda da Usiminas, pelo menos em Minas Gerais. Afinal, para aquela turma habituada a sobreviver às custas do dinheiro público, seria muito arriscado desafiar o governo federal e o estadual ao mesmo tempo.

O governador enxergava o cenário com clareza e dizia que não participaria de qualquer ação contra Collor. "Cabe ao presidente trazer as propostas para análise dos políticos e da sociedade. Não pode ser iniciativa de um governador apresentar propostas ao presidente da República."[11]

Assim como ACM, Hélio Garcia tornou-se, depois daquele primeiro encontro, um dos meus interlocutores mais frequentes e, especialmente, um conselheiro em matéria de sobrevivência no mundo escorregadio da política. Um dos traços que mais me encantavam na inteligência e no humor ferino de Hélio era a noção clara que ele tinha da relação entre a conquista do voto, os ritos do poder e a condução da máquina pública. Um político pode estar no poder e não dominar a máquina. Pode dominar a máquina e não ter voto. Poderia ter voto e não ter poder. O segredo da política, dizia, era fazer tudo isso marchar no mesmo ritmo, numa mesma direção. A sabedoria política de Hélio Garcia logo seria utilizada para me alertar sobre as armadilhas que estavam sendo preparadas para mim dentro do próprio governo para o qual eu trabalhava.

---

11 Estado de Minas. 31.10.1991. Garcia reafirma apoio a Collor e prega ordem para conter a crise.

CAPÍTULO 20

A RESISTÊNCIA DO ESTADO FISIOLÓGICO

A virtude da coerência jamais faltou ao ex-senador catarinense Jorge Konder Bornhausen ao longo de sua extensa trajetória política. Acontecesse o que acontecesse, independentemente de quem estivesse no poder, ele estaria na situação. Sempre da situação. Para Bornhausen, fazer política era sinônimo de estar com o governo. Caso percebesse uma mudança na direção dos ventos, logo encontrava uma maneira de seguir a nova rota, ainda que ela apontasse na direção oposta da anterior. Sempre estava entre os primeiros a abandonar os navios dos governos que estavam para ir a pique. Ficava um brevíssimo tempo na oposição, acenando para os barcos que passavam recolhendo os náufragos. Quando um deles lhe atirava a boia, subia a bordo e se entendia com os novos timoneiros. Assim agia Jorge Bornhausen.

Nascido e criado no Rio de Janeiro, filho de um ex-banqueiro e político, Bornhausen era membro de uma das famílias mais poderosas de Santa Catarina. Advogado de formação, começou a carreira na velha UDN, partido pelo qual seu pai, Irineu Bornhausen, governou o estado entre 1951 e 1956. Ainda jovem, conspirou contra João Goulart e apoiou a tomada do poder pelos militares. Antes de completar 30 anos, foi nomeado vice-governador do estado, na vaga do cassado Francisco Roberto Dall'Igna. Sua posse, com idade inferior à exigida pela Constituição do Estado, só foi possível porque o governador Ivo Silveira ajeitou tudo na Assembleia Legislativa. Reduzida a idade mínima exigida para o posto, o herdeiro do velho cacique tornou-se vice-governador.

No governo Geisel, Bornhausen presidiu o Banco do Estado de Santa Catarina. Depois, por escolha do general Figueiredo, de quem se aproximou logo que teve seu nome confirmado como o indicado dos militares para a sucessão de Geisel, foi nomeado para o posto que seu pai havia ocupado pelo sufrágio universal. O primeiro contato com as urnas só se deu em 1982, dezesseis anos depois de ocupar o primeiro cargo público. Eleito senador pelo PDS, Bornhausen foi um dos primeiros próceres a romper com o partido do governo, ajudar a criar o PFL e declarar apoio a Tancredo Neves no Colégio Eleitoral de 1985.

Ministro da Educação, defendeu a permanência do PFL no governo Sarney quando um grupo de correligionários descontentes ameaçou passar para a oposição. Bornhausen permaneceu firme na situação. Nas eleições de 1989, foi um dos

296 O ESTADO A QUE CHEGAMOS

pefelistas que, diante das chances eleitorais inexistentes do candidato de seu partido, viraram as costas para Aureliano Chaves. Ainda no início da corrida eleitoral, participou da articulação para substituir Aureliano pelo empresário Silvio Santos como candidato do PFL. Com o fracasso da tentativa, aproximou-se de Guilherme Afif Domingos, do PL. Mesmo antes da abertura das urnas, e diante da queda de Afif nas pesquisas, começou a fazer acenos em direção a Fenando Collor.

A aproximação foi lenta. Nos momentos iniciais do governo, Bornhausen foi convidado por Collor para integrar o Conselho da República, órgão de assessoramento ao presidente previsto na Constituição de 1988 e implementado por ele. E, a partir desse posto, sempre deu um jeito de circular o Palácio do Planalto à espera de uma oportunidade de pular para o lado de dentro. A oportunidade se apresentou quando Marcílio, ex-colega de seu irmão Roberto Bornhausen no corpo diretivo do Unibanco, se instalou no Ministério da Economia.

COLLOR TROUXE O PERIGO PARA DENTRO DE CASA

Quando o apoio político ao governo entrou em colapso depois dos resultados eleitorais de 1990, quando a base do governo praticamente evaporou, Bornhausen e o PFL viram a oportunidade de dominar um governo para o qual não tinham sido eleitos. Um novo arranjo era necessário para dar sustentação ao presidente. A imprensa não poupava Collor de críticas e qualquer movimentação de PC Farias passou a ser apontada como a prova definitiva que o Planalto tinha perdido a compostura.

Isso, claro, contaminava o ambiente e dificultava o trabalho – mesmo de quem não era alvo das acusações de corrupção. No segundo semestre de 1991, a única medida do governo que mereceu elogios foi a venda da Usiminas. No mais, apenas críticas. A situação parecia piorar a cada instante e a estratégia inicial do assessor de Imprensa Cláudio Humberto Rosa e Silva, de bater de volta em quem falasse mal, parecia ter perdido a eficácia. Na medida em que o ano terminava, mais pesado o clima se tornava.

Eu precisava de descanso. Embarquei para Nova York pouco antes do Natal. Quando voltei, depois de passar o réveillon em St. Barth, no Caribe, tive a sensação de que a situação estava ainda pior do que eu havia deixado. No dia 20 de janeiro de 1992, recebi no ministério a visita de Hélio Garcia. Falamos da situação política do país e das mudanças que Collor estava promovendo no governo.

Naquele mesmo dia, o ministro do Trabalho e da Previdência, Antônio Rogério Magri, finalmente deixou o governo. Foi substituído pelo paranaense Reinhold Stephanes. Margarida Procópio, da Ação Social, cedeu lugar para o deputado pernambucano Ricardo Fiúza. Alceni Guerra sairia em seguida. Seria substituído interinamente pelo ministro da Educação José Goldenberg e, depois, por Adib Jatene. Carlos Chiarelli, que havia deixado o Ministério da Educação em 22 de agosto do

A RESISTÊNCIA DO ESTADO FISIOLÓGICO

ano anterior para assumir o Ministério Extraordinário para a Integração Latino-Americana, também deixou o governo no dia 20 de janeiro.

Aquelas mudanças eram esperadas e até tardias, disse Garcia. O governador também chamou atenção para o fato de que os nomes que tinham assumido junto com Collor pouco a pouco estavam pedindo para sair ou sendo postos para fora. E que o espaço estava sendo ocupado por nomes do PFL, como eram os casos de Stephanes e de Fiúza. O governador não disse, mas tomei as palavras dele como um sinal de alerta. Eu era um dos últimos integrantes da equipe original que permaneciam no governo e talvez não demorasse a me ver colhido por alguma conspiração.

Esgotado o assunto da política, nos voltamos aos temas de nossa agenda. Acertamos que, no dia 14 de fevereiro, eu estaria em Belo Horizonte para a inauguração da interligação do ramal da Vitória-Minas com a RFFSA — obra que só saiu por minha interferência direta e ficou pronta em questão de meses. No início de fevereiro, Hélio me telefonou e pediu que eu fosse a Belo Horizonte. Ele tinha assuntos importantes a tratar comigo e a conversa, disse ele, tinha mais a ver com os meus interesses do que com os de Minas Gerais.

Faltavam poucos dias para o evento e eu combinei que, ao invés de chegar a Belo Horizonte na manhã do dia 14, como pretendia, chegaria na noite do dia 13 para conversarmos. No mesmo telefonema, Hélio fez e eu aceitei o convite para me hospedar no Palácio das Mangabeiras. Dias depois, cheguei a Belo Horizonte e, em lugar do clima sisudo que costuma cercar as conversas mais graves, havia uma festa na residência oficial. Amigos e correligionários do governador estavam ali, numa conversa animada em torno de uma garrafa de uísque *Johnnie Walker*.

Das vezes em que estive com ele em jantares ou em eventos festivos, não me lembro de ter visto Hélio Garcia sem ter um copo de uísque com muito gelo ao alcance da mão. Também não me lembro de tê-lo visto embriagado. Ele tomava sua bebida, contava casos e ficava feliz. Mas nunca perdia a lucidez nem a clareza de raciocínio. Nem deixava de estar atento ao que acontecia a seu redor.

Em determinado momento, me pegou pelo braço e me tirou da sala. Ele me levou a um espaço reservado, mas não foi direto ao assunto que tinha a tratar comigo. No seu estilo de sempre, se pôs a contar casos. Falou de sua amizade com Tancredo Neves, mesmo com a distância de 21 anos entre as idades dos dois. Mais difícil do que se adaptar à diferença de idade foi eliminar a distância política que os separava. Hélio tinha origem na UDN e seu mestre, no PSD. Eu ouvia e aprendia com cada palavra, mas não imaginava onde o governador pretendia chegar. Garcia falou da fundação do PP, da fusão com o PMDB e da campanha de Tancredo ao Colégio Eleitoral.

Contou como Tancredo recebeu com um pé atrás o apoio dos fundadores do PFL à sua candidatura. Ele nada tinha contra os que apoiaram o governo militar, deixou claro. O próprio Hélio tinha sido filiado à Arena. A questão é que, enquanto ele e outros arenistas romperam com o governo ainda na reformulação partidária de 1979, a turma do PFL esperou o cronômetro correr até os 43 minutos do segundo tempo para, já com a partida resolvida, engrossar a torcida do time vitorioso. Garcia disse que essa mesma turma agora estava preparando para tomar conta de todo o governo Collor. "Olha, meu filho", disse ele, "democracia é fundamental para um político como eu, que não existo sem o voto". Tomou mais um gole de uísque e prosseguiu: "Mas voto não é importante para essa turma que anda rondando o governo. Conheço essa gente há muito tempo. Eles eram da UDN, como eu também fui. Mas, ao contrário de mim, sempre acharam que podem estar no governo sem buscar o voto."

O PFL DESEMBARCA NO GOVERNO

Pedi mais clareza e Hélio Garcia disse que Jorge Bornhausen estava articulando abertamente seu ingresso no governo. "Fique de olhos abertos. Seu ministério é o principal alvo dessa turma", disse ele. "Onde está o Jorge, tem intriga." Meses antes, quando nos conhecemos, Hélio tinha dito uma frase parecida a respeito de José Aparecido de Oliveira. Só que, da primeira vez, o tom era de brincadeira. Já em relação a Bornhausen, o tom era de advertência.

Desconheço a razão pela qual Bornhausen nunca teve simpatia por mim. Cheguei a atribuir o fato à minha participação no desmanche do cartel dos distribuidores de aço. Aquela medida afetou diretamente a Brasif, empresa da qual Bornhausen foi diretor depois que concluiu o mandato de senador. Acredito, porém, que nada houvesse de pessoal. Para políticos como ele, gente como eu, que não deve gratidão nem abre as portas para seu grupo político, era sempre um obstáculo a ser removido.

Eu não tinha apoio fora do governo. Pertencia à cota pessoal do presidente e a força que me mantinha no cargo era a mesma que segurava na cadeira, por exemplo, a secretária particular Ana Acioli. Eu estava ali porque tinha a confiança de Collor. Mas se as pessoas mais próximas começassem a envenenar o presidente contra mim, não haveria nada nem ninguém para me defender. Havia outro agravante. O cargo que eu ocupava era poderoso e muito cobiçado. Eu era, portanto, o alvo perfeito.

Agradeci a Hélio Garcia. No dia seguinte, depois de participar da inauguração do ramal ferroviário da Vale e voltar para Brasília, pedi para falar com Collor. Assim que o presidente me chamou, fui ao Planalto. Relatei as pressões que vinham se intensificando contra mim e insisti na necessidade de atrair o PMDB para o governo. Expus minha preocupação e, sem mencionar minha conversa com o governador de Minas Gerais, disse que meu cargo era objeto de cobiça por gente ligada à velha ordem.

A RESISTÊNCIA DO ESTADO FISIOLÓGICO

Mais uma vez, sugeri que o Ministério da Infraestrutura fosse oferecido em troca de apoio político. Só daria certo se a iniciativa partisse do presidente e estivesse condicionada ao alinhamento do novo ocupante com os objetivos do governo. Collor disse que eu continuava contando com sua confiança e me recomendou tranquilidade em relação ao apoio político ao governo. Collor disse que estava ciente da necessidade e vinha cuidando pessoalmente do problema. Admitiu que estava conversando com Jorge Bornhausen e pretendia trazê-lo para o governo.

O presidente disse que Bornhausen tinha planos para consolidar uma maioria no Congresso trazendo o PFL e voltando a convidar o PSDB — depois que a primeira tentativa de atrair o partido tinha se deparado com a recusa de Mário Covas em aderir ao governo. Eu era contrário àquela ideia e sabia que, dentro no governo, outros pensavam como eu. Pepê e Egberto Batista eram dois que viam com receio a proximidade excessiva com os morubixabas do PFL. Na minha opinião, era no PMDB que Collor deveria procurar o apoio que não tinha, até porque era o maior partido do Congresso — e, mais uma vez, insisti nesse ponto com o presidente. Mas era nítido que Collor tinha se deixado contaminar pelas ideias de Bornhausen. Ideias que, como o desenrolar dos fatos logo deixaria claro, eram ótimas para o PFL e para o tipo de política que ele praticava. Mas eram péssimas para Collor e seu governo.

Ao deixar o gabinete naquele dia, ouvi de um ajudante de ordens que, depois de mim, Collor receberia o presidente do Banco do Brasil, Lafaiete Coutinho Torres. Aquilo chamou minha atenção e me deixou preocupado. Sobretudo depois de ouvir do presidente que ele mesmo cuidaria da articulação política. Nada tinha contra Lafaiete. Nos aproximamos e nos tornamos amigos nos momentos iniciais do governo. Inteligente e conhecedor da rotina bancária como poucos, Lafa, como era tratado, começou a acumular experiência política muito cedo.

Jovem ainda, trabalhou com Abelardo Jurema, político paraibano que foi Ministro da Justiça de João Goulart. Presidente da CEF no início do governo, Coutinho tinha chegado ao Banco do Brasil depois que Zélia e sua equipe se demitiram e deixaram vagos postos importantes em Brasília.

Tanto a nomeação de Lafaiete para o BB quanto a promoção de seu diretor Álvaro Mendonça para a presidência da CEF contaram com meu apoio. Quando o presidente tratou do assunto comigo, na mesma reunião em que confirmou meu nome para o Ministério da Infraestrutura, defendi a conveniência de não entregar todo o aparato subordinado ao Ministério da Economia nas mãos de Marcílio. O presidente deveria, na minha opinião, confiar o posto a alguém da sua confiança — e não a algum técnico indicado por Marcílio.

Naquele momento, em que Collor se sentia traído pela equipe de Zélia e que meu prestígio junto a ele estava elevado, minha aprovação deve ter contribuído para a ascensão dos dois. Por se tratar de um interlocutor frequente, eu conhecia bem as ideias de Lafaiete — e eram justamente com elas que me preocupava. Para ele, Collor não deveria se furtar a utilizar a força do banco oficial em troca de apoio político — como, aliás, os presidentes da República já faziam muito antes dele pensar em disputar o Planalto. O exemplo clássico era o de Getúlio Vargas. Cansado da hostilidade da imprensa, ele abriu os cofres do BB e deu ao jornalista Samuel Wainer dinheiro para criar a *Última Hora* e apoiar seu governo.

Lafa era meu amigo e eu sabia que ele desaprovava qualquer aproximação com o PMDB. Além de ser muito próximo dos representantes da oligarquia nordestina abrigados no PFL, ele tinha, na época, proximidade familiar com Paulo Maluf, do PDS, seu amigo há muito tempo. Também sua filha Jaqueline, na época era casada com Flávio, filho de Maluf. O PMDB era, portanto, inimigo de seus amigos e ele acreditava que era hora de ir à forra do tratamento que o partido tinha dado a seus aliados no tempo em que esteve no poder com José Sarney.

Em Brasília, até as emas do Palácio da Alvorada sabiam da fila de deputados que se formava na porta do gabinete de Coutinho. Todos dispostos a oferecer apoio ao governo, desde que o Banco do Brasil os tratasse com generosidade. Por princípio e por estratégia, sempre discordei desse jogo varejista. Mais eficaz, na opinião que eu defendia com insistência, seria um movimento institucional feito por iniciativa do governo. Nesse caso, Collor ofereceria uma determinada posição na Esplanada em troca da adesão pública de uma bancada inteira a seus projetos.

Meu receio diante da tática varejista proposta por Lafaiete tinha razões claras e objetivas. Se a iniciativa da oferta de espaço no governo partisse de Collor, como eu defendia, o presidente delimitaria o espaço da influência que aquele grupo político teria. Os políticos não passariam de um determinado ponto e só conservariam a posição caso mantivessem a fidelidade aos projetos do presidente. Se, no entanto, Collor cedesse a pequenas exigências e oferecesse o dedo a deputados que agiam individualmente (e não em nome de um grupo), logo os políticos passariam a exigir a mão. Se ele entregasse a mão, não o apoiariam se não tivessem o braço. Esse era o risco para o qual Hélio Garcia havia me alertado.

FALTA DE ARTICULAÇÃO POLÍTICA

Em resumo, Collor estava cercado de conselheiros que colocavam seus interesses e suas idiossincrasias adiante dos objetivos do governo. E para tornar ainda mais delicado o risco político corrido pelo presidente, o general Agenor Homem de Carvalho, chefe do Gabinete Militar, havia ampliado sua influência sobre o presidente. Por uma única razão: o embaixador Marcos Coimbra, que gozava da confiança absoluta de Collor, demonstrava uma certa preguiça diante dos ritos oficiais.

Sempre deixava de cumprir alguma tarefa menor que, a seu juízo, não tinha a menor importância, mas que, para um homem de rotinas definidas, que valorizava

A RESISTÊNCIA DO ESTADO FISIOLÓGICO 301

o protocolo como era o caso de seu cunhado e chefe Fernando Collor, a postura de Agenor era fundamental. O general não tinha a sensibilidade nem o preparo intelectual de Coimbra, mas funcionava com a precisão de um despertador. Sempre a postos e sempre atento, conquistou a confiança do presidente. E essa confiança o encorajou a dar conselhos a Collor num campo que estava acima de seu domínio.

Bem... os militares têm qualidades e o próprio Agenor, um homem afável, carregava as dele. Eles sabem traçar planos, costumam ser leais aos superiores, têm o senso do prazo para execução das missões e não abdicam do controle sobre as situações de sua responsabilidade. De um modo geral, no entanto, as qualidades dos militares não incluem a habilidade política. Quando isso acontece, surgem gênios como Alexandre, o Grande, Júlio César ou Napoleão Bonaparte — que lideram impérios e entram para a história. A regra não costuma ser essa e o próprio Brasil era testemunha disso.

A ditadura militar, onde a carreira de Agenor foi forjada, perdeu o vigor porque não soube se legitimar. E mesmo quando pretendia fazer política, apelava para a força. Prova disso é que nenhuma das eleições realizadas durante o regime de 1964 seguiu as mesmas regras da anterior. Qualquer mudança nas circunstâncias em torno do pleito era justificativa para a edição de leis mais duras, que cuidavam de enquadrar a realidade aos objetivos dos donos do poder. No caso específico de Agenor, dar ao general voz ativa na articulação política de um governo democrático era o mesmo que, durante uma operação delicada no cérebro, expulsar o neurocirurgião da sala e confiar o bisturi às mãos do anestesista. Ele até poderia se esforçar para fazer o melhor — mas a chance de dar certo era remota.

Quanto a mim, me sentia cada vez mais sitiado. Tinha chegado ao Palácio do Planalto para aquele despacho com o presidente impressionado com as falhas gritantes que havia na condução política do governo. Ao sair, tinha certeza de que a situação estava ainda pior do que imaginava e o risco de desabamento bem maior do que eu supunha. Voltei para o ministério e convoquei meus assessores mais próximos. Expus a situação e disse que nossa posição era cada vez mais frágil e que se preparassem, pois logo eu estaria fora do governo.

O clima, que já vinha quente, entrou em ebulição depois do carnaval, que naquele ano caiu no dia 3 de março. Jorge Bornhausen logo se instalaria no Planalto e ocuparia a recém-criada Secretaria de Governo. E eu sabia que, assim que ele chegasse, meus dias em Brasília estavam contados. Mesmo assim, continuei tocando minhas tarefas no mesmo ritmo de antes. Recebi empresários, negociei e tomei decisões sobre temas de interesses de governadores, representei o presidente em solenidades e continuei discutindo com Collor os temas de interesse do ministério, como se não houvesse ameaças à continuidade de meu trabalho.

A CRISE POLÍTICA SE ALASTRA

Àquela altura, já era nítido que a frigideira que esquentava o óleo para a minha fritura tinha lugar para mais gente. Todo o grupo que estava com Collor desde o primeiro momento e que não estivesse diretamente ligado ao gabinete da Presidência da república estava com a cabeça a prêmio. Mais do que uma briga por espaço político, o que se assistiu ali foi a afirmação da velha concepção de Estado que vigorou durante e posteriormente à ditadura — onde o exercício do poder e o acesso aos recursos do Tesouro não dependiam dos compromissos assumidos em campanha. Quando a conspiração que levou o PFL para dentro do governo se tornasse vitoriosa, Collor se tornaria refém de seus novos ministros e diria adeus às promessas aceitas pelo eleitor durante a campanha.

Sempre que se fala sobre as razões da queda de Collor, que ainda se seguraria no poder até setembro daquele ano, a culpa recai sobre a ligação do presidente com PC Farias e das marcas que a passagem do empresário teria deixado em gabinetes de Brasília e do Rio de Janeiro. A análise mais rasteira diz que Collor caiu porque seu governo foi tomado por escândalos e mais escândalos e, naquele ambiente, era impossível se manter de pé. Pouca gente inclui, entre as razões da queda, as ciladas que os articuladores políticos que Collor trouxe para salvá-lo armaram para o presidente.

Havia problemas na forma como PC se relacionava com o governo? Claro que havia. Mas eles eram perfeitamente contornáveis e poderiam ser resolvidos sem a necessidade de um *impeachment*. Havia denúncias de corrupção em outras áreas do governo? Sim, havia. Mas, sempre que elas surgiram, Collor agiu e afastou os acusados. A administração não era isenta de falhas. Mas o presidente era submetido a julgamentos mais rigorosos do que o governo que o antecedeu. E muito mais rígidos do que as avaliações que, no futuro, seriam feitas dos governos que o sucederam.

Nenhuma das soluções que propúnhamos para os problemas com os quais nos deparávamos eram bem recebidas. Tudo o que fazíamos era considerado insuficiente. O maior exemplo foi a denúncia de um esquema na Petrobras, cuja liderança foi atribuída a Pedro Paulo Leoni Ramos. A acusação era grave e foi prontamente enfrentada pelo presidente — que mesmo antes da apuração do fato demitiu Pepê, que, além de estar ao lado dele desde antes da campanha para o governo de Alagoas, era um de seus amigos próximos.

As denúncias diziam que Pepê tinha tentado de várias formas obter vantagens junto à estatal. Ele teria, por exemplo, nomeado amigos para postos estratégicos na administração. Uma vez lá dentro, o grupo teria passado a ganhar dinheiro de duas maneiras. A primeira seria por meio da manipulação discreta no preço do barril de petróleo. A Petrobras, na época, comprava seis milhões de barris por mês no mercado internacional. O preço médio era de US$18 e a conta mensal ficava

A RESISTÊNCIA DO ESTADO FISIOLÓGICO

em torno de US$108 milhões. Um aumento de dois ou três *cents de dólar* no preço acertado com um vendedor amigo na Bolsa de Londres poderia render ao grupo valores superiores a US$1,2 milhão por mês.

A outra acusação era a de facilitar empresas amigas ao acesso a contratos para reforma de plataformas marítimas e outras obras na estatal. Quando o "Esquema Pepê" foi denunciado, mandei imediatamente abrir uma sindicância. Como ministro da Infraestrutura, eu era o presidente do Conselho de Administração da Petrobras e, portanto, responsável pelos números da empresa. Qualquer medida que ultrapassasse o limite da investigação interna estava além de minha autoridade.[1] Meu gesto, no entanto, foi insuficiente para pôr fim ao bombardeio, que continuou e certamente foi alimentado por quem tinha a ganhar com a crise. Ou por quem, tendo perdido o acesso privilegiado aos negócios da estatal e às mamatas proporcionadas pela INTERBRAS e por outras subsidiárias, queria se vingar dos novos responsáveis pela companhia.

De qualquer forma, os rumores de que a crise se alastrava pelo governo e poderia me custar o cargo de ministro já tinha deixado os limites da Esplanada e chegado a muitos ouvidos pelo país afora. No dia 25 de março, uma quarta-feira, estive novamente no Rio para tratar de assuntos dos Correios e, mais uma vez, almocei com Leonel Brizola. Nos encontramos no mesmo restaurante da primeira vez, o Albamar. O governador agradeceu meu apoio à Linha Vermelha, que já estava praticamente pronta e sua inauguração marcada para dali a um mês, no dia 30 de abril. Com aquele sotaque inconfundível e sempre perguntando se eu não tinha parentesco com gaúchos, Brizola disse em determinada altura que a movimentação estava intensa e que o PFL já se considerava dentro do governo. Ofereceu o apoio da bancada do PDT e afirmou que Collor não estava sendo hábil ao fazer aquele movimento. Até porque, numa operação aritmética simples, mesmo que o PFL trouxesse o PSDB para o governo, o PMDB continuaria sendo o maior partido do Congresso. E nunca se sujeitaria à liderança de um governo dominado por tucanos e pefelistas.

O governador estava certo, mas a principal demonstração de inabilidade do presidente veio na semana seguinte. Na manhã do dia 30 de março de 1992, uma segunda-feira, eu estava na Base Aérea de São Paulo, no aeroporto de Congonhas, aguardando o embarque no avião da FAB que me levaria para Brasília. Faltavam menos de dois meses para meu casamento, marcado para o dia 23 de maio, e eu já não passava tantos finais de semana na capital quanto nos primeiros meses do governo. Eu tinha nas mãos um exemplar da revista *Isto É* que estava nas bancas com uma capa que estampava uma caricatura de Pedro Paulo e o título *O Petróleo é Meu*. Uma das fontes ouvidas em *off* pela revista e identificada como "um ministro do PFL" dizia que os dias do amigo de Collor no governo estavam contados.

---

1 Isto É. nº 1174, 1º.04.1992.

O azeite estava quente e pronto para frigir o primeiro que caísse na panela. Enquanto eu e o chefe de gabinete Pedro Maranhão aguardávamos o embarque, recebi um telefonema do embaixador Marcos Coimbra. Segundo ele, o ministro da Justiça Jarbas Passarinho, o general Agenor e ele próprio tinham conversado e decidido apresentar a renúncia coletiva do ministério.

Não acreditei no que ele disse e pedi que repetisse. Ele falou mais uma vez da ideia da renúncia coletiva e eu respondi irritado. Afirmei que o gesto era de uma burrice sem tamanho (sim, utilizei a palavra burrice). Disse também que eu não estava disposto a participar de um jogo que seria prejudicial a Collor e a seu governo. "Embaixador", eu disse, "até aqui a sociedade desconfia que há uma crise em torno do presidente. A partir de agora, todo mundo vai ter certeza de que a crise não só é real como é muito grave."

Disse a Coimbra que iria até o Planalto assim que chegasse em Brasília. Comentei o assunto com Pedro Maranhão, que ficou tão espantado quanto eu. Com muitos contatos entre os políticos nordestinos e com trânsito junto à bancada paulista, que ele nunca deixou de cultivar, Maranhão disse que iria ao Congresso conseguir apoio para o nosso grupo. Pedi que ele não fizesse nada.

Nossa situação tinha chegado a um grau de desgaste que não recuaria enquanto estivéssemos no governo. Qualquer ação da nossa parte apenas aumentaria a crise e uma tentativa de negociação com o Congresso, àquela altura, amplificaria a crise ao invés de silenciá-la. O melhor, para nós e para Collor, era que fôssemos embora, mas não da forma proposta por Coimbra. Já que Collor estava entregando nossas cabeças, que ele pelo menos tirasse algum proveito do gesto. Assim que o avião pousou e que desembarquei na Base Aérea de Brasília, um recado de Marcos Coimbra estava à minha espera. Pedia que eu ligasse imediatamente para o Palácio. Assim que atendeu, o embaixador disse que a ideia da renúncia coletiva já não era mais dele, de Agenor e Passarinho. Agora, era o próprio Collor que pedia nossa saída.

PARLAMENTARISMO

Cheguei ao Planalto e fui direto à sala de Coimbra. Ali, eu soube que, enquanto voava para Brasília, Collor teve uma discussão com o Ministro da Justiça. Collor tinha interpelado Passarinho sobre notícias envolvendo corrupção na Polícia Federal. O questionamento foi feito num tom menos polido do que o presidente habitualmente usava em suas conversas com o político paraense, a quem respeitava. Era como se responsabilizasse o próprio ministro pelo vazamento da notícia.

Homem experiente, 30 anos mais velho do que Collor, Passarinho não gostou e, ali mesmo, anunciou que sairia do governo. Foi então que o estrategista Agenor entrou em cena com a ideia da renúncia coletiva. O presidente se agarrou

A RESISTÊNCIA DO ESTADO FISIOLÓGICO **305**

a ela como quem tenta apagar um incêndio jogando gasolina ao fogo. Diante do Embaixador, repeti o que já havia dito ao telefone. Disse que não assinaria qualquer papel antes de conversar com o presidente. Ele disse que eu estava demonstrando um apego excessivo ao cargo e eu repeti: "Não é apego, Coimbra. O que eu quero é evitar a burrice que vocês estão cometendo."

Segui para o Ministério, reuni minha equipe e relatei o que estava acontecendo. Disse que eu estava fora e que alguns deles provavelmente seriam substituídos nos dias seguintes. À tarde, Collor me convocou ao Planalto. Entrei no gabinete e o presidente iniciou a conversa pedindo minha compreensão. Segundo ele, a nomeação de um novo ministério daria mais sustentação ao governo. Pedi licença para falar e disse que concordava com a necessidade de conseguir uma nova rede de apoio e que a mudança na equipe era o melhor caminho para obtê--lo. Achava, porém, que o caminho escolhido não o conduziria a um porto seguro.

Reproduzi os argumentos que tinha ouvido de Hélio Garcia sobre o grupo do PFL que ele estava trazendo para o governo. Falei também sobre a opinião que ouvira no almoço com Brizola. Disse que, se ele queria votos no Congresso, a aliança a ser negociada era com o PMDB do doutor Ulysses. E não com a minoria do PFL. O presidente não permitiu que eu prosseguisse. Disse que Bornhausen estava em conversas avançadas com o senador Fernando Henrique Cardoso, o que significaria a adesão em bloco do PSDB ao governo. Minha espinha gelou. Sabia do fracasso da primeira tentativa de atrair os tucanos e que, se dependesse daquela adesão, o apoio seria ainda mais escasso do que antes.

Ainda que os tucanos fossem uma escolha melhor do que o PFL, o interlocutor mais indicado não era Fernando Henrique. Antes do Plano Real, que seria baixado dali a um ano e meio, quando ele fosse ministro da Fazenda de Itamar, FHC era um político de prestígio decrescente. Já se dizia abertamente que ele corria risco de ficar sem mandato se quisesse voltar ao senado nas eleições de 1994. Mais seguro para ele seria se contentar com uma vaga na Câmara dos Deputados. Quem tinha prestígio, voto e ascendência sobre a bancada dos tucanos àquela altura era outro senador, Mário Covas, que tinha uma posição cristalizada contra Collor. Covas jamais participaria ou daria apoio àquele governo.

Um ano antes, na crise provocada pela saída de Zélia, Covas havia barrado a ida de José Serra para o Ministério da Economia. Na sequência, agiu para que o próprio FHC não fosse para o Itamaraty. Nada indicava que o senador tivesse mudado de ideia quanto à presença de seu partido no governo. Collor nada comentou. Tinha sido convencido por Bornhausen de que a situação estava sob controle e talvez esse tenha sido o maior erro que cometeu. A turma que estava pulando para dentro, mesmo não tendo votos nas urnas nem no Congresso, não estava disposta a compartilhar espaço com ninguém.

O PMDB, para esse pessoal, era o inimigo a ser evitado. Muito mais poderoso do que o PFL, o partido do doutor Ulysses, se fosse para o governo, colocaria sua força no Congresso para trabalhar por Collor. Sua fidelidade e seu empenho, no entanto, seriam proporcionais ao espaço que tivesse no governo. O partido, e já se sabia disso desde o governo Sarney, era voraz. Tomaria conta da máquina e sufocaria o PFL – que, justamente por isso, não estava disposto a compartilhar espaço no Executivo.

Disse ao presidente que a renúncia coletiva, ao invés de fortalecer, enfraqueceria o governo. Um recurso como esse só faz sentido no sistema parlamentarista – onde os postos ministeriais pertencem a um partido ou uma coligação e a renúncia coletiva significa a abertura de negociações para obtenção de apoio. A presença no novo gabinete significa a adesão dos partidos ao governo. Nos casos do presidencialismo e do Brasil, não.

O presidente até podia ter simpatias por essa forma de governo, como já tinha manifestado mais de uma vez. Mas era uma voz quase solitária. No presidencialismo, o cargo de ministro não pertence ao partido, mas ao presidente. Deixar os cargos vagos e sair procurando pessoas para ocupá-los, como aconteceria se a ideia da renúncia coletiva fosse levada adiante, seria uma demonstração de fraqueza.

Collor afirmaria sua autoridade se, ao contrário de pedir que seus ministros saíssem, chamasse os partidos para conversar e estabelecesse os termos para ocupação das vagas que se abririam na Esplanada por decisão dele. Mas, Collor estava sinceramente convencido da genialidade em torno da ideia da saída de sua equipe e se mostrava irredutível em relação a ela. "Antes dessa história de renúncia, o senhor poderia ter negociado meu cargo em troca de apoio", disse. "Agora, o cargo não valerá mais nada."

O cargo, de qualquer forma, nunca me pertenceu. Porém era como se estivesse escrito na minha testa que eu era da quota pessoal do Presidente. O gesto dele negociar diretamente minha saída do governo e dividir o espólio do Ministério da Infraestrutura seria interpretado como uma demonstração de fraqueza. Ele estava entregando a cabeça de alguém em quem tinha confiança sem receber nada em troca. Encerrada a conversa, encarei a renúncia coletiva como uma ordem de Collor e assinei a carta que já estava pronta na mesa de Coimbra. Fui para o Ministério e, àquela altura, tinha pouco a fazer além de limpar as gavetas. A notícia da renúncia coletiva havia sido convenientemente espalhada por quem tinha a lucrar com ela e eu, mesmo ainda tendo uma agenda cheia pela frente, já me considerava ex-ministro.

Algumas vezes me passou pela cabeça a ideia de que a renúncia coletiva pode não ter saído da cabeça de Agenor, mas de Bornhausen. Ele a teria soprado no ouvido do general, de Coimbra e do próprio Collor. Na quinta-feira, dia 2 de abril, Bornhausen tomou posse na secretaria criada especialmente para ele. No dia seguinte, foi divulgada a saída de Leoni Ramos da Secretaria de Assuntos Estratégicos e sua substituição pelo ex-presidente da Vale do Rio Doce, Eliezer Batista.

A situação de Pepê ficou mais complicada na medida em que o bombardeio contra ele, alimentado pelas denúncias envolvendo a Petrobras, tornou-se mais intenso e Collor decidiu substituí-lo antes mesmo da saída dos demais. No mais, o governo estava parado enquanto o país acompanhava a implosão do que restava do projeto original daquele governo. Ninguém sabia, no entanto, o que seria construído sobre os escombros da obra demolida. O silêncio era de uma eloquência insuportável.

O novo articulador nunca trouxe os nomes graúdos que havia prometido a Collor para compor a nova equipe. Como eu havia previsto, a resistência de Covas manteve o PSDB e o senador Fernando Henrique distantes de Collor. A primeira semana após o anúncio da demissão coletiva passou e a segunda já ia pela metade quando procurei novamente por Coimbra. Disse ao Embaixador que tinha chegado a meu limite. Já estava com passagem comprada para São Paulo para a sexta-feira e não pretendia voltar a Brasília na semana seguinte. Coimbra respondeu que eu não poderia sair daquela maneira. Minha permanência até quando o presidente julgasse necessário, disse ele, era uma "questão de Estado".

Eu me irritei com a indefinição e, pela primeira vez, perdi a compostura diante do Embaixador. "Questão de Estado é a p*** que pariu!", reagi irritado. "Eu já assinei a carta e não tenho mais o que fazer aqui." Avisei que embarcaria na sexta-feira pela manhã e disse ao embaixador para ficar tranquilo: "Não vou sair esbravejando. Não vou dar nenhuma declaração. Fui bem-educado pelo meu pai e não pretendo sair falando mal do governo. Só quero cuidar da minha vida."

DESPLUGADOS

Voltei para o ministério e, dali a poucos minutos, Coimbra ligou. Disse que Collor queria falar comigo. Collor me cumprimentou formalmente e pareceu procurar as palavras antes de começar a conversa. "Eu queria te explicar porque tomei essa decisão", começou. Pela primeira vez temi pelo rumo que o diálogo tomaria e imaginei que a reunião pudesse terminar mal. Se ele voltasse a falar da importância estratégica do PFL para a governabilidade, eu seria capaz de me levantar, sair da sala e deixá-lo falando sozinho.

Quando ele deu espaço, o interrompi e disse que ele não me devia qualquer explicação. O cargo era dele e ele deveria preenchê-lo da forma que julgasse mais adequada. Ao contrário dos caramujos, que nascem com a casa nas costas e a carregam pela vida inteira, eu não trazia qualquer cargo nas minhas. Muito menos um ministério que não pertencia a mim, mas ao presidente.

Se eu havia me recusado, no início, a assinar o pedido de demissão coletiva, não foi porque pretendia me segurar no cargo. Foi justamente por acreditar que seria melhor trocá-lo por um apoio declarado do que oferecê-lo no mercado livre das transações políticas, como se fosse uma liquidação de fim de feira. "Veja, presidente, eu era ministro de Collor e não de um partido. Era justamente aí que estava o valor do ministério: ele não era meu, era do senhor. Eu saí e os próximos ministros não serão mais seus, mas de quem os indicar."

Collor não aprofundou no assunto e a conversa prosseguiu em tom mais ameno. "Santana, não quero você longe do governo." Respondi que, sempre que quisesse, poderia contar comigo. Ele prosseguiu: "Em setembro vagará a diretoria do Brasil no Banco Mundial. Desta vez será uma Diretoria Executiva. Gostaria que você fosse para lá." Agradeci, mas ponderei: "Esse cargo costuma ser do Ministro da Fazenda e não creio que Marcílio abrirá espaço para mim." O presidente disse que a decisão estava tomada. Marcílio havia sido informado e estava de acordo. Saí do gabinete e fui falar com Coimbra. Repeti o que havia dito a Collor e deixei claro que não estava disposto a entrar em briga pela diretoria do BIRD, como o Banco Mundial é conhecido. "Você não está entendendo. Já falei com o presidente e a decisão está tomada."

No final de semana, foram divulgados os nomes dos ministros que entrariam em meu lugar. O Ministério da Infraestrutura, exatamente como estava previsto no plano elaborado pela Secretaria da Administração Federal em janeiro de 1991, desapareceria e suas funções seriam repartidas entre duas novas pastas. Marcos Vinícius Pratini de Moraes, ex-ministro da Indústria e Comércio no governo de Emílio Garrastazu Médici, assumiria a pasta das Minas e Energia. Ex-ministro de Sarney e adversário de Collor nas eleições de 1989, pelo PTB, o ex-senador biônico Affonso Camargo Neto seria o titular da pasta dos Transportes e Comunicações.

Na segunda-feira, dia 13 de abril, eu finalmente deixei o governo. Na mesma leva, saíram Francisco Rezek e Reinhold Stephanes. Egberto Batista também deixou a Secretaria de Desenvolvimento Regional. Na cerimônia coletiva e fria de transmissão de cargo, no Palácio do Planalto, Egberto se aproximou de meu ouvido e resumiu com perfeição o que havia acontecido conosco: "Fomos desplugados", disse ele.

A secretaria de Egberto virou ministério e foi entregue ao banqueiro Ângelo Calmon de Sá. Depois da cerimônia no Palácio do Planalto, entrei pela última vez no Ministério da Infraestrutura e transferi o cargo para Camargo e Pratini. A sensação, de um lado, era de alívio: eu estava desplugado não só do cargo, mas também das intrigas e dos problemas do ministério. De outro lado, o clima era de tristeza: o governo Collor, pelo menos no propósito reformista que marcou seu perfil original, acabou quando o presidente capitulou e se entregou ao que havia de mais atrasado no Estado brasileiro. E, pior, sem ter os votos que tanto precisava no Congresso.

CAPÍTULO 21

A VOLTA DOS VELHOS HÁBITOS

O governo do primeiro presidente eleito pelo voto direto no Brasil depois de 1964 não acabou no dia 29 de setembro de 1992. Naquele dia, Fernando Collor foi afastado do cargo depois que a Câmara dos Deputados aceitou processá-lo por crime de responsabilidade, sob a acusação de que seus filhos iam à escola a bordo de um Fiat Elba registrado em nome de PC Farias. O ponto final também não foi no dia 29 de dezembro de 1992, quando Collor renunciou ao mandato para se livrar do *impeachment* que começaria a ser discutido dali a pouco pelo Senado.

O governo, que estreou como caçador de corruptos, já não existia na prática quando o presidente deixou o cargo como corrupto cassado. O fim se deu no dia 13 de abril de 1992, quando Collor cortou os últimos laços com o projeto que o levou ao poder e se deixou cercar por políticos ligados à ordem que ele prometeu destruir. Não digo isso em causa própria. O governo poderia muito bem ter sobrevivido e até se fortalecido com minha saída. Pela importância e pela dimensão do ministério que eu ocupava, era mais do que esperado que eu me tornasse o centro do alvo depois que Marcílio Marques Moreira se firmou junto ao presidente e, principalmente, depois que Jorge Bornhausen pulou para dentro do governo.

Eu era o alvo perfeito. Para começar, era um quadro técnico. Não tinha votos nem força política além daquela que a presença no governo me conferia. Não tinha ambições eleitorais que me colocassem acima do projeto de Collor. Não tinha apego ao cargo e, mais do que tudo isso, não era ligado a nenhum grupo que, uma vez instalado dentro do Estado, se valesse dos que estavam do lado de fora para permanecer no poder.

O erro do presidente não foi, portanto, excluir da equipe os auxiliares mais identificados com ele. O equívoco foi nos substituir por pessoas ligadas a quem se considerava superior a ele e não tinha qualquer compromisso com as ideias que davam sentido ao governo. Marcílio e Bornhausen conquistaram a confiança de Collor e passaram a agir como se o governo pertencesse a eles. Lembrando minha conversa com Eduardo Teixeira no dia em que tentei convencê-lo a permanecer no Ministério da Infraestrutura, nossa turma, a do verde, tinha perdido. Os amarelos ganharam a disputa.

O Estado brasileiro, por mais disforme que tenha se tornado, desenvolveu anticorpos para se proteger dos agressores. E eu era o corpo estranho a ser eliminado. As medidas de controle, de simplificação e de redução da máquina que tomei desde que cheguei à Secretaria de Administração Federal desagradaram aqueles que se apoiavam nas deficiências do Estado para ampliar seu poder. Contrariei muita gente da burocracia ao tomar, na secretaria-executiva da Comissão de Desregulamentação, medidas destinadas a reduzir o poder do servidor habituado a criar dificuldades para vender facilidades. Quando liderei a Comissão da Previdência, agi para desbaratar quadrilhas e, com as medidas modernizadoras sugeridas e implantadas por nós, dificultamos a ação de gangues que lesam o cidadão e enriquecem à custa do dinheiro dos aposentados. Nossas ações não foram suficientes para impedir o assalto aos cofres públicos. Mas significaram uma evolução. Perto da situação que encontramos, aquela que deixamos era bem mais segura e confiável.

Quando assumi o Ministério da Infraestrutura, ataquei os cartéis que se aproveitavam do acesso à máquina para ganhar rios de dinheiro à custa da ineficiência do Estado. Foram medidas importantes, mas que também não me transformaram num campeão de popularidade. A economia estatizada era considerada por muitos como algo que não deveria ser tocado e defender a privatização com a confiança que eu demonstrava ter na causa também significava fazer inimigos dentro e ao redor das corporações. Minha cabeça era cobiçada por muita gente. A despeito disso, ao entregá-la sem exigir nada em troca, o presidente se enfraqueceu. Não porque eu saí — mas porque, ao mandar embora um quadro identificado com o projeto inicial de seu governo, Collor abriu as portas para políticos que não tinham o menor compromisso com ele.

DEDOS E ANÉIS

A pasta da Infraestrutura, grande e poderosa como era, atiçava a cobiça de muita gente. Eu era o primeiro a saber disso. Se Collor tivesse seguido meu conselho de dividi-la e negociado as novas pastas em troca de apoio a seus projetos, talvez não tivesse o fim de seu governo antecipado de forma tão melancólica. Poderia ter acelerado o ritmo das privatizações, implantado o programa de concessões que estava previsto, ampliado a abertura comercial e tomado as providências modernizadoras que deveriam ter sido a marca de seu governo.

O presidente tinha várias alternativas para obter o apoio que lhe escapava entre os dedos. Mas escolheu a pior de todas. Ao entregar a cabeça de Francisco Rezek, de Egberto Batista e a minha sem qualquer entendimento prévio com os novos ocupantes do cargo, ele simplesmente abdicou de ditar o ritmo de seu governo. Ao trazer Bornhausen para o palácio e instalá-lo numa sala com acesso direto a seu gabinete, Collor se cercou de políticos que tinham uma agenda desvinculada da dele. Pior do que isso, deixou-se envolver por pessoas que agiam como se os responsáveis pela presença de Collor no governo fossem eles, não aos 35 milhões de cidadãos que o elegeram presidente.

Da forma como se deu nossa substituição e da maneira como as decisões passaram a ser tomadas pelo governo a partir daquele momento, Bornhausen e Marcílio implantaram no Brasil um sistema de governo que não era presidencialista nem parlamentarista. Era ministerialista. Nele, os nomeados se consideravam acima do próprio presidente e agiam como se o governo só existisse porque eles estavam lá.

Cercado por pessoas que se comunicavam num idioma político diferente do que ele dominava, Collor nunca mais voltou a ser o Collor do início do mandato. E o governo embicou numa outra direção. A venda da Usiminas, planejada para ser o pontapé inicial do programa ambicioso de privatizações prometido na campanha foi, na verdade, o ocaso do propósito de Collor de reduzir o tamanho do Estado. Uma ou outra empresa pequena foi vendida depois da siderúrgica mineira ainda em seu governo, mas o lado mais vistoso do programa empacou nas mãos da nova equipe e só voltaria a andar nas mãos do mesmo Itamar Franco que lutou contra a venda da Usiminas.

Pelo lado da política e do relacionamento com o Congresso Nacional, a situação de Collor também não estava melhor do que estivera até a chegada dos novos "articuladores". Bornhausen havia prometido ao presidente resolver os problemas políticos ao atrair para o governo o apoio do PSDB, que tinha credibilidade, mas não tinha no Congresso votos suficientes para salvar o presidente. Também flertou com a ala do PMDB comandada por Orestes Quércia, que tinha votos, mas não tinha a mesma credibilidade do grupo de Ulysses Guimarães. Só conseguiu trazer sua própria área do PFL, que não tinha credibilidade nem votos. O governo de Collor, a despeito de todas as concessões que fez, continuava politicamente inconsistente. Vazio de programas, passou a levar mais bordoadas do que antes.

VOO DE CARREIRA

No que diz respeito à condução da economia e ao combate à inflação, a situação parecia pior sob o comando de Marcílio do que estivera nas mãos de sua antecessora. A inflação do mês de maio, o último que teve Zélia no comando da economia e mesmo assim só até o dia 10, foi de 6,68%[1]. No mês seguinte, junho, já sob o comando de Marcílio, a taxa alcançou dois dígitos mensais, com 10,83%. A escalada continuou e, em novembro daquele ano, chegou a 26,48%. Depois disso, e enquanto Collor permaneceu no poder, a taxa nunca mais recuou da casa dos 20 pontos mensais. Em suma, naquilo que interessava, os números apresentados por Marcílio eram muito piores do que os números de Zélia. Mas o ministro agia

---

1 IBGE. INPC Série Histórica.

O ESTADO A QUE CHEGAMOS

como se ele fosse apenas o herdeiro de uma situação descontrolada e não o condutor de uma política econômica ineficiente.

Quanto a mim, eu estava tranquilo. Transmiti o cargo para Affonso Camargo e Pratini de Moraes, meus dois sucessores, e dei minha missão por concluída. Embora meu amigo Carlos Suarez, o S da construtora OAS original, tivesse oferecido seu avião particular para me levar para onde eu quisesse depois de sair do governo, preferi outra solução. Agradeci o gesto — eu já era ex-ministro e não haveria problema algum em aceitar a carona —, tomei um táxi para o aeroporto com Egberto Batista e embarcamos num voo de carreira para São Paulo. Com casamento marcado para o dia 23 de maio, fui para casa. Não pensei em procurar um novo trabalho. Queria descansar e ajudar minha noiva, Renata de Sá Duarte, a tomar as últimas providências finais para a cerimônia.

Desde o início, quando eu ainda estava no ministério, tínhamos optado por uma comemoração discreta, sem uma recepção que estivesse acima de nossas possibilidades. Depois da igreja e dos cumprimentos, haveria um jantar que meu amigo e padrinho Lélio Ravagnani Filho ofereceria para nossas famílias na casa dele. Viajaríamos em seguida para a Itália e a França e, na volta, começaria a pensar na vida fora do governo — cheguei a considerar a hipótese de esperar que fosse cumprida a promessa de uma diretoria no Banco Mundial feita por Collor e confirmada por Marcos Coimbra. Mas o clima político do país me desaconselhou a levar aquela possibilidade a sério.

MARCÍLIO E O APEGO AO CARGO

No dia do meu casamento, o interesse não apenas dos convidados, mas do Brasil inteiro foi atraída para outra direção. A atenção foi pela reportagem que abalou definitivamente o que ainda havia de consistente no governo. Numa grande entrevista à revista *Veja*, o empresário Pedro Collor disse que seu irmão, o presidente, não apenas sabia como lucrava com os negócios que PC Farias vinha fazendo com um desembaraço cada vez maior. No final da cerimônia, reparei que alguns exemplares da revista passavam de mão em mão entre os convidados e rodas se formavam para ler a reportagem. Alguns, certamente, para se certificar se seus nomes não eram citados pela revista. O meu, eu tinha certeza, não estava lá[2].

Nunca recebi de Collor qualquer ordem para atender PC Farias em assuntos relacionados às empresas de minha área. Mais do que isso, o único processo de licitação que poderia despertar o interesse de quem quisesse fazer fortuna em negócios com o governo enquanto eu estive na Infraestrutura acabou cancelado por uma questão técnica. Tratava-se de um contrato vultoso para a construção de duas plataformas

---

2 Jornal do Brasil, 25.05.1992. Casamento sob tensão.

A VOLTA DOS VELHOS HÁBITOS

da Petrobras, que já estava em andamento quando cheguei ao ministério. O negócio despertou o apetite de toda a empreiteira nacional. Entretanto, o menor preço apresentado pelas empresas interessadas superava o valor que a Petrobras entendia ser o máximo que poderia ser pago pelo serviço. Aquela razão era suficiente para a anulação do certame. Portanto, a licitação não andou e nada aconteceu.

Mas Collor estava cada vez mais acuado. Tanto assim, que a Conferência Eco-92, que reuniu dezenas de Chefes de Estado no Rio de Janeiro, não teve a repercussão positiva que o presidente esperava. Os ecos das acusações de Pedro Collor repercutiram mesmo durante o evento que ele pretendeu transformar em tábua de salvação. Quanto a mim, acompanhava de longe o que acontecia em Brasília e, à distância, via o presidente caminhar em direção ao desfiladeiro.

A posição de Collor no governo estava por um fio e as relações do presidente com Marcílio não estavam das melhores. A CPI da Câmara tinha concluído as acusações contra o presidente no dia 24 de agosto. No dia seguinte, Marcílio e Bornhausen articularam um documento chamado Pacto pela Governabilidade — assinado por todo o primeiro escalão do governo. Os ministros davam legitimidade às acusações contra o presidente ao se eximir de qualquer responsabilidade sobre os problemas do governo e se dizerem "seguros da honradez de suas vidas". Não faziam uma única referência positiva a Collor, como se tivessem chegado aos postos que ocupavam por direito próprio e não por nomeação presidencial.

Todos se comprometiam a ficar em suas cadeiras até o desfecho do processo do *impeachment*. Faltou dizerem, embora fosse desnecessário, que se ofereciam de bom grado para permanecer no governo se o presidente caísse e fosse substituído por Itamar. Seja como for, a chegada de Marcílio e sua equipe significou o fim do problema da dívida externa. Malan acertou com os bancos credores um acordo praticamente idêntico ao que Zélia e Ibrahin Eris tinham se recusado a assinar. O acordo pode não ter sido tão vantajoso para o Brasil quanto o que a velha equipe achava que conseguiria obter. Mas, de qualquer forma, removeu o obstáculo que impedia o bom relacionamento do país com a banca internacional.

Seja como for, Marcílio é o que é. Nasceu para servir a algum senhor. Como o senhor a quem servia naquele momento tinha caído em desgraça, ele estava disposto a se abraçar a outro que o mantivesse no cargo. Quando o poder de Collor pareceu se esvair por completo, ele e Bornhausen agiram como se espera de pessoas como eles. Quando o naufrágio era inevitável, Jorge Bornhausen foi o primeiro a abandonar o navio. No dia 11 de setembro, pediu demissão "em caráter irrevogável". Foi substituído por Ricardo Fiuza. Marcílio permaneceu onde estava e fez tudo para ficar no posto. A piada que corria em Brasília era a de que as marcas das unhas de Marcílio tentando se segurar no gabinete ainda podiam ser vistas no carpete muitos anos depois de sua saída do ministério da Economia.

314 O ESTADO A QUE CHEGAMOS

ATAQUES AOS QUE SAÍRAM

Depois da queda de Collor, eu e um monte de gente identificada com o presidente passamos a ser tratados como os leprosos na Bíblia — a pedradas. Gente que me bajulava semanas antes passou a mudar de calçada para evitar o encontro comigo. Houve uma série de acusações sem fundamento e uma série de tentativas de me incriminar por ter participado de supostos esquemas de corrupção. Nenhuma delas prosperou.

Paciência. Todo trabalho que fizemos pela modernização do Estado começou a ser posto abaixo assim que Collor foi posto para fora do governo e logo a Esplanada recuperaria a obesidade perdida com a reforma administrativa. No dia 13 de maio de 1993, o ministro do Planejamento Alexis Stepanenko, que havia se aproximado de Itamar Franco ainda na campanha para a prefeitura de Juiz de Fora em 1967, disse numa entrevista à *Folha de S. Paulo* que "a máquina administrativa foi torpedeada por uma bomba atômica no governo Collor", num tipo de crítica que se tornou comum depois da renúncia do presidente.

Respondi com um artigo publicado uma semana depois no mesmo jornal[3]. No texto, eu lembrava o papel de Itamar como vice da chapa de Collor e a situação da administração pública herdada do governo de José Sarney. Stepanenko era apenas mais um que dava a entender que tudo corria às mil maravilhas no Brasil antes que Collor fosse eleito. Lembrei da venda da Usiminas e do saneamento feito nas siderúrgicas que se mantiveram estatais. A CSN, que ocupava o tricentésimo lugar num levantamento de desempenho feito pela FGV em 1990, por exemplo, saltara em 1992 para uma das cinco primeiras posições no ano seguinte.

Mencionei a melhora dos resultados da Previdência, da qual o governo de Itamar vinha se beneficiando. Lembrei que a situação encontrada pelo chefe de Stepanenko era bem melhor do que aquela encontrada por Collor e que isso se devia às providências tomadas no tempo da Comissão Especial presidida por mim. Mencionei algumas delas: a informatização dos postos de atendimento do INSS, a parceria com os Correios para agilizar e dar segurança ao trânsito dos documentos, a transferência do dinheiro das contribuições para os cofres púbicos no mesmo dia em que os bancos recebessem os recursos das empresas, o uso dos cartões eletrônicos para saque e uma série de outras medidas adotadas que precisavam ter continuidade para que a casa ficasse em ordem.

O sucesso da reforma administrativa foi confirmado pelo próprio TCU. O relatório do tribunal, publicado em agosto de 1992, sobre os números do governo em 1990 e 1991 não poderia ser mais claro. Pelo documento, entre março de 1990 e o final de 1991, um total de 311 mil contracheques deixaram de ser pagos pela administração federal. Segundo o relatório, a administração direta, a indireta,

---

3 Folha de S. Paulo. 20.05.1993. Refém do corporativismo.

as fundações e as autarquias tinham 1,272 milhão de funcionários quando Collor chegou ao governo. Dos 311 mil funcionários dispensados, 105.291 eram da administração direta. Outros 106.688 eram das demais esferas federais. Os restantes haviam sido postos em disponibilidade ou se aposentaram[4].

A resposta a Stepanenko foi apenas uma entre as muitas que não me furtei a dar quando a reforma administrativa que conduzi virou alvo de críticas irresponsáveis. Desde o primeiro dia do governo, Itamar deixou claro que todo o trabalho de modernização e enxugamento da máquina seria arrastado pela enxurrada depois da primeira chuva de verão. O número de ministérios tinha sido reduzido para 12 durante a primeira fase do governo Collor. Cresceu um pouco durante o regime "ministerialista" de Marcílio e Bornhausen e, com Itamar, voltou aos números do governo Sarney: 23 pastas. Havia, enfim, o propósito deliberado de eliminar todas as marcas da passagem de Collor pelo poder. Mas nenhuma dessas ações custou tanto ao cidadão quanto a "anistia" concedida por Itamar aos funcionários dispensados no processo de enxugamento da máquina pública.

A VOLTA DOS DISPENSADOS

A crítica que sempre se fez àquele esforço pela redução do quadro de funcionários foi que as pessoas foram tratadas como números e que as dispensas não levaram em conta as aptidões, a qualidade e o talento de cada pessoa. Na hora de trazê-las de volta, entretanto, Itamar também não levou em conta a aptidão, a qualidade e o talento dos "anistiados" para o serviço público. Quem tinha sido alcançado pelas medidas pôde voltar. Muitas vezes para receber o salário e fazer exatamente o que fazia antes: nada. "Os critérios que foram cobrados para a escolha dos que seriam dispensados e que foram publicados na forma de decretos, portarias e normas de instrução pelo *Diário Oficial*, não existem de forma clara dentro das propostas de readmissão",[5] escrevi num artigo publicado pelo jornal *O Estado de S. Paulo* depois que a readmissão dos funcionários foi consumada.

A maioria dos funcionários dispensados trabalhavam em autarquias, fundações e empresas públicas extintas. Outros tinham sido contratados sem concurso e não tinham direito à estabilidade. Ao trazer de volta os funcionários, por exemplo, da Portobras, o governo sequer tinha onde acomodá-los. Não tinham onde se instalar nem tarefas que pudessem desempenhar. Mais uma vez, a lógica daquela "anistia" não foi a do cidadão que paga pela manutenção da máquina — mas a da máquina que vive à custa do cidadão. É o mesmo que imaginar alguém ordenando que os empregados de uma empresa privada que deixou de existir voltem ao trabalho, ainda que a fábrica ou a loja onde ele trabalhava já não existisse mais.

---

4 Folha de S. Paulo. 10.08.1992. União reduz 311 mil cargos.

5 O Estado de S. Paulo. 20.10.1993. De volta para o futuro.

Anistia não significa perdão, como alguns imaginam. Significa esquecimento. Significa fechar os olhos para um ato que, aos olhos da lei, era considerado falta ou crime quando foi cometido. Ninguém jamais havia acusado os funcionários dispensados de qualquer falta ou delito. Por isso eles não foram demitidos — posto que demissão, conforme ensinava o professor Hely Lopes Meirelles, mais do que um ato administrativo, é uma pena. Os funcionários dispensados não cometeram falta alguma. Portanto, não havia porque anistiá-los. Nunca antes na história deste país o termo "Anistia" foi empregado de forma tão inadequada quanto na Medida Provisória nº 473, de 19 de abril de 1994, que ganhou o nº 8878 quando foi transformada em lei no dia 11 de março.

Aliás, esse é outro aspecto interessante. Uma crítica que se fazia às medidas tomadas por Collor no primeiro dia do governo era a de que tramitaram em ritmo acelerado, sem que o Congresso tivesse tempo de discuti-las. A Medida Provisória nº 151, de 15 de março de 1990, que extinguiu uma série de autarquias, fundações e empresas públicas — entre elas a Portobras —, foi transformada em lei no dia 12 de abril seguinte — ou seja, 27 dias depois de receber a assinatura por Collor. O prazo entre a assinatura da "anistia" proposta por Itamar e sua transformação em lei foi de 22 dias — cinco dias a menos, portanto.

Uma das poucas vozes contrárias a ela, ainda assim discreta, foi a do senador Fernando Henrique Cardoso. Ministro da Fazenda na época, se preparava para deixar o governo e disputar a presidência.

Estar no governo em posições de destaque como as que ocupei durante a presidência de Fernando Collor de Mello exige preparo e cobra sacrifícios, mas, por outro lado, proporciona oportunidades e oferece lições que marcam a vida de qualquer pessoa. Eu era jovem e formado na oposição ao regime militar quando assumi a Secretaria da Administração Federal no início de 1990. Na descontração de meus 32 anos, considerava exagerados os rituais que cercam as solenidades oficiais, sobretudo as que contam com a presença do presidente da República. E, sinceramente, não entendia o que leva os Ministros de Estado, mesmo sendo civis, serem saudados pela guarda com a mesma continência prestada aos generais de quatro estrelas. Como Secretário do Presidente da República, no entanto, teria status de Ministro e, por essa razão, seria recebido assim nas cerimônias.

Minha visão mudou na primeira recepção que compareci no Itamaraty, no almoço que o governo brasileiro ofereceu no dia 16 de março para os Chefes de Estado que estiveram no Brasil para a posse de Collor. Desci do carro, passei pela calçada e, tão logo pisei na rampa que atravessa o espelho d'água e conduz ao salão principal do palácio, os Dragões da Independência, com seus uniformes de gala e perfilados, colocaram-se em posição de sentido. O som das botas e dos

A VOLTA DOS VELHOS HÁBITOS **317**

cabos das lanças de encontro ao chão e a passagem entre as duas fileiras de soldados me impressionaram e foram suficientes para me alertar que, aceitasse ou não, havia um protocolo a ser seguido e eu tinha que me adequar a ele. Não ele a mim.

Com o tempo, entendi que rituais como aqueles não existem para lisonjear autoridades. O universo do Estado contém um conjunto de rituais e liturgias e, na maior parte das vezes, o cerimonial têm a função de resguardar as instituições ou o ocupante do cargo. E também de lembrá-las do papel que desempenham no governo e para quem elas trabalham.

A passagem pela equipe de Collor havia me colocado diante de situações marcantes e me abriu as portas para encontros com líderes destacados no final do século 20. Em junho de 1991, já como Ministro da Infraestrutura, integrei a comitiva brasileira que visitou Washington e Nova York. A viagem marcou o fim do impasse em torno da negociação da dívida externa e registrou os passos que o Brasil vinha dando no sentido de abrir as fronteiras e facilitar o relacionamento com as economias mais evoluídas do mundo. Hospedado na *Blair House*, a residência que o governo americano reserva para os visitantes mais ilustres, Collor teve mais de um encontro privado com o presidente George Bush, o pai.

No dia 18 de junho, acompanhei Collor na primeira visita a Bush, no Salão Oval da Casa Branca, o gabinete de trabalho do presidente dos Estados Unidos. Ali, pude presenciar o tom amistoso das conversas entre os dois, num momento em que o Brasil era reinserido no diálogo internacional.[6] Acompanhei Collor nas conversas que manteve com os principais secretários do presidente americano e com dirigentes das maiores empresas locais, que tinham ou queriam ter negócios no Brasil. Naquela viagem, também conduzi negociações importantes, nas quais o Brasil oferecia como moeda de troca o fim da reserva da informática e o acesso mais facilitado ao mercado nacional.

Eram momentos em que, a despeito das condições políticas virem se deteriorando e da falta de apoio no Congresso começar a cobrar um preço elevado, o mundo ainda olhava o Brasil como um país importante que voltava a andar nos trilhos. No dia 15 de outubro de 1991, o papa João Paulo II passou por Brasília na segunda visita que fez ao Brasil em seu pontificado. Depois das solenidades oficiais, em que foi recebido por Collor com as honras de Estado, ele se recolheu à Nunciatura Apostólica para alguns minutos de descanso. Para o mesmo local, estava prevista, às 13h30, a cerimônia de lançamento de um selo postal em homenagem à visita.

O lançamento de qualquer selo comemorativo cumpre um determinado ritual. A impressão é controlada e aquela estampa impressa num pedaço minúsculo de papel

---

6 Veja, n º 1188, 26.06.1991. Ofensiva certeira.

vale dinheiro. Depois da edição, os clichês utilizados para a reprodução da imagem são inutilizados diante de testemunhas. O objetivo é assegurar que a edição será única e que estampas idênticas não serão impressas no futuro. Como todas as empresas ligadas à Secretaria das Comunicações, os Correios estavam subordinados ao ministério da Infraestrutura. Como não estava prevista a participação do papa, Collor também não iria ao evento de lançamento e coube a mim representar o governo.

Cheguei na hora marcada e fui recebido por dom Carlo Furno, o Núncio Apostólico, e por dom Luciano Mendes de Almeida, presidente da CNBB. Também estavam presentes o arcebispo de Salvador, dom Lucas Moreira Neves, o prefeito da Congregação para a Doutrina da Fé, Joseph Ratzinger e outros cardeais. Anos depois, Ratzinger sucederia a João Paulo II e adotaria o nome de Bento XVI. A solenidade estava para começar quando um dos camareiros do papa se aproximou e sussurrou algumas palavras no ouvido de dom Furno.

O Núncio Apostólico se aproximou de mim e disse que haveria um pequeno atraso. E explicou a razão: do quarto onde repousava, João Paulo II ouviu o som da movimentação e perguntou o que se passava. Informado, manifestou a intenção de participar. Claro que não me importei com a demora. Logo depois, o papa entrou no salão e se aproximou de mim. Eu o cumprimentei e, lógico, disse aos cardeais que, se quisesse, seria dele a martelada que destruiria o clichê do selo.

Naquele dia, enquanto aguardávamos o cerimonial do Vaticano organizar a sala de acordo com o protocolo das cerimônias presididas pelo papa, tive a honra de manter pelo menos 15 minutos de uma conversa absolutamente informal com João Paulo II. Com seu português marcado por um forte sotaque polonês, mas absolutamente compreensível e correto, o papa fez perguntas sobre o governo, falou sobre o clima do cerrado e fez elogios ao Brasil. No final, depois de bater com o martelo contra o selo e quebrá-lo, sorriu, voltou-se para mim e brincou: "Pensou que o papa não tinha força? O papa é forte!"

AS MARCAS DO GOVERNO COLLOR

Muitas vezes me perguntaram, depois que deixei o ministério, se valeu a pena ter participado de um governo que prometeu tanto e entregou tão pouco como foi o de Collor. Mais do que isso, se valeu a perna ter conduzido uma Reforma Administrativa que sacudiu toda a estrutura do Estado brasileiro sem deixar marcas positivas de sua existência. Pela visão dessas pessoas, as mudanças propostas por nós serviram apenas para desarticular o serviço público que existia e tiveram o efeito de um tiro de canhão na água: muito barulho, muita marola e nenhum resultado concreto. Quanto às perguntas, a resposta é sim. Valeu a pena ter vivido a experiência. Quanto aos resultados daquele governo, bem... aquele foi um momento conturbado,

A VOLTA DOS VELHOS HÁBITOS   **319**

e Collor, de fato, cometeu erros vitais na condução política. Mas seu governo deixou marcas que sobreviveram pelos anos seguintes e muitas delas ajudei a construir.

O primeiro erro de Collor foi contaminar seu projeto nacional com questões paroquiais que deveriam ter sido mantidas a uma distância segura de Brasília. A ligação com PC Farias, a briga com o irmão Pedro, o apoio a Geraldo Bulhões e as ações estabanadas de sua mulher, Rosane, à frente da LBA, expuseram o flanco do governo aos adversários e justificaram as críticas feitas às grandes propostas. O segundo erro grave foi a escolha dos aliados. Collor nunca teve a habilidade para atrair apoios e nem parecia fazer questão disso. Sempre preferiu, no momento de maior força, partir para o confronto com empresários, políticos, intelectuais do que dialogar e atraí-los para seu projeto. E na hora que, enfraquecido pela falta de apoio, foi obrigado a procurar novos aliados, se deixou envolver pelo que havia de mais arcaico na política brasileira.

Parte dessa culpa deve ser atribuída não à Zélia, que, desgastada com o presidente, com os empresários, com os banqueiros internacionais e com muita gente mais, perdeu a condição de permanecer no comando da Economia. A responsabilidade deve ser debitada na conta dos integrantes da equipe que, ao acompanhar a ministra, deixaram aberto o espaço que foi ocupado sem dificuldade por Marcílio e seus escudeiros. A chegada de Bornhausen, que consolidou o regime "ministerialista" iniciado pelo ministro da Economia, foi apenas o arremate da falta de articulação que acabou custando o mandato de Collor. Mesmo com todos os problemas que enfrentou, no entanto, o governo deixou marcas que, embora não sejam reconhecidas, passaram a fazer parte da vida do cidadão e ajudaram a melhorar o desempenho do Estado.

Não me refiro apenas à estruturação do SUS (Lei nº 8080, de 19 de setembro de 1990), ao Estatuto das Criança e do Adolescente (Lei nº 8069, de 13 de julho de 1990), ao Código de Defesa do Consumidor (Lei nº 8078, de 11 de setembro de 1990) ou à Lei Rouanet (Lei nº 3013, de 23 de dezembro de 1991). Todas essas providências, ainda que estivessem indicadas pela Constituição, ganharam forma naquele momento. Algumas poderiam ter esperado um pouco mais, mas Collor optou por colocar todas para andar ao mesmo tempo. Muitas tarefas ainda ficaram pelo caminho.

Antes que seu governo fosse envolvido pela crise que acabaria por derrubá-lo, Collor formou a Comissão da Reforma Fiscal e delegou ao advogado Ary Oswaldo de Mattos Filho, ex-presidente da CVM, a missão de rever toda a estrutura tributária brasileira — tanto no que diz respeito à origem quanto no destino dos recursos. Os trabalhos avançaram rapidamente na direção de um modelo tributário mais simples e ágil, mas não ficaram prontos antes do fim prematuro do governo. Depois da queda do presidente, o trabalho não resistiu à primeira reunião com Itamar. Desanimado, Mattos Filho mandou encaixotar todos os documentos que seu grupo havia produzido, se exonerou e deu a missão por encerrada sem que Itamar Franco sequer se desse ao trabalho de extinguir a Comissão.

Mesmo assim, muita coisa pôde ser feita. A abertura comercial, o fim da reserva de mercado da informática e o desafio das "carroças", que resultou na modernização da indústria automobilística, são exemplos de decisões virtuosas tomadas naquele governo. As leis que puseram fim aos cartéis dos portos, do trigo, do transporte de aço e do transporte de combustíveis, da mesma maneira, ajudaram a melhorar o ambiente de negócios no Brasil.

Também merecem lugar na lista o programa de desestatizações e a extinção de alguns órgãos públicos que serviam apenas para beneficiar os amigos do rei e atrapalhar a vida do cidadão. Eram os casos do IAA, do IBC, da Portobras, da Siderbras e de outras instituições desse mesmo perfil. No momento em que alguém decidiu extirpar esses e outros tumores do organismo estatal brasileiro, muita gente preferiu se queixar da dor provocada pelo corte do bisturi. E poucos admitiram o alívio e a vida saudável que vieram depois da cicatrização.

A verdade é que, como a maioria das providências estruturantes tomadas naquele ou em qualquer outro governo, o fim dos cartórios anacrônicos não gerou resultados imediatos. Mas ajudou a melhorar o ambiente e permitiu avanços nos anos seguintes. Sim, as medidas impopulares tomadas em 1990 e 1991, muitas das quais estiveram sob minha responsabilidade direta, foram úteis ao país nos governos que vieram depois de Collor. Se a economia brasileira conheceu alguma possibilidade de modernização nos anos seguintes, isso se deve em grande parte às sementes plantada em 1990.

Algumas das medidas tinham o objetivo de implantar mecanismos de controle sobre o uso dos recursos do Estado. Depois da Reforma Administrativa, o governo passou a ter meios para fiscalizar a correção da folha de pagamentos e de acompanhar a evolução do quadro de funcionários — inclusive das empresas estatais. Eliminaram-se uma série de salários pagos em duplicidade, bem como a emissão de holerites para servidores falecidos. Houve, da mesma forma, a extinção definitiva de milhares de cargos comissionados que entulhavam a administração pública, assim como, também, foi desenhado um organograma mais racional e comum a todos os ministérios: uma Secretaria Executiva, Secretarias Nacionais, Departamentos e Serviços. Essas medidas não foram capazes de eliminar todos os problemas do serviço público, é verdade. Mas daí a dizer que Collor entregou a seu substituto uma máquina em pior estado do que recebeu vai uma distância enorme.

É obrigatório reconhecer que não houve nos governos seguintes a menor preocupação em dar continuidade às reformas iniciadas por Collor. Havia muito o que fazer no sentido de buscar eficiência e melhorar a qualidade do serviço prestado pelo Estado. Ou seja, de que era possível fazer mais com os recursos disponíveis. O que se viu, no entanto, foi uma meia-volta que fez a máquina pública retornar ao ponto em que se encontrava quando propusemos a reforma. Mesmo assim, e mesmo com o recuo do que foi feito, as medidas tomadas naquela época tiraram um peso considerável das costas do cidadão.

OS EXCESSOS PODADOS

Algumas providências daquela época tinham objetivos tão óbvios que, depois de alcançados, as pessoas passaram a agir como se aqueles problemas nunca tivessem existido. Ninguém jamais parou para medir, por exemplo, o impacto positivo que a revogação de 107.287 decretos com exigências burocráticas absurdas causou sobre a economia brasileira. Ninguém parou para medir o quanto a venda dos apartamentos funcionais significou, não em receita para o caixa da União, mas na economia para o cidadão que deixou de arcar com a troca de vidraças e o desentupimento de banheiro nas residências dos servidores públicos federais em Brasília.

A necessidade de outras medidas que foram tomadas é tão cristalina que, diante delas, a única pergunta a ser feita é: por que nenhum governo civil ou militar teve coragem de tomá-las antes? Como a economia brasileira estaria hoje se Collor tivesse se acovardado diante dos argumentos dos "especialistas" e não levasse adiante a ideia de acabar com a reserva de mercado da informática? Será que o Plano Real, que acabou com a inflação em 1994, teria sido bem-sucedido sem a folha de pagamento unificada, o desbaratamento dos cartéis que controlavam os preços de produtos essenciais e a abertura de mercado, que facilitou o acesso do país a artigos de consumo essenciais, como o trigo e seus derivados? O Brasil estaria melhor ou pior caso a Usiminas não tivesse sido privatizada, vencendo as resistências e abrindo caminho para que diversas empresas deixassem de pertencer ao Estado?

Esses foram os grandes passos e, para dá-los, foi preciso vencer resistências enormes. Mas houve também decisões de menor impacto que, muitas vezes, enfrentaram adversários tão ferozes quanto os beneficiados pelos cartéis e pelos cartórios. Até aquele governo, por exemplo, o lazer dos funcionários das estatais pesava no bolso de todos os cidadãos do país. Isso mesmo: o cidadão pagava pelas piscinas, pelas quadras esportivas e pelas churrasqueiras das quais os funcionários do Banco do Brasil, da Petrobras, da CEF e das outras estatais desfrutavam nos momentos de ócio. Senão todas, a grande maioria das empresas do governo (inclusive aquelas que davam prejuízos e eram sustentadas com dinheiro do Erário) mantinha clubes para a diversão de seus funcionários nos finais de semana — e ninguém enxergava nada de errado nessa prática.

O Banco do Brasil, para ficar apenas com o exemplo mais generoso, tinha uma rede de 1.560 clubes esportivos e de lazer espalhadas pelo país. Desde 1932, quando a AABB passou a contar com contribuições financeiras do BB, até a extinção daquela mamata, em 1990, passaram-se 58 anos. Nesse período extenso, o Brasil teve 15 Presidentes da República, entre efetivos e interinos, civis e militares — isso sem contar a Junta Militar e sem considerar a duplicidade de Getúlio Vargas, que governou como ditador e como presidente eleito. O Banco do Brasil, por sua vez, teve 35 presidentes no período, entre efetivos e interinos. Nenhum deles se preocupou em acabar com essa regalia antes da chegada de Collor ao poder.

No dia 5 de setembro de 1990, Collor assinou o Decreto nº 99.509 e proibiu que as estatais fizessem contribuições financeiras aos clubes e associações de funcionários. Sem o dinheiro do cidadão, muitos desses clubes não conseguiram caminhar com as próprias pernas e deixaram de existir. Outros clubes se abriram para novos sócios e, independentes, ficaram até melhores do que antes. Providências como essa, claro, não ajudaram a transformar Collor e sua equipe em campeões de popularidade — muito antes, pelo contrário. O pior de tudo é que, de acordo com o mau humor dos que se sentiam prejudicados pelas decisões daquele governo, o corte de favores como esse nunca era visto pelas vantagens que proporcionariam ao cidadão. Eram sempre apresentadas como perseguição aos funcionários das estatais.[7]

Seja como for, e por mais discreto que tenha sido o impacto do corte das contribuições das estatais para os clubes de lazer dos empregados, a medida era absolutamente necessária. Senão por seu impacto financeiro, pelo menos por seu efeito moralizador. Não é papel do Estado bancar o lazer de funcionário de empresa pública. Ponto final. Mais grave do que isso, também não é papel do Estado bancar a aposentadoria de seus empregados com valores superiores aos recolhidos à previdência social. As empresas do governo, no entanto, tinham Fundos de Pensão nos quais as contribuições do patrocinador, ou seja, da estatal, chegava a contribuir com Cr$10,00 para cada Cr$1,00 investido pelo empregado.

A Medida Provisória nº 152, de 15 de março determinou que a Secretaria Nacional de Previdência Complementar, ligada ao Ministério do Trabalho e da Previdência Social, elaborasse um Plano de Custeio para os Fundos de Pensão das Estatais. Com isso, ficou estabelecido que o patrocinador só poderia investir no fundo um valor igual ao depositado pelo empregado. A M.P, nº 152, que ganhou o nº 8020 quando foi transformada em lei, também proibiu que as patrocinadoras cobrissem eventuais prejuízos e arcassem com as despesas administrativas das entidades, como era comum até aquela época.

FAXINA NO PASSADO

Algumas das providências foram tomadas única e simplesmente porque o governo resolveu tratar as rotinas da administração pública com um zelo que poucos, antes

---

7 Jornal do Brasil. 07.09.1990. Clube de funcionário não terá mais dinheiro público.

A VOLTA DOS VELHOS HÁBITOS **323**

ou depois dele, chegaram a tentar. E essa postura, aceitem ou não os críticos, tirou do conforto muita gente que se beneficiava daquele tipo de situação. O governo procurou fazer uma faxina na legislação para eliminar leis anacrônicas que, por terem sido recepcionadas pela Constituição de 1988 e pelas anteriores, permaneciam em vigor. No dia 12 de janeiro de 1991, Collor assinou o decreto de nº 100.000 — de uma numeração iniciada durante o Estado Novo. Para marcar a data, baixou no mesmo dia o Decreto nº 99.999. O documento revogava um total de 11.087 decretos que entraram em vigor ao longo de diferentes momentos da República.

O primeiro dos textos revogados datava de 21 de novembro de 1889, seis dias depois da proclamação da República, e era de autoria do marechal Deodoro da Fonseca. Ele proibia o uso do adjetivo *Imperial* nos nomes das repartições e órgãos públicos do país. E mudava o nome do colégio Pedro II, no Rio de Janeiro, para Ginásio Nacional.[8] O nome do velho imperador voltaria anos depois à fachada do colégio, mas vários trechos do decreto permaneciam em vigor, embora em desuso, em 1990. Como esse, vários decretos inúteis foram revogados ali e nos meses seguintes. Quem conduziu esse trabalho foi o diplomata Carlos Garcia que, dali a algum tempo, assumiria meu lugar na Secretária da Administração Federal. Mais tarde, assumiu posto de embaixador brasileiro em Madrid.

A faxina no passado, que ajudou a desentulhar a administração, é um dos detalhes que sobreviveram ao governo Collor e que, embora não tenham resolvido o problema, ajudaram a melhorar a qualidade do serviço público no Brasil. A informatização da Previdência é outro exemplo. Mesmo tendo uma empresa inteira, a Dataprev, encarregada exclusivamente de fazer o processamento das aposentadorias e pensões, o governo mantinha boa parte do serviço na era das guias preenchidas à máquina e do carimbão autorizando ou negando a concessão do benefício. A informatização, que aceleramos mesmo com as limitações da reserva de mercado, não significou a conclusão, mas o início de um processo de modernização que, infelizmente, não se completou. Muitas das vitórias daquele governo se perderam pelo caminho, ofuscadas pelo que não deu certo. A derrota na luta contra a inflação e os casos de corrupção atribuídos a PC Farias autorizaram os adversários a colocar tudo o que o governo Collor fez de bom dentro do saco do mesmo fracasso.

A volta da estrutura ministerial ao que era antes de Collor no governo de Itamar Franco não permitiu que houvesse tempo suficiente para uma avaliação isenta dos resultados das mudanças. Com os olhos voltados para o passado, a sensação que ficou foi a de que o número de ministérios não precisava ter se reduzido às 12 criadas em 1990. Concordo. Aliás, nunca mudei de ideia em relação ao que dizia: foi um erro tirar da Casa Civil o *status* de ministério. Aquilo puxou para dentro do gabinete pessoal decisões relacionadas com o ordenamento de despesas que, em

---

8 Jornal da Tarde. 12.01.1991. Collor assina decreto nº 100.000. E mais de 11 mil outros são revogados.

outros governos, nem chegam à antessala do presidente. A confirmação da ligação entre Collor e PC Farias, que acabou sendo a prova que estimulou a campanha do *impeachment*, foi estabelecida por meio de depósitos feitos com recursos de supostas "sobras de campanha" na conta da secretária pessoal do presidente, Ana Acioli. Além de se livrar de problemas, Collor já teria dado uma demonstração de despojamento suficiente caso tivesse mantido um total de 14 ou 15 pastas.

Nada, a não ser a obsessão pela austeridade, justifica um governo restrito a 12 ministérios. Da mesma forma, nada, a não ser o vício da barganha, justifica que a quantidade de pastas tenha alcançado o número indecente de 39 no governo de Dilma Rousseff. Quanto a mim, tinha que trabalhar. Reabri meu escritório de advocacia e comecei a formar minha carteira de clientes.

REENCONTRO COM ACM

Da mesma forma que foi de Antônio Carlos Magalhães o primeiro telefonema que recebi no dia da minha nomeação para a pasta da Infraestrutura, também foi dele a primeira ligação depois que se espalhou a notícia de que eu deixaria o ministério. Ele me convidou para uma conversa na casa de um amigo em Brasília. Ali, lamentou a decisão de Collor, não só pela minha saída, mas, principalmente, pelos nomes que estavam chegando. "Se precisar de meu apoio para algum projeto, é só ligar", disse na despedida. Agradeci, mas nunca o procurei. Voltei a me encontrar com ele no meu casamento, ao qual Hélio Garcia também compareceu. Depois, trocamos alguns telefonemas ocasionais, mas não voltamos a nos encontrar pessoalmente até 1997, quando o governo Collor já era um fato do passado, a inflação já havia sido controlada pelo Plano Real e as discussões giravam em torno do projeto que garantiria o segundo mandato a Fernando Henrique Cardoso.

Ali pelo mês de outubro, quando a emenda da reeleição já estava aprovada com a ajuda de ACM, recebi um telefonema de uma assessora do deputado Luís Eduardo Magalhães. Ele tinha sido substituído por Michel Temer na presidência da Câmara dos Deputados no início daquele ano. Assumiu a liderança do governo e, desse posto, também ajudou a costurar o acordo que daria mais um mandato a FHC. A assessora me informou que, na semana seguinte, haveria uma homenagem ao deputado no Clube Monte Líbano, em São Paulo. Ela gostaria de confirmar minha presença. Falei que não havia recebido o convite e ela disse que retornaria. No dia seguinte, o próprio Luís Eduardo me telefonou. Desculpou-se pelo desencontro, mas informou que meu nome estaria numa lista à porta do evento. "Você é meu convidado especial", disse ele.

Na noite do jantar, cheguei ao Monte Líbano e me identifiquei na recepção. Logo apareceu uma funcionária do cerimonial que me acompanhou até o coquetel que acontecia numa sala reservada aos convidados do homenageado. Entrei e

A VOLTA DOS VELHOS HÁBITOS **325**

observei o ambiente, à procura de um grupo onde fosse bem acolhido. Reconheci alguns amigos e caminhava na direção deles quando alguém segurou meu braço e me impediu de ir em frente. A mão era de Antônio Carlos Magalhães, agora Presidente do Senado. Ele pediu licença à pessoa a seu lado e me puxou para a roda de conversa. Ele me abraçou, me chamou de ministro e se pôs a conversar comigo como se não tivéssemos ficado uma semana sem nos ver.

Enquanto estive ali, ACM só deu atenção a mim — o que era, naturalmente, uma demonstração de prestígio superior a qualquer influência que eu pudesse exercer naquele momento. Conversamos por um bom tempo, comentamos a situação do país e eu notei que o tratamento que recebi do senador atraiu a atenção de muitos convidados. Até que Luís Eduardo se aproximou. Agradeceu minha presença e me convidou para acompanhá-lo até uma janela aberta, no fundo do salão. Notei que mais gente ainda reparava aquela cena.

Ele tirou do bolso do paletó um maço de cigarros *Benson & Hedges*, acendeu um deles e começou a conversar. Se alguém tinha algo a ganhar com o gesto não era ele nem o pai. Era eu. As pessoas em volta, claro, olhavam a cena com uma certa curiosidade. Luís Eduardo era, naquele momento, a estrela em ascensão na política brasileira. Sua proximidade com FHC e o protagonismo que ele estava assumindo na política o transformavam num candidato fortíssimo nas eleições de 2002.

Naquela noite, ao lado da janela do Monte Líbano, conversamos sozinhos por uns dez ou quinze minutos sem tocar em qualquer assunto de governo. Perguntou como estava a vida, contou anedotas e fez comentários irônicos sobre alguns dos presentes. Falou com saudade do tempo em que circulava anônimo pela noite de Brasília e demonstrou, diante de todo mundo, uma proximidade que, com toda sinceridade, era bem maior do que a que mantínhamos desde minha saída do governo.

Volta e meia, aproximava a boca de meu ouvido, fazia um ar mais grave e dizia alguma coisa que não tinha a menor importância, mas, para quem estava distante, parecia uma confidência. Marcamos de nos ver mais adiante, mas nunca telefonei para acertar a data. Depois daquele cigarro, ele passou a dar atenção a outros convidados. Muita gente, então, se aproximou de mim para conversar. Aquela foi, talvez, a manifestação mais explícita de reconhecimento que recebi de pessoas com quem convivi no governo.

Não pude deixar de pensar na falta de habilidade política de Collor. ACM e Luís Eduardo agora eram apontados como dois dos pilares políticos mais sólidos do governo de Fernando Henrique Cardoso. E o presidente tucano, ao invés de ser escorraçado do poder como Collor foi, preparava-se para ficar mais quatro anos em Brasília. Talvez o preço que FHC pagou para conquistar esse direito tenha sido elevado demais para o país. Mas o fato é que ele tinha força no Congresso e parte de seu prestígio vinha justamente do fato de ter escolhido, pelo menos até ali, as pessoas certas para falar em seu nome no Congresso.

ACM e Luís Eduardo estiveram ao lado de Collor até o final. Não mudaram de lado e não viraram as costas para o presidente que tinham ajudado a eleger. O presidente com quem trabalhei teria lucrado muito mais se, na hora de buscar apoio no PFL, tivesse dado mais ouvidos a ACM do que a Bornhausen. Mas não foi essa a escolha que fez e o resultado de sua decisão é mais do que conhecido. Luís Eduardo, infelizmente, morreu prematuramente, seis meses depois daquele encontro. A imagem que guardo dele é a de um amigo.

OS PAPÉIS DA SUNAMAM

Recebi, é claro, outras manifestações de reconhecimento. Menos efusivas, mas nem por isso pouco significativas. Sempre evitei me valer nos meus negócios pessoais das relações que construí no governo. De vez em quando, porém, era inevitável encontrar com pessoas com quem trabalhei naquela época. Certa vez, no ano de 2001, um tema do interesse de um cliente me levou à sede do BNDES, no Rio de Janeiro. A discussão já havia começado quando a assistente do superintendente que me atendia entrou na sala e pediu que, ao final da reunião, me dirigisse ao andar da presidência.

Alguém tinha me visto no elevador e comentado com Francisco Gros, presidente do banco na época, que eu estava no prédio. Ele, então, me convidou para um café. Ao final da minha reunião, passei no gabinete para apertar a mão de Gros e conversamos por cerca de meia hora. Ele não perguntou e eu também não entrei em detalhes sobre o assunto que tinha ido tratar no banco.

Depois de minha passagem pelo governo, voltei a advogar. Assumi causas importantes, inclusive algumas que tinham o governo como adversário. E me deparei novamente, agora na condição de advogado, com assuntos que estiveram sob minha responsabilidade nos cargos que ocupei em Brasília. Um de meus clientes, por exemplo, tinha uma posição expressiva em papéis da Sunamam — e queria receber do governo o valor que lhe era devido.

O problema com esses títulos teve início no governo João Figueiredo, em 1983, e era mais um dos casos espantosos que expunham as deformidades do Estado brasileiro. A Sunamam, responsável por administrar os recursos destinados ao desenvolvimento da marinha mercante do Brasil, teve seu embrião no período anterior aos governos militares. Foi transformada em autarquia por Costa e Silva e recebeu o maior impulso das mãos de Ernesto Geisel. No dia 5 de agosto de 1974, Geisel instituiu o ambicioso 2º Programa de Renovação da Frota e deu início a uma farra gigantesca.

A VOLTA DOS VELHOS HÁBITOS **327**

A ideia era estimular a indústria naval a partir de encomendas generosas feitas aos estaleiros nacionais para construção de embarcações de grande porte — numa estroinice parecida e de consequências semelhantes com a farra promovida anos depois, no governo de Luís Inácio Lula da Silva. No caso da Sunamam, além dos investimentos diretos do governo, o programa seria financiado com recursos do Fundo da Marinha Mercante. Foi devido a uma pendência em relação à avaliação de papéis relacionados com esse fundo em poder de um de meus clientes que passei a discutir o caso com o governo.

O fundo funcionava da seguinte maneira: qualquer empresa que contratasse os serviços de um navio brasileiro pagava um valor adicional sobre o frete. O valor era destinado ao FMM para ser utilizado na renovação da frota. Devido a esse adicional, fretar um navio brasileiro custava mais caro do que contratar outro igual de bandeira estrangeira. Qualquer importador sensato, nesse caso, daria preferência a barcos de outras bandeiras, não é mesmo? Não era bem assim.

De acordo com o artigo 2º do Decreto-Lei 666, de 2 de julho de 1969, toda e qualquer mercadoria importada "por qualquer órgão da administração pública federal, estadual ou municipal, inclusive empresas públicas" seria transportada "exclusivamente" por navios de bandeira brasileira. A obrigatoriedade se estendia a produtos importados por empresas privadas que contassem com "favores governamentais" ou que fossem financiadas por bancos públicos.

Esse sistema, é óbvio, gerava distorções que acabavam pesando no bolso do Cidadão. Um caso exemplar era o do trigo. Conforme mostrado há pouco, no Capítulo 18, o governo federal tinha o monopólio sobre a importação do grão. Se apenas navios de bandeira brasileira podiam transportá-lo, parte do preço pago pelo produto era, portanto, destinado ao FMM. Por consequência, cada brasileiro que pedisse um pão na chapa no balcão da padaria, estava, sem saber, ajudando a financiar a indústria naval.

Outra distorção na mesma linha acontecia com o petróleo. Apenas navios da frota da Petrobras ou por ela contratados estavam autorizados a transportar óleo cru e combustíveis para o Brasil. Sendo assim, parte do preço que o brasileiro pagava depois de encher o tanque do fusquinha era destinado ao FMM para ajudar a financiar a construção de navios. O adicional sobre o frete, conforme a redação original do decreto, também era cobrado das mercadorias brasileiras exportadas por via marítima — como o minério de ferro da Vale do Rio Doce ou o café do IBC.

A Sunamam, que administrava o FMM, recebia esse recurso e o emprestava aos estaleiros. No papel, funcionava muito bem. Uma determinada empresa de transporte naval encomendava um navio. O estaleiro, por sua vez, procurava a Sunamam, apresentava a documentação e recebia dinheiro para financiar a construção da embarcação. Depois de receber o pagamento pelo barco, o estaleiro

328 O ESTADO A QUE CHEGAMOS

quitaria o financiamento e o valor seria utilizado para financiar um novo navio. O processo era simples, ágil e, assim, valores cada vez mais elevados saíram do FMM. Como o dinheiro era fácil e o controle era frouxo, parte foi utilizada até para financiar navios jamais lançados ao mar: só existiam no papel.

A VER NAVIOS

Não demorou muito para que o FMM ficasse insolvente e a Sunamam se visse abalroada por um escândalo monumental. Sobretudo depois que a falência do modelo econômico baseado no endividamento externo entrou em colapso nos anos 1980 e o país viu secar a fonte que ajudava a cobrir esse tipo de rombo. No caso específico da superintendência responsável pela construção naval, a situação geral do país não pode servir de desculpa para os métodos perdulários e escandalosos utilizados pelo almirante José Celso de Macedo Soares no comando da companhia.

O chefe da autarquia pertencia a uma família influente do Rio de Janeiro e tinha parentes bem postos na política, nas Forças Armadas e no Itamaraty. Macedo Soares administrou mal e porcamente os recursos sob sua responsabilidade. Mas o governo do general João Figueiredo, ao invés de intervir na Sunamam, achou melhor abafar o caso. Para não manchar a reputação do almirante, Figueiredo fechou a Sunamam e transferiu suas atribuições para uma repartição do Ministério dos Transportes. O FMM não foi extinto, mas os credores da autarquia, para não perder a obviedade da piada, ficaram a ver navios.

Como sempre acontece na extinção de um órgão público federal, todos os seus ativos e passivos foram assumidos pela União. Ou seja, fez com que a infecção, até ali contida dentro de um abscesso, entrasse em contato com a administração direta e empesteasse o organismo inteiro. E o que poderia ser resolvido com mais facilidade num eventual processo de liquidação da Sunamam, virou um problema de Estado e contaminou as contas públicas.

Ainda no Ministério da Fazenda, recebi de Roberto Müller a missão de estudar o caso. Ele pediu que me certificasse dos detalhes dos contratos, depois que dezenas de pedidos de solução passaram a atracar na mesa de Funaro. Sempre aparecia alguém exigindo que o governo pagasse os compromissos não honrados da Sunamam. Fui ao Rio de Janeiro em busca dos papéis da estatal e tudo o que encontrei foram caixas de papelão repletas de documentos corroídos, empilhadas no canto de um armazém na região portuária. Era impossível chegar a uma conclusão segura sobre a validade dos contratos e, consequentemente, estabelecer o valor de cada dívida.

Na volta a Brasília, descrevi a situação a Müller. Também sugeri que a União deveria se recusar a fazer qualquer acordo em torno do valor dos contratos. Isso

A VOLTA DOS VELHOS HÁBITOS   **329**

obrigaria aos credores, principalmente os bancos que tinham refinanciado a dívida, a ingressar na Justiça com as ações de cobrança. O caminho era bem mais demorado e trabalhoso do que o do acordo. Mas traria à luz documentos organizados, que teriam sua autenticidade confirmada após perícias. Se houvesse certeza quanto à legitimidade da dívida, a União poderia, aí sim, quitar a pendência.

Não acompanhei a implementação das providências, mas sei que a solução discutida com Müller acabou sendo adotada. Mais tarde, as obrigações da Sunamam foram transformadas em títulos e incorporadas à dívida pública — no mesmo procedimento utilizado em relação às dívidas da Siderbras e da Eletrobras. Mais tarde, no Ministério da Infraestrutura, voltei a me deparar com o problema e assinei documentos que ajudaram a eliminar pendências em torno dos papéis da Sunamam. Não todas, mas, com certeza, boa parte delas.

O ESTADO FRAGMENTADO

As constituições brasileiras, em especial as elaboradas por representantes eleitos pelo voto direto em ambientes democráticos e que foram feitas após períodos prolongados de exceção, têm por vício serem muito analíticas. E para não deixar dúvidas quanto aos problemas que pretendem evitar, avançam sobre temas pertinentes à legislação ordinária. O furor regulatório do constituinte, além de exagerado, é sempre voltado a impedir, pelo menos em teoria, a repetição de fatos passados e a garantir direitos que não precisariam ser cobertos por normas constitucionais. Assim é a Carta de 1988.

Fruto de um Congresso ordinário que recebeu poderes constituintes (o que nunca é aconselhável), foi a constituição da rendição ao corporativismo. Em nome de ouvir a sociedade, os constituintes se expuseram a todo tipo de pressão. Passavam dias a receber associações de classe, sindicatos e integrantes do chamado e inencontrável "movimento popular". E depois de ouvir as pretensões e frequentemente sofrer as pressões de cada grupo de interesses, buscavam contemplá-las na nova Carta.

Pela manhã eram os soldados do corpo de bombeiros. Ainda antes do almoço, era a vez dos professores. Durante o almoço, dos empresários de mineração, e assim por diante. Cada um deles levava o que considerava essencial para a sobrevivência de sua categoria e, claro, justificavam seus pleitos como se, sem eles, fosse impossível resgatar a cidadania e restaurar a dignidade do Brasil. O resultado não poderia ser outro: uma colcha de retalhos mal alinhavada, com excessos de direitos, muitas prerrogativas e quase nenhuma obrigação. É comum ouvirmos que nossa Constituição é muito avançada nos direitos sociais e um pouco perrengue no que toca à liberdade econômica e ao exercício da livre iniciativa. Em minha opinião, isso equivale a dizer que um ciclista pedala muito bem com a perna direita, mas com a esquerda é um desastre.

330   O ESTADO A QUE CHEGAMOS

O pior de tudo é que, como já foi dito, a carta adotou sem alterações o aparelho de estado existente e manteve a máquina estatal inchada e ineficaz. Ou seja, a forma de organização dos serviços públicos, o modo de alocação e de distribuição de servidores e todo o procedimento burocrático previsto pelas regras jurídicas elaboradas durante a ditadura foram simplesmente recepcionadas pelo novo diploma legal.

Os constituintes de 1988 não levaram em conta a transformação por que o mundo passava. A globalização da economia tornava-se uma realidade e um novo modelo de prestação de serviços já começava a imperar nos países mais avançados. Claro que, na luta pela defesa de seus interesses, as corporações mais poderosas tiveram mais êxito. E, após a promulgação da nova Carta, insistiram na defesa de privilégios para suas corporação sem jamais admitir que essa conta seria paga pela sociedade.

Muitas das corporações, como por exemplo o Ministério Público e o Tribunal de Contas da União, acabaram ampliando seus poderes no grito e se atribuindo prerrogativas que não lhes foram dadas pela lei. Desde que a República é República, o Ministério Público sempre foi ligado ao Poder Executivo. Com o tempo, seus integrantes passaram a agir como se pairassem acima dos demais poderes e, diante da omissão das outras autoridades, perderam qualquer vinculação que pudessem ter com a estrutura do Estado.

Assim, o Ministério Público acabou adquirindo o status de ente autônomo, ou do quarto poder da República. Em diversos momentos, ao invés de procurar contribuir com a unidade do ordenamento jurídico nacional, prega soluções diferentes para casos iguais em diferentes unidades da federação. A promoção da justiça, que é o papel original do Ministério Público, varia de acordo com a cabeça de cada procurador. E essa cabeça, muitas vezes, age em confronto com órgãos regulamentadores e fiscalizadores – em especial quando se trata de questões ambientais e/ou relacionadas ao ordenamento urbano.

Ao mesmo tempo em que abriu espaço para esse tipo de anomalia, a Constituição também abriu as portas (e isso foi, sem dúvida, um avanço) para a retirada de um princípio presente no arcabouço jurídico brasileiro desde Rui Barbosa. No passado, o Estado só podia transigir em casos raríssimos. Com a Constituição de 1988, passou a ter o poder de negociar soluções e buscar acordos para conflitos. Passou, portanto, a transigir.

A possibilidade da transigência é bem-vinda e modernizadora. Porém, ela ainda é carente de uma regulamentação adequada. Vemos essa necessidade, por exemplo, nos casos dos acordos de leniência propostos e homologados pelo Judiciário. Os benefícios que determinados colaboradores muitas vezes recebem ao delatar um determinado delito é imensamente superior ao concedido a um eventual denunciado que, muitas vezes, cometeu crimes de gravidade inferior ao praticado pelo próprio denunciante. Numa comparação caricata, isso equivaleria

A VOLTA DOS VELHOS HÁBITOS **331**

a um assassino confesso receber por ter puxado o gatilho uma punição inferior à do comparsa que lhe forneceu a munição.

Além disso, há outros problemas graves relacionados com as deformidades corporativistas do Estado brasileiro. Como as atribuições e os limites de cada instituição deixaram de ser claros e algumas delas passaram a ser cada vez mais autônomas, o estado tornou-se fragmentado a ponto de poder ser comparado à Hidra de Lerna. Trata-se do monstro mitológico de muitas cabeças, cujo hálito pestilento destruía tudo o que encontrava pela frente. O fato de se entender com uma das cabeças não significava que a outra aceite o acordo e, quando menos se espera, avançava contra o interlocutor que se entendeu com as demais. No caso do Estado, a pessoa começa negociando com o Ministério Público. Aceito o acordo, que deveria ser suficiente para livrá-la de prestar contas com qualquer outro organismo estatal, essa pessoa permanece sujeita à ação de outras cabeças da Hidra.

Precisa se explicar à Advocacia Geral da União, à Receita Federal, ao CADE e até mesmo ao Tribunal de Contas da União — que sequer tem competência constitucional de opinar sobre esse tipo de assunto, visto tratar-se apenas de um órgão auxiliar do poder Legislativo. Ou seja, o Estado, que era para ser um só, se transforma em vários, cada um com demandas que muitas vezes são mal vistas pelos demais.

Nos países em que o instituto de leniência é praticado há décadas, a questão é simples: a eventual pena definida no acordo e homologada pela Justiça é definitiva e imutável. Uma vez definida, não estará sujeita à ação de qualquer outro questionamento. E a eventual multa paga para compensar o delito vai para o Estado ou para o segmento da sociedade prejudicado pela ação de quem faz o acordo de leniência. Nunca para o Ministério Público ou órgão equivalente. Ponto final.

O Estado brasileiro, para evoluir em boa direção, precisa ter sua unidade restaurada, sobretudo no que diz respeito à sua relação com o cidadão. A pessoa tem o direito de saber que está falando com o órgão que tem autoridade para tratar daquele assunto específico e o acordo gerado nesse entendimento deve ser aceito pelos demais. Do contrário, o país ficará condenado à confusão permanente e à necessidade de administrar conflitos intermináveis.

O TCU, por exemplo, ocupa lugar de destaque na confusão de competências criada a partir do momento em que as corporações passaram a ampliar suas prerrogativas na base do grito. Definido constitucionalmente como órgão auxiliar do Poder Legislativo, com a determinação de examinar a posteriori contas e contratos fechados pelo poder público com seus fornecedores privados, o TCU passou a agir como se tivesse competência, jurisdição e autoridade equivalente à do Poder Judiciário.

E assim, tornaram-se usuais as interferências do TCU em editais elaborados de acordo com as boas normas jurídicas ou a suspensão de contratos que o próprio órgão vinha fiscalizando desde o primeiro momento. Esse procedimento, desnecessário

O ESTADO A QUE CHEGAMOS

dizer, está entre as causas mais frequentes do atraso de obras públicas e do desinteresse das empresas pelo Brasil.

A despeito das consequências funestas das ações que toma sem a devida previsão constitucional, o TCU mantém sua desenvoltura. Volta e meia, seus integrantes sentem-se à vontade para propor emendas constitucionais que transfiram sua vinculação do poder Legislativo para o Judiciário. E de reivindicar, portanto, a legação do poder judicante que seus integrantes imaginam que já têm. A eventual aprovação de uma emenda desse natureza contrariaria, em primeiro lugar, o princípio da separação dos poderes, que é cláusula pétrea da Constituição. O mais espantoso de tudo é que muita gente no próprio Judiciário, que deveria ser o guardião da lei, é sensível e concorda com esse tipo de absurdo.

Outro órgão que sofre as consequências dos interesses corporativos é a da Saúde – que sobrecarrega o Sistema Único de Saúde com procedimentos que inviabilizam o equilíbrio financeiro da própria plataforma. Um exemplo gritante: no Brasil, uma cirurgia cardíaca de média complexidade não custa menos de R$150 mil. Na Índia, o mesmo procedimento custa cerca de 35% desse valor. A causa da diferença não está na eficiência dos processos utilizados: o método indiano é tão bom quanto o brasileiro ou até melhor.

O custo do procedimento indiano é menor porque existe um planejamento prévio da cirurgia e a equipe responsável por ela é dimensionada de acordo com as recomendações técnicas de cada caso. No Brasil, os sindicatos de trabalhadores na saúde, em muitos casos, é quem define quando assistentes, enfermeiros e pessoal de apoio devem estar presentes no ato cirúrgico, assim como até mesmo o tamanho da sala e a dimensão dos equipamentos a serem usados. Ou seja, a principal preocupação da corporação na hora de uma cirurgia é garantir o bem-estar dos profissionais e não a cura do doente.

É urgente e necessária a requalificação do Estado brasileiro. É necessário que se tenha uma definição clara de suas obrigações e, tão importante quanto isso, definir qual a melhor maneira de cumpri-las. Do contrário, a manutenção do Estado demandará recursos superiores à capacidade da sociedade em gerá-los. Qualquer reforma tributária que for proposta para sustentar um Estado como esse, apenas aumentará a carga de tributos e reduzirá a capacidade da sociedade de investir e poupar. A fragmentação corporativista do Estado é uma das causas dos problemas do Brasil. É necessário, portanto, restaurar a unidade da administração pública, com a definição clara e objetiva das atribuições de cada órgão ou repartição – como, aliás, foi feito na reforma Administrativa de 1990, que, por querer controlar a Hidra, acabou sendo devorada por ela. Essa falta de unidade, na melhor das hipóteses, gera insegurança jurídica e, na pior, o desinteresse dos investidores e a paralisia dos órgãos essenciais do Estado.

CONCLUSÃO

A NECESSIDADE DE OLHAR PARA A FRENTE

Há um ponto comum entre as seis Constituições editadas no Brasil desde 1891, ano da primeira Carta do período republicano. Todas foram escritas com olhos voltados para o passado — talvez porque todas tenham nascido depois do rompimento abrupto da ordem institucional anteriormente vigente. É o caso, para ficar apenas com um exemplo mais recente, da Carta de 1946. Em nome da necessidade de coibir os abusos centralizadores do Estado Novo — que dissolveu o Legislativo e substituiu os governadores eleitos (na época, chamados de presidentes) por interventores nomeados pelo ditador Getúlio Vargas —, o texto concedeu aos estados e municípios um conjunto de poderes e de direitos que praticamente os deixava livres de qualquer controle federal.

Ainda que tenha sido motivada pelas melhores e mais compreensíveis intenções, essa decisão teve consequências nocivas. Os Estados ganharam autonomia para agir conforme a própria conveniência na hora de criar impostos, de conceder isenções fiscais e, sobretudo, de gastar dinheiro. Eles podiam se endividar sem autorização da União ou de quem quer que fosse — mas nunca renunciaram ao direito de reivindicar ajuda do governo federal sempre que se viam asfixiados pela falta de dinheiro.

O que se viu foi um desarranjo fiscal generalizado: na hora de decidir como gastar, os estados agiam como se fossem países independentes; na hora de pagar a conta, debitavam tudo na conta do Tesouro Nacional. Esse enfraquecimento do poder central está entre as razões do embate político e da crise que justificou a implantação do regime de 1964.

A FORÇA DO ARCABOUÇO JURÍDICO

Com a chegada dos militares, o texto de 1946 foi, de início, mutilado pelos Atos Institucionais e, em seguida, substituído por uma nova Carta. A Constituição de 1967, na mesma medida em que tolheu as liberdades individuais, eliminou a autonomia dos estados, que ficaram impedidos de adotar medidas que não tivessem a aprovação do poder central. Os governadores, que voltaram a ser nomeados depois de 1965, se viram reduzidos à condição de gerentes encarregados de implementar ordens que vinham de cima.

O regime voltou a centralizar as decisões nas mãos do governo federal. Além disso, trouxe uma série de dispositivos destinados a manter a ordem pública a qualquer preço e reforçou aquilo que os militares entendiam como Doutrina de Segurança Nacional. O texto de 1967 rompeu com o passado de forma radical. Implantou um novo arcabouço jurídico e, a partir daí, criou um Estado muito mais poderoso do que antes.

Sob os militares, o Estado, como foi mostrado ao longo deste livro, entregou o que prometeu: um país que se endividou e utilizou os recursos públicos disponíveis para implantar uma infraestrutura mais moderna e uma economia mais dinâmica do que havia antes de 1964. Em outras palavras, fez o que se propôs a fazer, cumpriu o seu papel, mas logo começou a dar os sinais de esgotamento que levaram a seu fim. O fim do regime impôs a necessidade de se escrever uma nova Carta – que teve como vício de origem o fato de não ter sido elaborada por uma Assembleia exclusiva, mas pelo mesmo Congresso que lidava com a legislação ordinária.

Esse vício, no final, acabou tento uma influência decisiva sobre os defeitos do texto de 1988.

É fato que a discussão em torno dele, ainda que timidamente, teve início nos momentos que antecederam o fim da ditadura – e a convocação de uma Assembleia Nacional Constituinte era um compromisso das lideranças que trabalharam pela devolução do poder aos civis. Ainda no final dos anos 1970, advogados engajados na luta pela anistia, juristas defensores dos direitos humanos, políticos da oposição e a própria militância que pedia o fim da ditadura engrossaram o debate em torno de uma Constituinte Livre e Soberana.

Eu me lembro de encontros com a participação de lideranças como Darcy Passos, Plínio de Arruda Sampaio, Flávio Bierrenbach, Franco Montoro, Ulysses Guimarães, Almino Afonso e outros nomes que integravam o primeiro time da política brasileira naquele momento discutindo o melhor modelo para reunir os responsáveis pela redação da nova constituição. Uns defendiam que ela fosse feita por uma Assembleia eleita exclusivamente para essa finalidade, que se dissolveria quando os trabalhos estivessem concluídos.

Outros entendiam que o texto deveria ser elaborado pelos mesmos deputados e senadores que viessem a ser eleitos para o Congresso Nacional. Tancredo Neves, que seria escolhido presidente da República pelo Colégio Eleitoral, mas morreria sem tomar posse, tinha uma terceira opinião. Ele nunca escondeu que bastava limpar o texto de 1967 daquilo que ele chamava de "entulho autoritário", fazer um ou outro ajuste de natureza pontual e seguir adiante, num regime democrático.

As esquerdas, sobretudo o PT, defendiam a convocação de uma Constituinte exclusiva e eleita por critérios de proporcionalidade que não fossem os mesmos do Pacote de Abril de 1977 – que fez com que os votos dos cidadãos dos estados mais

A NECESSIDADE DE OLHAR PARA A FRENTE   **335**

desenvolvidos passassem a valer menos do que os votos dos eleitores dos estados menos desenvolvidos *(ver capítulo 1)*. Justiça seja feita: ainda que tenha sido movido pela intenção de dar mais peso aos estados onde, na época, tinha mais força eleitoral, o PT questionou a legitimidade de uma assembleia que combinasse a obrigação constituinte com uma das tarefas mais corriqueiras do Poder Legislativo. O partido defendia a participação do que chamava de "movimentos populares" ou de "sociedade organizada" no processo e esses foram alguns dos argumentos que utilizou para se recusar a assinar o texto depois que o trabalho foi concluído. Ainda que tenha participado ativamente dos debates e incluído vários itens de seu interesse no texto.

Além de não ter sido elaborada por uma Assembleia eleita exclusivamente para essa finalidade, de ter sido feita por um Congresso eleito conforme as regras estabelecidas por um ato de força do regime militar, no Pacote de Abril de 1977 e de ter um terço dos senadores que a compunham eleitos em 1982, num pleito em que a questão da Constituinte não passava de um projeto distante, a Constituição foi escrita, votada e aprovada. Talvez os defeitos de composição se expliquem pela crença que os políticos progressistas que lideraram a oposição democrática ao regime tinham na própria capacidade de liderar aquele processo. Eles imaginavam que , por seu papel na superação do regime, seus interesses prevaleceriam sobre todos os demais e que o texto sairia à imagem e semelhança de suas ideias.

Logo ficou claro que a luta não seria assim tão fácil e que eles não conseguiriam fazer o que pretendiam. A partir do momento em que o senador Mário Covas foi eleito líder do PMDB na Constituinte, em março de 1997, os parlamentares que não viam com bons olhos as posições mais à esquerda que ele defendia começaram a se articular em torno do grupo que, dali a pouco, seria conhecido como "Centrão." Eles queriam conter os possíveis excessos liberalizantes e, principalmente, nem queriam ouvir as ideias dos progressistas a respeito do direito à propriedade e ao uso social da terra.

Não houve a necessidade de cálculos muito sofisticados para ficar claro que a bancada ruralista e os defensores de posições mais conservadoras tinham votos suficientes para dar ao Estado uma feição que atendesse seus interesses. Agora que eles tinham pulado para o lado de dentro da máquina, não renunciariam ao direito de nomear, de orientar a destinação de verbas e de definir políticas que satisfizessem seus interesses. Entre essas políticas estavam não só a definição de critérios mais rígidos para a reforma agrária defendida pelos progressistas, mas também sobre a representação política, as responsabilidades do Estado, o plano federativo e uma série de outros tópicos relevantes.

Assim, os mesmos parlamentares que, pela manhã, desenhavam o novo ordenamento jurídico e institucional do Estado brasileiro, à tarde percorriam ministérios em busca de verbas para as unidades que representavam ou negociando

336 O ESTADO A QUE CHEGAMOS

espaço para seus aliados na máquina pública federal. Ou seja, os mesmos deputados e senadores que cobraram e obtiveram todo tipo de vantagem em troca, por exemplo, da aprovação do mandato de cinco anos para José Sarney, aprovaram os critérios de relacionamento entre os poderes da República. Dali não poderia sair, como não saiu, algo que pudesse dar certo.

LATARIA NOVA SOBRE OS VELHOS CHASSIS

Houve naquele momento uma espécie de acerto entre as forças que pularam para dentro do Estado com o fim do Regime Militar. Elas não se deram ao trabalho de discutir um novo arcabouço jurídico porque não desejavam pôr em risco um modelo que concentrava poderes nas mãos de quem comandava a máquina. Justamente agora que tinha chegado sua vez de dar as cartas, não lhes parecia oportuno abrir mão desse poder.

Talvez o resultado fosse outro caso a Carta tivesse sido escrita por uma Constituinte exclusiva, cujos integrantes não permanecem no posto depois de concluído seu trabalho. Ao invés de pôr no chão o arcabouço jurídico imperfeito e a organização de Estado que encontraram, os Constituintes de 1988 optaram por manter de pé tudo o que encontraram e construir puxadinhos para acomodar os que estavam chegando — o que deixou aquela obra mais imperfeita do que a anterior.

A constituinte promoveu a recepção do Estado construído pelos militares. Mais do que isso, conservou a mesma formulação jurídica, na forma de leis, códigos e procedimentos, que foram aceitos pela nova ordem. Ou seja, mantiveram a lógica antiga para a nova ordem que se pretendia implantar. Os grupos que lideraram o processo de redemocratização, por sua vez, pareciam satisfeitos em cumprir a promessa de ampliar os direitos sociais — sobretudo no que se refere à universalização dos serviços de saúde e da educação — e de assegurar a ampliação das liberdades individuais que tinham sido suprimidas pelos militares.

O problema foi que esse jogo levou à criação de novas demandas sem eliminar as exigências que já pesavam sobre os cofres públicos. Com os mesmos recursos que agora teriam que dar conta de bancar a saúde e a educação universais, o Estado teria que arcar com aumentos generosos para o funcionalismo e continuar responsável pela construção de pontes, hidrelétricas, rodovias e, como se não bastasse, continuar sustentando estatais deficitárias e ineficientes. Não é preciso ser especialista em economia para perceber que não haveria dinheiro bastante para manter as antigas e ainda arcar com as novas obrigações.

Motivada por intenções tão louváveis quanto as de 1946, a Carta de 1988, no final das contas, se limitou a colocar uma lataria mais moderna, porém mais pesada que a anterior, sobre os mesmos chassis jurídicos e institucionais que carregavam o Estado construído pelos militares. Junto com os direitos legítimos que ela trouxe

A NECESSIDADE DE OLHAR PARA A FRENTE

para a cena vieram outros que não beneficiavam o cidadão, mas o próprio Estado e seus integrantes. A Constituição, em seus eixos estruturantes, não olhou para a sociedade e sequer alterou critérios de representação política definidos pelo Pacote de Abril de 1977. Pelo contrário, os tornou ainda mais nocivos aos estados mais populosos e perpetuou uma distorção da representação política da sociedade – onde uma cabeça não representa um voto, como é o desejável em qualquer democracia representativa. Apenas reproduziu aquilo que era de interesse dos partidos políticos e da máquina do Estado naquele momento.

O Estado permaneceu tão pesado e tão voltado para seus próprios interesses quanto antes. Prova disso foi a pressão que as corporações mais poderosas do funcionalismo público exerceram sobre o legislativo para obter um conjunto escandaloso de privilégios. A rapidez e automatização das promoções na carreira, os aumentos salariais periódicos, a facilidade para obtenção de licenças remuneradas, a estabilidade no emprego, a extensão aos aposentados de uma determinada categoria profissional, os mesmos benefícios concedidos aos servidores da ativa e mais um conjunto vultoso de privilégios tornaram o funcionalismo público brasileiro um dos mais bem pagos do mundo.

Essa estrutura dispendiosa não trouxe consigo a contrapartida da eficiência. O serviço público brasileiro, com as justas e devidas exceções, continuou tão ineficiente quanto antes. A situação financeira do Estado tornou-se insustentável. Quase tudo que o Erário arrecada é destinado ao pagamento dos salários e das aposentadorias do funcionalismo. O pouco que resta é disputado a tapas pelos grupos que exercem alguma influência sobre o Estado. E sempre que surge alguém interessado em se desfazer de empresas públicas para diminuir o tamanho da máquina e reduzir as responsabilidades financeiras dos cofres públicos, logo se levantam as vozes em defesa daquilo que é apresentado como "patrimônio nacional". Tudo isso porque a Constituição de 1988 não foi capaz de definir onde o Estado deveria e onde não deveria estar presente, onde o dinheiro do povo teria que ser aplicado e, mais do que tudo isso, qual seria a nova ordem tributária responsável por arrecadar o dinheiro necessário para pagar tudo isso.

TUDO COMO ANTES

Após a redemocratização, o poder de nomear, de alocar recursos e definir políticas públicas continuou concentrado nas mãos de quem ocupava os cargos chave da República. A diferença foi que, depois que se removeu a capa do autoritarismo, que mantinha o Estado praticamente imune aos apelos vindos de fora, os governos passaram a ter seu equilíbrio determinado pela habilidade de seus ocupantes na hora de trocar favores com os grupos que podiam exercer pressão sobre ele.

338 O ESTADO A QUE CHEGAMOS

O compasso dessa dança foi definido ainda durante os trabalhos de elaboração da Carta de 1988, quando o deputado paulista Roberto Cardoso Alves, líder do "Centrão", citou a Oração de São Francisco para deixar claro que a aprovação do mandato de cinco anos reivindicado pelo presidente José Sarney estava condicionada aos favores que o governo estava disposto a fazer para os parlamentares que decidiriam a questão. "É dando que se recebe", disse Robertão no final de 1987, quando o assunto foi discutido em plenário. O governo cedeu à pressão sem qualquer resistência e os cinco anos foram aprovados.

Para resumir, a preocupação legítima em garantir que o Estado ampliasse as proteções e os direitos do cidadão acabou funcionando como uma espécie de cortina de fumaça atrás da qual se escondeu a concessão de privilégios às corporações mais poderosas. E serviu de desculpa para a adoção de medidas populistas que, no final das contas, drenaram, para o funcionalismo público e para os programas de interesses dos grupos mais próximos do poder, aqueles recursos que deveriam ter sido destinados às políticas públicas eficientes e inclusivas prometidas durante a luta pela redemocratização.

A despeito do aumento da demanda sobre os cofres públicos, a lógica tributária implantada pelos governos militares se manteve inalterada. Ou seja, o Estado passou a ter mais responsabilidades sem ter, no primeiro momento, de onde tirar dinheiro para financiá-las. Obrigações que antes eram da União foram transferidas para os Estados e municípios sem que esses passassem a financiá-las com recursos de seus orçamentos. A saída óbvia foi o aumento das exigências sobre a sociedade. Os impostos sobre o consumo e sobre a produção tiveram suas alíquotas majoradas ao limite máximo. Como se não bastasse, qualquer atividade econômica passou a ser encarada como um fato gerador de impostos.

Isso, claro, gerou distorções. Em qualquer sistema econômico sensato, a abundância da arrecadação é consequência da prosperidade das pessoas e das empresas. Quanto melhor estiver a economia, mais dinheiro o Estado terá para cumprir suas obrigações. No Brasil, o apetite tributário do Estado estrangula a economia para tentar arrancar os recursos necessários para a manutenção de uma máquina pública mais preocupada com sua própria manutenção do que com a qualidade dos serviços que presta.

A racionalidade aconselha, por exemplo, que não se deve sufocar sob impostos pesados produtos e serviços vitais para o bom funcionamento do mercado. É o caso da telefonia, da energia elétrica e dos combustíveis. No Brasil, entretanto, sempre tem alguém que acha correto tributar até a luz do sol, tamanha é a necessidade de recursos exigida para manter o próprio Estado.

Em resumo, os estragos que os benefícios corporativistas assegurados pela Constituição causariam nas contas públicas no futuro já podiam ser antevistos em 1988. Qualquer projeção elementar feita naquela época já teria mostrado que o Tesouro, no futuro, não teria meios para bancar aquela farra por muito tempo e que acabaria por se endividar até o limite dessa capacidade. Mas os constituintes preferiram fechar os olhos para as evidências — da mesma forma que os parlamentares que os sucederam mantiveram, nos anos seguintes, o hábito de exigir dinheiro público para assegurar benefícios privados.

Essa situação é claro, gerou distorções que se consolidaram com o passar do tempo. E a prova disso é que todos os presidentes da República eleitos no Brasil desde 1989 chegaram ao Planalto prometendo mudar tudo o que havia de errado no país, mas nenhum foi capaz de implementar ao longo do mandato as mudanças que se comprometeu a fazer. Ninguém, no Brasil pós 1988, jamais chegou ao poder prometendo dar continuidade ao que vinha sendo feito até ali — o lema de toda eleição é a mudança e a mudança nunca vem.

Do mesmo modo, ninguém conseguiu ultrapassar a barreira dos interesses corporativos. Alguns presidentes foram mais, outros menos eficientes na arte de se equilibrar no poder. Mas nenhum foi capaz de alternar a lógica que Roberto Cardoso Alves resumiu com tanta clareza em 1987 e que continuou válida nos anos seguintes: para aprovar medidas de seu interesse, o governo precisa abrir os cofres e atender os interesses varejistas dos parlamentares com dinheiro do povo. Precisa dar para receber.

UMA FARTURA DE DINHEIRO

Houve, nas décadas seguintes à promulgação do texto constitucional, avanços que, de fato, fecharam algumas das torneiras que estimulavam os gastos sem controle. A Lei Complementar nº 101, de 4 de maio de 2000, a chamada Lei de Responsabilidade Fiscal, foi um dos mais relevantes. Da mesma forma, houve avanços importantes no sentido de coibir a promiscuidade que pautava o relacionamento do Estado com seus fornecedores privados. Mas, no essencial, a situação permanece a mesma e, a despeito de todas as evidências de que o dinheiro acabou, sempre tem gente nos três poderes agindo como se não faltassem recursos para bancar todo tipo de privilégio.

A consequência disso é que o Estado brasileiro faliu, embora muitos continuem agindo como se ele permanecesse forte e poderoso. A bancarrota é tratada com indiferença por gente bem-posta no Executivo, no Legislativo e especialmente no Judiciário e no Ministério Público. Com as devidas exceções, as autoridades do Estado brasileiro, assim como os funcionários a elas subordinados, agem como se não fossem parte do problema — que estaria totalmente nas mãos da sociedade. Em 2019, num cenário de penúria em que não havia dinheiro para quase nada, a União precisou desembolsar R$2,49 bilhões para cobrir o que a Justiça e o Ministério Público federais gastaram além do teto. Os dados são do Tesouro Nacional.

O problema é antigo e parte de sua persistência decorre de um velho vício nacional. Sempre que alguma crise mais grave se manifesta na máquina estatal, as autoridades se apressam em combater os sintomas, mas se recusam a encarar as causas da doença. Sempre que a escassez de dinheiro para serviços essenciais passa do estado crônico para o agudo, vozes indignadas se levantam em defesa da necessidade de reformas que levem o Estado a melhorar a qualidade do serviço que ele presta.

É o que acontece quando pessoas morrem sem atendimento nas filas de hospitais públicos. Ou quando rebeliões em série estouram no sistema penitenciário em algum estado da Federação ou, ainda, quando os atrasos nos salários dos servidores tornam-se rotineiros. Em momentos como esses, instala-se um clima de comoção geral, as cobranças por soluções se intensificam e o Estado passa a prometer medidas de emergência para resolver o problema. Não importa se o caso é de responsabilidade municipal, estadual ou federal. As soluções sempre acabam sendo cobradas da União.

A LÓGICA DO ESTADO BRASILEIRO

Inicia-se, então, uma discussão interminável em torno das providências a serem tomadas e, nessa hora, os dedos são sempre apontados na direção das consequências, ou seja, das falhas na administração pública. Ameaças de punições são feitas, medidas de austeridade são prometidas e algumas chegam até mesmo a ser postas em prática. Mas o resultado, no final das contas, costuma ser nulo. Tais atitudes, na prática, equivalem a tentar remendar os furos do paraquedas depois de se ter saltado do avião: quem pula se esborracha contra o chão sem jamais conseguir os resultados prometidos.

Ninguém está dizendo que a austeridade é desnecessária nem que o corte de privilégios a funcionários públicos — como, a propósito, aconteceu durante o governo do qual participei — não traga benefícios. O rigor é, sem dúvida, importante. A questão é que, para o bom funcionamento da máquina, a austeridade deveria ser a rotina. E nunca uma medida excepcional, anunciada com estardalhaço cada vez que o buraco se aprofunda. Além disso, e por mais necessária que seja, a moderação ocasional no uso do dinheiro público é insuficiente para resolver um problema do tamanho que ele alcançou no país.

Diante das crises, a atitude mais frequente dos políticos em geral tem sido a de ficarem quietos, à espera de que a situação a seu redor melhore. Como na maioria das vezes a falta de dinheiro se manifesta de forma aguda durante as crises econômicas — que empurram a arrecadação para baixo —, todos ficam parados, à espera de que uma melhoria na situação aumente a coleta de impostos e ponha fim à falta de recursos. Ou, ainda que não consiga dar um fim, que pelo menos melhore as aparências e gere recursos para o pagamento das obrigações mais urgentes. Com sorte, pode até sobrar algum para novas obras e consequentemente para novas

A NECESSIDADE DE OLHAR PARA A FRENTE   **341**

realizações — o que lhes permitiria cumprir algumas das promessas de campanha e honrar alguns dos compromissos assumidos.

Ledo engano. O que ocorre quando a economia se recupera e a arrecadação aumenta são movimentos reivindicatórios brutais. Quando não há dinheiro, as corporações mais poderosas querem o deles de qualquer maneira. Quando a situação melhora, elas cobram salários mais altos e benefícios mais generosos em nome do sacrifício a que foram obrigadas a fazer nos tempos de crise.

A questão é que, no Brasil, perde-se muito tempo e energia discutindo medidas de impacto enquanto a causa primária do problema permanece inalterada e gera problemas que se tornam maiores a cada dia. A principal anomalia do Estado é o próprio Estado — ou, para deixar o conceito ainda mais claro, o problema do Estado brasileiro é a lógica que orienta sua organização e seu funcionamento. No Brasil, é bom insistir, a sociedade parece existir para servir ao Estado, não o contrário.

Enquanto essa lógica sobreviver, as políticas públicas jamais estarão no topo das prioridades estatais. Sem uma mudança estrutural profunda e, mais do que isso, sem uma mudança de paradigma que traga a sociedade para o centro das preocupações, o Estado se ocupará mais da própria manutenção do que dos interesses que gravitam em sua órbita. O cidadão nunca estará em primeiro lugar.

Um bom exemplo de paralisia do Estado e da máquina pública é a resistência que a administração tem na hora de implantar programas de desburocratização, de automação e de informatização. Nas últimas décadas, como é do conhecimento geral, o setor mais impactado pela evolução tecnológica foi o de serviços. Ora, a atividade administrativa do Estado, por definição, nada mais é do que uma gigantesca estrutura de prestação de serviços. Uma infinidade de softwares, algoritmos e aplicativos foram criados no mundo inteiro e muitos deles se mostraram eficientes na hora de apressar procedimentos administrativos, dar clareza aos processos e substituir documentos em papel por arquivos eletrônicos seguros e confiáveis. No Brasil, porém, nada disso é utilizado para modernizar a relação do Estado com o cidadão. Uma vez por mês, para citar apenas um exemplo, o cidadão aposentado precisa ir ao banco para cumprir a missão de provar que está vivo.

O problema, como se sabe, não é recente. No Brasil, o Estado se formou sobre uma sociedade dispersa e incipiente, se fortaleceu e se consolidou acima dela. Desde os tempos da Colônia, o Estado tem se comportado mais como um fiscal de posturas e um repressor de desvios de conduta do que como formulador de políticas e garantidor do bem-estar social. Ele é, quando muito, um provedor que atende setores da sociedade de forma pontual e sempre de acordo com prioridades que ele mesmo define a partir de seus próprios interesses.

O ESTADO A QUE CHEGAMOS

Para o Estado brasileiro, tarefas relacionadas com as políticas públicas e com o atendimento ao cidadão são vistas como um fardo que ele precisa carregar, não como sua principal função. Esse modo de pensar e de agir sobreviveu ao Império, avançou pela República e chegou ao século 21 coerente com sua própria lógica: no Brasil, nunca é demais insistir, a sociedade existe para servir ao Estado. Nunca o contrário.

ATIVIDADE MEIO E ATIVIDADE FIM

Quem reparar as políticas implementadas pelos diferentes governos que o Brasil teve desde a redemocratização notará que os problemas do cidadão nunca estiveram entre as prioridades do Estado, a não ser de forma retórica e pouco prática. A exceção que confirma a regra é o controle da inflação. Depois do sucesso do Plano Real, os governos passaram a agir como se todos os problemas estruturais do Estado estivessem resolvidos e que, a partir dali, o país avançaria por si mesmo. Era como se não houvesse mais amarras impedindo a evolução do país quando, na verdade, muitas das medidas tomadas nos anos seguintes serviram para tornar os nós ainda mais resistentes.

Mesmo com todas as privatizações e concessões que houve nos governos de Collor, Itamar, FHC, Temer e Bolsonaro, o Estado brasileiro sempre conseguiu a proeza de não diminuir. Na essência, ele continuou grandalhão, ineficiente e sempre disposto a gastar com a própria manutenção os recursos que deveriam ser destinados a políticas focadas no cidadão. Age como um pai severo na hora de recolher impostos e, logo depois, como um cunhado estroina na hora de esbanjar recursos no Tesouro com a manutenção de uma máquina excessivamente concentrada nas atividades-meio e pouco voltada para as atividades-fim.

Sim. O grosso do funcionalismo público no Brasil está concentrado em atividades de controle e em tarefas burocráticas que, com o avanço dos processos eletrônicos, poderiam muito bem prescindir do carimbo e do jamegão em folhas de papel. Aqueles que trabalham na atividade-fim, em contato direto com o cidadão, com a responsabilidade pela implementação das políticas públicas destinadas a atendê-lo, formam uma minoria. Órgãos como o IBAMA, a FUNAI e o INCRA, que pelas funções que exercem deveriam ter presença marcante nas regiões onde seu trabalho é exigido, tem muito mais funcionários em Brasília ou nas capitais estaduais do que na linha de frente. É como se um exército em guerra tivesse mais tenentes, capitães e majores dando ordens na retaguarda do que sargentos, cabos e soldados enfrentando o inimigo no campo de luta. Um exército como esse não tem qualquer chance de vitória.

EFICIÊNCIA NA ARRECADAÇÃO
E INEFICIÊNCIA NOS GASTOS

Por mais caricata que seja, essa comparação ajuda a jogar luz sobre problemas estruturais que nunca são enfrentados como deveriam. O Estado que desrespeita o cidadão e vira as costas para aqueles que necessitam de seus serviços é o mesmo que não se cansa de fazer favores e cobrir de gentilezas os que estão próximos da máquina. O economista Edmar Bacha, um dos formuladores do Plano Cruzado, criou nos anos 1980 o termo Belíndia — para descrever um Brasil onde condições de riqueza e de desenvolvimento comparáveis às da Bélgica conviviam com indicadores sociais rasteiros como os da Índia. Na mesma linha, pode-se dizer que o Brasil avança pelo século 21 como uma espécie de Noruáfrica. Nesse país, a voracidade fiscal do Estado, que arrecada entre 35% e 40% do PIB em impostos, segue o padrão norueguês. Enquanto isso, as políticas públicas têm qualidade equivalente à de determinados países africanos.

Essa tem sido, infelizmente, a realidade de um Estado que ganhou vida própria em relação à sociedade, tornou-se imune a qualquer controle por parte do cidadão e desenvolveu anticorpos contra qualquer tentativa de se eliminar os tais "direitos adquiridos", que, na imensa maioria das vezes, nada mais são do que privilégios autoconcedidos e transformados em lei. Eles drenam recursos dos serviços e os transfere para os salários das corporações mais poderosas.

No Brasil, os benefícios escandalosos que a Constituição de 1988, o Regime Jurídico Único de 1990 (*ver capítulo 15*) e a interpretação generosa das leis em benefícios das corporações faz com que os gastos com pessoal aumentem sem que o administrador tenha qualquer possibilidade de contê-los. Não existe, por exemplo, qualquer texto legal que estenda a uma determinada categoria os mesmos índices de reajustes concedidos a outro grupo profissional. Basta, no entanto, que os ministros do STF decidam se conceder reajustes para que os contracheques de todos à sua volta fiquem mais gordos.

O aumento de 16,38% que o STF se deu em 2018 para valer a partir de 2019 foi aprovado pelo Senado e logo sancionado pelo presidente Michel Temer. Na sequência, deputados, promotores públicos, advogados do governo e mais um monte de corporações passaram calcular seus novos vencimentos com base nesse percentual. O impacto financeiro da regalia sobre a folha de pagamentos dos três poderes, do Ministério Público e de categorias do Executivo beneficiados com as mesma generosidade chega a R$8 bilhões por ano.

Em qualquer outro tipo de organização, inclusive no serviço público dos países que levam a sério o próprio orçamento, quando os gastos com pessoal ameaçam a estabilidade financeira, pode-se lançar mão do recurso da dispensa de funcionários. Não é a primeira opção nem a mais desejada, mas há momentos em que é a único medida capaz de impedir que o problema se alastre e paralise todo o serviço público. No Brasil, tal hipótese não existe. Em caso de crise, corta-se o atendimento na rede hospitalar pública, a merenda escolar e a manutenção da infraestrutura. Mas os bolsos e os empregos dos servidores públicos, não. Esses são intocáveis.

A estabilidade no emprego, dispositivo que, por tradição constitucional era prerrogativa dos juízes, foi ao longo do tempo e das sucessivas Constituições, estendida a outras categorias. Finalmente a partir da Carta de 1988 tornou-se tábula rasa: uma vez dentro do Estado, ninguém sai. Mesmo os que cometem erros graves contam com uma rede de proteção quase indestrutível: só são postos para fora em último caso e, muitas vezes, recebem como punição uma aposentadoria com salários integrais. Situações como essa transformaram o Estado brasileiro num sujeito balofo, que sofre com o aumento da pressão arterial, fica ofegante diante de dois degraus de escada, sente dores nos joelho, dorme mal, ronca à noite e mesmo assim acha que não precisa se submeter a uma dieta nem praticar exercícios físicos.

A EVOLUÇÃO DOS CONTROLES INTERNOS

Nem tudo, evidentemente, está como foi concebido pelo constituinte de 1988. Os orçamentos e os balanços da execução orçamentária chegaram ao século 21 muito mais precisos e bem organizados do que eram em 1989. Ao contrário do que acontecia no passado, existem meios eletrônicos de se detectar eventuais desvios e identificar a autoria de atos ilícitos tão logo eles acontecem. Um escândalo com as mesmas características daquele que foi protagonizado pela advogada Jorgina Freitas, em 1991 *(ver capítulo 16)*, seria muito improvável no século 21.

Toda a estratégia de rapinagem montada pela quadrilha se baseava na falsificação grosseira de documentos e só foi implementada porque não havia rotinas nem mecanismos de controle destinados a impedir ações daquele tipo. Hoje, muito antes da rapinagem alcançar a cifra que aquela alcançou, o alarme seria acionado. Essa melhora se deve não a uma, mas a um conjunto de providências que vêm sendo adotadas no âmbito do Estado ao longo das últimas décadas. Entre elas, está a que, em 1990, alterou os critérios para a emissão da folha de pagamentos do funcionalismo e aumentou os controles internos do Serviço Público Federal.

Antes dispersa pelos diferentes ministérios, a folha passou naquele momento a se concentrar numa única repartição *(ver capítulo 14)* e o governo pôde, pela primeira vez, saber com antecedência o valor exato dos gastos com pessoal. Mais do que isso, permitiu a correção de distorções. Anomalias como o pagamento de salários em duplicidade e a concessão de benefícios por liberalidade das repartições deixaram, ali, de pesar sobre os cofres públicos. Clareza e transparência são passos importantes, mas, mais uma vez, insuficientes para resolver os problemas estruturais do Estado brasileiro.

A NECESSIDADE DE OLHAR PARA A FRENTE **345**

De mudança em mudança, o quadro evoluiu e o repertório de alternativas destinadas a impedir os desvios aumentou. Um exemplo é a Lei nº 12.846, de 1º de agosto de 2013. Baixada no governo Dilma Rousseff, a intenção original da lei era tipificar as Organizações Criminosas para coibir o tráfico de drogas, de armas e a lavagem de dinheiro. Tornou-se, porém, um mecanismo importante de combate à corrupção que alcançou políticos e lobistas e fornecedores do Estado. De uma hora para outra, os procuradores e juízes que agiram com base nessa lei, passaram a ser aplaudidos por suas ações moralizadoras. O combate à corrupção, tantas vezes ignorado no passado, foi posto no centro do debate, ganhou visibilidade e passou a ser apontado como a solução para os problemas do Brasil.

FORTE, ÁGIL E PRESENTE

Isso, porém, não bastou para resolver o problema de fundo: combater a corrupção é importante, porém insuficiente para resolver a carência crônica de recursos do Estado — que precisa deixar de se preocupar consigo mesmo e voltar os olhos para a sociedade. A saída mais eficiente seria reconhecer que a ordem estabelecida pela Constituição de 1988 deu errado e, diante disso, convocar imediatamente uma assembleia exclusiva, cuja composição obedecesse ao princípio de "uma cabeça, um voto". Ela seria livre, soberana e exclusiva, eleita por um sistema que admitisse, inclusive, candidaturas avulsas, que se lançassem à disputa eleitoral sem a necessidade de filiação partidária.

Seus integrantes ficariam impedidos de disputar cargos eletivos por alguns anos depois da conclusão dos trabalhos. Com isso, teriam mais liberdade para identificar e corrigir as distorções, coibir os excessos e reduzir o tamanho do Estado a fim de não sufocar a sociedade com uma carga de impostos e obrigações superior à que ela é capaz de suportar. O problema é que essa solução implicaria a quebra da ordem constitucional — e isso não é desejável num momento em que a própria sociedade não tem clareza do rumo que pretende seguir. A solução, então, se transfere imediatamente para o Congresso Nacional.

O ideal seria que, com a participação da sociedade, o Congresso desse início a uma ampla reforma constitucional, que corrigisse as distorções e pusesse o Estado para andar para a frente. O Estado não pode existir apenas para atender os interesses de quem pulou para dentro de sua estrutura e que, por colocar seus próprios interesses adiante de todos os outros, se afasta cada vez mais da sociedade. É preciso olhar para a frente, estabelecer políticas públicas que facilitem e não que dificultem a vida do cidadão.

De nada adianta, por exemplo, criar leis que estabeleçam prazos para o Sistema Único de Saúde dar o diagnóstico e iniciar o tratamento de qualquer cidadão que o procure com uma doença grave quando a realidade da falta de recursos e dos erros de gestão empurram para as calendas gregas os procedimentos efetivamente capazes de salvar vidas humanas. É preciso que a estrutura do serviço público ofereça condições para o atendimento pronto e imediato a qualquer cidadão que o procure, sem que haja necessidade de leis para estabelecer prazos que jamais se cumprirão.

Num cenário como esse, é preciso definir prioridades. Ou melhor, é preciso inverter a ordem das prioridades e colocar o cidadão adiante do Estado. Juízes e promotores, por exemplo, fariam muito mais pela saúde se, ao invés de expedirem liminares que obrigam o governo a implantar novos leitos hospitalares e obriguem o SUS a bancar o atendimento de pacientes que aguardam na fila, abrissem mão dos privilégios escandalosos que lhes garantem "verbas indenizatórias" previstas apenas por normas que ele mesmos criaram. Verbas que drenam para a folha de pagamento do Judiciário e do Ministério parte dos recursos necessários para financiar as políticas públicas. Verbas que, na prática, são uma afronta à Constituição que eles têm por obrigação defender.

É preciso levar a sério a necessidade de uma reforma fiscal que facilite o acesso das empresas a recursos capazes de estimular a produção e levar à prosperidade — ao invés de ficar o tempo todo criando obstáculos tributários que desestimulam a inovação e o crescimento. É preciso tornar mais ágil e transparente o relacionamento do Estado com seus fornecedores por meio da adoção de procedimentos menos complicados e mais modernos de concorrência e licitação. É preciso, enfim, criar os mecanismos que permitam que o Estado se torne mais ágil, mais leve e presente de uma forma mais positiva na vida do cidadão. Do contrário, e enquanto mantiver os olhos postos no passado, o Brasil ficará, na melhor das hipóteses, preso num pântano do qual não conseguirá se livrar.

FATOS EM FOTOS

João Santana e ex-presidente dos Estados Unidos George Bush na Casa Branca, em 1991 – Serviço de Imprensa da Casa Branca. (Arquivo Pessoal)

Posse no cargo de secretário da Administração Federal ao lado de Fernando Collor, Itamar Franco e secretários.

João Santana no Palácio do Planalto, em 1991 – Secretaria de Comunicação da Presidência da República. (Arquivo pessoal)

João Santana com ex-presidente Fernando Collor e ex-presidente da Itália Francesco Cossiga, em 1991 – Secretaria de Comunicação da Presidência da República. (Arquivo Pessoal)

João Santana com ex-Presidente Fernando Collor e Ex-Governador Helio Garcia Solenidade na Açominas,1991 (Arquivo Pessoal - Secreteria de Comunicação da Presidência da Republica)

Secretaria do Interior de SP, no microfone Marcos Duque Gadelho à sua direita pela ordem Chopin Tavares de Lima, Eugênio Montoro, José Yunes e de barba João Santana

João Santana com papa João Paulo II durante lançamento do selo comemorativo de sua visita ao Brasil, em 1991 — Serviço de Comunicação do Vaticano — L'Osserva. (Arquivo Pessoal)

João Santana e ex-presidente Fernando Collor Durante a posse como ministro da Infra-Estrutura, em 1991 — Secretaria de Comunicação da Presidência da República. (Arquivo Pessoal)

João Santana em solenidade no Planalto com o ex-presidente Fernando Collor e ex-ministros Jarbas Passarinho, Marcílio Moreira e José Goldemberg, em 1991. Foto: Orlando Brito.

João Santana com governador Hélio Garcia em solenidade no Palácio da Liberdade, MG, em 1991 — Secretaria de Comunicação do Estado de Minas Gerais. (Arquivo Pessoal)

João Santana posando com carros de representação recolhidos para leilão. Foto: OrlandoBrito. (Arquivo Pessoal)

Ordem do Mérito Aeronáutico ao lado de Pedro Paulo Leoni Ramos, em 1990.

João Santana com Caio Giannini (de gravata), Solange a sua esquerda e colegas, em 1979 – Eleições C.A. XI de Agosto. (Arquivo Pessoal)

Prisão do sindicalista Osmarzinho – Matriz de São Bernardo (João Santana de barba com a mão no queixo). Foto: Agência F4.

Índice

A

Acordos de leniência 330
Adversários do regime 154
Ajuda a presidiários
    Bolsa-Presidiário 221
      Auxílio-
        reclusão 221
    Auxílio-Xilindró 221
Alicerce constitucional 163
Analistas políticos 121
Anéis alagoanos 225
Anistia 68
Apadrinhamento.
Consulte Nepotismo
Arapongas 154
Armadilha
corporativista 217
Arrecadação 164
Articulação política 81, 263
Artifícios legais 112
Atos jurídicos 158
Atrair capitais 53
Aumento do deficit
público 55
Autarquias e fundações 150
Autoritarismo 337

B

Barter 180
Bolo de Noiva 137
Burlar a lei 201

C

Calendário eleitoral 73
Campanha de Collor 257
Cargos de confiança
154, 198
Carreira pública 107
Cédula de Crédito Rural 91
Centrão 91
Cofres públicos 164, 220
Colégio Pedro II 323

Eleitoral 72
Comissão
Interministerial 218
Compromissos de
campanha 123
Concessão de
benefícios 152
Concursos públicos 199
Conselho de
Administraçã 260
Constituição
Cidadã 105, 106
Contas públicas 220
Convergência Socialista 68
Corporações 199
Corrupção 55
Crescimento acelerado 54
Crime de
responsabilidade 118
Crise do Besame
Mucho 231
Curral eleitoral 208

D

Data-base
Decretão 167
    Apelido dado ao
    Decreto nº 99.180
Decretos presidenciais 146
Deficit público 115
    De caixa 233
Demissão coletiva 308
Departamento de
Segurança Interna 153
Deportação em massa 197
Desabastecimento 95
Desburocratização 341
Descamisados 175
Descontrole dos gastos 55
Desregulamentação 120
Dinheiro ilegal 194
Direito assegurado 199

Direitos usurpados 105
Dirigentes sindicais 198
Dispositivos populistas 222
Distribuição de renda 74
Dívida externa bruta 56

E

Eco-92 277
      Conferência
      sobre o clima
Eficiência 140
Elaboração do programa
de governo 162
Eleição solteira 119
Eliminar privilégios 220
Entrada dos robôs 279
Enxugamento da
máquina pública 151
Equipe econômica 103
Erário 337
Escassez de recursos 104
Esforço de
desestatização 100
Especulação imobiliária 65
Esquema Pepê 303
Estabilidade 199
Estatais brasileiras 172
Estatutários 217
Estrategista 304
Estrutura de governo 145

F

Favores do governo 113
Feriado bancário 175
Fernando Collor 309
      Primeiro presidente
      eleito pelo voto
      direto no Brasil
Fim da autarquia 279
Financiamento
internacional 56
Fome do povo 103

ÍNDICE

Formalismos da administração 159
Fortalecimento do mercado 104
Funcionalismo público 199
Fundos de pensão 260
Fusão de bancos privados 89

G

Gesto megalomaníaco 126
Ginásio Nacional. *Consulte também* Colégio Pedro II
Grandes hidrelétricas 56
Greve dos metalúrgicos de 1980 69

    Marco na luta contra a ditadura

Grupos de opositores

    Bancada petista 220
    Bancada nordestina 195

H

Habitação 150
Hierarquia 149
Holdings 140
Horário eleitoral 131
Hostilidade 126

I

Ideias liberais 120, 124
Impeachment 225
Importação de máquinas agrícolas 279
Incentivos fiscais 74
Indústria de computadores 60
Inflação 199
Iniciativa privada 194
Insustentável 104
Interesse nacional 258
Interesses corporativistas 105
Interferência estatal 120
Intervenção direta do Estado 54
Investimentos estrangeiros 143
Irredutibilidade salarial 203
Isonomia 219

J

Joint-ventures 275
Jovem inexperiente 125
Jurisprudência 202
Juros 107

L

Lava-Jato 131
Legítimo 201
Lei

    Orgânica 69
      Da Anistia 74
      Específica 218

Levantamento de dados 142
Liberal 104
Liberdades individuais 333
Licença-Prêmio 221

M

Máquina pública 80
Medalhões 125
Medidas de austeridade 340
Medidas Provisórias
Mercosul 143
Mérito 201
Metalúrgicos do ABC 70
Milagre brasileiro 55
Militantes tradicionais 72
Ministério da Infraestrutura 306
Modernização 139
Monolítico 127
Monopólio estatal 108
Moratória unilateral da dívida externa 103
Movimentos Populares

    Estudantil 67
    Sindical 68

N

Negociador 104
Nepotismo 187
Nomeação 162
Notas publicadas na imprensa 134
Nova República 81, 154

O

O Caçador de Marajás 113

Onipresença do Estado na economia 63
Operação Lava-Jato. *Consulte também* Lava-Jato
Operação Patrícia 196
Oportunista 124
Organizações Criminosas 345
Organograma 138
Órgãos extintos 195
Os tecnocratas do terceiro escalão 277
Overnight 174

P

Pacote de estabilização 234
    Econômico 137
Palanque eleitoral 128
Patrimônio nacional 337
Perfil do eleitorado 127
Permuta. *Consulte* Barter
Plano Collor 224
Pleito 126
Políticos da oposição 198
Previdência Social 152
Programa de governo

    Habitação popular 56
      Privatizações 120
    Desestatização 147

Programa de privatizações 172
Projeto pedagógico 255
Protocolo 162

Q

Quadro de funcionários 123
Quem fala em descongelamento é traidor da pátria 97
Questão de Estado 307

R

Reajustes salariais 220
Redemocratização 75
Redução de alíquotas de importação 88
Reformas modernizadoras

    Reforma da previdência 38

Reforma agrária 64
Reforma administrativa 117
Regime militar 126
Regras da CLT 220
Relator da Constituinte 143
Renúncia coletiva 306
Reorganização partidária 69
Reserva de mercado 239
Reservas internacionais 164
Resistência corporativa 139
Responsabilidade Fiscal 339
Reuniões estratégicas 125

S

Salvo-conduto presidencial 153
Seguridade Social 106

Sindicalistas 72
Sistema monetário
Cruzado 87
Cruzado Novo 172
Cruzeiro 172
Sistema parlamentarista 306
Sistemática monetária 143
Soberania nacional 103
Sociedade organizada 335
Status de ministro 146
Subsídio do Estado 120
Substituto legal 218
Superministério 150
Superposição de cargos 149

T

TDA 85
Terras desapropriadas 85
Tipos de contratação

Celetistas 217
Estatutários 217
Consultoria técnica 217
Titular da pasta 146
Títulos da Dívida Agrária.
Consulte também TDA
Transigir 330

U

União 208–216
Unificação dos orçamentos 94

V

Valor confiscado 174
Vantagens 112
Verba de representação 202
Vinculação de votos 73
Vitória expressiva 128